HISTOIRE GÉNÉALOGIQUE

DE L'ANCIENNE ET ILLUSTRE MAISON

DE BEAUFFORT

D'ARTOIS.

Offert à la bibliothèque Nationale
de Paris,
par l'auteur

A. Bremond

Bruxelles, le 30 décembre 1876.

HISTOIRE GÉNÉALOGIQUE

de l'ancienne et illustre maison

DE BEAUFFORT

D'ARTOIS

D'APRÈS LES DOCUMENTS LES PLUS AUTHENTIQUES

RÉUNIS ET MIS EN ORDRE

PAR

ALPHONSE BREMOND

Auteur du *Nobiliaire Toulousain*, de *l'Armorial Toulousain*,
de *l'Indicateur Nobiliaire Toulousain*,
de *l'État actuel de la Noblesse Toulousaine*, etc.

BRUXELLES
IMPRIMERIE COOPÉRATIVE
Montagne des Aveugles, 27

1876

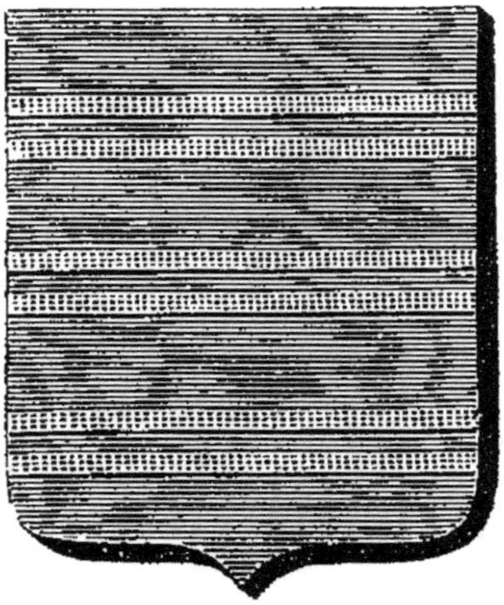

AVIS DE L'AUTEUR

La vérité n'est agréable, à certaines gens, que tout autant qu'elle est flatteuse !...

A. B.

« S'il est honteux de ne pas savoir l'histoire de son » pays, combien ne l'est-il pas davantage d'ignorer celle » de sa propre famille, de ses aïeux, qui ont sacrifié leurs » veilles et versé leur sang pour la gloire de la Religion » et le salut de l'État; en un mot, de ne pas connaître sa » propre maison !... » Ainsi s'exprimait messire Pierre de Clérembault, généalogiste des ordres du roi (1).

(1) On sait que cet office était toujours confié à un gentilhomme, parce que son titulaire approchait fréquemment la personne du Roi et celles des Princes du sang.

En effet, le respect et la reconnaissance que l'on doit aux ancêtres, qui nous ont fait un rang honorable dans la société, nous font une loi de nous enquérir de leurs actions, *afin d'en perpétuer le souvenir*, comme disent les lettres-patentes royales récompensant des services rendus. On doit se pénétrer de cet axiome : que nos devanciers n'ont point seulement agi généreusement et vaillamment pour eux, durant leur vie, mais encore pour l'illustration et la gloire de leur nom et pour l'éclat de leur blason. Ce qui constitue un précieux héritage.

A cet effet, les anciennes maisons formaient des archives particulières, dans lesquelles on conservait, avec soin, les actes les plus importants intéressant l'histoire de la famille.

La maison de Beauffort, originaire de l'ancienne province d'Artois, se trouve de ce nombre. Grâce à ses riches archives particulières, très-bien conservées, il nous a été facile de dresser cette généalogie historique sur des documents de la plus rigoureuse authenticité. Nous avons aussi eu recours aux dépôts publics et aux monuments historiques, comme on le verra par notre travail, dans lequel nous avons eu soin d'indiquer les sources où nous avons puisé nos renseignements, ce qui permettra de contrôler facilement la véracité de nos assertions.

Nous ne nous sommes pas heurté, comme cela nous est arrivé dans d'autres circonstances, à des impossibilités résultant de la destruction de titres, des ratures, des surcharges, des lacérations ou d'enlèvements de documents historiques, pratiqués dans certains dépôts publics.

Toutes nos publications historiques ont été basées sur des titres authentiques, des documents officiels, des actes légaux. Nous avons été *vrai*, et nous savons actuellement, par expérience, ce qu'il en coûte de dire la vérité en matière d'histoire à certaines gens. Nul n'est plus impitoyable qu'un usurpateur.

Nous devons dire ici que, pour certains de nos travaux, nous nous sommes trouvé dans l'impossibilité d'établir régulièrement une filiation ascendante soit par le défaut de preuves, soit par le fait de regrettables lacunes, produites par suite de la destruction criminelle des pièces officielles, qui étaient déposées dans les archives publiques. Il nous est arrivé de copier des actes ou des pièces historiques (même d'en prendre des expéditions légales), dont on a fait ensuite disparaître les originaux des dépôts publics ; nous pourrions citer de nombreux cas ; notamment pour plusieurs communes de la Haute-Garonne. A Montesquieu-Volvestre, trois gros registres in-folio de l'État-Civil ont été enlevés de la mairie et brûlés !... Une enquête administrative ouverte, le 19 avril 1861, par le Maire de cette commune, fit connaître les auteurs de cette criminelle action. Voilà donc, par ce seul fait, beaucoup de familles privées de leurs actes d'état-civil. Dans un certain nombre d'autres archives publiques, on a aussi fait disparaître des documents officiels relatifs à l'histoire de ces derniers temps. Ces faits, réunis à tant d'autres du même genre, nous prouvent combien on a raison de former, en temps opportun, dans les maisons historiques, des archives particulières.

Heureusement, nous n'avons pas éprouvé de pareils obstacles, pour établir la généalogie historique de l'ancienne et illustre maison de Beauffort, d'Artois, dont chaque degré généalogique est justifié par plusieurs actes probants; actes qu'on peut consulter soit dans les archives particulières de la maison de Beauffort, soit dans les dépôts publics ou dans des ouvrages estimés que nous avons cités.

Nous avons inséré dans ce volume, à l'appui de nos assertions, un certain nombre de documents authentiques, telles que les lettres-patentes royales portant érection de terres nobles en fiefs titrés, en faveur de personnages de la maison de Beauffort; les actes légaux de la transmission successive de ces titres de dignités nobiliaires; les transferts réguliers du port des armes pleines de l'ancienne maison de Beauffort d'une branche à l'autre ou d'un aîné à un cadet. A ce sujet, nous devons mentionner ici un document précieux, dont nous n'avons eu connaissance qu'après la fin de l'impression de ce volume, dans lequel nous aurions voulu l'insérer dans toute sa teneur, parce qu'il règle la transmission régulière et légale des armes pleines d'une maison. C'est la décision arbitrale des commissaires chargés de régler le différend existant entre Jean et Hector de Beauffort (Voyez, p. 249 et 421), au sujet du port des armes pleines de leur maison. Cette décision fut arrêtée, à Paris, les 1er juillet et 27 octobre 1583; elle a été publiée tout au long, par Jean Scohier, notaire apostolique, chanoine de Berghes, etc., dans son ouvrage intitulé : *l'Estat et comportement des Armes, etc.*, imprimé à Bruxelles, en 1629, et à Paris, en 1630; p. 87 à 91 (Bibliothèque royale, à Bruxelles).

Outre les titres de *chevalier*, de *baron*, de *vicomte*, de *comte* et de *marquis* dont la maison de Beauffort, d'Artois, est légalement titulaire; titres dont elle a paisiblement joui, sans conteste aucune, elle a encore droit de relever plusieurs autres titres de dignité nobiliaire, portés par d'anciennes et illustres maisons qui se sont éteintes en celle de Beauffort, par suite d'alliances. On trouvera dans notre travail généalogique plusieurs exemples. Aussi, devons-nous faire observer, à ce sujet, que les titres de dignités nobiliaires : de *duc*, de *marquis*, de *comtes*, de *vicomtes* et de *barons*, ne peuvent être relevés que par des membres de la maison titrée, *appartenant au sang*. A défaut de descendants directs, un petit-fils de maison titrée, a plus de droits à la succession du titre, de par sa mère, que tout autre parent; seul, il a droit de relever les nom, titre et armes de sa maison maternelle, et, cela, à plus forte raison, lorsqu'il y a l'expression d'une dernière volonté; il a également droit de faire opposition à la prise des nom, titres et armes de la maison de sa mère. Par exemple : Mme la comtesse Amédée de Beauffort, née de Roose, comtesse de Baisy, baronne de Bouchout, étant morte *la dernière du nom et d'armes*, ses enfants seulement ont droit de revendiquer l'honneur de relever le nom et les armes de l'illustre maison de Roose, à laquelle appartenait leur mère, qui portait le nom et les armes des de Roose de Baisy avant son mariage avec M. le comte Amédée de Beauffort.

Plusieurs titres nobiliaires, appartenant par succession à la maison de Beauffort, y sont tombés en désuétude. Certaines personnes voulaient en relever, mais les représentants légitimes de ces maisons (fondues dans celle de Beauffort), les ont fait respecter, comme ils le feront désormais, conformément aux lois qui régissent la matière.

Nous dirons, en terminant, que nous nous sommes appliqué à indiquer scrupuleusement les sources où nous avons puisé nos renseignements, afin de rendre facile le contrôle de nos citations.

Nous avons reçu, à la dernière heure, un état des actes de la maison de Beauffort, extraits des registres des paroisses du Saint-Sépulcre, de Sainte-Aldegonde, de Saint-Denis, de Saint-Jean-Baptiste, conservés à l'État-Civil de la ville de Saint-Omer. D'après ces actes, nous devons rectifier la mention du lieu de naissance de messire Louis-Eugène-Marie, comte de Beauffort, né à *Saint-Omer*, paroisse du Saint-Sépulcre, et non à Arras (voyez, p. 276), et nous devons ajouter la mention du mariage de NICOLAS DE BEAUFFORT et de MARIE-JEANNE DE LA COUR, dont on baptisa un fils, nommé GILLES-FRÉ-

DÉRIC DE BEAUFFORT, dans l'église de Sainte-Aldegonde, à Saint-Omer, le 28 février 1713. Tous les autres actes sont indiqués à leur place respective.

Il est de notre devoir de déclarer que ce travail a été fait par nous, sans aucune participation d'inspiration ni d'influence de la part des intéressés, qui n'ont connu notre ouvrage que complétement terminé et imprimé. Ce volume ne contient que des extraits d'actes légaux authentiques, des citations empruntées à des auteurs consciencieux et estimés, avec des indications précises, fruits de nos recherches.

Bruxelles, le 15 décembre 1876.

ALPHONSE BRÉMOND,
Généalogiste-héraldiste.

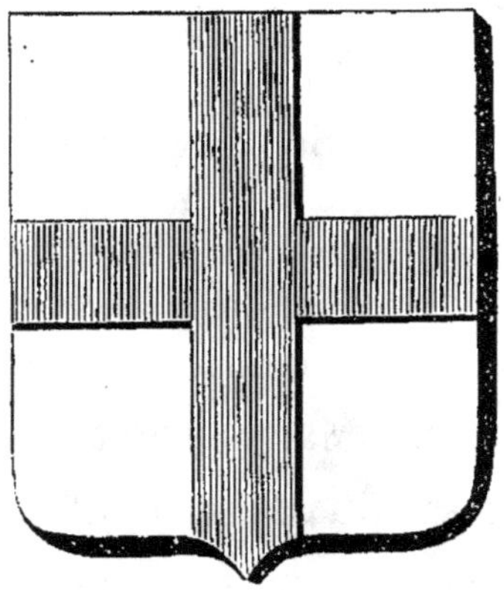

APERÇU HISTORIQUE

SUR LA

MAISON DE BEAUFFORT

Illustre par son origine, illustre par ses alliances, illustre par ses hauts faits, la maison de Beauffort, en Artois, est un des types les plus remarquables de la noblesse guerrière. Son histoire est celle de la féodalité; c'est celle de la noblesse dans les diverses transformations que les âges y ont apportées; elle se lie étroitement à l'histoire du duché de Bourgogne, à l'histoire des Pays-Bas sous ses diverses dénominations, et, enfin, à l'histoire de la monarchie française elle-même (1).

La maison de Beauffort contribua d'abord à étendre, ensuite à affermir le pouvoir de cette longue suite de rois dont le dernier descendant, au fond de l'exil, attire encore sur lui les regards de la France. Ces rois se montraient quelquefois injustes envers la noblesse, lorsqu'ils lui disputaient des priviléges et des droits aussi inviolables, aussi sacrés, aussi utiles au genre humain que les droits et les priviléges de la couronne elle-même; mais toujours les de Beauffort se montrèrent disposés à

(1) Extrait de la *Noblesse belge*, par Charles Poplimont; 1850; tome Ier, p. 421.

lever la bannière, à marcher à la tête de leurs vassaux, à sacrifier leur fortune et leur vie quand il fallait combattre pour la foi, ou soutenir, devant l'étranger, la gloire du souverain et l'honneur national.

Deux faits mis en regard et pris entre mille parleront plus haut en faveur de la maison de Beauffort que le plus pompeux éloge. Il suffit de rappeler, d'une part, que Beauffort occupe une place éclatante dans l'histoire de la conquête du tombeau du Christ sur les infidèles; et, d'autre part, que cette longue suite de héros se résume, aujourd'hui, dans la famille la plus simple, la plus modeste, la plus dévouée à son pays et à ses concitoyens, et qui, heureuse et fière de la triple illustration qui rejaillit sur tous ses membres, a su franchement, complétement, sans arrière-pensée, sans amertume et sans regrets, entrer, par la bonne porte, dans la voie nouvelle où la société se trouve engagée aujourd'hui.

Nous disons que plusieurs sires ou chevaliers de Beauffort versèrent leur sang en Palestine. Jean et Beaudouin de Beauffort, dont le nom et les armes sont au Musée de Versailles, dans l'ancienne salle des Croisades, accompagnèrent le comte d'Artois à la première Croisade de saint Louis, et Beaudouin fut tué à Massoure. Geoffroi de Beauffort se trouva au siége de Tunis. Jacques périt sous les murs de Nicopolis, en 1396. Mathieu, fait prisonnier par les infidèles, vendit son fief pour se racheter de l'esclavage.

Nous pouvons dire, sans exagération, que, depuis les Croisades jusqu'à la fin du XVIIIme siècle, le sang des Beauffort a tracé un réseau sur la vaste étendue de pays dans lesquels les souverains dont ils relèvent ont porté la guerre. A chaque combat, dans chaque campagne de cette longue période, nous rencontrons des Beauffort; à chaque victoire, à chaque défaite, leur sang coule, ou bien encore ils perdent la liberté ou la vie.

En outre, si des Beauffort sont morts martyrs de la foi pendant les Croisades, d'autres ont péri, martyrs de leur devoir, pendant les guerres civiles.

Partout où la bannière se déploie, où le clairon sonne, où le cheval hennit et frappe la terre, où le glaive se tire, où le fer croise le fer, où les bataillons se mêlent, où les mille bruits de guerre, le canon, la voix des chefs, le cliquetis des armes, les plaintes des blessés, le râle des mourants, se heurtent et se confondent, partout les Beauffort apparaissent vaillants et fidèles, et toujours, après le combat, ils peuvent remettre l'épée au fourreau, et se rappeler, sans remords, ce que disaient leurs pères en les armant : « Ne la tire pas sans nécessité, ne la remets pas sans gloire. »

Nous les retrouvons sur le champ de bataillle de la Massoure, sous le murs de Nicopolis et de Tunis, aux journées d'Arras, de Crecy, de Poitiers, d'Azincourt, de Cambray, de Cassel, de Bouvines, de Roosebeke, de Mons-en-Vimeux, de Nancy, de Guinegatte, de Pavie, de Saint-Quentin, de Gravelines, de Leyen, d'Ekeren; dans les guerres des Flandres, de Hollande, de la Ligue, d'Espagne, d'Italie; aux siéges de Calais, de Verceil, de Tournay, d'Hesdin, de Saint-Denis, de Saint-Quentin, de Cambray, de Bouchain, d'Amiens, de Saint-Omer, de Dixmude; à la chevauchée de Saint-Omer, à la furie ou révolte d'Anvers; à l'armée des Princes, et, tout récemment, au secours du Saint-Père et de la France contre la Prusse.

La maison de Beauffort a été admise de temps immémorial dans les chapitres nobles des Pays-Bas et a donné des abbesses à Maubeuge et à Estrun-lez-Arras ; des chanoinesses aux chapitres nobles d'Estrun-lez-Arras, de Maubeuge, d'Andenne, de Denain, de Nivelles, de Moustier-sur-Sambre, Munster-Biesen. Elle possédait au Moyen-Age, tant dans l'Artois que dans la Flandre, de nombreuses seigneuries, qui, pour la plupart, passèrent dans la maison de Croy par le mariage d'Anne de Beauffort, dernier rejeton de la branche aînée, et héritière de la baronnie de Beaufort, des terres de Montenencourt, Blavincourt, Rumes (ancienne pairie du Hainaut), etc., avec Philippe de Croy, comte de Solre, chevalier de la Toison-d'Or. Des chartes anciennes donnent à divers sires de Beauffort le titre de *Monseigneur*.

La souche des sires de Beauffort s'est divisée en plusieurs branches, qui se sont illustrées par leurs services militaires et par leurs grandes alliances. Elles ont donné deux prélats et plusieurs dignitaires à l'Église, des gouverneurs d'Arras, de Bapaume, de Béthune, de Renty, des grands baillis d'épée à Saint-Omer, etc. ; des représentants aux États-Généraux d'Artois et des députés de la noblesse et du clergé à la cour ; des chevaliers du Temple, de Rhodes, de Malte et de la Toison-d'Or ; des capitaines des gardes de l'empereur Charles de Luxembourg et de Philippe IV, roi d'Espagne ; un capitaine des arbalétriers du comte de Flandre ; des chambellans des ducs de Bourgogne, des rois de France et de l'empereur Charles-Quint, etc. ; des lieutenants-généraux.

Les beaux-arts ont aussi trouvé de savants protecteurs dans la maison de Beauffort. En un mot, rien ne manque à l'illustration de cette antique et noble maison.

ANNALES HISTORIQUES

DE LA NOBLE ET ILLUSTRE

MAISON DE BEAUFFORT

La maison de Beauffort, d'Artois, s'est formée, vers l'an 1150, par l'alliance de Guy, seigneur d'Oiran, second fils d'Aiméry V, vicomte de Thouars, et de dame Agnès de Poitiers, fille de Guillaume IX, duc de Guienne, comte de Poitou, et de Mahaut, comtesse de Toulouse, sa seconde femme, avec Jeanne de Beaufort et de Noyelles-Wion, fille unique et héritière de Bouchard, sire de Beaufort, et de dame Marguerite de Noyelles-Wion. La baronnie de Beaufort et la terre et seigneurie de Noyelles-Wion, en Artois, firent partie de la dot de Jeanne. Après la mort de Bouchard de Beaufort, le titre de baron de Beaufort passa sur la tête d'Aubert de Beaufort, frère puîné de Bouchard, et ensuite à ses descendants; tandis que la lignée de Guy de Thouars et de Jeanne était en possession de la terre baronniale.

En parcourant les nombreux actes de cette ancienne et illustre maison, nous avons constaté des variantes dans l'orthographe du nom patronymique, qui tire son origine de la terre de Beaufort, en Artois ; nous avons trouvé ce nom écrit : *Beaufort*, *Beauffort* et *Biauffort*. La première orthographe, *de Beaufort*, est, selon nous, la plus ancienne et la plus correcte ; son origine est terrienne et indique une situation avantageuse de lieu. L'antique maison de Beaufort, éteinte en 1308, l'orthographiait ainsi.

La seconde manière d'écrire ce nom provient, sans doute, de la différence qu'on aura voulu établir entre les descendants des barons de Beaufort de ceux des seigneurs de Beaufort ; nous avons remarqué que les premiers sont toujours désignés, ainsi que le fief, par *de Beaufort*, tandis que les descendants de Guy de Thouars et de Jeanne de Beaufort se distinguent de leurs parents contemporains par l'addition d'un f dans le nom patronymique : *Beauffort*.

Du reste, c'est là la seule raison plausible à accepter, puisque cette nouvelle appellation des enfants de Guy de Thouars ne date que de l'époque de son mariage avec Jeanne, héritière de Beaufort (1150). Leurs premiers héritiers étaient Beaudouin, Aleaume ou Jean, *seigneur de Beaufort*, et ce n'est que lorsque ce nom terrien est devenu le nom patronymique de la maison que l'orthographe a été arrêtée ainsi : *de Beauffort* ; il est à remarquer qu'elle a été respectée. Les descendants de Guy de Thouars et les descendants d'Aubert de Beaufort ont vécu, dans le même pays, de 1150 à 1308 ; on peut les distinguer facilement encore aujourd'hui, quoique portant les mêmes prénoms et qualifications d'écuyers ou de chevaliers, par l'orthographe du nom patronymique invariablement suivie.

Le Carpentier, dans son *Histoire de Cambray*, aux preuves du tome III, page 82, dit : « Bouchard, sire de Beaufort, avait un frère puîné, Aubert de Beaufort, chevalier, lequel paraît dans une charte de l'abbaye de Saint-Aubert, à Cambray, de l'an 1133 ; par laquelle charte Guy et Jean de Watripont, chevaliers, frères, font une donation à ladite abbaye de douze mencaudées de terre situées à Bertries. Ledit Aubert scella cette charte, avec plusieurs chevaliers assemblés, à la maison du prévost de Maubeuge. Il laissa postérité qui s'éteignit peu après. »

Quant à *de Biauffort* pour *de Beauffort*, qu'on rencontre dans un grand nombre d'actes de cette maison et notamment dans les *Monumens anciens*, de M. de Saint-Genois, la variante ne provient que de la prononciation du pays. En latin, le nom de cette ancienne maison s'écrit : BELLOFORTI.

Les annales historiques de la maison de Beauffort commencent avec sa formation, c'est-à-dire vers 1125 ; son histoire antérieure est la même que celle de l'illustre maison des vicomtes de Thouars, du Poitou. Tous les historiens et généalogistes sont d'accord pour reconnaître que : « Thouars, en Poitou, devint, au IXe siècle, la capitale d'une *vicomté*, créée par les comtes de Poitou, dont les possesseurs se rendirent bientôt indépendants et s'allièrent tantôt aux rois de France, tantôt aux rois d'Angleterre. » Le P. Anselme a donné la généalogie de la maison de Thouars dans le tome IV de l'*Histoire des grands officiers de la Couronne de France*. Cet historien dit que Guy de Thouars fit le voyage de la Terre-Sainte. Le nom et les armes de Thouars figurent au Musée de Versailles, dans l'ancienne salle des Croisades.

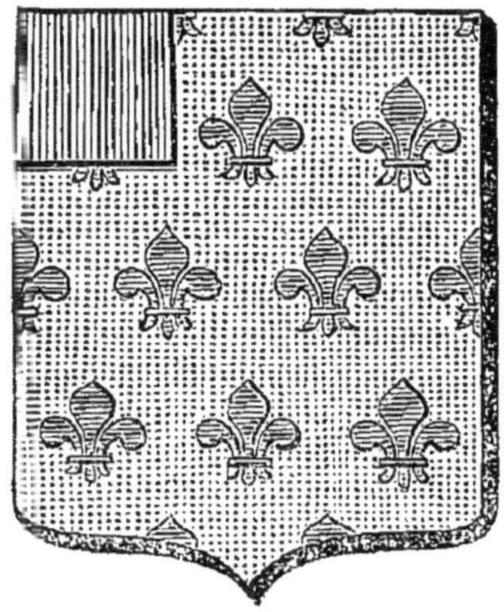

1125. Constitution de la nouvelle maison de Beauffort, en Artois, par l'alliance de Guy, seigneur d'Oiran, Oireau ou Oiron, en Poitou, fils d'Aiméry V, vicomte de Thouars, du Poitou, et de dame Agnès de Poitiers, avec Jeanne, héritière de Beaufort et de Noyelles-Wion, fille de messire Bouchard, sire de Beaufort, et de dame Marguerite de Noyelles-Wion. Dans leur contrat de mariage, il fut stipulé que leurs descendants relèveraient le nom et les armes de Beaufort, dont Jeanne portait la terre baronniale en dot. Guy de Thouars est décédé vers 1152 et Jeanne de Beaufort en 1172.

1198. Aleaume, seigneur de Beaufort et de Noyelles-Wion, *chevalier*, est mentionné dans une charte de l'abbaye de Saint-Jean-du-Mont, avec Colart de Beauffort, dit Baudouin, seigneur d'Oiran, et Gossin ou Gossuin de Beauffort, archidiacre de Tournai, dont il fut ensuite évêque, ses frères. Ils étaient fils de Baudouin, sire de Beaufort, et petit-fils de Guy de Thouars.

1200. Le Carpentier et plusieurs auteurs avec lui parlent d'un sire Guillaume de Beauffort qui quitta l'Artois, vers 1200, pour aller se fixer dans le Cambraisis, où il forma une branche. Nous devons faire remarquer qu'Athalie de Brimeu, mère de ce Guillaume, était héritière des terres de Saire et de Cessoye, en Cambraisis, ce qui pourrait expliquer cette émigration. Ce seigneur créa la branche dite *des seigneurs de la Vacquerie*, *de Saint-Martin*, etc.

1203. Cette année, fut admise au nombre des chanoinesses du noble chapitre d'Estrun-lez-Arras, Gillette de Beauffort, fille de Baudouin, seigneur de Beaufort, de Noyelles-Wion et d'Oiran, et de dame Agnès de Beaumetz; elle était sœur de Gossin, évêque de Tournai. Plusieurs actes témoignent de cette admission, notamment une charte de 1213, en latin, conservée autrefois dans les archives de l'abbaye d'Estrun-lez-Arras, et dont une copie ancienne se trouve dans les archives de la maison de Beauffort. En voici la traduction : « Moi, ALEAUME, » seigneur de Beaufort, à tous tant présens que avenir, » je fais savoir que moi et *Athalie*, ma femme, du gré et » consentement d'*Agnès*, ma mère, et de *Guyon*, mon » fils aîné, nous avons donné, par forme d'aumône, à » l'église d'Estrun, quatre mencaudées de terre, situées » près du bois de Maning, avec le terrage que j'y avais, » pour les posséder à perpétuité librement et paisible- » ment et sans aucune charge par ladite église, en » échange du champ *(thelonius)* dudit Richer, que *Bau-* » *douin*, mon père, avait ci-devant donné, en aumône, » à ladite église pour la posséder à perpétuité, lorsque » sa fille Gillette *(Gila)* fut reçue religieuse par l'abbesse » du couvent de ladite église; les revenus de laquelle » terre et ledit *theloneum* même, la susdite *Gila* aura et » recevra, sa vie durante. Mais, après la mort de ladite » *Gila*, ledit *theloneum* me reviendra en entier et à mes

» héritiers, et la susdite terre restera à perpétuité à la-
» dite église d'Estrun. Furent témoins de cette présente
» chose, etc. (Suivent les noms et qualités des témoins).
» J'ai fait faire cette dite charte et, après confirmation,
» y ai fait apposer mon scel. Fait l'an de grâce 1213. » — L'abbaye d'Estrun avait été fondée du temps de Charlemagne ; elle fut détruite, et ensuite rétablie par Gérard, évêque d'Arras, l'an 1085. On n'y recevait que des filles nobles. L'admission de Gilette parmi les chanoinesses d'Estrun, en 1203, prouve suffisamment l'ancienneté de la maison de Beauffort.

1204. Gossin ou Gossuin de Beauffort, fils de Baudouin et d'Agnès de Beaumetz, petit-fils de Guy de Thouars et de Jeanne de Beaufort, archidiacre de Tournai, élu évêque de ce diocèse en 1203, fut sacré, cette année, dans la cathédrale de Tournai. Il mourut le 29 octobre 1218. Christyn a dit de ce prélat, dans son *Histoire des Pays-Bas*, tome IV, page 230 : « Goswin, archidiacre
» de Tournay, succéda en 1203, sacré en 1204. *Ad fuit*
» *in episc. de Châlons et Arras*. En 1209, il fit plu-
» sieurs statuts, *canonices contrac. ejus tpore*. Philippe,
» roi de France, reconnut, sous son épiscopat, l'auto-
» rité des évêques de Tournay sur cette ville. » Ce prélat fonda une messe journalière et un anniversaire pour le repos de son âme, dans sa cathédrale, où il fut inhumé. Gossin excommunia Ferrand dePortugal, comte de Flandres, et mit le pays, sous son autorité, en interdit, en 1213 (1). Jean Cousin a consigné ce fait ainsi dans

---

(1) Voyez : la *Gallia Christiana*, tome III. p. 216.

son *Histoire de Tournay*, imprimée en 1619, 4e partie, p. 17 et 18 :

« Mais, pour autant que le comte Ferrand avait intéressé et violé l'église, témoins les Annales de Mayer, Gossin, évêque de Tournay, l'excommunia et interdit le pays de Flandres. Les lettres se trouvent enregistrées ès-charte du chapitre de Tournay, qui font ensemble mention du trouble et du débat que le roi de France avait fait audit évêque touchant la seigneurie de la cité de Tournay, et comment il l'avait reconnu depuis appartenir à l'évêque. « Jean Cousin donne le texte latin de la lettre d'interdiction dont voici la traduction en français : « Gossin, évêque de Tournay, aux abbés, prieurs, prévôts, doyens, tant des églises conventuelles que de chrétienneté, sachent que, aidant la grâce de Dieu, le très-excellent seigneur le roi de France, pensant en sa conscience sur le droit de la cité de Tournay, a naguères en présence de Louis, Monsieur, son fils aîné, et de ses barons, reconnu la même cité, qui était nôtre en tout, ne retenant rien à lui en la cité, fors la sûreté de l'évêque et son service, que plusieurs de nos prédécesseurs lui ont rendu. Mais, d'autant que l'illustre seigneur F., comte de Flandres et de Hainaut, avec la multitude de son armée, a assiégé ladite ville, et soudainement par sa violence, quasi détruite et violé les églises, sans nous avoir jamais au préalable communiqué; Nous, de l'avis des évêques et d'autres gens de bien, avons excommunié sa personne, soumettant à l'interdit tout son pays, situé en notre évêché. Laquelle sentence a été confirmée par Monsieur de Rheims. C'est pourquoi Nous vous commandons, en vertu d'obédience, que vous ayez à cesser de faire l'office divin, et le faire cesser partout jusques à tant que le comte soit soigneux d'amender les choses, ès-quelles il failli contre Nous, et contre l'église de Dieu. »

Jean Cousin fixe, d'après le livre obituaire de la cathédrale de Tournay, la mort de ce prélat, quatre jours avant les kalendes de novembre 1218. Colart de Beauffort, dit *Beaudouin*, frère cadet d'Aleaume, de Gossin et de Gillette, fit le voyage de la Terre-Sainte avec les chevaliers de la cinquième Croisade entreprise sous le pontificat d'Innocent III, de 1198 à 1220. Il combattit contre les infidèles, qui le firent prisonnier; il dut, pour payer sa rançon et se racheter de l'esclavage, vendre son fief patrimonial d'Oiran. Colart, à son retour, se maria et forma la branche dite *des seigneurs d'Oiran*, éteinte vers 1400.

Nous devons faire observer, au sujet de Gossin, que ce prélat, suivant la coutume du temps, n'est désigné dans les titres que par son prénom; ce qui s'explique parce qu'autrefois, l'aîné seul retenait le nom du fief patrimonial, les autres enfants prenaient le nom de la terre qu'ils recevaient en partage, et que les cadets entraient dans les ordres sacrés, avec leur nom de baptême seulement. Dans les actes, on désignait ainsi ces derniers, par exemple : Gossin, fils de noble seigneur de Beaufort, etc.

1233. *Arnoult de Beauffort* prit part à la rédaction et signa comme témoin, avec plusieurs autres nobles seigneurs, des lettres, par lesquelles Jean, évêque de Liége, déclare, qu'en vertu des lettres d'Hugues, son prédécesseur et son oncle (de 1209), Henri, marquis de Namur et comte de Vienne, et Marguerite, sa femme, cousine de l'évêque, lui ont fait hommage du château de Samson; et que, de son côté, il a fait serment de les aider. Ce même Arnoult de Beauffort figure dans un autre acte de cette même année (*Monumens anciens*, de J. de Saint-Genois, p. 582 et 974). Le *chevalier Jean de Beauffort* fut présent et signa à un acte d'hommage rendu par Guy, comte de Flandre et de Namur, à Henri, évêque de Liége, pour le château de Samson, le jour de S-Jacques 1233 (id, p. 975).

1237. Dom Devienne a écrit, dans son *Histoire d'Artois*, p. 147, en cette année : « Le comte Robert ne quitta la province d'Artois que pour rejoindre saint Louis, afin de l'accompagner dans le voyage qu'il projetait pour la Terre-Sainte. Il fut suivi par plusieurs seigneurs du pays, entre autres par Robert de Wavrin, Henri de Créquy-Biesback, Beaudouin de Hennin-Liétard, JEAN DE NOYELLES, Roger d'Allwin, Nicolas de Mailly et les enfants du comte d'Hesdin, le baron ou, comme l'on disait, *le ber* d'Auxy, Jean de Neele, neveu d'Eustache Candavesne et JEAN DE BEAUFFORT. Ce dernier commandait un corps de troupes dans lequel il y avait un nombre considérable de religieux de saint François. Il se passa une action, dans laquelle ces religieux se battirent avec tant de courage, que la milice française, qui avait déjà pris la fuite, s'arrêta et suivit bientôt leur exemple. *Beauffort* ayant fait au roi le récit de cette action. Le roi Louis demanda comment s'appelaient ces braves religieux?... Ce chevalier, ne pouvait se rappeler le nom, dit que c'étaient ceux qui étaient *liés de cordes*, et depuis ce temps on s'accoutuma à appeler *cordeliers (de cordes liés)*, les religieux de saint François d'Assise. » Il est ici question de la septième Croisade, entreprise sous le pontificat d'Innocent IV, en 1248, terminées en 1268. Dans la charte d'Ascalon, de 1240, il est fait mention d'Eustache de Beaufort, parmi les croisés de cette époque.

1248. Nous empruntons le passage suivant au manuscrit des *Antiquités de Paris*, de Filibien des Aveux; il vient à l'appui du récit de dom Devienne, que nous avons donné ci-dessus : « Le corps commandé, dans la Terre-Sainte, par un seigneur arthésien, nommé Jean, sire de Beauffort, était composé d'un grand nombre de cordeliers ; ils s'y distinguèrent par de si beaux faits d'armes, qu'ils ranimèrent le courage de la milice qui fuyait, et contribuèrent à la défaite d'une légion de sarrasins. Beauffort, dans son éloge qu'il en fit au Roi (à Louis IX, roi de France, ou saint Louis), ne se ressouvenait pas de leur nom ; pressé de le dire, il les désigna sous celui de gens qui sont *liés de cordes* ; depuis, on les appela à l'armée : *cordeliers.* » Tous les auteurs qui ont écrit l'histoire de ce temps ou de l'ordre des Cordeliers parlent de ce fait, notamment M. Hennebert, chanoine de la cathédrale de Saint-Omer, dans son *Histoire générale de la province d'Artois*, p. 368 ; Alphonse Bremond, dans sa *Notice sur l'église et le couvent des Cordeliers de Toulouse* (1871), etc. — Beaudouin de Beauffort, frère aîné de Jean, fit aussi le voyage de la Terre-Sainte, en 1248 ; il mourut à la Massoure, en Égypte, l'an 1250 ; et leur frère Geoffroy de Beauffort se trouva au siége de Tunis. Les armes et le nom de la maison de Beauffort, de l'Artois, figurent au Musée des Croisades, à Versailles, dans l'ancienne salle, sous le n° 270 ; elles sont : *d'azur, à trois jumelles d'or*. On sait que les chevaliers croisés portaient leurs armoiries sciseIlées sur leurs boucliers ou écu et sur le pommeau de leur épée, qui leur servait de scel. Nous avons vu parmi les chartes conservées dans les archives de la maison de Beauffort, plusieurs entre elles portant un sceau sur lequel est représenté un chevalier à cheval, avec son bouclier chargé de ses armes : *d'azur, à trois jumelles d'or*. Ce genre de sceaux est très-ancien ; les comtes de Toulouse se servaient de pareils pour sceller leurs chartes, notamment Raymond VI, dont le sceau est conservé au musée de la ville de Toulouse.

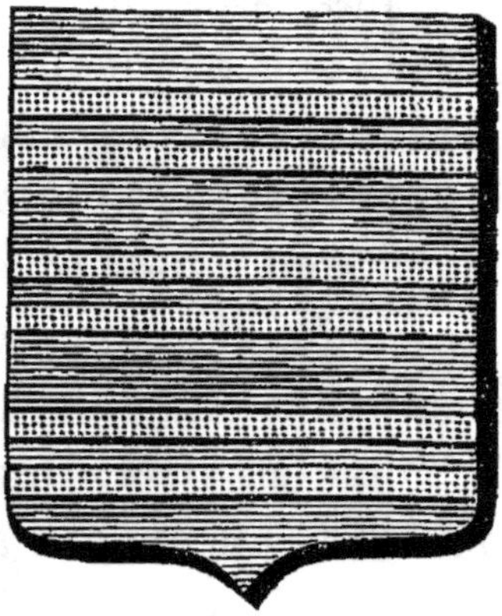

1263. Henri, évêque de Liége, se reconnut hommagier du comte de Flandre et de ses successeurs, pour l'évêché de Liége et pour les fiefs de Grammont, de Bornehem, etc. Au nombre des témoins qui signèrent l'acte de cette reconnaissance, au mois de mai 1263, se trouve JEAN DE BEAUFFORT (SAINT-GENOIS, *Monumens anciens*, p. 600).

1270. Le chevalier Geoffroy de Beauffort fit partie de la huitième Croisade, entreprise sous le pontificat de Clément IV, en 1268, et terminée en 1270. Il était au siége de Tunis, où mourut le roi saint Louis. Geoffroy retourna à son manoir, où il est mort, en 1301, et non à Tunis, comme ont prétendu certains écrivains.

1280. En cette année, Jean de Beauffort, chevalier, seigneur de Beaufort, de Metz, etc., fut choisi pour arbitre d'un différend existant entre plusieurs gentilshommes des plus qualifiés de l'Artois. A l'acte, contenant son jugement, est appendu son sceau sur lequel il est représenté à cheval, armé de toutes pièces, l'épée haute d'une main et de l'autre tenant un écu ou bouclier, sur lequel sont représentées les *trois jumelles,* avec un *franc quartier semé de fleurs de lys et un franc canton.* Le cheval est caparaçonné. Autour est cette légende : *Sigillum Johannis dni de Belloforti, militis.* Le contre-scel est de même (Archives de la maison de Beauffort, au château de Bouchout).

1282. Cette année, mourut Gilles de Beauffort, chevalier de l'ordre du Temple ou des Templiers, ordre à la fois religieux et militaire, fondé à Jérusalem, en 1118, et supprimé en 1312, par le pape Clément V, à l'instigation du roi Philippe-le-Bel. Pour être admis dans cet ordre, une des principales conditions était d'être noble de race.

1297. Guillaume de Beauffort fut envoyé en ambassade, par le roi de France, Philippe-le-Bel, au roi d'Angleterre, avec Jean de la Forest et Clément de Savie, pour déclarer à ce prince la bonne volonté du Roi, leur souverain, de maintenir la trève qui existait entre eux Le président Enault nomme cette trève : la *trève de deux ans* (Moreri et autres).

1291. Un accord fut fait, cette année, entre monseigneur de Lens et Isabelle, sa femme, d'une part; et GEOFGROY DE BEAUFORT (1), seigneur de Pierreweis-en-Condren, et demoiselle MARIE, sa femme, d'autre part; dans lequel il est stipulé : qu'après avoir été à Bouillon pour terminer les différends qu'il y avait entre eux, au sujet de la succession de monseigneur Thierry de Mire-

---

(1) Il existait contemporairement un autre *Geoffroy de Beauffort, sire de Saire, Cessoye et Brie.*

wart, frère desdites damoiselles Isabelle et Marie, il a été décidé qu'Isabelle, comme aînée, devait avoir le château de Mirewart, les hommages et tout ce qui est tenu de la pairie de Bouillon, etc. (*Monumens anciens*, de J. de Saint-Genois, p. 793). — Le même auteur mentionne un acte notarié de l'appel fait au Pape, par Gilles, dit *de Haspre*, procureur de noble Jean d'Avesnes, comte de Hainaut, passé en présence dudit notaire, de *Philippe de Beauffort (de Belloforti)*, chanoine de Sainte-Croix de Cambray, et de frère Wautier de Orchies, de l'ordre des frères prêcheurs, témoins choisis par le comte : « du refus fait par les doyen et chapitre de Notre-Dame de la Salle, à Valenciennes, de mettre Colard de Beaumont, clerc, en possession d'une prébende, que le comte lui avait donnée dans cette église, vacante par la mort d'André; la collation de toutes les prébendes de cette église lui appartenant comme fondateur, etc. » Au nombre des autres témoins est *Jean de Beauffort*. Acte signé, au Quesnoy, le 29 août 1291 (*Monumens anciens*, par J. de Saint-Genois, p. 795).

1298. Nous constatons, d'après un certain nombre de documents, que la maison de Beauffort était en très-bonne relation avec la maison comtale de Hainaut, par sa participation suivie aux actes publics et privés de ces princes. Dans un acte de donation faite, en 1298, par messire Jean de Rosait, des terres et châtellenies de Flobecq et de Lessines, à Jean d'Avesnes, comte de Hainaut, etc., nous voyons figurer comme témoin : *Jean de Beauffort*, sans autre désignation (Saint-Genois, p. 877).

1299. Jean de Beauffort, dit Payen, se trouva, cette année, à la bataille de Cambray, avec trois écuyers à sa solde. Le même chevalier se trouva aussi, en 1302, à l'ost de Flandre, et, en 1306, à Péronne, où il mourut au service du roi. Nous avons vu tout récemment, dans les archives de la maison de Beauffort, au château de Bouchout, un acte de quittance que Jean de Beauffort donna de ses gages, au mois de novembre 1299, auquel est appendu son sceau *aux trois jumelles; au quartier semé de fleurs de lys, au franc canton de gueules*, avec cette légende : *S. Johan de Beauffort*. Dans cette quittance, il s'exprime ainsi : « *Je Johan de Beauffort, chevalier, etc...* » Ce chevalier a scellé du même sceau plusieurs autres actes que nous avons vus dans lesdites archives (1876).

1300. Nous faisons remonter vers cette année, la nomination de *Jean de Beauffort*, chanoine, en qualité de trésorier du chapitre de Sainte-Croix, à Cambray. Nous citons ce personnage parce qu'il était un des familiers de la maison des comtes de Hainaut, et qu'il concourait à la rédaction et à la passation de tous leurs actes de famille, comme on le verra dans la suite. — C'est à cette même époque que remonte l'origine de la branche dite : des *seigneurs de Metz*, *de Markais*, *de Bullecourt*, *de Mondicourt*, etc., qui existe toujours, représentée en France et en Belgique.

1301. La terre d'Englefontaine fut vendue au profit du comte de Hainaut. L'acte fut passé, à Valenciennes, le jour de Sainte-Magdeleine 1301, en présence de Jean, fils aîné du comte de Hainaut, de *Guillaume de Beauffort (Biaufort)*, de Jeanne de Valenciennes et de Guillaume de Boulans, chevaliers, de *Jean de Beauffort*, trésorier de Sainte-Croix de Cambray, etc.; ils signèrent et scellèrent tous le dit acte du sceau de leurs armes. — La même année 1301, *Jean de Beauffort*, chanoine et trésorier de Sainte-Croix, fut nommé prud'homme, pour représenter le comte de Hainaut et pour régler un différend qui s'était élevé entre ledit comte et le chapitre de Cambray. Ce différend fut soumis à quatre prud'hommes, qui le terminèrent. (J. de Saint-Genois, *Monum. Anc.*, p. 370 et 37.)

1302 et 1303. Bernard et Pierre de Beauffort, frères, se trouvèrent à l'ost de Flandre; ce qui est établi par deux quittances de leurs soldes, citées par plusieurs auteurs.

1304. *Jean de Beauffort*, trésorier de Sainte-Croix de Cambray, et *Beaudouin de Beauffort*, *homme du comte et de la comtesse de Hainaut*, furent témoins au testament de Jean, *par la grâce de Dieu*, comte de Hainaut, etc., conjointement avec Philippe, sa femme. Testament fait, au château de Mons, le jour de la Nativité de Notre-Dame, en septembre 1304. (J. de Saint-Genois, *Mon. Anc.*, p. 235.)

1305. *Jean de Beauffort*, chanoine et trésorier de Sainte-Croix de Cambray, assista à la rédaction du contrat de mariage de messire Guillaume, comte de Hainaut, Hollande et Zélande, sire de Frise, avec damoiselle Jeanne, fille de Charles-le-Bel, qui fut roi de France de 1322 à 1338. Ce contrat fut signé, à Chauny-sur-Oise, le 29 mai 1305 (*Idem*, p. 214). Ce dignitaire de l'église de Cambray était un des familiers de la maison princière de Hainaut, comme nous l'avons déjà dit ; on le trouve mêlé dans divers actes de la famille des comtes de Hainaut, soit en qualité de fondé de pouvoir, soit comme arbitre, soit comme assistant ou témoin. Nous devons mentionner ici *Philippe de Beauffort (Belloforti)*, qui était déjà chanoine du même chapitre de Sainte-Croix de Cambray, en 1291 (Saint-Genois, p. 795). — *Gillion de Beauffort*, receveur du Hainaut, est mentionné dans un acte de donation faite de la terre de Rieu, en Cambraisis, et autres, par de Thuin, en faveur de la comtesse Philippe, mère du comte de Hainaut. Acte signé, à Maubeuge, en 1305. (*Idem*, p. 377.)

1306. Nous avons remarqué dans un acte de vente faite par le comte de Hainaut, passé à Mons, au mois de fenail 1306, la mention de l'assistance de *Jean de Beauffort*, trésorier, et de *Gillion de Beauffort*, receveur de Hainaut. (*Idem*, p. 385.)

1307. *Jean de Beauffort*, porteur de procuration, représenta à un acte d'accord, Guillaume, comte de Hainaut, etc., et la comtesse Philippe, veuve de Jean, comte de Hainaut. Il signa ledit acte, à Valenciennes, le 7 mars 1307. (*Idem*, p. 272.)

1308. Cette année s'éteignit l'ancienne maison de Beaufort, par la mort du dernier descendant mâle d'Aubert de Beaufort, frère de Bouchard, seigneur et baron de Beaufort, père de Jeanne, héritière de Beaufort et de

Noyelles-Wion, mariée avec Guy, seigneur d'Oiran, second fils d'Aiméry V, vicomte de Thouars, et de dame Agnés de Poitiers. Par suite de son mariage avec Jeanne de Beaufort et de Noyelles-Wion, Guy de Thouars devait relever le nom et les armes de la branche aînée de l'ancienne maison de Beaufort, ce que ses descendants accomplirent. Guy continua à porter les armes pleines de sa maison : *D'or, au semé de fleurs de lys d'azur, au franc quartier de gueules*, tandis que sa lignée portait : *d'azur, aux trois jumelles d'or,* qui est de Beaufort, au franc quartier *de Thouars*. « Le dernier descendant mâle de Beaufort, oncle de Jeanne, héritière de Beaufort, étant venu à mourir, en 1308, Pierre ou Perrin de Beauffort eut alors une contestation avec Raoul de Beauffort, chevalier, seigneur de Metz et de Markais, son parent, au sujet du port des armes pleines de la maison de Beaufort. Pierre soutenait que ce droit lui appartenait, parce qu'il descendait du fils aîné d'Aleaume, seigneur de Beaufort, et Raoul prétendait que ce droit le regardait seul, parce qu'il était d'un degré plus rapproché que Pierre du dernier mâle décédé de l'ancienne maison de Beaufort. Raoul avouait que s'il eut été question de porter les armes pleines de leur propre maison *(de Thouars)*, Pierre de Beauffort, descendant de l'aîné, aurait été fondé dans ses prétentions; mais, il soutenait que s'agissant d'armes étrangères, et le souverain n'ayant en rien concouru *à la convention qui s'était faite entre Guy de Thouars, seigneur d'Oiran, et Jeanne, héritière de Beaufort*, lors de leur contrat de mariage; que ce contrat, qui était personnel et civil, devait être réglé par la coutume d'Artois, qui n'admet pas l'hérédité par droit d'aînesse, mais par droit de proximité, la représentation n'y étant pas reçue. Cette contestation ayant duré quelque temps, se termina à l'amiable, en 1310, par suite du mariage de Jacques de Beauffort, fils aîné de Raoul, avec Magdeleine de Gironvilliers, riche héritière, qui se fit par les soins d'Iolande de Prouvy, mère de Pierre de Beauffort et tante de Magdeleine de Gironvilliers. Il fut stipulé, dans leur contrat, pour apaiser le différend au sujet des armes pleines, que les enfants qui viendraient de ce mariage, porteraient les armes des *de Gironvilliers* avec l'écusson des *de Beauffort* en franc quartier; moyennant quoi, ledit Pierre de Beauffort pourrait porter les armes pleines de Beaufort. C'est ainsi que le quartier de Thouars a disparu, sauf dans la branche d'Oiran et dans d'autres qui le portaient avec un lambel, pour brisure. (Archives de la maison de Beauffort, au château de Bouchout, 1876.)

1310. Jean de Beauffort, chanoine et trésorier du chapitre de Sainte-Croix de Cambray, et autre Jèan de Beauffort, ci-devant receveur du Hainaut, furent présents à la rédaction du testament de la comtesse Philippe, veuve de Jean, comte de Hainaut. Ce testament fait à Mons, le jour de Saint-Ambroise, en avril 1310, fut signé par eux en qualité de témoins. (St-Genois, p. 236.)

1311. Jean de Beauffort, trésorier de Sainte-Croix de Cambray, l'un des exécuteurs testamentaires du défunt Jean, comte de Hainaut, et de la comtesse Philippe, sa femme, reçut une reconnaissance de l'abbé et des moines du monastère de Saint-Aubert, à Cambray, portant qu'ils avaient reçu de ses mains une bible, en langue française, en deux volumes, que feu le seigneur de Lalaing leur avait donnée, et que le comte de Hainaut leur avait retenue quelque temps. Signée à Cambray, en juin 1311. (*Mon. Anc.*, de Saint-Genois, p. 290.)

1312. Colart de Beauffort, dit le Barbu, seigneur de Beaufort, était au service du roi Philippe-le-Bel, en qualité de *chevalier-bachelier*, ayant sous ses ordres une compagnie de onze écuyers et de douze archers, ce qui est établi par une quittance de ses gages, portant la date du 16 mai 1312, et scellée du sceau de ses armes. — Dans un acte de vente de fiefs nobles, de cette même année, figure Jean de Beauffort, *le père*. (Saint-Genois, p. 398.)

Dans la *Gallia Christiana*, tome III, f° 1035, *eccl. Leodiensis*, à la liste chronologique des abbesses de l'abbaye du Val-Notre-Dame, on lit : « VII. Helvidis I de Beaufort, filia Godefridi, militis, obiit 1312. » Cette abbesse appartenait-elle à l'ancienne descendance d'Aubert de Beaufort ou à celle de Guy de Thouars?...

1315. Dans le cartulaire de l'abbaye de Moreuil-lez-Arras, conservé à la bibliothèque de la ville d'Arras, on trouve, sous l'année 1315, une charte de Wion, dit Frion de Beauffort, alors bailli de Blavincourt, étant une sentence rendue au nom et de l'avis du roi de France, en faveur de l'abbaye de Moreuil, au sujet de la dîme de Blavincourt. Cette charte a été citée par M. Goethals, dans l'*Onomasticon*, p. 142.

1320. Nous avons remarqué dans un ancien registre, conservé aux archives de la maison de Beauffort, réunies actuellement au château de Bouchout, à Meysse (Brabant), la mention suivante : « *Litteræ data a Galbero de Belloforti thesauriario et Johanne de Buketo canonico in ecclesia Morinensi, anno* 1320. »

1328. Jacques de Beauffort, dit Beaudouin, chevalier, seigneur de Metz, chevalier-bachelier, qui était un des grands capitaines de son temps, se trouva, cette année, à la bataille de Cassel; en 1339, à l'ost de Tournay, et, en 1340, à la bataille de Bouvines. Le chroniqueur Froissart parle de lui, sous l'année 1343. Il était capitaine-gouverneur de Thérouanne en 1345, et mourut au mois de juillet de l'année suivante.

1334. M. de Saint-Genois cite, dans les *Monumens anciens*, p. 356, un acte important passé au château de Mons, en pleins plaids, le lundi avant le jour de Saint-Jacques et de Saint-Christophe 1334, dans lequel figure Gillion de Beauffort, chevalier, avec quinze autres seigneurs. Cet acte est scellé du grand sceau du bailliage de Hainaut et de seize sceaux desdits seigneurs possesseurs de fiefs nobles dans ce bailliage.

1337. Cette année furent convoqués le ban et arrière-ban de la noblesse de la province d'Artois. Une réunion eut lieu, à Saint-Riquier, le 11 septembre, à laquelle Pierre de Beauffort se trouvait parmi les gentilshommes montés et armés; et une autre fut tenue, à Amiens, le 15 septembre, où se rendit Gilles de Beauffort, avec les gentilhommes montés et armés. (Archives de la Chambre du roi, à Paris.)

1339. Le duc de Bourgogne convoqua, cette année, la noblesse de la province d'Artois pour défendre la ville de Saint-Omer contre les Anglais. Au nombre des seigneurs, cités par Van der Huër, dans son *Histoire de la châtellenie de Lille*, et par dom Devienne, dans son *Histoire d'Artois*, p. 184, sont nommés : *de Beauffort*, *de Noyelles* (de Beauffort), etc.

1340. Le chevalier Froissard de Beauffort fut un des premiers gentilhommes qui allèrent au secours d'Eudes, duc de Bourgogne, à la bataille de Saint-Omer, où il se battit comme un lion. Il fut tué aux pieds de ce prince. On lit dans l'*Histoire générale de la province d'Artois*, par le chanoine Hennebert, p. 195 : « Ce combat (de Saint-Omer), qui ne finit qu'avec le jour, eut lieu le 26 juillet. D'Amelincourt, *de Beauffort;* Etienne de Were, chevalier de Champagne ; Jean Brandes, chevalier de Bourgogne, etc., y laissèrent la vie. » Froissard de Beauffort était parmi les quarante-cinq *chevaliers-bannerets* présents à cette bataille. Les chevaliers-bannerets avaient seuls droit de porter, dans les combats et dans les cérémonies, une bannière à leurs armes ; ils avaient double solde de chevaliers, et ces derniers double solde d'écuyers.

1356. Charles de Beauffort fut tué à la bataille de Poitiers, en combattant pour défendre Jean II, dit le Bon, vaincu et fait prisonnier par le Prince Noir.

1361. Aiméry de Beauffort, fils de Pierre, seigneur de Saire, de Cessoye et de Brie, et de dame Agnés de Haveskerque, mourut évêque d'Arras, le 6 octobre 1361. Voici ce qu'on lit au sujet de ce prélat, dans la *Gallia Christiana*, tome III, f° 339 : « Aimericus quem auctores Belgici, Petro successisse nullo intermedio dicunt *thesaurierius regno Franciæ pro liberatione Regis*. Pontificatu Atrebatensi cohonestatus est circa annum 1349, 3 maii, ex-codicibus Vaticani. An eodem, 29 aug. fidem suam obstrinxit in capitule Remensi. Diem suum obiit 6 octobri 1361, ex ephemeride Joannis Luissier. Jacet in choro ecclesiæ cum antecessoribus episcopis, fundato suo anniversario. » — Cette même année s'éteignit la branche dite des *seigneurs d'Angre*, en la personne de Jean de Beauffort, seigneur d'Angre, décédé le 1er avril 1361. Son frère Henri céda, vers 1400, la terre d'Angre à Guillaume de Sars.

1366. Mathelin de Beauffort, dit *Froissard*, assista à la guerre de Gueldre, qui eut lieu cette année, et à laquelle il se signala par sa vaillance.

1377. Le jour de Saint-Luc, de cette année, est décédé le chevalier Beaudouin de Beauffort, IIe du nom, qui avait fait toutes les guerres de son temps, sous le commandement du maréchal d'Audencham, son oncle maternel. Il aliéna ses biens pour aider son roi. Beaudouin et le chevalier Payen, son fils, sont cités dans les *Chroniques* de Froissart et dans celles de Monstrelet, sous les années 1340 et 1416. Payen fut tué en duel, le 24 octobre 1437, dans un faubourg d'Arras, où son frère unique, Philippe de Beauffort, venait d'être tué aussi en duel. Ce dernier avait été commis, par Jean, duc de Bourgogne, capitaine d'Arras, lorsque cette ville était assiégée par le roi Charles VI, en 1414.

1383. Tassart de Beauffort, *écuyer-banneret*, qui avait fait les guerres de son temps, sous les ordres du duc de Bourgogne, fut fait prisonnier à la bataille de Rosbecque, soutenue par Charles VI contre les Flamands révoltés, en 1382-83.

1396. Mathieu et Jacques de Beauffort, frères, firent partie de la septième Croisade contre les infidèles. Mathieu fut fait prisonnier, tandis que son frère Jacques fut tué à la bataille livrée contre le sultan Bajazet, à Nicopolis, en 1396.

1407. Cette année, messires Tassart et Jacques de Beauffort, père et fils, donnèrent une verrière décorée et armoriée, pour la chapelle de Saint-Éloy dite *des seigneurs de Beauffort*, en l'église paroissiale de Saint-Géry d'Arras. Elle portait cette inscription en lettres gothiques : « *L'an MCCCCVII*, TASSART ET JACQUES DE BEAUFFORT, *père et fils*, *escuyers*, *seigneurs du Saulchoy*, *et dame* MARIE DE LA PERSONNE, dite DE VERLOING, *ont donné cette verrière.* » On voyait sur ce vitrail le blason *de Gironvilliers* chargé du franc-quartier de *de Beauffort*, et celui de *de la Personne.*

1413. Le vendredi, 2 mars de cette année, se tinrent les États d'Artois, à la Cour le Comte, à Arras, où comparurent entre autres nobles les sieurs de Wavrin, de Neufville et de Noyelles-Wion (de Beauffort) ; et, là, en présence du duc de Bourgogne, fut exposé par le gouverneur d'Arras, le sujet du voyage que ledit duc avait fait vers Paris, pour mettre hors de danger le duc de Guienne, etc.

1414. Par lettres patentes données par Jean, duc de Bourgogne, comte de Flandre, le 31 mai 1414, le seigneur de Beauffort fut nommé capitaine de la ville d'Arras, en Artois. Ledit titre est conservé dans les archives de la maison de Beauffort (au château de Bouchout ; inventaire, f° 12).

Le siége de la ville d'Arras eut lieu, cette année, 1414 ; cette place avait alors pour gouverneur particulier Guillaume de Guines, seigneur de Bonnières, et pour capitaine *Philippe de Beauffort*, chambellan du duc de Bourgogne. Il paraît, dit dom Devienne, que cette dernière place n'avait lieu qu'en temps de guerre. Les lettres de provisions données à Philippe de Beauffort portent : « Qu'il sera chargé de mettre et tenir en la ville tel nombre de gens d'armes qu'il jugera expédient ; de faire assembler les sujets, manans et habitans d'icelle ; d'empêcher les pilleries et dommages, tant dans la ville qu'aux environs ; de visiter la ville, de la garnir de murs, guérites et fossés ; de démolir et d'abattre les murs qu'il trouverait convenables, les maisons qui pourraient nuire, tant dans la ville que dans les faubourgs ; de faire marcher les arbalestriers et archers, tout comme pourrait le faire le gouverneur ; de garder l'une des portes de la ville et de la faire ouvrir quand il serait nécessaire, etc. » Dom Devienne dit qu'il a trouvé ces lettres patentes de provisions de capitaine d'Arras, pour Philippe de Beauffort, dans les papiers de M. de Beauffort (*Histoire d'Artois*, 3e partie, p. 33), nous ajoutons que nous les avons retrouvées dans les archives de cette maison, conservées au château de Bouchout, près de Bruxelles, en mai 1876. Philippe prêta serment, en cette qualité, entre les mains du magistrat d'Arras, le 1er juin suivant.

L'année 1414 fut fertile en événements pour la maison de Beauffort ; pour le démontrer, nous empruntons les passages suivants aux historiens du pays : « Regnaut de Beauffort, dit Froissard, se distingua au siége d'Arras, en 1414, où il se trouvait, avec d'autres membres de sa famille. En récompense de ses bons services, il fut nommé, en 1417, gouverneur de Béthune, en Artois ; Enguerrand de Monstrelet parle aussi de lui dans ses *Chroniques* sous l'année 1414. » — Une réunion de 121 gentilshommes eut lieu, en 1414, à Arras, aux États d'Artois, au nombre desquels étaient : *messires de Beauffort, de Noyelles*, etc. (*Histoire d'Artois*, par Hennebert, p. 281). — « Les capitaines de la garnison étaient sires de Ront et DE BEAUFFORT, surnommé à *la Barbe*, avec quarante-trois payes; DE NOYELLES, dit *le Blanc-Chevalier*, avec soixante-neuf payes; Jean de Norrem, etc. » — Philippe de Beauffort, fils de Beaudouin, commis par Jean, duc de Bourgogne, capitaine d'Arras, lorsque cette ville fut assiégée, en 1414, par le roi Charles VI, fut fait *chevalier de l'ordre du roi d'Aragon*, en récompense de ses bons et loyaux services.

1415. M. Hennebert, chanoine de l'église cathédrale de Saint-Omer, a publié dans son *Histoire générale de la province d'Artois*, page 414, la liste des principaux personnages tués à la bataille d'Azincourt, qui fut funeste à la maison de Beauffort, et de laquelle nous détachons les mentions suivantes : « ANTOINE DE BEAUFFORT, seigneur d'Avesnes, pannetier et maître d'hôtel du Roi, fut tué ; DE NOYELLES-WION *et son fils*, furent faits prisonniers. » — CHARLES DE BEAUFFORT fut aussi tué à la bataille d'Azincourt, en 1415 ; avec lui s'éteignit la branche dite des *seigneurs de Bavelincourt*. — Dom Devienne dit dans la troisième partie, p. 48, de son *Histoire d'Artois* : « Qu'à la journée d'Azincourt (1415), trois frères *de Noyelles* furent tués ?... » Jean-Baptiste Maurice, dans son *Histoire des chevaliers de la Toison-d'Or*, a dit que Jean de Noyelles-Wion, seigneur de Castau, père de Baudot, fut tué à la bataille d'Azincourt en 1415. Adolphe de Beauffort, seigneur de Saclains, mourut, en 1415, d'une blessure qu'il avait reçue à la bataille d'Azincourt; avec ce brave gentilhomme s'éteignit la branche, dite des *seigneurs de Saclains et de Bavelincourt*.

1421. Sarrazin de Beauffort, qui servait le parti du dauphin dans toutes les guerres de son temps et auxquelles il se distingua, fut fait et créé *chevalier*, cette année. Il est aussi question de lui dans *les Chroniques* d'Enguerrand de Monstrelet.

1422. Jean de Beauffort, *chevalier*, seigneur du Saulchoy, de Markais, etc., qui venait de fixer sa résidence à Arras, se pourvut, cette année, devant les magistrats compétents, pour obtenir la qualité de *bourgeois de la ville d'Arras*, afin de jouir des priviléges et immunités attachés à ce titre purement municipal; faveur qui lui fut accordée par décision du 9 octobre 1422. On trouve parmi les bourgeois d'Arras, les noms les plus aristocratiques et les plus illustres du pays, tels que les : de Boufflers, Bryas, Carnin, Croix, Croy, Dion, Egmont, Lalaing, Lannoy, Lens, Mailly, Marnix, Mérode, Montmorency, Nédonchel, Paris, Thiennes, etc. Plusieurs membres de ces diverses familles nobles ont été élus aux dignités municipales et à l'honneur de représenter la ville d'Arras dans certaines cérémonies ou solennités. Le même Jean de Beauffort épousa, par contrat passé à Arras, les 18 et 19 mars 1424, Marie de Paris, riche héritière, fille de Jean de Paris, seigneur de Bullecourt et de Beaurains, mayeur d'Arras. Elle lui apporta une riche dot. La maison *du Dragon*, située sur la place du Petit-Marché, leur fut donnée pour demeure. L'appelation de cette maison, devenue le surnom de Jean de Beauffort, dit *Dragon*, lui venait de la représentation d'un dragon aîlé ou *dragon de saint Georges* sculpté sur la façade. Ici, trouve naturellement place une observation que nous avons faite : « Dom Devienne et autres écrivains nous ont transmis qu'après les cérémonies de la réhabilitation de Colart de Beauffort et des autres innocentes victimes (1491), le seigneur de Beauffort donna à dîner aux principaux personnages qui y avaient participé, *dans son logis*, situé sur la *Petite-Place* ou *Petit-Marché*. C'était, sans doute, dans la maison *du Dragon*. Il sera question de cette intéressante affaire de Colart de Beauffort, à sa date, plus loin, en 1459.

1423. Cette année, Jacques de Beauffort accompagnait, avec plusieurs autres gentilshommes, Philippe-le-Bon, duc de Bourgogne, au tournois qui se donnait dans la ville d'Arras, en Artois, et que ce prince présida. Un autre tournois se tint dans la même ville, en 1428, sous la présidence de ce même prince ; Jacques de Beauffort y combattit. — La noblesse de tournois tire son origine, suivant Larroque, des tournois ou combats d'adresse institués, en 935, par l'empereur Henri, dit *l'Oiseleur*. Il fallait, pour y être admis à combattre, faire preuve de douze quartiers de noblesse. Le dernier tournois qui eut lieu, en France, fut celui de 1559, où le roi Henri II fut tué par le comte de Montgommery, capitaine de ses gardes (*Nobiliaire Toulousain*, t. Ier, p. 41).

1433. Baudot (de Beauffort), chevalier de Noyelles-Wion, seigneur de Castau, conseiller et chambellan du duc de Bourgogne, gouverneur des villes de Péronne, de Roye et de Mondidier, fut créé *chevalier de la Toison-d'Or*, au chapitre de l'ordre tenu, cette année, à Dijon. Le chevalier de Noyelles-Wion se trouva au siége de Compiègne, où l'armée du duc de Bourgogne fut entièrement défaite. Baudot (1) se sauva à la faveur de la nuit, avec Jean de Luxembourg, comte de Ligny; il fut un des conducteurs des troupes que le duc envoya en Bourgogne, pour délivrer la ville de Dôle, assiégée par le duc de Bourbon; et fut capitaine des troupes au siége de Calais. Député, avec Jean de Croy, seigneur de Chimay, pour la délivrance de la ville de Crotoy, asiégée par les anglais, il signa, en 1453, le traité de paix consenti entre le duc de Bourgogne et les Gantois, avec plusieurs autres princes et principaux seigneurs du pays. Baudot de Noyelles-Wion fut présent au chapitre des chevaliers de la Toison-d'Or, tenu à Gand, en 1445. Ses armoiries ont été sculptées sur les boiseries du chœur de la cathédrale de Gand, à droite : *De gueules, à trois jumelles d'argent, au lambel d'argent de trois pendants*, pour brisure, avec son cimier à l'antique. La présence du lambel indique que ce chevalier était un cadet ou bien qu'il appartenait à une branche cadette de la branche des de Noyelles-Wion.

1435. Jacques de Beauffort et Jean, son fils, ayant acquis plusieurs fiefs, furent assignés, cette année, suivant la coutume, pour le paiement du droit de *nouvel acquêt* (de nouvelle acquisition). Les nobles d'extraction étaient exempts de ce droit. Ils justifièrent de leur noblesse de race, devant les deux commissaires délégués, à cet effet, par le comte de Saint-Pol et par le duc de Bourgogne. Ces commissaires rendirent un jugement de francs-fiefs, en 1437, en faveur de Jacques de Beauffort et de Jean, son fils, les déclarant *nobles d'extraction* et,

(1) *Baudot* est un diminutif de *Beaudoin*.

par conséquent, exempts dudit droit de *nouvel acquêt*. — « Le droit de *nouvel acquêt* était, en Artois, un tribut que le Roi levait sur tous les roturiers pour la faculté de pouvoir posséder des biens féodaux. Les nobles étaient exempts du paiement de ce droit (Bultel). » Nous revenons sur cette question, à l'année 1437 de ces Annales, afin de réfuter M. Goethals sur ce sujet.

1437. Cette année, dit Maloteau de Villerode, Jacques de Beauffort, seigneur de Markais, fut déclaré exempt du droit de *nouvel acquêt*, « pour *être gentilhomme* de père et de mère. » Voici ce qui a été publié par M. Goethals, dans l'*Onomasticon*, p. 144, au sujet de ce jugement de francs-fiefs :

« La poursuite contre Jacques de Beauffort ne fut point une action isolée, bien au contraire, elle fut le résultat d'une mesure fiscale prise au Congrès d'Arras, à l'effet de mettre le duc de Bourgogne à même de pourvoir aux besoins les plus urgents de la défense du pays, contre les Anglais, ses anciens alliés.

» A la suite du traité d'Arras, Charles VI, roi de France, qui avait fait cession de magnifiques domaines au duc de Bourgogne, donna encore à ce prince le pouvoir de se faire payer les droits de *nouvel acquêt* sur les ventes, donations et transactions, faites dans ces domaines depuis quarante ans. La gent fiscale fut âpre à la curée, et le comte de Saint-Pol ne voulant pas faire le sacrifice de tout son droit eut la magnanimité de se contenter du tiers. Tous les nouveaux acquéreurs, depuis 40 ans, furent appelés à justifier de leur noblesse, pour échapper à cet impôt (suivant le privilége de la noblesse). Ce fut dans ces conditions qu'un procès fut intenté contre Jacques de Beauffort et son fils Jean (le mot *procès* est exagéré ; *une assignation en justification de noblesse*, étaient les termes consacrés). J'ai sous les yeux, continue le même auteur, une copie de la procédure authentique. On y lit : « Nous avons fait » prendre et mettre en la main de mon dit sieur le duc et

» monsieur le comte de Saint-Pol, deux fiefs, situés à Bulle-
» court, l'un appartenant à JACQUES, et l'autre à JEAN DE
» BEAUFFORT, son fils, demeurant à Arras, pour sur iceux
» fiefs par-dessus nommés, nouvellement acquis, prendre et
» avoir droit de nouvel acquêt..... Et sur ce, se sont traits par-
» devant nous, lesdits père et fils, et ont déduit qu'ils étaient
» nobles et sont nobles, extraits et venus de noble génération ;
» que lesdits père et fils, nous ayant baillé *leur généalogie par*
» *écrit, et sur icelle dénommé et administré plusieurs*
» *chevaliers et escuyers* : monsieur DE BEAUFFORT, *messire*
» PAYEN DE BEAUFFORT, sieur de Ransart; *Payen de*
» *Habarcq*, comme autres ; tous lesquels nous avons ouï, in-
» terrogés et examinés sur la généalogie, dont disaient être
» descendus lesdits père et fils, et les *services en armes*, dont
» la cédule par eux baillée fait mention; les dépositions des-
» quels témoins nous avons fait mettre et rédiger par écrit.....
» Savoir faisons à tous que, vu la déposition desdits témoins,
» et tout ce que, en cette partie, faut savoir et considérer,
» nous avons dit et déclaré, disons et déclarons par ces pré-
» sentes, que lesdits père et fils ont tant et si avant fait appa-
» roir de leur noblesse, que nous avons levé et ôté, levons et
» ôtons par ces dites présentes la main desdits seigneurs mise
» et assise auxdits fiefs à la cause dite, pour en jouir doréna-
» vant par eux comme par personnes nobles, sans pour ce
» payer au profit desdits seigneurs ou aucuns d'eux quelques
» finances, etc..... »

Ce jugement de francs-fiefs est concluant, même pour ceux qui l'avaient provoqué, et qui furent déboutés de leurs prétentions, M. Goethals seul, *mu par un esprit de rancune*, n'est point satisfait, tout en ayant l'authentique de cette procédure sous les yeux. Il fait suivre ce document de ces réflexions : « Alors encore, une bonne critique oblige à reconnaître que toute question de noblesse dépendait du sentiment de la notoriété publique. L'usage des quartiers, à peine introduit, n'était pas reçu dans les chapitres. *On se bornait à des témoi-*

gnages sous la sainteté du serment. Plus tard surgirent les pancartes et leurs éternels débats. »

Les preuves de noblesse se sont toujours faites par la production d'actes authentiques; les preuves testimoniales n'avaient d'autre but que celui d'établir l'*identité* du présenté ou du requérant, afin d'éviter les substitutions de personnes. Ce qu'on a eu le tort de ne plus observer à notre époque. Il en est résulté de la suppression des constatations d'*identité, affirmée par témoignages de contemporains*, un grand nombre d'*usurpations*, consacrées par des décisions judiciaires, notamment sous le second empire (1852 à 1870). Nous connaissons des décisions de cette espèce, obtenues en faveur de l'homonymie ou de la similitude de noms. Plusieurs *intrus favorisés* ont pu ainsi, avec un semblant de légalité, usurper des noms nobiliaires ou terriens de maisons éteintes auxquelles ils sont étrangers. Nous pourrions, au besoin, en citer bon nombre.

Cette même année s'éteignit la branche-mère de la maison de Beauffort, dite des seigneurs de Beaufort, de Noyelles-Wion, de Saire, de Cessoye, de Brie, etc.; commencée à Guy de Thouars, époux de Jeanne de Beaufort et de Noyelles-Wion; elle finit à Philippe et à Payen de Beauffort, frères, tués en duel, le même jour, 24 octobre 1437, dans un faubourg de la ville d'Arras, en Artois.

1459. Cette année commencèrent les poursuites, les tourments et les tortures exercés par l'Inquisition contre le seigneur de Beauffort et contre une trentaine de ses compatriotes, accusés à tort d'être Vaudois ou sorciers. On appelait Vaudois une secte d'hérétiques qui commença au XIIe siècle et qui eut pour fondateur Pierre Valdo ou de Vaux. Les Vaudois persécutés et exterminés en France, par l'Inquisition, se retirèrent en nombre en Piémont où ils existent encore. Nous avons fait une observation, dans le cours de nos recherches, notamment dans celles opérées aux archives de Toulouse, ville où saint Dominique a créé le premier tribunal de l'Inquisition de la foi, où des registres de sentences sont conservés; cette observation porte sur ce fait que l'Inquisition en voulait davantage à la richesse des seigneurs d'alors qu'à réprimer leurs croyances plus ou moins sincères. Presque la totalité des sentences infligent de fortes amendes ou la confiscation des biens des accusés, au préjudice des héritiers naturels et au profit des monastères et des gens d'église. Dans les registres des sentences du tribunal de l'Inquisition de Toulouse, figurent les plus grands noms et ceux de personnages appartenant aux plus anciennes et plus illustres familles du Midi de la France, dont plusieurs des leurs ont fait partie des diverses Croisades entreprises contre les ennemis de la religion chrétienne. Nous devons faire remarquer que c'est aussi le cas de la maison de Beauffort qui a été si dignement représentée aux expéditions de la Terre-Sainte.

Dans la cause si intéressante du malheureux Colart de Beauffort, dit Payen, si délicate par son sujet, nous laissons la parole aux historiens les plus estimés du pays et plus particulièrement à un chroniqueur du temps, Jacques Du Clercq, dont les *Mémoires* ont été imprimés pour la première fois en 1823, par les soins de M. Frédéric, baron de Reiffenbèrg. Nous ferons observer que, nonobstant quelques répétitions forcées, ces divers écrivains se complètent les uns les autres. Voici ce que nous a transmis J. Du Clercq, dans le tome III, p. 33, de ses *Mémoires*, dont nous respectons le style, nous contentant seulement de rajeunir l'ortographe :

« CHAPITRE VII. — *Comment le seigneur de Beauffort, chevalier, et Jean Tacquet, bourgeois d'Arras, et autres furent pris comme Vaudois.*

» Le 22e jour de juin 1459, sur le soir, en la ville d'Arras, fut pris comme Vaudois, par Robert de Marquais, lieutenant d'Arras, Jean Tacquet, bourgeois et échevin de la ville d'Arras, riche de quatre à cinq cents francs de rente, et fut emmené, en cité, à la prison de l'évêque, et le lendemain, après-dîner, pour ledit cas, fut pris Pierre de Carieulx, très-riche homme, âgé de 60 ans ou environ, et s'était élevé en richesse par savoir faire comptes et recettes, et disait-on que c'était le meilleur faiseur de comptes qui fut en France; icelui, Pierre avait été autrefois prêché (poursuivi) pour hérésie, contre la foi, et était mal renommé en la foi; et combien qu'il fut riche de quatre à cinq cents francs de rente, s'y tenait-il son ménage seul, sans valet, d'une façon mesquine, et s'y avait oncques été et n'était marié. Pierre fut aussi emmené en la prison de l'évêque, en cité.

» Le mardi ensuivant, jour de Saint-Jean-Baptiste, par ledit Robert de Marquais, fut pris messire PAYEN DE BEAUFFORT, *chevalier, noble homme et une des plus anciennes bannières d'Artois* (ce sont les termes dont s'est servi le chroniqueur Du Clerq), âgé de 72 ans ou environ, et riche de cinq à six cents francs de rente, comme accusé d'être Vaudois; icelui seigneur de Beauffort, avant qu'il fut fait prisonnier, savait bien qu'il était accusé d'être Vaudois, et lui avait-on dit qu'il se gardât; mais, il répondit à ceux qui le lui dirent : *Que s'il était mille lieues loin et qu'il sût qu'il en fût accusé, il reviendrait pour s'en excuser, et ne craignait rien.* Pour ce cas même, vint en la ville d'Arras pour se montrer et s'excuser; et encore lui venu dans ladite ville d'Arras, en son hôtel de la Quiefvrette, qui était sien. Son fils aîné et autres de ses amis lui prièrent et requièrent très-instamment que s'il se sentait coupable dudit crime, il se voulut absenter. Lequel leur répondit : *Qu'il n'en ferait rien, et qu'il ne craignait homme!* et sur ce, leur fait le plus solennel serment qu'il pût, en donnant son âme à tous les diables d'enfer et en renonçant à la gloire du paradis, s'il savait ce que c'était ladite *vauderie*. et s'il en était coupable, et jura qu'il en était innocent. Toutefois, celui-ci propre jour, comme il est dit, fut pris dans l'après-midi par le lieutenant d'Arras, sans le tenir prisonnier ; lequel sieur de Beauffort pria ledit lieutenant : qu'il le menât devers le comte d'Estampes, lequel pour cette heure était en la ville d'Arras, venu pour cette cause, ce que fit le lieutenant. Et comme le sieur de Beauffort fut venu devers le comte pour tâcher de s'excuser, le comte ne voulut parler à lui ; ainsi commanda ledit comte à messire HUGUES DE MAILLY, chevalier, seigneur de Boullencourt, *proche parent dudit seigneur de Beauffort*, qu'accompagnait Guillaume de Berry, lieutenant du bailly d'Amiens, et le lieutenant d'Arras, et il le mena publiquement en la prison de l'évêque, ce que fait ledit chevalier, et prit ledit seigneur de Beauffort par le bras et le mena publiquement, entre quatre et cinq heures, en ladite cité, en la prison de l'évêque ; et allèrent jusques en la prison plusieurs de ses fils et un gendre nommé Jacques Guillemant, lequel avait épousé sa sœur bâtarde ; lequel Jacques était fils d'un chanoine d'Arras, et lequel Jacques fut aussi détenu prisonnier avec ledit seigneur de Beauffort, comme accusé d'être Vaudois ; icelui Jacques usait de guérir les gens de fièvres par paroles et y avaient plusieurs gens croyants, mais c'était contre les commandements de Dieu et de l'Église.

« Le lendemain fut aussi envoyé quérir, comme accusé d'être Vaudois, un des sujets dudit seigneur de Beauffort, nommé Rogier. »

— Dom Devienne, dans son *Histoire d'Artois*, donne sur cette affaire les détails suivants :

« A la fin de juin 1459, on punit encore comme Vaudois à Arras, COLART, dit PAYEN DE BEAUFFORT, âgé d'environ 60 ans. Il fut conduit, avec plusieurs autres, dans les prisons de l'évêque, quoiqu'ils jurassent, par tout ce qu'il y avait de plus sacré, ne s'être jamais rendus coupables de ce dont on les accusait. On invita l'inquisiteur de Tournai et les ecclésiastiques voisins de venir les juger, ce qu'ils refusèrent; en sorte que ceux qui avaient jugé les précédents hérétiques, jugèrent encore ceux-ci. Beauffort fut déclaré hérétique, apostat, idolâtre, condamné à être battu publiquement de verges et hué; ce qui fut exécuté par l'inquisiteur même de la foi. Il fut, de plus, condamné à tenir prison fermée pendant l'espace de sept ans, en tel lieu que bon semblerait à l'évêque; de *mettre au tronc de Malines*, destiné à fournir de l'argent à ceux qui voulaient aller combattre les infidèles, *six mille livres*, monnaie d'Artois, valant cinq mille écus d'or; idem, à *quinze cents livres* pour les frais de l'Inquisition; à *cent cinquante livres*, pour la fabrique de la cathédrale; à *cent livres*, pour faire dresser une croix de pierre aux Hautes-Fontaines, où il avait fait service au diable; *cent livres*, pour l'église de la Trinité, du faubourg d'Arras; à *cent livres* pour les Jacobins; à *cent livres* pour les frères mineurs; à *cent livres* pour les fidèles de Dieu, et à *dix-huit cents livres* pour les hôpitaux d'Arras. — Beauffort appela de cette sentence au Parlement de Paris, quoiqu'on l'eut mise à exécution. Elle fut déclarée *nulle, injuste, abusive, pleine d'excès et d'attentats*. On condamna aux dépens les vicaires généraux d'Arras. On rétablit dans leur honneur et dans leurs biens ceux qu'ils avaient flétris, et l'on réintégra dans leur réputation ceux qui étaient morts. Cet arrêt fut rendu en 1461. Quelque juste qu'il fut, il ne fit qu'animer davantage les inquisiteurs d'Arras. Ils jurèrent de perdre *de Beauffort*. On continua de lui supposer des crimes. Il fut arrêté sur de nouvelles imputations, et les juges ecclésiastiques l'ayant déclaré atteint et convaincu, le livrèrent à la justice séculière qui le condamna à mort et fit exécuter cette malheureuse victime du fanatisme et de la vengeance. » Sa mémoire fut réhabilitée, par un arrêt du Parlement de Paris du 20 mai 1491, dont nous parlerons à sa date. (*Histoire d'Artois*, par dom Devienne; 1734; 3me partie, p. 98.)

Voici en quels termes l'historien Harduin raconte cet événement, dans ses *Mémoires pour servir à l'histoire de la province d'Artois*, p. 196 :

« Du temps de Philippe-le-Bon, *messire Colart de Beaufort, seigneur de ce lieu et de Ransart*, et plus de trente autres personnes, des deux sexes, avaient été faussement accusées de *vauderie*, c'est-à-dire de sacriléges et de commerce avec le diable; car, on a longtemps donné aux sorciers le nom de *Vaudois*. Guillaume de Brouffart, jacobin, inquisiteur de la foi, Jean Fauconnier, de l'ordre des frères mineurs, évêque de Baratte *in partibus*, tenant la place de Jean Geoffroi, évêque d'Arras, qui était alors à Rome, l'official, les vicaires-généraux et le doyen du chapitre, les officiers de la gouvernance d'Arras et le lieutenant du bailli d'Amiens, avec divers adjoints, instruisirent les procès de ces accusés, dont la plupart furent punis ignominieusement dans la cour du palais épiscopal d'Arras. On en brûla quelques-uns; d'autres furent seulement *échaffaudés, prêchés et mitrés*, sortes de peines inventées par les tribunaux de l'Inquisition. Le seigneur de Beauffort, gentilhomme, âgé de soixante-dix ans, et recommandable à tous égards, fut battu de verges en public par l'inquisiteur; mais, sans avoir les épaules découvertes. On le condamna, outre cela, à une prison de sept ans, et à diverses aumônes, qui se portaient à plus de huit mille livres, y compris la dépense d'une croix, qui devait être érigée près des Hautes-Fontaines, en expiation de l'hommage qu'on lui imputait d'avoir fait au diable en cet endroit. »

Dans le manuscrit de Jacques Du Clercq, conservé dans la bibliothèque de l'abbaye de Saint-Vaast, à Arras, nous trouvons la mention des *sorcelleries* imputées à Colart de Beauffort et à ses coaccusés. Nous ferons remarquer que ce chroniqueur constate qu'on a arraché *un aveu* à Colart, par la *géhenne* et la torture. Comme on le verra, il fallait être porté de bonne volonté et de parti pris pour admettre de telles absurdités, imputées à un homme intelligent et instruit, tel que l'était Colart de Beauffort, ancien conseiller et chambellan du duc de Bourgogne. On se rappellera que Colart fut arrêté et emprisonné le 24 juin, depuis lors on instruisait l'affaire, en appliquant, aux interrogatoires, les tortures pour arracher des aveux aux accusés. Aveux qu'on obtenait toujours au moyen de souffrances graduées et atroces.

« Le 22 octobre 1459, en la maison épiscopale de l'évêque d'Arras, en cité, publiquement et devant tout le monde, où il y en avait tant que sans nombre, car de dix lieues des environs d'Arras on était venu; furent mis, en échafaud, élevé pour cette cause, messire Colart dit Payen, seigneur de Beaufort, chevalier; Jean Tacquet, Pierrotin de Carieulx et Huguet Aubry; sur chacune de leurs têtes une mitre, sur laquelle était peinte l'image du diable en telle façon qu'ils l'avaient honoré, et nonobstant que ledit Huguet n'avait rien confessé, il fût mitré et y était peint en telle façon qu'on avait déposé contre lui qu'il aurait fait hommage au diable; et là, par l'inquisiteur de la foi de la ville de Cambray, jacobin, furent prêchés publiquement, et dit ledit inquisiteur : « que ledit sieur de Beauffort, chevalier, qui est là présent, avait consenti au vouloir » de méchantes femmes, lesquelles avaient été brûlées (ardses), » comme vaudoises, comme ci-dessus est dit; et par leur exhortation, il avait pris un petit bâton, et oingt ledit petit-bâton » et ses mains d'*oignement* qu'on lui avait baillé, et puis *mis* » *ledit bâton entre ses jambes et incontinent lui étant en la* » *ville d'Arras, en sa maison de la Quiefvrette* (1), *fût porté* » *par l'ennemi d'enfer, la première fois, au bois de Mosslaines, à une lieue près d'Arras*, en la Vauderie, où là, il » y avait plusieurs hommes et femmes; et, là, en ladite Vauderie, présents tous ceux qui y étaient, fait hommage au » diable d'enfer; lequel y était et présidait en forme de singe, » et baissa au diable la patte; et combien que le diable lui » requit son âme, il ne lui donna que quatre cheveux de sa » tête, ce fait en icelle place; lui étant en ladite Vauderie, » connut une femme charnellement, et ne fut point ladite » femme nommée; et dit, encore, ledit inquisiteur : que ledit » seigneur de Beauffort avait été deux autres fois encore en » ladite Vauderie et autres lieux; c'est à savoir, l'une des fois » à Hautes-Fontaines, assez près d'Arras, et y était allé à pied,

(1) *Quiefvrette, Chiefvrette, Chevrette,* femelle du chevreuil.

» en plein jour, après-dîner, et y était là le diable en forme de » chien; le nommé Thirault y présidait; et là, le prêché, le » diable et tous ceux qui y étaient, dont il y en avait foison » d'hommes et femmes, et leur disait le diable : qu'il n'y avait » au monde que ce lieu où nous sommes, et n'avaient point » d'âmes autres que les bêtes, et quand ils mouraient tout mou- » rait. Là, il leur défendit d'aller à l'église; eux se confesser » et recevoir le corps de Notre-Seigneur Jésus-Christ; de » prendre de l'eau bénite, et de faire tout ce que chrétien doit » faire et est tenu de faire; et là, il lui promit ledit chevalier » de lui obéir à lui. Et, la troisième fois, fut en ladite Vauderie » en un bosquet, assez près d'Arras »

» Toutes ces choses dites, par ledit inquisiteur, ledit inquisiteur demanda audit chevalier et seigneur de Beauffort s'il n'était point ainsi qu'il dit? lequel chevalier répondit : haut et clair que oui, en requérant miséricorde; lors dit ledit inquisiteur publiquement au peuple, qu'on ne se donnat point de merveille si ledit seigneur de Beauffort n'était point mîtré et qu'il ne l'avait point été, pourtant que ledit seigneur de Beauffort avait confessé d'avoir été en ladite Vaulderie, *sans quelque géhennes ou tortures*, n'y oncques puis s'était rappellé, etc..... » (Mémoires de J. Du Clercq, tome III, p. 62 et suivantes.)

Le chroniqueur J. Du Clercq continue ainsi la narration des tourments iniques que firent subir, à Colart de Beauffort et aux autres victimes, les inquisiteurs de la foi en l'année 1460 :

« Audit an, le 16e jour de janvier, arriva un huissier de parlement en la ville d'Arras, pour faire information du tort que le sieur de Beauffort disait qu'on lui avait fait, aussi pour s'informer des torts que Jehan Tacquet et autres disaient qu'on leur avait fait par *géhenne* (1) et autrement, pour s'informer

---

(1) *Géhenne,* lieu de tortures et de tourments. On appelait *géhenne* une cellule isolée, bien close, dans laquelle on appliquait la question aux accusés; les cris y étaient étouffés. Nous avons vu *la géhenne* du Capitole de Toulouse, où Calas subit les tortures de la question.

aussi d'une appellation que le sieur de Beauffort disait avoir faite des vicaires. C'est à savoir qu'avant qu'il fut donc interrogé, ni condamné d'avoir été en ladite Vauderie, il avait appelé des vicaires et leurs complices, en parlement; et avait été amené icelui huissier par Philippe de Beauffort aîné, fils dudit seigneur de Beauffort, lequel après information faite et plusieurs témoins ouïs, tels que ceux qui l'avaient fait ici venir lui voulurent administrer.

» Le 29e jour de janvier ensuivant, ledit huissier, accompagné de Philippe de Beauffort, lui quatrième des frères légitimes, à savoir : de Pierre, Raoul et Jacques de Habarcq frères, et autres jusques au nombre de trente compagnons ou environ, bien *embastonnés* de bâtons de guerre, vinrent aux vicaires de l'évêque, auxquels l'huissier, de par le roi de France, requiert avoir obéissance de exploiter ce qu'il avait de charge; lesquels vicaires, de peur qu'ils eurent de ceux de sa compagnie, comme dit est, embastonnés, ne comparurent; lors l'huissier, entre dix et onze heures à midi, alla à l'hôtel de l'évêque et demanda les clefs de prison au geôlier, lequel les lui refusa; lors, ledit huissier les lui prit par force; puis alla en la prison où le sieur de Beauffort était, et l'en tira hors, et l'emmena en la ville d'Arras, en sa maison nommée la Quiefvrette, et donna jour aux vicaires de l'évêque, pour comparaître en la cour de Parlement contre le seigneur de Beauffort, au vingt-cinquième de février ensuivant, pour prendre en la cause d'appel dudit seigneur et autres en cause; et le lendemain l'huissier emmena ledit sieur de Beauffort, à Paris.

» Le propre jour qu'on emmena le sieur de Beauffort de la cité d'Arras, avec les enfants de Habarcq, avait un nommé Willemet Baceler, banni de la ville d'Arras; lequel Willemet entra en ladite ville avec eux, et alla dîner en une taverne, devant l'église de Saint-Géry, nommée *les Caillaux*, avec plusieurs autres de ses compagnons. Ce sachant, Robert de Marquais, lieutenant du gouverneur d'Arras, accompagné de ses sergents, vint en ladite taverne, pour prendre icelui Willemet, et entra en une chambre haute où ils dînaient, de laquelle il sauta en la rue, d'une hauteur de 29 à 30 pieds. Il se blessa à la tête dans sa chute. Mais, il parvint à s'en fuir. » (Du Clercq, tome III, chapitre XIX, p. 94.)

L'affaire de Colart de Beauffort se trouve aussi exposée dans l'*Histoire des ducs de Bourgogne* de la maison de Valois, par M. de Barante, etc. Bruxelles, 1838, tome II, p. 175 et suivantes.

1461. L'accusation portée contre Colart de Beauffort n'était qu'une feinte; elle masquait l'envie que l'on portait à sa richesse et à sa naissance. Colart était seigneur de Ransart, de Beaufort, de Montenescourt, de Frisseux, de Beaumez, Pourchelet, de Vailly, de Monchy-au-Bois, de Blairville, de Biensvillers, de Bavincourt, de Curles, de Boisleux, de Grincourt, de Brétencourt, etc. Jacques Du Clercq, dans ses *Mémoires*, dit en parlant de lui : « *Noble homme et une des plus anciennes bannières d'Artois.* » Tous les auteurs qui ont traité ce sujet justifient complétement ce seigneur malheureux, qui, malgré son innocence, fut déclaré coupable. La ville d'Arras eut la douleur de voir ce noble et respectable vieillard, condamné à être battu de verges et hué, à subir un emprisonnement de sept années, *à payer de grosses amendes* au profit de l'Eglise, et à subir d'autres avanies. Colart de Beauffort appela, comme il a été dit plus haut, de cette inique sentence, bien qu'elle eût reçu son exécution. Le Parlement de Paris, jugeant en appel, cassa, par un arrêt de 1461, la condamnation et ordonna la mise en liberté du seigneur de Beauffort. L'arrêt a été imprimé dans toute sa teneur.

Malgré la terreur qu'inspiraient les bourreaux de Colart de Beauffort, ses fils se chargèrent eux-mêmes de mettre à exécution cet arrêt. L'évêque d'Arras et les autres juges avaient refusé de reconnaître, dans cette circonstance, comme dans beaucoup d'autres, l'autorité du roi de France. Les fils de Colart, accompagnés de leur beau-frère Philippe de Habarcq et de quelques amis, les plus dévoués, se rendirent, bien armés, à la prison de la ville, arrachèrent les clefs des mains du geôlier, et mirent leur père en liberté, aux acclamations de la population entière. Mais, tant de courage ne put triompher d'une haine aussi vivace et invétérée. Les persécuteurs de Colart, que l'arrêt du Parlement de Paris avait exaspérés, lui imputèrent de nouveaux crimes; il fut emprisonné de rechef, livré à la justice séculière, et, après un jugement sommaire, condamné à mort et exécuté à bref délai.

Nous n'avons rien trouvé des causes de l'exécution de Colart. Nous reviendrons sur ce sujet en 1491, année de la réhabilitation de Colart de Beauffort et de ses compagnons de supplice.

1466. Nous empruntons le passage suivant aux *Mémoires de J. Du Clercq*, tome IV, p. 263 : « ... Au dit an, le dernier jour de juin, un nommé Baudechon Boucquet, dit Buffardin, natif de Gouy, en Artois; lequel, pauvre enfant et de petites gens, en son enfance servit messire *Baudot de Noyelles*, chevalier, seigneur de Noyelles et dudit Gouy. Il porta, en temps de guerre, un ordre du duc de Bourgogne au gouverneur de Péronne. Il s'acquitta si bien de son mandat, que ce prince en fit son receveur et le maria à une jeune fille riche, de Péronne. Baudechon était un des serviteurs de *Baudot de Noyelles*, chevalier de la Toison-d'Or, un des plus illustres personnages de son temps. Comme on le voit, les serviteurs étaient dignes de leur maître. »

1473. Philippe, duc de Bourgogne, écrivit, en novembre 1473, à plusieurs prélats et seigneurs, entre autres à messire Philippe de Beauffort, dit le *Barbu*, pour qu'ils accompagnassent le corps de la duchesse de Bourgogne, sa mère, que ce prince faisait transporter des chartreux de Gosnay aux chartreux de Dijon, jusqu'à Namur, où les États du Hainaut devaient le recevoir et lui rendre les honneurs accoutumés. Le chevalier de Beauffort accomplit cette mission.

1475. Guillaume de Beauffort, chevalier, fut tué, cette année, sous les murs de Nancy.

1479. Après la fameuse journée de Guinegatte, à laquelle s'était signalé Antoine de Beauffort, seigneur d'Avesnes, pannetier et maître-d'hôtel de l'empereur Maximilien, ce seigneur fut armé chevalier.

1480. Environ vers ce temps, la branche de la maison de Beauffort, connue sous le nom de son fief de *Noyelles-Wion*, formée, vers 1230, par le mariage de Jacques de Beauffort, seigneur de Noyelles-Wion, en Artois, avec Adèle d'Antoing, tomba en quenouille dans la maison de Lalaing, de Vasières d'Hendicourt, et dans celle de Creton d'Estourmelle.

1488 à 1491. On fit, dans la province d'Artois, la recherche de ceux qui étaient sujets au droit du *nouvel acquêt* appartenant au roi, dont les nobles seuls étaient exempts. Une commission fut nommée pour vérifier les titres de noblesse de ceux qui se prétendaient affranchis de ce droit, que les roturiers devaient au souverain.

J. de Saint-Genois a publié, dans les *Monumens anciens*, n° 896, un état, conservé dans les archives, sous ce titre : *Noms de ceux trouvés nobles, à la demande du droit du nouvel acquêt, en 1488*... Nous remarquons dans cette liste : QUENTIN DE BEAUFFORT, demeurant à Royaucourt...; PHILIPPE DE BEAUFFORT, *chevalier*, demeurant à Saint-Omer..., qui avaient fait de nouvelles acquisitions de terres. Ils furent déclarés exempts du droit de nouvel acquêt à cause de leur ancienne noblesse.

1491. Nous avons rapporté, en l'année 1459, les détails des poursuites dirigées contre Colart de Beauffort et contre trente autres personnes innocentes, et leurs funestes conséquences. Voici quelques détails relatifs à leur réhabilitation tardive, empruntés au *manuscrit de Saint-Vaast*, et publiés par dom Devienne, dans son *Histoire d'Artois*, p. 182 et suivantes :

« An 1491. — Les atrocités de l'Inquisition, établie dans l'Artois, et surtout le supplice de *Colart de Beauffort*, un des seigneurs les plus distingués de cette province, avaient soulevé le public. La maison *de Beauffort* ne crut pas pouvoir se dispenser de prendre les moyens de faire réparer une flétrissure qui retombait sur elle. Elle porta ses plaintes au Parlement de Paris. L'instruction de cette affaire dura trente ans. Elle fut enfin jugée définitivement, le 20 mai 1491. L'arrêt fut rendu contre maître Robert de Josne, gouverneur d'Artois; Robert de Marquais, son lieutenant; l'évêque d'Arras; Jean Thibaut, son official; Pierre Duhamel et Pierre Ponchon, ses vicaires; frère Guillaume Lestroussart, soi-disant inquisiteur de la foi; Jacques Dubois, doyen d'Arras; Jean Fauconnier, religieux des Frères-Mineurs, évêque de Baratte, et Jean Forme, secrétaire du comte d'Etampes. Il porte que : « ledit *de Beauffort* et trente autres, que l'on nomme, ont été mal et abusivement pris, emprisonnés, procédés, sentenciés et exécutés; déclare tous les procès faits en la *Cour-le-Comte* et ailleurs abusifs, nuls et faux ; que toutes les minutes et originaux, quelque part qu'ils soient trouvés, seront rompus, cassés et lacérés, tant en ladite Cour qu'audit lieu d'Arras; annulle toutes sentences, jugemens, confiscations de biens meubles et immeubles; remet lesdits condamnés, exécutés et accusés en leur honneur, fame et renommée, et pour réparation des excès, attentats, fautes et abus commis, condamne les dénommés à la restitution des biens des condamnés et exécutés, et pour réparation et amendes, seront condamnés à la somme de six mille cinq cents livres parisis, sur lesquelles sommes seront prélevées quinze cents livres parisis, qui seront converties et employées à faire dire et célébrer un service en l'église cathédrale d'Arras ; pour la fondation d'une messe, livre, calice et ornemens à ce nécessaires, qui sera dite et célébrée, par chacun jour, perpétuellement en ladite église d'Arras ; laquelle messe sera sonnée, répétée et attintée à trente-trois coups distincts et séparés par trois intervalles, chacun de onze coups, pour le salut et réveil des âmes desdits exécutés, et aussi pour faire faire un échafaud au lieu où lesdits demandeurs ou autres exécutés ont été publiquement *échaffaudés* (exposition publique), *prêchés et mitrés ;* sur lequel échafaud sera fait un sermon pour exhorter le peuple à prier Dieu, pour les âmes desdits exécutés, et déclarer qu'à tort et contre tout ordre de justice, ils ont été condamnés, échaffaudés, prêchés, mîtrés et exécutés ; et en la fin dudit sermon sera, en la présence de l'exécuteur, rompu et lacéré ce qui restera desdits procès, et semblablement pour faire une croix de pierre, de quinze pieds de hauteur, au lieu le plus prochain et convenable dudit lieu où aucuns desdits condamnés ont été exécutés et brûlés, en laquelle sera inscrite et affichée une épitaphe contenant l'effet de ce présent arrêt ; au surplus, ladite Cour a défendu et défend aux évêques d'Arras, ses officiers, inquisiteurs de la foi, et à tous autres juges ecclésiastiques et séculiers, que dorénavant ils ne usent « de » géhenne, question, tortures inhumaines et cruelles, comme » *du chapelet*, mettre le feu aux plantes des pieds, faire avaler » huile ni vinaigre, battre ou frapper le ventre des criminels » ou accusés, ni autres semblables et non accoutumées questions, sous peine d'en être punis selon l'exigence du cas. »

» Augenest, conseiller au Parlement, fut nommé pour faire exécuter cet arrêt. Etant arrivé à Arras, il ordonna aux mayeur et échevins d'en faire faire deux publications, à son de trompe, dans les carrefours de la ville, les 13 et 16 juillet. La première portait que le lundi, 18 dudit mois, à huit heures du matin, il serait fait sur un échafaud, dressé en la cour de l'hôtel principal de la cité d'Arras, un sermon par un docteur régent en la faculté de théologie de l'Université de Paris, dans lequel sera exposé en partie le contenu dudit arrêt. La seconde publication portait que chacun festoyera (chômera) ledit jour de lundi, et que l'on donnera aux meilleurs joueurs, et qui le meilleur jeu joueront de *folies moralisées*, une fleur de lys d'argent; et, au meilleur ensuivant, une paire d'oisons. Le commissaire ordonna de plus aux mayeur et échevins d'Arras, d'envoyer à Saint-Pol, à Bapaume, à Hesdin, à Aire et à Thérouanne, une copie de l'arrêt du Parlement et du sermon qui devait être prêché, afin que ces deux pièces fussent lues le lundi, 18 juillet, en présence de tout le peuple.

» Ce jour étant arrivé, les officiers du roi et le corps de ville en robes, se trouvèrent à la halle, à sept heures du matin, et accompagnèrent le commissaire dans la cour de l'évêché, où devait se faire la cérémonie. On fit, d'abord, la lecture de la requête présentée par le *seigneur de Beauffort*. — Jean Longlet, licencié ès-lois, déclara que sa postérité et les autres parties intéressées et énoncées dans l'arrêt, étaient rétablies en leur réputation, et que la sentence de l'évêque d'Arras et de son conseil, devait être regardée comme non-avenue. Ensuite, maistre Bouffart, docteur en théologie, commença le sermon, auquel le *seigneur de Beauffort* et les autres parties intéressées assistèrent, placés sur un échafaud. Il prit pour texte : *Erudimini qui judicatis terram* (instruisez-vous, vous qui jugez les autres!) Après le sermon, un huissier du Parlement fit la lecture de l'arrêt. Ensuite, le commissaire, les officiers du roi et le prédicateur, conduits par le mayeur et les échevins, allèrent au logis du *seigneur de Beauffort*, qui leur donna à dîner. Après le repas, on commença les jeux sur la Petite-Place, et la journée, pendant laquelle les bourgeois s'étaient abstenus de toute œuvre servile, se termina par un feu de joie, auquel assistèrent les différentes compagnies de la ville, entre lesquelles on distinguait l'abbé de Liesse et ses suppôts; les bannières et les étendards déployés.

Ce fut ainsi qu'on vengea les outrages que l'Inquisition fai-

4

sait depuis longtemps à la religion et à la raison, et que le fanatisme fut tout à la fois démasqué et puni. »

Le manuscrit de Jacques Du Clercq, conservé dans la bibliothèque de l'abbaye de Saint-Vaast, imprimé en 1823, sous le titre de *Mémoires de J. Du Clercq*, donne de grands détails sur l'affaire de Colart de Beauffort, dans le tome III, livre IV, p. 250 et suiv.; notamment dans les deux chapitres intitulés : « *Ce qui s'ensuit a esté extraict du papier mémorial de l'échevinage d'Arras, commenchant au mois de may 1484, f° 87, et finisant au mois de novembre l'an 1495.* »

— « *Copie de la sentence et arrest, en latin, prononcé en la Cour de Parlement à Paris, entre messire Collart de Beauffort, Jehan Tacquet et aultres, appellants de maistre Robert le Jeusne, gouverneur d'Arras, Robert de Marquais, son lieutenant, et aultres, le* 20e *de may* 1491, *collationné à l'original.* » (*Mémoires de J. Du Clercq*, t. III, f° 267.)

L'historien Hardouin, dans ses *Mémoires pour servir à l'histoire de la province d'Artois*, décrit ainsi les cérémonies de la réhabilitation de la mémoire de Colart de Beauffort et de ses malheureux compagnons innocents :

« Le 20 mai 1491, après une longue suite de procédures, le Parlement de Paris rendit un arrêt célèbre qui, rétablissant la mémoire et l'honneur de tous ces innocents, ordonna la restitution de leurs biens confisqués, condamna plusieurs des juges ecclésiastiques et laïques, ou leurs héritiers, à des sommes considérables, tant pour amendes que pour réparations civiles, et défendit d'user à l'avenir, dans les procès criminels, de la question du *chapelet* et autres genres de tortures extraordinaires et cruelles, qui consistaient à frapper les accusés sur le ventre, à leur mettre le feu aux plantes des pieds, à leur faire avaler de l'huile et du vinaigre, etc.

» De plus, l'arrêt portait que, sur les condamnations pécuniaires, on retiendrait quinze cents livres parisis, dont une partie serait employée à la fondation d'une messe journalière, qui se dirait à perpétuité, dans l'église cathédrale d'Arras, pour les âmes des malheureux injustement mis à mort; que cette messe serait tintée par trente-trois coups distincts et séparés, en laissant un intervalle après chaque onzième coup; qu'on prendrait aussi dans la même somme de quoi dresser, à l'endroit même où l'exécution s'était faite, un échafaud sur lequel un prédicateur ferait connaître l'innocence des personnes exécutées, et exhorterait le peuple à prier pour leur salut; enfin, que le surplus des quinze cents livres servirait à la construction d'une croix de pierre, qui serait élevée au lieu du supplice ou sur un emplacement voisin et convenable, avec une inscription contenant les principales dispositions dudit arrêt (1).

» Au mois de juillet 1491, Jean Augenest, conseiller au Parlement de Paris, se rendit à Arras, pour l'exécution de ce jugement. Après avoir notifié sa commission au *magistrat*, il la fit publier en divers endroits de la ville et de la cité, et ordonna, de la part du Roi, et sous peine de désobéissance, que tous les habitants assistassent au sermon qui devait être prêché *dans la cour spirituelle, au devant de la plébée et galerie de ladite cour*. Tels sont les termes du procès-verbal, qui nous a conservé les détails de cet événement.

» On écrivit, en même temps, aux autres villes du pays, pour annoncer que la solennité se ferait, le lundi 18 juillet, sur les huit heures du matin. Les officiers de la gouvernance et les échevins s'y transportèrent à cheval, en habits de cérémonie, avec le commissaire du Parlement. On fit la lecture de l'arrêt sur l'échafaud, où se trouvaient ceux des prétendus *Vaudois* qui vivaient encore, et les enfants ou parents de plusieurs autres, parmi lesquels était Jean, seigneur de Beauffort, petit-fils de Colart.

» Le discours fut prononcé par Geoffroi Bouffart, docteur en

---

(1) On pense néanmoins que l'arrêt n'eut point d'effet, ni pour la messe journalière, ni pour l'érection de la croix, par l'impossibilité de recouvrer les deniers destinés à ces objets.

théologie, qui prit pour texte ce passage des Psaumes : *Erudimini qui judicatis terram*, et parla, environ deux heures et demie, devant huit à neuf mille auditeurs.

» On n'oublia rien de ce qui pouvait contribuer à rendre ce jour mémorable. Les boutiques furent fermées ; on cessa toute espèce de travail ; il y eut des banquets, des feux et mille autres signes de réjouissances.

» Le *magistrat* (le mayeur) avait fait proposer, à Arras et dans les villes voisines, différents prix pour ceux qui donneraient les plus beaux spectacles, dans le goût du siècle. Le premier des prix destinés aux *jeux de Folies moralisées*, était une fleur de lys d'argent ; le second, une couple d'oisons. On promettait pour les deux prix de *pure folie*, une tasse d'argent et une couple de chapons. Les habitants et les étrangers qui voulaient y prétendre, étaient tenus d'aller s'inscrire, dans un certain temps, à l'hôtel-de-ville, afin qu'on pût marquer les rangs. Il était dit, dans la publication, que ces récompenses seraient adjugées *aux meilleurs jeux et aux mieux joués*, et qu'on ne les distribuerait qu'après examen des pièces, dont il était ordonné *aux joueurs* de fournir des copies, en finissant la représentation. Il est à croire que les mêmes personnes étaient tout à la fois auteurs et acteurs, puisqu'en les couronnant, on envisageait également les talents propres à ces deux qualités. La publication avertissait encore qu'on n'admettait aucun sujet de pièce qui eût été représenté dans la ville depuis sept ans.

» En conséquence, dit le procès-verbal : « Il fut icelui jour joué plusieurs jeux et ébattements, par ceux de l'abbaye de Liesse et autres compagnies, tant de la ville comme de dehors, qui tinrent étal sur le Petit-Marché (1), chacun en son logis à part, et à bannières et enseignes déployées. »

Colart de Beauffort était fils de Mathelin de Beauffort, dit Froissard, chevalier, seigneur de Beaufort, et de Marie, dame de Ransart. Il avait épousé Isabelle d'Olle-

(1) Sur la place du Petit-Marché était située la maison du *Dragon*, appartenant à la famille de Beauffort.

hain, fille d'Hugues, seigneur d'Estaimbourg, et de dame Isabeau de Sainte-Aldegonde; de laquelle il eut sept enfants légitimes, qui ont contracté de brillantes alliances dans le pays. Colart de Beauffort avait été conseiller et chambellan du duc de Bourgogne. Il fut un des 121 gentilshommes présents aux États d'Artois, tenus en 1414. Dans un grand nombre d'actes, il était qualifié *noble et puissant seigneur*. Ce personnage était très-riche, ce qui était un appât pour les inquisiteurs, qui n'omettaient jamais, dans leurs sentences, de fortes amendes ou la confiscation des biens à leur profit. Il suffit de jeter un coup d'œil sur leurs sentences pour être convaincu que les jugements des inquisiteurs étaient aussi intéressés que cruels. Nous donnons comme exemple, la sentence prononcée contre Colart de Beauffort. Les grands seigneurs étaient grandement rançonnés par l'Inquisition. Un pardon leur coûtait cher.

1492 (1493). Les Français voulurent s'emparer de la ville d'Arras; ils se servirent, à cet effet, du nom de messire de Beauffort pour pénétrer dans la place. Voici comment dom Devienne raconte ce fait :

« ... Ce ne fut pas sans un chagrin mortel que le maréchal d'Esquerdes apprit la surprise d'Arras (par des lansquenets). Il s'occupa des moyens de le reprendre. Pour cet effet, il se rendit secrètement à Dainville, village qui est à une demi-lieue d'Arras, avec quatre cents cavaliers et quatre mille fantassins. De là, il dépêcha à Louis de Vaudreuil, qui commandait dans la cité, quelqu'un de sa connaissance, qu'on appelait le *petit abbé*. Celui-ci lui dit : Que plusieurs gentilshommes de Picardie, mécontents de la domination française, étaient résolus de se rendre à lui, et que s'il voulait seulement lui donner six hommes, il lui amènerait, dans quelques heures, le *sire de Beauffort* avec sa famille. Vaudreuil, ne se défiant de rien, ne fit aucune difficulté de livrer ces six hommes. Le *petit abbé* les conduisit à d'Esquerdes qui, par ses libéralités et par les promesses d'une plus grande récompense, les engagea à favoriser son projet. Ils partirent de Dainville, sur les neuf heures du soir, conduisant des chevaux chargés de coffres. Ils avaient avec eux la maîtresse du *petit abbé*, qui devait passer pour un domestique du *sire de Beauffort*. Le *petit abbé* les précédait, et le maréchal le suivait avec toutes ses troupes. Lorsqu'ils furent à la porte du château de la cité, les soldats dirent à la sentinelle qu'ils venaient avec une grande partie des bagages du *sire de Beauffort* et que ce seigneur n'était pas éloigné. On ouvrit à l'instant la porte. Les six soldats entrèrent, et d'Esquerdes était sur le point d'entrer aussi, lorsque l'un des soldats, pressé par ses remords, s'écria : *que tout était perdu, si on ne fermait pas la porte!...* Ce qu'on fit à l'instant, et le maréchal manqua une entreprise qu'il avait si heureusement commencée. L'effroi se répandit dans la ville. On courut sur les remparts; mais on s'aperçut bientôt qu'on n'avait plus rien à craindre. Les soldats se jetèrent sur les coffres, où ils ne trouvèrent que du cuivre, de l'étain et quelques sacs de poudre à canon. On trancha la tête au *petit abbé.* On fit aussi mourir les cinq soldats; on coupa leurs corps en quartiers, et on les exposa en différents endroits de la ville. » *(Histoire d'Artois,* par dom Devienne; 4me partie, page 70.)

1494. Les religieux de Saint-Antoine conférèrent, cette année, *à noble et généreux seigneur Jean de Beauffort*, à sa femme et à ses enfants, résidants à Beaurains-lez-Arras, le droit de porter sur eux et sur leurs habitations le T (le thau) de Saint-Antoine (le T signifie : *Thébaïde*).

1499. Nous avons trouvé dans plusieurs documents authentiques conservés dans les archives de la maison de Beauffort, qu'il existait, en 1499, un sire de Beauffort, châtelain du château d'Hesdin, en Artois.

1503. Jean de Beauffort, seigneur de Bullecourt, et sa femme, Jeanne Le Borgne, donnèrent cette année,

1503, un vitrail décoré et armorié à l'église des carmes-chaussés de la ville d'Arras, suivant une attestation délivrée par le premier magistrat de cette ville, en 1680, publiée par plusieurs auteurs. Le 23 septembre de cette année (1503), est décédé Jean de Beauffort, chevalier, gouverneur de la ville d'Arras.

1507. Jean de Beauffort, écuyer, seigneur de Bullecourt, de Beaurains, d'Hersin, en partie, de Lassus, du Saulchoy, etc., fils de feu Jean de Beauffort, écuyer, seigneur desdits lieux, donna, le 8 novembre 1507, le dénombrement de ses fiefs nobles, à « mon très-grand et redoubté seigneur et prince, Mgr le prince de Castille, comte de Flandre et d'Artois, à cause de son château de Béthune, etc. » Ledit acte de dénombrement est scellé du sceau armorié de Jean de Beauffort (Archives de la maison de Beauffort).

1525. Le 20 août de cette année, fut signé le contrat de mariage de messire Antoine de Montmorency, seigneur de Croisilles, fils de Marc de Montmorency et de dame Marie de Hallain d'Amongies, etc., avec Dlle Jeanne de Beauffort, dame de Graincourt, etc., qui lui porta en dot les terres et seigneuries de Boyaval, d'Hestrud et de Graincourt. Il mourut le 21 mars 1529, et sa femme, le 11 juin 1533. Ils furent inhumés dans l'église d'Amongies-lez-Tournay, où une pierre tumulaire, portant leurs armoiries, indique l'endroit de leur sépulture, au côté droit de l'autel.

1529. L'empereur Charles-Quint, par un arrêté du 8 septembre de cette année, signé à Bruxelles, ordonna à la prévôte et au chapitre d'Andenne, de recevoir chanoinesse dudit chapitre D[lle] Barbe de Beauffort, en observant les usages et cérémonies de leur maison. Elle fut admise, après la vérification de ses preuves de noblesse, et la cérémonie de la réception se fit le 28 juillet 1532. M. Goethals dit : « Ses quartiers furent certifiés, sous serment, en face de l'autel, par des gentilshommes de la noblesse artésienne. » Les témoins venaient déclarer, sous la foi du serment, que la postulante appartenait bien à la maison dont elle produisait les titres, qu'elle était de bonne vie et mœurs; qu'ils ne ne connaissaient aucune mésalliance, indignité, etc., à imputer à la présentée ni à ses auteurs.

1530. Philippe de Beauffort, chevalier, baron de Beaufort, en Artois, conseiller et chambellan de l'empereur Charles-Quint et grand bailli de Tournai, est décédé, le 31 décembre de cette année. Il avait signé, en 1525, le contrat de mariage de Jeanne, sa sœur, avec Antoine de Montmorency, seigneur de Croisilles. Son tombeau se voit dans l'église de Reusmes, près de Tournai.

1532. Nous avons dit, en l'année 1529, que l'empereur Charles-Quint ordonna à la prévôte et au chapitre d'Andenne de recevoir chanoinesse, dudit chapitre, Anne de Beauffort. Voici un document ancien constatant sa réception, conservé dans les archives de la maison de Beauffort:

« Extrait hors du registre auquel sont écrites les réceptions des Damoiselles reçues à la prébende et chanoinie de l'église collégiale de Sainte-Begge, à Andenne, en la comté de Namur; folio 3, ce qui s'ensuit :

» Le 28e jour de juillet 1532, par Mesdames Prévoste,

Doyenne et chapitre de l'église d'Andenne, damoiselle Barbe de Beauffort a été reçue et admise à la chanoinie et prébende de cètte dite église; les solennités à ce requises et accoutumées, gardées et observées. Laquelle damoiselle fut affirmée et jurée être *gentilfemme* de père et mère, d'ayeuls et de trisayeuls et tous beaux mariages, et au surplus tout en telle forme et manière que contenu est au missel de ladite église; et lesdites affirmations et serment se firent par les gentilshommes sous écrits, premièrement : Antoine de Fricourt, seigneur de Plaineville; Arthus de Fricourt, son fils aîné : Louis de Fricourt, son fils second; messire Jean Le Borgne, chevalier, seigneur du Bus; messire Charles de Saint-Quentin, chevalier, seigneur de Belly; Antoine de Saint-Légier, seigneur de Rannart; messire Jean de Beauffort, seigneur de Bullecourt; messire Jean Le Borgne, fils de Simon Le Borgne. Fait et passé audit Andenne ès-lieux accoutumés les jour, mois et an que dessus, est souscrit et signé par moi : J. Docquier, notaire. — Admise. »

Cette admission est rappelée dans d'autres preuves faites par des parentes pour leurs réceptions dans divers chapitres nobles des Pays-Bas.

1540. Jean de Beauffort avait fait don d'une verrière ornée et armoriée à l'église de Saint-Géry, à Arras; laquelle était placée à l'une des ouvertures du chœur. On y lisait, au bas, cette inscription :

« *A la mémoire de noble sieur de Beauffort, escuyer, seigneur de Bullecourt, Beaurains, Bailleul, Markais, Saulchoy, Hersin, Lassus, Sainte-Barbe, et de nobles damoiselles Magdeleine de Sacquespée et Cornélie de Kils. Antoine de Beauffort, escuyer, sieur de Warnicamps, leur petit-fils, a fait réparer cette verrière, qui avait été donnée par ledit sieur de Bullecourt, l'an* 1540. »

1544. Philippe de Beauffort, seigneur de Beaurains,

capitaine d'une compagnie d'infanterie, est mort, cette année, au siége de Saint-Didier. Son frère Eustache, seigneur d'Avesnes, capitaine d'infanterie, est aussi mort au service militaire, et son frère Jean, capitaine de cinquante hommes, a été tué à la révolte d'Anvers en 1582.

1545. Jean de Beauffort, seigneur de Bullecourt, et Cornélie de Kils, sa femme, achetèrent à Guillaume Le Vasseur, le 22 décembre 1545, une maison située à Arras, rue de l'Abbaye, connue sous le nom de *l'Aigle d'or*. La famille de Beauffort a possédé, à Arras, l'hôtel de la *Quiefvrette*, les maisons *du Dragon*, de *la Chouette*, de *l'Aigle d'or*, etc., et, en dernier temps, l'hôtel où est actuellement le Lycée national, bâti vers 1760.

1548. Romain de Beauffort, chevalier, déposa le dénombrement des fiefs nobles qu'il possédait à Beaurains, à Bapaume et à Bullecourt, à la chambre des Comptes et Finances de Lille (Archives de Lille, registre, Arras, 1548.) Les aveux et dénombrements de *fiefs nobles* se faisaient pour leur affranchissement d'impôts et de corvées.

1556. La mort surprit cette année messire Georges de Beauffort, baron de Beaufort, gentilhomme de la bouche de l'empereur Charles-Quint et gouverneur de l'Écluse. Il fut inhumé dans l'église de Reusmes, près de Tournay, où l'on voit son tombeau relevé, auprès de celui de Philippe de Beauffort, son père. M. le comte Amédée de Beauffort, a fait tout récemment restaurer ces tombeaux, dont les dessins ont été publiés, notamment par

M. Ch. Poplimont, dans la *Noblesse belge*, en 1851. Nous en donnerons la description au chapitre des *Monuments, etc.*

1558. Charles de Beauffort, fils de Philippe de Beauffort, gentilhomme de la bouche du roi d'Espagne et capitaine d'une compagnie d'hommes d'armes, fut tué à la bataille de Gravelines, le 13 avril 1558. Son père Louis, seigneur de Muy, colonel d'un régiment d'infanterie, avait été tué au siége d'Hesdin, en Artois, en 1537.

1560. Messire Romain de Beauffort, écuyer, seigneur de Bullecourt, de Markais, Beaurains, etc., guidon des ordonnances du roi de la compagnie du gouverneur général du pays et comté d'Artois, et capitaine de chevaux, fut créé *chevalier*, par lettres-patentes royales, données cette année, en récompense de ses bons et honorables services. Cette même année (1560), demoiselle Anne de Beauffort fut présentée au noble et illustre chapitre de Sainte-Aldegonde de Maubeuge, auquel elle fut admise chanoinesse après la vérification faite de ses preuves de noblesse. Elle joignit aux preuves ordinaires, celles de l'admission de plusieurs filles de sa maison dans divers chapitres nobles des Pays-Bas.

1561. Le chevalier Hugues de Beauffort, fils de Jean, IIIe du nom, seigneur de Bullecour, Markais, etc., et de dame Cornélie de Kils, signa, le 7 août 1561, son contrat de mariage avec demoiselle Marguerite de Le Val, dame du Ponchel. De cette union est venue la branche dite *des seigneurs de Lassus, du Saulchoy et du Cauroy*, qui est toujours représentée et possède encore le château et la terre du Cauroy (1876).

1575. Nous donnons ici le protocole du contrat de mariage de Marguerite de Beauffort, fille de Romain de Beauffort, dit *le Blond*, chevalier, seigneur de Bullecourt, Markais, Beaurains, etc., et de dame Magdeleine de Schoonvliet, du 29 avril 1575, avec messire Robert Blocquel, seigneur de Lamby, afin de faire connaître une partie de la parenté de la maison de Beauffort, à cette époque : « Comparurent en leurs personnes, messire Robert Blocquel, écuyer, seigneur de Lamby, maire *héréditat* de Naves et Marcoing, assisté de Mre Arnould de Barbaire, aussi écuyer d'Elimon, gouverneur d'Havrincourt et conseiller de la ville de Cambray, son beau-frère; Me Jean de Natier, licencié ès-lois, seigneur de Boues, argentier de la ville d'Arras, són oncle; Me Jean de Lundas, licencié ès-lois, écuyer, seigneur de Beauffremez; de Michel Blocquel, seigneur d'Aisnes, et de Me Philippe Raullin, écuyer, seigneur de la Motte, ses cousins, d'une part; et damoiselle Marguerite de Beauffort, assistée de Magdeleine de Schoonvliet, veuve de feu noble seigneur Romain de Beauffort; de messires Nicolle Grenet, chanoine de l'église cathédrale de Notre-Dame d'Arras, oncle de ladite damoiselle Magdeleine; Antoine de Beauffort, écuyer, seigneur du Saulchoy, capitaine du château de Béthune; Jean de Beauffort, écuyer, frères dudit feu seigneur de Bullecourt; messire Jean-Baptiste de Bayart, chevalier, seigneur de Gantaut, échevin de la ville d'Arras, mari de Magdeleine de Beauffort, sœur dudit feu Jean; de Saint-Amand, écuyer, mari de Catherine de Schoonvliet, sœur de ladite Magdeleine; Gérard de Vos, écuyer, seigneur de Beauprez, lieutenant-général de la ville d'Arras; Me Charles de la Buissière, écuyer, lieutenant-général de la noble ville d'Arras; Me Charles de la Buissière, écuyer, licencié ès-lois, conseiller du roi, notre sire, et son receveur de son domaine de Béthune; Me Guy Pellet, ses cousins, etc.

1582. Cette année mourut Philippe de Beauffort, baron de Beaufort, duquel Moreri a dit, dans son *Dictionnaire historique*, t. VII, p. 642 : « Philippe, IIIe du nom, devint, à la suite de la mort de son frère aîné, un des plus puissants seigneurs de la province d'Artois, dont il fut le premier député. » Il a été inhumé dans l'église de Beaufort. Ce noble seigneur ne laissa qu'une fille, Anne de Beauffort, mariée à messire Philippe de Croy, comte de Solre, auquel elle apporta en dot tous les biens de sa branche, notamment la terre *baronnie de Beaufort*, en 1582.

1588. Le 14 mai de cette année, décéda paisiblement damoiselle Barbe de Beauffort, chanoinesse et doyenne du noble et illustre chapitre d'Andenne-lez-Namur, dans lequel elle avait été admise le 28 juillet 1532, après avoir accompli toutes les conditions des statuts, et en exécution d'un arrêté de l'empereur Charles-Quint, portant la date du 6 septembre 1529. Madame de Villenfaigne, doyenne des dames chanoinesses, écrivit, le 24 mai, à messire Hugues de Beauffort pour lui annoncer la mort de sa parente (Archives de Beauffort). Elle fut inhumée dans l'ancienne église d'Andenne. — Le 26 mai 1588, est décédée Anne de Beauffort, épouse de messire Philippe de Croy, comte de Solre, chevalier de la Toison-d'Or; elle fut inhumée à Solre-le-Château. Avec elle s'éteignit la branche *des seigneurs de Beaufort et de Ransart*, dont les biens passèrent dans la maison de Croy.

1593. On lit dans la *Gallia Christiana*, au chapitre du diocèse de Malines, abbaye de Sainte-Gertrude, à Louvain; tome V, f° 33 : « Adrianus de Beaufort disciplinæ monasticæ tum quoad se tum quoad subdites cultor observantissimus, nova quædam statuta conventui suo prœscriptis quibus inter alia tollitur omnimoda bonorum proprietas, quæ malorum omnium in monasteriis seminarium est. Vita defungitur, ann. 1593, pridie nonas aprilis. » Puis on trouve, au sujet du même personnage, la mention suivante dans *Le grand Théâtre sacré du duché de Brabant*, par Le Roy, à l'article *Abbaye et paroisse de Sainte-Gertrude*, à Louvain, t. I, f° 108 : « Audit chœur, sur une lame de cuivre : « Hac tumba regitur corpus R^dl Dni patris in Christi D. Adriani de Beaufort, hujus monasterii abbatis, ac conservatoris privilegiorum Almæ universitatis, qui obiit.... » Les prénoms d'Adrien et d'Adrienne ont été portés par plusieurs membres de la maison de Beauffort. Ce qui nous fait supposer que celui-ci en faisait également partie.

1596. Le Roux, dans le *Théâtre de la Noblesse de Flandres, d'Artois, etc.*, p. 129, dit : « Le 12 mai 1596, a été créé *chevalier*, Louis de Beauffort, seigneur de Boisleux, etc. »

1597. Le 3 août, mourut Hugues de Beauffort, qui fut inhumé dans l'église Saint-Jean-de-Ronville, à Arras. C'est aussi la date de la fondation dans cette église, de la sépulture des seigneurs de Lassus, du Saulchoy et du Cauroy, issus des seigneurs de Bullecourt.

1604. Le 22 mai, messire Hugues de Beauffort, seigneur du Saulchoy, etc., fut convoqué pour le ban et arrière-ban des gentilshommes de la province d'Artois. Dans sa lettre de convocation, il est dit : « Qu'il ait à se » pourvoir promptement de bons chevaux, armes et équi- » pages, pour marcher au premier mandement, etc. » (Archives de Beauffort.)

1611. Le 12 juillet, une ordonnance des archiducs fut adressée à messire Gilles de Beauffort, le convoquant à la tenue des États généraux de la province d'Artois (Archives de Beauffort).

1612. Nous constaterons que ce fut cette année que la terre de Mondicourt, en Artois, entra dans le domaine de la maison de Beauffort, par l'acquisition qu'en fit, le 25 septembre 1612, Gilles de Beauffort, chevalier, seigneur de Beaulieu, Graincourt, etc. C'est sur cette terre que reposa plus particulièrement le titre de *marquis*, comme on le verra dans la suite.

1621. Gilles de Beauffort, seigneur de Mondicourt, Mondiès, Graincourt, Beaulieu, etc., obtint un arrêt, rendu au nom des archiducs Albert et Isabelle, par le Conseil de Brabant, le 26 mars 1621, « portant *reconnaissance du droit* qu'avait ledit Gilles de Beauffort de se qualifier : *écuyer* ou *joncheer* dans tous les actes. » On lui avait contesté le droit de se qualifier : *joncheer*, titre qui était l'équivalent de celui d'*écuyer*, parce qu'il n'était pas flamand.

1631. Gilles de Beauffort, étant capitaine, servit avec distinction, aux siéges de Bouchain, de Cambrai, de

Doullens; puis, il fut au secours d'Amiens. Ses brillants services lui valurent des lettres-patentes de chevalerie, octroyées par Philippe, roi de Castille, le 1er octobre 1631. Ces lettres-patentes sont conservées dans les archives de la maison de Beauffort; en voici la teneur :

« Philippe, etc..., savoir faisons que pour la bonne relation qui faite Nous a esté de notre cher et bien amé Gilles de Beauffort, escuyer, seigneur de Mondicourt, que sa famille serait noble de temps immémorial ; les descendants de laquelle, ses prédécesseurs, auraient toujours pris alliance avec maisons de même qualité en nostre pays et comté d'Artois, attouchant, en vertu d'icelles, entre autres, aux comtes de Beaurepaire et d'Hanapes; comme aussi il aurait marié une sienne fille avec le *comte de Dampierre, frère et héritier du dernier comte de Dampierre*, lequel, après plusieurs et grands et mémorables services rendus à l'empire, en Moravie et Silésie, serait mort en la charge de général d'armée en Hongrie ; même aussi en considération de ladite ancienne noblesse de sa maison. Une sienne tante paternelle aurait été reçue entre les dames chanoinesses en notre pays, et plusieurs autres de ses dits ancêtres étaient honorés du titre de *chevalier*, et dernièrement, feu messire Romain de Beauffort, seigneur de Bullecourt, son grand-père, qui aurait servi à notre couronne, en qualité de guidon de la compagnie d'ordonnance des seigneurs de Bugnicourt et de Montigny, et, après, de capitaine de chevaux, durant le règne de feu l'empereur Charles-Quint et le roi Philippe second, de glorieuse mémoire, et despendu et consommé audit service une grande partie des anciennes terres de sa maison; à l'exemple duquel, ledit Gilles de Beauffort se serait aussi en sa jeunesse mis en service militaire, s'étant trouvé aux sièges de Bouchain, Cambrai, Orléans et au secours d'Amiens, et aurait accompagné le feu prince de Ligne en ambassade qu'il fit vers le roi Très-Chrétien, pour le congratuler de son mariage, etc., et désirant favorablement le traiter, décorer et élever, avons iceluy Gilles de Beauffort fait et créé, faisons et créons *chevalier*. » Ces lettres-patentes, données le 1er octobre 1631, furent enregistrées au Conseil provincial d'Artois. Elles ont été publiées et citées par plusieurs auteurs.

1632. Cette année, Robert de Beauffort, seigneur de Mondicourt, capitaine d'une compagnie de trois cents hommes, servant le roi d'Espagne, avec distinction, fut créé chevalier, par lettres-patentes, données par le roi Philippe, à Madrid, le 20 mars 1632. Le seigneur Robert fit partie du conseil de guerre tenu, en 1638, à l'occasion du siége de Saint-Omer, en Artois, où ce capitaine fit encore des actions d'éclat. Robert de Beauffort était un des hommes les plus distingués de son époque, comme on le verra à son article spécial. Dans ses lettres-patentes de chevalerie, il est rappelé que Gilles de Beauffort, son père, avait été aussi fait chevalier. — Le 14 janvier 1632, le sieur Robert avait rendu hommage, à raison de *la pairie et seigneurie de Mondicourt;* ladite pairie et seigneurie relevant de la châtellenie de Pas, en Artois. (Extrait des preuves de Malte de messire Charles-Jules de Beauffort, 1789; f° 21.)

1636. M. Daubremetz, qui prenait des notes sur les événements de son temps, nous en a transmis quelques-unes sur la maison de Beauffort, publiées déjà par plusieurs historiens, et qui trouvent leur place dans ces annales. Nous copions textuellement : « Le 9e jour d'aoust 1636, en la nuit, est allée de la vie à la mort, *noble damoiselle* CATHERINE CORNAILLE, vivante veuve de feu *noble homme* HUGUES DE BEAUFFORT, *au château*, escuyer, sieur du Saulchoy. Icelle damoiselle, qui était cousine à moi au 4e degré, a été tenue pour la *plus toute belle* de toutes les damoiselles d'Arras, en Artois ; et comme telle, a eu l'honneur de présenter les clefs de ladite ville aux princes souverains des Pays-Bas catholiques romains, Albert d'Autriche et dame Isabelle-

Claire-Eugénie, sa compagne, lorsqu'ils firent leur entrée solennelle dans ladite ville, en l'an de grâce 1600. Depuis étant encore jeune fille à marier, a été fort familière d'aller jouer au logis de Lamoral, prince de Ligne, gouverneur général du pays d'Artois, derrière la tapisserie, au jeu que les grands seigneurs appellent : *Bien et beau s'en va cousine.* »

1637. M. d'Aubremetz nota : « Le jour de mercredi, 2e jour du mois de décembre de cet an 1637, a esté enterré au chœur de cette église, le corps de *honorable, sage, discret et vertueux personnage*, monsieur maistre JEAN DE BEAUFFORT, *au château*, escuyer, licencié ès-droit, à son tour échevin de la ville d'Arras, en Artois, sieur du Ponchel, et aussi pareillement lieutenant particulier de la même ville d'Arras. On disait de lui qu'il était tout homme de bien. Il y avait à sa pompe funèbre dix-huit ou vingt torches, avec blason d'armoiries en papier, et à son tableau funèbre de bois étaient portraictés ses quatre quartiers d'armoiries, qui étaient à savoir : *de Beauffort, au château, Kils, De Leval et Couronnel.* Son deuil principal fut conduit par M. de Terremesnil du Chastel, chevalier, gouverneur et capitaine de la ville et cité d'Arras, en Artois. »

1640. La terre féodale de Bouchout, située sur les paroisses de Meysse et de Wemmel, en Brabant, fut érigée en *baronnie*, par lettres-patentes de Philippe III, roi d'Espagne, données à Madrid, le 10e jour du mois de mai 1640, en faveur de messire Gaspard de France. La baronnie de Bouchout est depuis passée, par la maison de Roose de Baisy, dans celle de Beauffort. Actuellement

(1876), la terre baroniale de Bouchout est, par succession directe, la propriété de M. le comte Léopold de Beauffort, fils aîné de M. le comte Amédée de Beauffort et de Mme Élisabeth de Roose, comtesse douairière de Baisy, baronne de Bouchout.

1650. Les magistrats de la ville de Saint-Omer, en Artois, donnèrent, cette année, à messire Robert de Beauffort, seigneur de Mondicourt, chevalier, un témoignage écrit de reconnaissance publique, relatant *les bons et excellents services* que ce seigneur avait rendu à la ville de Saint-Omer, en sa qualité de *mayeur* (maire), et comme conseiller de guerre pendant la durée du siége de cette dite ville. Ce document honorable, précieux pour une famille, est conservé dans les archives de la maison de Beauffort. Voici la teneur de cette pièce historique :

« A tous ceux qui ces présentes lettres verront, ceux du magistrat de la ville et cité de Saint-Omer, salut; savoir faisons et certifions par cette déclaration, que *messire* DE BEAUFFORT, *chevalier,* seigneur de Mondicourt, Mondies, Malmaison, etc., *mayeur de ladite ville,* aurait durant treize années dernières, été employé sans intermission tant à la charge de mayeur que de mayeur-juré au Conseil de cette ville respectivement, à savoir : en celle de *mayeur* ès-années 1637, 1641, 1642, 1643, 1645, 1647, 1649, et en celle de *mayeur-juré* ès-années 1638, 1639, 1640, 1644, 1646 et 1648. Toutes les années de guerre contre la France, pendant lesquelles il se serait comporté avec beaucoup de zèle, travail et circonspection pour le service de Sa Majesté, bien et utilité de cette sienne ville, et nommément l'an 1638, durant le siége d'icelle par l'ennemi français; que lors, il fut du conseil de guerre, y établi pour la direction des affaires dudit siége, et ce en qualité de député de cette ville, comme aussi feu messire Robert de Lens, chevalier, seigneur de Blendecques, Halluin et Lannoy, etc., lors mayeur d'icelle; auquel conseil, le temps dudit siége jusqu'à la levée d'icelui, ledit seigneur de Mondicourt aurait assisté diligemment avec lesdits seigneurs R., évêque, grand-bailly et capitaine de ladite ville, baron de Wesemael, ledit seigneur de Blendecques et autres d'icelui conseil, comme aussi aux assemblées journalières des magistrats et celles des trois états d'icelle ville, ayant en cette occasion rendu de grandes preuves de sa bonne conduite, valeur et affection au service de Sa Majesté et à la conservation de cette sienne ville en son obéissance, comme icelui seigneur de Mondicourt a encore fait depuis, au mois de juin 1647, contre l'attentat et attaque faits par le susdit ennemi français, sur les faubourgs du Haut-Pont de cette ville, en laquelle occasion icelui seigneur, étant mayeur, comme dit est, aurait rendu de grands et extraordinaires services, etc. »

M. Goethals a publié cette pièce dans le *Miroir des Notab. Nobil.*, t. II, p. 467. Fidèle à son système de dénigrement de l'ancienne maison de Beauffort, M. Goethals a fait encore quelques réflexions, aussi hasardées que malveillantes au sujet de cette loyale reconnaissance de services rendus. Malheureusement, pour sa dignité d'historien, il est réfuté par les documents authentiques, qu'il cite.

1653. Le 16 mars de cette année, Léopold-Guillaume, archiduc d'Autriche, gouverneur et capitaine général des Pays-Bas et de Bourgogne, signa des lettres-patentes par lesquelles il donnait mandat à messire Pierre-Ignace de Beauffort, seigneur de Varnicamps, de lever et de retenir au service de Sa Majesté, une compagnie de cinquante hommes wallons naturels et sujets du pays, et de les aguerrir et de les exercer, etc. (Archives de Beauffort). — Le roi Philippe signa, étant en la ville de Bruxelles, le 14 avril de cette année (1654), des lettres-patentes portant nomination de messire Robert de Beauffort, *chevalier*, seigneur de Mondicourt, en un office de *chevalier conseiller ordinaire* de son conseil en Artois, vacant par le décès de messire de Souastre, gouverneur de Buich.

1656. Au mois d'août de cette année, furent créés *chevaliers*, par lettres-patentes royales, en récompense de leurs bons et loyaux services, messires Pierre-Ignace de Beauffort et Charles de Moncheaux, son beau-frère.

1658. Don Juan d'Autriche, gouverneur et capitaine des Pays-Bas, écrivit, le 23 mars 1658, à messire de Beauffort, seigneur de Mondicourt, pour faire la convocation des États généraux de la province d'Artois (Archives de Beauffort).

1661. L'évêque d'Arras donna, le 4 janvier 1661, des pouvoirs à messire Jean-Baptiste de Beauffort, chanoine de son chapitre, pour recevoir le serment des échevins de la ville et cité d'Arras (Archives de Beauffort).

1662. Le chevalier Antoine de Beauffort, gouverneur de Bapaume, en Artois, pour le roi d'Espagne, mourut, cette année, à Madrid, où il était retenu prisonnier d'État; avec lui finit la branche dite *des seigneurs de Boisleux et de Cowin*, commencée vers 1460, par le mariage d'Antoine de Beauffort, seigneur de Boisleux, et de Marie de Warluzel, dame de Maricourt. Antoine de Beauffort avait assisté, en 1640, à la défense dite *des lignes d'Arras*, à laquelle commandait Philippe de Clérembault, qui fut, à la suite de cette affaire, nommé lieutenant-général; puis en 1653, maréchal de France, chevalier des ordres du Roi. (P. Anselme.)

1665. Une ordonnance des Élus, du 28 mars 1665, obligeait les nobles de l'Artois de faire enregistrer leurs armoiries à l'élection provinciale d'Artois. Les membres de la maison de Beauffort s'y conformèrent en faisant enregistrer les leurs. A ce sujet, nous ferons remarquer que Maloteau de Villerode, qui a décrit les armes de la maison de Beauffort, a décrit aussi ses supports et son cimier : *supports :* deux levriers ; *cimier :* une tête de licorne. Il les attribue à Guyon de Beauffort, les faisant ainsi remonter vers 1350. Le levrier est l'emblême de *la fidélité* et la licorne celui de *la haute défense.*

1667. Le 23 mars de cette année : « Messire Renom-François de Beauffort présenta requête au roi d'Espagne, renvoyée à l'avis du Conseil, demandant que pour la terre de Moulle et la notoriété de son ancienne et illustre noblesse, il eût entrée aux États d'Artois, comme l'ont eue ses ancêtres et comme l'a encore messire Robert de Beauffort, chevalier, seigneur de Mondicourt, son oncle ; ainsi qu'ont droit tous les autres gentilshommes possédant semblables terres, suppliant Sa Majesté catholique de lui adresser ses lettres-patentes et de convocation..., » ce qui eut lieu l'année suivante.

1670. Messire Philippe-Louis de Beauffort, chevalier, marquis de Mondicourt, prêta serment au roi, en qualité de membre des Etats d'Artois, le 15 janvier 1670, à l'occasion de la paix conclue en 1669.

1671. Messire Philippe-Louis de Beauffort, seigneur et marquis de Mondicourt et de Malmaison, reçut des lettres-patentes de chevalerie, données par le roi, le

17 avril 1671 ; le même seigneur fut honoré, le 9 mai de la même année, de lettres royales l'appelant à siéger au Conseil provincial d'Artois, en qualité de *chevalier conseiller d'honneur*.

1672. Cette année furent reçues au noble et illustre chapitre de Sainte-Aldegonde de Maubeuge, Mlles Anne-Chrétienne et Marguerite-Thérèse de Beauffort, sœurs. La première fut élevée à la dignité d'abbesse dudit chapitre ; elle mourut le 10 octobre 1698, âgée de 84 ans. Cette abbesse portait les armes pleines de : *de Beauffort, écartelées de celles d'Ostrel*, dite *de Lières*.

1676. Par acte, du 1er mai 1676, messire Philippe-Louis de Beauffort, seigneur de Mondicourt, et dame Marie-Charlotte de Quaëtjonck, donnèrent les reliques de sainte Isbergue, à l'église paroissiale de Saint-Jean-Baptiste, de la ville de Saint-Omer (Archives de Beauffort, inv. f° 89). — Le rév. P. Louis de Beauffort, prévôt de la congrégation de l'Oratoire et chanoine de Saint-Pierre, aussi distingué par sa piété que par son savoir, s'éteignit en paix, à Douai, le 9 mars 1676. Il était né, à Arras, le 4 février 1603. Le P. Louis de Beauffort fut proposé pour un siége d'évêché, dans les termes les plus élogieux et les mieux mérités, suivant plusieurs écrivains. Nous reproduisons ci-après quelques passages de la lettre recommandant le P. Louis de Beauffort pour un évêché vacant :

« Le sieur Louis de Beauffort, nâtif d'Artois, âgé d'environ cinquante ans, prêtre, ministre et procureur à présent de la congrégation de l'Oratoire de Saint-Philippe de Néry, à Douay, et pasteur de Saint-Jacques, et précédemment l'espace de vingt et un ans continus prévôt et supérieur d'icelle maison; de laquelle charge on ne lui a permis de sortir, sinon au mois de mai dernier, et en considération de la règle qui porte que cet office doit être régulièrement renouvelé tous les trois ans. Homme de très-grand fruit en ladite maison et en ladite paroisse en qualité de pasteur, lequel office il exerce passé quinze ans. Ses qualités sont : une vertu et probité fort entière; une vie très-exemplaire; l'humeur modeste et d'accord; le jugement et prudence fort singulière; de bonne science fort cultivée, tant par l'étude que par une longue et assidue expérience d'affaires tant spirituelles que temporelles, signament pour le salut des âmes, passant presque toute sa vie en prédications, confessions, visites des malades, consolations des affligés, appaisement des dissensions survenant entre les prochains; capacité grande aussi pour la conduite des affaires temporelles, duquel se peut raisonnablement espérer grand service du Roy, en tenant la main, ainsi qu'est requis, à la bonne administration des deniers publics et procuration des aydes et accords de cette province à Sa Majesté, à laquelle et à son royal service il a toujours témoigné, à l'exemple de ses prédécesseurs, très-grand zèle et affection. Icelui, sieur de Beauffort pour les évêchés wallons. » Cette lettre trouvée dans les *Selecta*, de Prevost de Le Val, par M. Goethals, a été publiée par lui dans le *Miroir des Notabilités Nobiliaires*, 1860; tome II, page 466.

1677. Vers le commencement de cette année, Antoine-Joseph de Beauffort, seigneur de Lassus, etc., fut créé chevalier, par lettres-patentes, enregistrées par les États d'Artois, au mois d'octobre 1677. — Le 4 avril 1677, une convention fut arrêtée entre messire Antoine-Joseph de Beauffort, seigneur de Lassus, et messire Jean-Baptiste de Beauffort, son frère, prêtre et chanoine d'Arras, relative à l'entrée à l'assemblée des États généraux de l'Artois, au sujet de la terre et seigneurie du Cauroy, qu'ils avaient acquise de messire Eugène de Noyelles, marquis de Lisbourg, le 19 décembre 1671.

1685. Cette année, après les preuves de noblesse faites, demoiselle Chrétienne-Françoise de Beauffort, fut admise au chapitre noble de Moustier-sur-Sambre. Elle est morte jeune, sans avoir pris possession de sa prébende.

1699. Philippe-Louis de Beauffort, chevalier, marquis de Mondicourt, obéissant à l'édit du mois de novembre 1696, fit enregistrer dans l'*Armorial général de France*, les armes pleines de la maison de Beauffort : « *D'azur, à trois jumelles d'or, mises en fasces :* » ainsi que

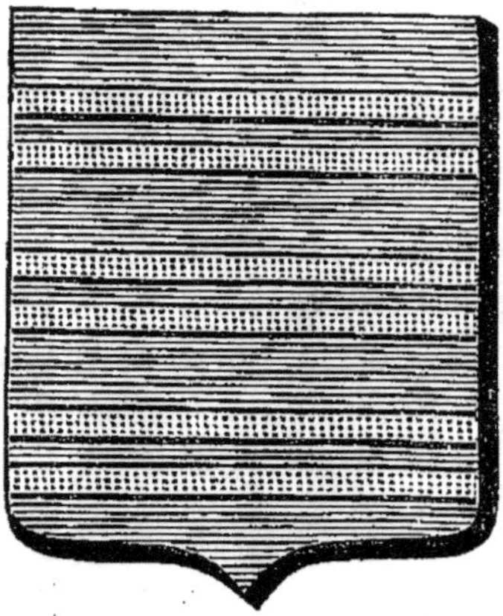

celles de sa femme, Marie-Charlotte de Quaëtjonck, « *d'argent, à trois huchets ou cors de sable, lies de gueules, posés deux et un.* » (Biblioth. Nationale, à Paris, section des manuscrits, B. III ; Artois).

1701. Cette année, est décédé Gordon O'Neill, qui avait épousé demoiselle Marguerite-Thérèse de Beauffort, chanoinesse de Maubeuge. Voici ce qu'on lit sur ce personnage, dans le *Dictionnaire de la Noblesse*, de La

Chenaye des Boys, tome IX, p. 80 : « Gordon O'Neill, dans les temps de la révolution arrivée en Angleterre, sous le règne de Jacques II (1685 à 1688), étant gouverneur de la province de Tyrone, en Irlande, leva, avec ses parents, qui portaient le même nom, douze régiments, qu'ils entretenaient à leurs dépens, pendant plus de trois mois, contre Guillaume III, roi d'Angleterre. Après la bataille d'Akrime, où plusieurs de ses colonels furent tués, Gordon O'Neill passa en France, avec son régiment, composé de 1400 hommes, qu'il commanda jusqu'à la paix de Riswick; il fut mis au nombre des colonels réformés. Il a donné dans plusieurs occasions des preuves de sa bravoure et de son courage; et il fut toujours très-attaché à la religion catholique et à Jacques II, roi d'Angleterre. Nous ignorons s'il a eu une postérité. »

1706. Le droit de bourgeoisie en la paroisse et baronnie d'Esquelbecq fut accordé, le 20 décembre 1706, à messire François de Beauffort, seigneur de Mondicourt, à messire Charles-Antoine de Beauffort, et à demoiselle Isabelle-Dorothée de Beauffort, frères et sœur, enfants de messire Philippe-Louis de Beauffort, seigneur de Mondicourt, et de dame Marie-Charlotte de Quaëtjonck (Archives de Beauffort).

1711. On lit dans la *Gallia Christiana*, au chapitre du diocèse de Paris, abbaye du Val-Saint-Eloi, tome VII, page 869 : « Joseph de Beaufort, presbyter, frater celebris Eustachii de Beaufort, abbatis et reformatores abbatiæ Septem-Fontium ord. Cisterciensis curante imprimis Ludovico-Antonio de Noailles, Parisiensi archiepiscopo, qui tunc ignorabat penes priorem sanctæ Catharinæ prioratus sancti Eligii esse collationem, a rege nominatus accepit possessionem mense januar. 1699. Cum autem rex, qui femel contulerat hunc prioratum, ejus tamen haud haberatur patronus, illum Joseph resignavit anno 1711. Petro-Francisco Deshayes canonico regulari S. Genovesæ; sed post mortem Josephi, rex prioratum contulit sequenti, qui es potitur. » Le prénom d'Eustache était usuel dans la maison de Beauffort; il a été distingué dans l'armée et dans les ordres sacrés. Eustache de Beauffort, seigneur de Graincourt, fils de Gilles et de Suzanne de Fournel, né le 10 décembre 1600, fut élevé à la dignité de chanoine de la collégiale de Saint-Pierre de Leuze (Hainaut).

1716. La terre de Croix, en Artois, érigée en comté, par lettres-patentes du mois de mai 1682, fut apportée en mariage à Christophe-Louis de Beauffort, en 1716, par demoiselle Claire-Angéline de Croix, qui donna, en 1717, ladite terre et comté de Croix, à messire François de Beaufffort, frère aîné de son mari, à la condition de relever le nom et les armes de la maison de Croix. Ce qui eut lieu après sa mort, arrivée en 1721. Voici les lettres-patentes de transfert légal du titre de comte sur la tête de messire Christophe-Louis de Beauffort :

« Louis, par la grâce de Dieu, roi de France et de Navarre, à tous présents et à venir, salut. Notre cher et bien-aimé Christophe-Louis de Beauffort et de Buscœur, Nordausque et autres lieux ; grand bailli d'épée des ville et bailliage de Saint-Omer, Nous a très-humblement représenté qu'il a plu au feu roi, Notre très-honoré seigneur et bis-aïeul, par lettres du mois de mai 1682, d'accorder le titre de *comte* à Pierre de Croix, seigneur de Wasquehal, brigadier en ses armées, et à ses hoires mâles seulement, avec pouvoir de porter sur leur écu une *couronne de marquis*; que, par autres lettres du mois d'octobre 1694, ce titre a été transféré à la personne de Charles-Adrien de Croix, gendre dudit seigneur de Wasquehal, parce qu'il n'avait pas d'enfant mâle, avec pouvoir d'appliquer ledit titre et qualité de *comte*, sur telle de ses terres que bon lui semblerait et de porter aussi sur l'écu de ses armes une *couronne de marquis*; que ledit sieur Charles-Adrien de Croix se trouvant actuellement aussi sans enfants mâles, l'Exposant, qui est son neveu à la mode de Bretagne, est dans la position d'épouser demoiselle CLAIRE-ANGÉLIQUE DE CROIX, sa fille aînée, et ledit sieur son père, qui désirerait voir revivre son nom, leur donne entr'autres biens, en faveur de ce mariage, le *comté de Croix*, terre des plus considérables de la châtellenie de Lille, *à condition d'en porter le nom et les armes*, à quoi l'Exposant ayant bien voulu condescendre, etc.; qu'il est né gentilhomme de la noble et ancienne maison de Beauffort, du pays d'Artois, dont les descendants mâles ont toujours été attachés au service des Princes, leurs souverains, et les filles reçues, depuis plusieurs siècles, dans les chapitres de chanoinesses des Pays-Bas ; du nombre desquelles a été, en dernier lieu, une tante paternelle de Gilles de Beauffort, chevalier, seigneur de Mondicourt, son bis-aïeul, etc. Nous avons, audit Christophe-Louis de Beauffort, permis et permettons de prendre le titre et qualité de *comte de Croix*, avec le nom et les armes, et de se qualifier tel, etc.; même d'appliquer ledit titre de *comte* sur la terre *de Buscœur*...... Données au mois de mai 1716, etc.; signé : LOUIS, par le roi, etc. » — Ces lettres-patentes ont été enregistrées ou Conseil provincial de la province d'Artois, et elles ont été publiées par M. Goethals, dans le *Miroir des Notabilités Nobiliaires des Pays-Bas*, tome II, page 48.

1719. Le 10 août de cette année, mourut à Saint-Omer, à l'âge de 81 ans, Louis-Antoine de Beauffort, qui fut un des hommes les plus distingués et les plus estimés de son temps. Il déposa, en 1660, ses épaulettes de capitaine de cavalerie, pour entrer dans la société de Jésus, dont il fut un des membres les plus en vogue par son savoir et par sa sagesse; il fut successivement recteur des colléges d'Armentières et de Saint-Omer, fonctions qu'il remplit dans ce dernier Collége, de 1688 à 1719.

1722. Messire François-Joseph de Beauffort, chevalier, seigneur de Lassus, du Saulchoy, du Cauroy, etc., obtint du Roi des lettres-patentes, datées du mois de septembre 1722, portant règlement de ses Armoiries pour sa descendance directe; elles furent ainsi arrêtées : *Écartelé, au 1er de gueules, au château-fort, au pont-levis abaissé d'argent*, qui est de Gironvilliers; *au 2me d'argent, au sautoir de gueules*, qui est de du Mont-Saint-Eloy; *au 3me d'argent, à trois maillets de sable*, qui est de Maillet; *au 4me d'argent, à un lion rampant de gueules, désarmé et diffamé*, qui est de de Belvalet; *sur le tout d'azur, à trois jumelles d'or*, qui est de Beauffort plein. Moreri les a décrites ainsi dans son *Grand Dictionnaire historique*, tome VII, p. 647. Ces mêmes lettres-patentes royales, enregistrées aux Etats d'Artois, autorisent cette branche de timbrer et d'orner l'écu de ses armes : *d'un casque de front couronné d'une couronne de comte* (Archives de Beauffort, inventaire f° 254.)

1733. *Lettres-patentes portant union des terres et seigneuries de Houlle et Buisseheure à la terre de* MOULLE, *et érection d'icelle en* COMTÉ, *sous la dénomination de* COMTÉ DE BEAUFFORT, *en faveur de* CHRISTOPHE-LOUIS DE BEAUFFORT, COMTE DE CROIX; *en juillet 1733*.

« LOUIS, par la grâce de Dieu, roi de France et de Navarre, à tous présents et à venir, salut;

» Notre cher et bien-aimé le sieur CHRISTOPHE-LOUIS DE BEAUFFORT, *comte de Croix*, Nous a fait représenter qu'il est aujourd'hui seigneur et propriétaire de la terre et *comté de Croix*, comme lui étant échue par la succession du sieur LOUIS-FRANÇOIS DE BEAUFFORT, son frère, auquel elle fut donnée, en l'an mil sept cent dix-sept, par dame Claire-Angélique de Croix, à condition par luy et par ses héritiers, propriétaires et possesseurs de ladite terre, de porter le *nom et les armes de Croix*, en sorte que l'exposant est obligé, aux termes de la donation, de porter le nom de Croix, ainsi qu'il l'a porté depuis le décès de son frère ; que, cependant, il souhaiterait reprendre le *nom et les armes de Beauffort*; s'il Nous plaisait unir à la terre et seigneurie de Moulle, où il fait sa résidence actuelle, les terres et seigneuries de Houlle et de Buisseheure, tenues et mouvantes de notre château de Saint-Omer, et lui accorder l'érection desdites terres et seigneuries en titre et dignité de *comté*, sous la dénomination de *comté de Beauffort*; il pourrait, par ce moyen, porter le titre de *comte de Beauffort*, et donnerait ladite terre et *comté de Croix* à l'un de ses cadets, qui en porterait le nom, ainsi que ses descendants ; et, par ce moyen la donation du *comté de Croix* aurait son effet et son exécution, sous les clauses et conditions qui y sont portées. A ces causes, voulant donner audit sieur de Beauffort, comte de Croix, les marques d'estime et de distinction qu'il mérite par sa naissance et par ses services; par ceux qu'ont rendus ses ancêtres et par les alliances considérables de sa famille, Nous avons, par ces présentes signées de notre main, joint, uni et incorporé, et, de notre grâce spéciale, pleine jouissance et autorité royale, joignons, unissons et incorporons à la terre et seigneurie de Moulle, les terres et seigneuries de Houlle et de Buisseheure, leurs circonstances et dépendances; pour le tout, ne faire et composer qu'une seule et même terre, seigneurie et justice; laquelle Nous avons, des mêmes grâce, pouvoir et autorité que dessus, créé, érigé et élevé, créons, érigeons et élevons en notre Nom, prééminence et dignité de *comté*, sous la dénomination de COMTÉ DE BEAUFFORT, pour être à l'avenir tenue et possédée auxdits nom, titre et dignité de *comté*, par ledit sieur Christophe-Louis de Beauffort et ses enfants, postérité et descendants mâles, nés et à naître en légitime mariage, seigneurs et propriétaires de ladite terre, *seigneurie et comté*, Voulons et Nous plaît qu'ils puissent se dire, nommer et qualifier, et qu'ils soient nommés et qualifiés *comtes de Beauffort* en tous actes, tant en jugement que dehors; qu'ils jouissent des mêmes honneurs, armes, blasons, droits, prérogatives, autorités, prééminences en fait de guerre, assemblées, états de noblesse et autres avantages et priviléges dont jouissent ou doivent jouir les autres comtes de notre royaume; encore qu'ils ne soient y particulièrement exprimés que tous bons vassaux arriers, vassaux justiciables et autres tenans noblement, ou en roture, des biens mouvants et dépendants dudit *comté de Beauffort*, les reconnaissent pour *comtes;* qu'ils fassent les foy et hommage, fournissent leurs aveux, déclarations et dénombrements, le cas y échéant, sous lesdits nom, titre et dignité de comtes de Beauffort, et que les officiers exerçant la justice dudit comté intitulent à l'avenir leurs sentences et autres jugements et actes auxdits nom, titre et dignité de comtes, sans toutefois aucun changement, ni mutation de ressort et de mouvance, augmentation de justice et connaissance des cas royaux qui appartient à nos juges et officiers, et sans que pour raison de la présente érection, ledit sieur comte de Beauffort, ses enfants et descendants, soient tenus envers Nous, et leurs vassaux et tenanciers envers eux, à plus grands droits et devoirs que ceux dont ils sont actuellement tenus, ni qu'au défaut d'hoires mâles nés en légitime mariage, Nous puissions, ou les rois, nos successeurs, prétendre lesdites terres, seigneuries et comté, leurs circonstances et dépendances, être remises à notre couronne nonobstant tous les édits, déclarations, ordonnances et règlements sur ce intervenus, et notamment l'édit du mois de juillet 1556, auxquels Nous avons dérogé et dérogeons, par ces présentes, pour ce regard seulement, et sans rien innover aux droits et devoirs qui pourraient être dus à d'autres que Nous, si aucuns il y a, à la charge toutefois par ledit sieur comte de Beauffort, ses enfants et descendants, seigneurs et propriétaires desdites terres, seigneuries et comté, de relever de Nous, en une seule foy et hommage, et de Nous payer et aux rois, nos successeurs, les droits ordinaires et accoutumés, si aucuns sont dus, pour raison de la dignité de comte, tant que lesdites terres et seigneuries s'en trouveront décorées ; et qu'au défaut d'hoires mâles, lesdites terres et seigneuries retourneront aux mêmes et semblables état et titres qu'elles étaient avant ces présentes.

Si donnons en mandement à nos amés et féaux conseillers, gens tenans notre Conseil provincial d'Artois, et à tous autres nos officiers et justiciers qu'il appartiendra que ces présentes ils aient à faire enregistrer leur contenu, jouir et user ledit sieur comte de Beauffort et ses successeurs mâles, pleinement, paisiblement et perpétuellement, cessant et faisant cesser tous troubles et empêchements, et nonobstant tous édits, déclarations, ordonnances, arrêts et règlements, à ce contraire, auxquels et aux dérogatoires des dérogatoires y contenus, Nous avons dérogé et dérogeons par ces présentes, pour ce regard seulement et sans tirer à conséquence, sauf toutefois notre droit et autres choses et l'autre en tout, car tel est Notre plaisir, et, afin que ce soit chose ferme et stable à toujours, Nous avons fait mettre notre scel à ces dites présentes.

« Donné, à Compiègne, au mois de juillet l'an de grâce mil sept cent trente-trois, de notre règne le dix-huitième.

« *Signé* : LOUIS. »

Et sur le repli, par le roi, *signé* : BANYN. A côté visa : Chauvelin ; et scellé du grand sceau en cire verte. Enregistré, le neuf janvier mil sept cent trente-quatre.

Pour extrait conforme : du 17e registre aux commissions du conseil provincial d'Artois (1re série de 1733 à 1736, folio 95). Déposé aux archives générales du département du Pas-de-Calais, à Arras, le 9 juillet 1862, — pour le secrétaire-général, le conseiller de préfecture faisant fonctions, A. PARENT.

1735. Voici les lettres patentes de concession du titre de *marquis*, en faveur de messire Charles-Antoine de Beauffort, seigneur de Mondicourt :

« Louis, par la grâce de Dieu, roi de France et de Navarre, à tous présents et à venir, salut.... Notre cher et bien aimé Charles-Antoine de Beauffort, sieur de Mondicourt, nous a très-humblement représenté qu'il est chef du nom et d'armes de la maison de Beauffort de notre province d'Artois, portant : *d'azur, à trois jumelles d'or* ; reçue depuis plusieurs siècles dans tous les chapitres nobles des Pays-Bas, et alliée à nombre de maisons illustres, comme celles de Moreuil, Souastre, Sainte-Aldegonde, Sacquespée, Massiet, Coupigny, Croix,

Croy, Hennin, Lannoy, Lalaing, Mailly, Ollehain, La Mark, Hallewyn, Du Vack de Dampierre et Joyeuse; que la terre de Beaufort, d'où elle tire son nom, a passé dans la maison de Croy, par le mariage d'Anne de Beauffort, héritière de la branche aînée, avec Philippe de Croy, comte de Solre, en 1582; que Nous avons permis, en 1716, à Christophe-Louis de Beauffort, issu d'une branche cadette, de prendre le titre de *comte de Croix;* que l'Exposant ose dire qu'il n'est pas dans un cas moins favorable : qu'il possède les biens suffisants, qu'il a servi longtemps en qualité de capitaine de dragons, après avoir levé une compagnie à ses frais; qu'il a eu deux frères dans le régiment de Famechon, à présent Mailly; et que son fils cadet a l'honneur de Nous servir dans le régiment d'infanterie de Vermandois. Nous suppliant très-humblement, etc..., Nous avons, par ces présentes, signées de notre main, permis et accordé, permettons et accordons audit CHARLES-ANTOINE DE BEAUFFORT, *seigneur de Mondicourt*, de prendre le titre de *marquis*, et de se qualifier tel en tous actes, tant en jugement qu'en dehors, même d'appliquer ledit titre sur *telle de ses terres que bon lui semblera, de le transmettre à ses enfants et descendants mâles, nés et à naître en légitime mariage*, et de porter sur l'écu de ses armes une *couronne de marquis;* sans que, pour raison de ce que dessus, il soit tenu de Nous payer, ni à nos successeurs royaux, aucune finance ni indemnité, dont à quelque somme qu'elles puissent monter. Nous lui avons fait et faisons don, par ces présentes, à charge de ne rien faire qui déroge audit titre.... — Si donnons en mandement à nos amés et féaux les gens tenans notre conseil provincial d'Artois, à Arras, présidents et trésoriers généraux de France, au bureau de nos finances à Lille, et à tous autres nos justiciers et officiers qu'il appartiendra, que ces présentes ils ayent à faire enregistrer et du contenu en icelles jouir et user ledit sieur DE BEAUFFORT DE MONDICOURT, ses enfants et descendants mâles, nés et à naître en légitime mariage, pleinement, paisiblement et perpétuellement, cessant et faisant cesser tous troubles et empêchement quelconques, nonobstant tous édits, déclarations, ordonnances, arrêts, lettres ou autres choses à ce contraire, auxquelles Nous avons dérogé et dérogeons, pour ce regard seulement, par ces dites présentes, car tel est notre bon plaisir.

« Et afin que ce soit chose ferme et stable à toujours, nous avons fait mettre notre scel à ces dites présentes. Donné, à Versailles, au mois de mars l'an de grâce mil sept cent trente-cinq, et de notre règne le vingtième. — Signé : LOUIS, par le roy, signé Banyn. » Ces lettres-patentes furent enregistrées au conseil provincial d'Artois, à Arras, le 8 novembre 1735, et dans l'Armorial de l'élection d'Artois, le lendemain, 9 novembre. Elles ont été publiées par plusieurs généalogistes. Le titre original est conservé dans les archives de la maison de Beauffort.

1736. Messire Charles-Antoine de Beauffort, ayant été créé *marquis de Beauffort et de Mondicourt*, par lettres-patentes royales, du mois de mars 1735, rendit hommage au Roi, en cette nouvelle qualité, devant le bureau des finances de Lille, le 16 mars 1736 (Archives de la Chambre des Comptes, à Lille.) — En France, dans l'ancien droit, les titres étaient attachés à un fief, qui ne pouvait être possédé que par le fils aîné. Ce fils succédait au fief et au titre, et les transmettait de même à sa descendance directe et légitime par ordre de primogéniture. Ce n'était que par exception que les enfants pouvaient être eux-mêmes revêtus d'un titre, pendant la vie du père, et cette dérogation, peu commune d'ailleurs, devait être spécifiée par une disposition formelle des lettres-patentes *(M. le comte d'Hane-Steenhuyse, membre du Conseil Héraldique de Belgique)*. — Comme on a pu le voir, les membres de la maison de Beauffort sont parfaitement en règle, tant à l'égard de l'ancienne jurisprudence nobiliaire française que vis-à-vis des lois actuelles de la France et de la Belgique, relatives à la question de noblesse. En effet, la maison de Beauffort possède depuis un temps immémorial le titre de *baron de Beaufort*, en Artois ; celui de *comte de Croix* fut concédé, par le roi, à messire Christophe-Louis de Beauffort, en 1716; celui de *comte de Beauffort*, en 1733, et celui de *marquis de Beauffort*, à messire Charles-Antoine de Beauffort, en 1735, etc.

1739. Messire Christophe-Louis de Beauffort, chevalier, comte de Beauffort et de Croix, provoqua la vérification et la modification des anciennes coutumes du bailliage de Saint-Omer, en Artois, dont il était grand bailli d'épée. Il obtint, à cet effet, des lettres-patentes du roi, le 30 janvier 1739, enregistrées au Parlement de Paris, le 18 avril suivant; et ensuite de nouvelles lettres royales, le 12 août de la même année, pour la convocation des États généraux de la province d'Artois, afin de procéder à ladite vérification, à la discussion des articles et à la rédaction nouvelle desdites coutumes. Les États d'Artois s'assemblèrent, à cet effet, du 22 septembre au 22 octobre. Nous extrayons des procès-verbaux des séances les passages suivants :

« PARMI LA NOBLESSE, sont comparus : messire Christophe-Louis de Beauffort, chevalier, *comte de Beauffort et de Croix*, bailli du bailliage et ville de Saint-Omer, à cause de son *comté de Beauffort, de ses terres et seigneuries de Houlle, de Nordausque, Buscœur, Moulle, Lecusserie, Orphavrerie, Bourg, la Husserie et autres*, en personne... Messire Charles-Antoine de Beauffort, chevalier, *marquis de Mondicourt*, à cause de sa *terre d'Acquenbronne*, en personne... » (Les divers procès-verbaux des séances ont été signés par le COMTE DE BEAUFFORT ET DE CROIX.) — Séance du 24 septembre : ... OFFICIERS DU ROI AU BAILLIAGE DE SAINT-OMER : « Messire Christophe-Louis de Beauffort, chevalier, comte de Beauffort et de Croix, *vicomte de Houlle*, seigneur de Moulle et autres lieux, grand bailli des bailliage et ville de Saint-Omer... » — « Par le comte de Croix, bailli des bailliage et ville de Saint-

Omer, a été dit : que les habitants du village de Buscœur doivent jouir du même privilége, cela étant porté par les rapports dudit comte de Croix, de la terre de Buscœur, rendus au Roi, etc. »

Privilége que le comte obtint en faveur des habitants de Buscœur, dont il était le seigneur. Les coutumes de Saint-Omer, après avoir été discutées et votées par les États généraux d'Artois, furent approuvées par le roi, par lettres-patentes du 26 septembre 1743. — *Les Coutumes locales, tant anciennes que nouvelles, des bailliage, ville et échevinage de Saint-Omer, etc.*, avec les procès-verbaux des séances, ont été imprimées, à Paris, par P.-G. Simon, en 1744, en un volume in-4° (A la Bibliothèque royale, à Bruxelles.)

1746. A l'occasion du mariage de M. Charles-Louis-Alexandre, marquis de Beauffort, avec sa cousine, le *Mercure de France* a publié l'article suivant :

« Le 25 novembre 1746, Charles-Louis-Alexandre de Beauffort, chevalier, marquis de Beauffort et de Mondicourt, etc., fils de feu Charles-Antoine de Beauffort, chevalier, marquis de Beauffort et de Mondicourt, etc., capitaine des dragons, et de dame Charlotte-Radegonde de Cupere, fut marié, dans la chapelle du château de Moulle, en Artois, avec damoiselle Florence-Louise-Josephe de Beauffort de Croix, sa cousine au 4me degré, fille de Christophe-Louis de Beauffort, chevalier, *comte de Beauffort et de Croix, vicomte de Houlle et de Beaulieu, baron de Graincourt*, seigneur de Moulle, etc., et de feue dame Marie-Anne-Françoise-Josephe de Croix de Malanoy. — Le marquis de Beauffort, qui donne lieu à cet article, est aujourd'hui chef de la maison de Beauffort, une des plus grandes et illustres de la province d'Artois, où elle est connue dès le XIIe siècle. La terre de Beaufort, d'où elle tire son nom, est située près d'Avesnes-le-Comte, en la province d'Artois; elle est tombée, en 1582, dans la maison de Croy, par le mariage d'Anne de Beauffort, héritière de la branche aînée de cette maison, avec Philippe de Croy, comte de Solre, chevalier de la Toison-d'Or. » (*Mercure de France*, novembre 1746, f° 194.)

1748. Nous avons trouvé la mention de lettres-patentes royales d'une charge de capitaine des grenadiers au régiment du Roi, données le 26 mars 1748, en faveur du capitaine de Beauffort (Archives de Beauffort).

1751. Depuis plusieurs siècles, la maison de Beauffort jouissait du droit de siéger aux États généraux d'Artois. De plus, nous avons remarqué que messire Charles-Louis-Alexandre, marquis de Beauffort et de Mondicourt, fut en diverses reprises délégué par la noblesse desdits États à la Cour, en qualité de député ordinaire et général de la noblesse, notamment les années 1751, 1752, 1753 et 1758. La mission d'un député des États à la Cour consistait en la présentation des cahiers des délibérations et de porter la parole devant le Roi et la Cour pour exposer la situation de la province et, au besoin, pour défendre ses intérêts. On choisissait toujours des hommes supérieurs, des gentilshommes érudits. Messire Louis-Eugène, comte de Beauffort, fut également député à la Cour, les années 1755, 1756 et 1760. Nous rappellerons que la présentation au Roi des députés des États avait lieu avec une certaine solennité. Ils étaient présentés par le gouverneur de leur province.

1759. Cette année, furent admises au noble et illustre chapitre de Nivelles, en Brabant, en la dignité de chanoinesses, Mlles Louise-Ferdinande-Henriette et Louise-Victoire-Alexandrine de Beauffort, sœurs.

1760. Nous avons remarqué que vers ce temps, Jean-Baptiste-Charles-Adrien de Beauffort, qui avait hérité, de par sa grand'mère Antoinette-Adrienne du Mont-Saint-Éloy, de messire Philippe-Albert du Mont-Saint-Éloy, son grand oncle, de la *baronnie de Nédonchel*, en Artois, se qualifiait indistinctement de *baron de Nédonchel* et de *baron de Beauffort*. Ses héritiers, de la branche du Cauroy, ont continués de porter le titre de *baron de Beauffort*, en abandonnant celui *de Nédonchel*.

1761. La question du port des armes pleines de Beauffort : *D'azur*, *aux trois jumelles d'or*, fut de nouveau agitée, cette année ; mais elle fut immédiatement résolue par messire Charles-Louis-Alexandre, marquis de Beauffort, qui, dans sa sagesse, ne voulut voir dans tous les siens que les membres d'une seule et même famille, ayant une origine commune et ayant tous honoré le nom et les armes de Beauffort. Par un acte sous seing privé du 10 octobre 1761, il consentit, en sa qualité de chef de la maison de Beauffort, à ce que tous ses proches parents, sans distinction de branche, portassent les armes pleines de Beauffort. Après avoir fait l'historique des armes de sa maison et de leurs variantes, il nomma, dans son consentement écrit, messire Louis-Eugène-Marie, comte de Beauffort, et messire François-Louis-Joseph de Beauffort, etc., les autorisant de prendre et de porter, à l'avenir, les *armes pleines de Beauffort*. A partir de cette époque, on ne distinguait plus les différentes branches de la maison de Beauffort que par le timbre de l'écu, c'est-à-dire par les couronnes de *ducs*, de *marquis*, de *comtes* ou de *barons*. Les branches de Mondicourt, du Cauroy et de Moulle étaient alors les seules représentées

(Archives de Beauffort). Depuis lors, les armes de la maison de Beauffort sont les mêmes pour toutes les branches existantes, c'est-à-dire : *D'azur, à trois jumelles d'or, mises en fasces*, comme ci-dessous :

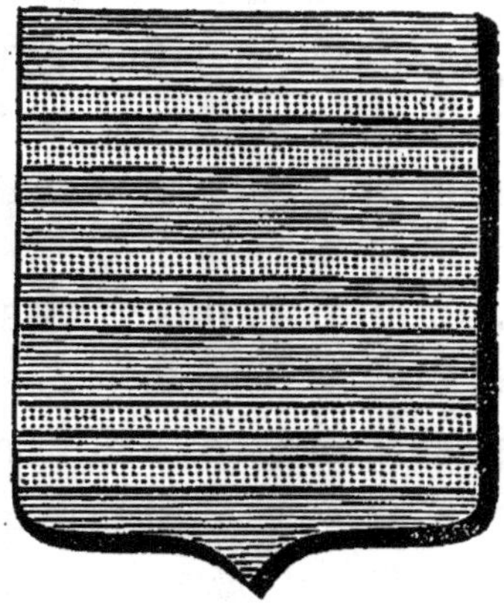

1765. M. de Thieulaine produisit, cette année, ses preuves de noblesse pour être admis à siéger aux États généraux de la province d'Artois. La noblesse des États nomma une commission, prise dans son sein, pour procéder à leur vérification ; elle fut composée de messire le baron de Haynin, le marquis de Beauffort et le comte de Brandt-de-Marconne. Sur le rapport signé par lesdits commissaires, le corps de la noblesse des États d'Artois reçut ces preuves et admis M. de Thieulaine, dans la séance du 19 novembre 1765 (Procès-verbal des États d'Artois. — *Mémoires généalogiques pour servir à l'histoire des familles des Pays-Bas*, 1780, page 151). — Pour être admis aux États d'Artois, il fallait posséder, au moins, une terre à cocher et quatre générations de noblesse bien établie, sans mésalliance ni dérogeance.

1766. Mlles Marie-Louise-Henriette et Victoire-Louise-Marie-Caroline de Beauffort, sœurs, furent admises chanoinesses au noble chapitre de Denain-lez-Valenciennes, les 30 avril et 15 septembre de cette année.

1770. Des lettres-patentes de concession du titre de *comte* furent octroyées, le 7 juillet 1770, par S. M. l'impératrice Marie-Thérèse, en faveur de messire Pierre-Charles-Joseph de Roose, baron de Bouchout, et de ses descendants, de l'un et de l'autre sexe, nés ou à naître de mariages légitimes, en ligne directe et suivant l'ordre de primogéniture, *comte et comtesse*, etc. Elles furent enregistrées en la Chambre héraldique de Bruxelles, le 16 mars 1771. Ce titre de comte est tombé en désuétude dans la maison des comtes de Beauffort, à qui il appartient seul de le relever, par suite de la mort de Mme la comtesse Amédée de Beauffort, née Élisabeth de Roose, *comtesse de Baisy*, arrivée le 18 septembre 1873; elle était la dernière du nom. — Les armes de la baronnie de Bouchout sont d'*argent, à la croix de gueules*. Ces deux fiefs titrés sont actuellement, par succession directe, la propriété de M. le comte Léopold de Beauffort.

1771. M. le chevalier de Beauffort, ayant fait ses preuves de noblesse au cabinet du Saint-Esprit, devant M. Cherin, généalogiste du Roi, fut admis aux honneurs de la Cour, le 16 février 1771. Cette admission a été mentionnée par M. de Courcelles, dans son *Dictionnaire universel de la Noblesse de France*, 1820, t. I, p. 374. — Pour être admis aux honneurs de la Cour, c'est-à-dire à l'honneur d'approcher les Souverains, d'être reçu aux cercles du Roi et de la Reine, aux bals, de faire partie des chasses royales, de monter dans les carrosses du Roi; il fallait prouver, devant le juge d'armes de France, une noblesse pure et chevaleresque, antérieure à 1400 inclusivement, par titres originaux et successifs, conformément à l'ordonnance du Roi, du 17 avril 1760. (*Nobiliaire Toulousain*, 1863, t. I, p. XXIII).

1776. Mlle Félicité-Louise-Marie-Éléonore-Dorothée de Beauffort, dite *Mlle de Wische*, fut reçue chanoinesse du noble chapitre de Denain (Hainaut), le 10 septembre 1776. Nous devons dire ici que les chanoinesses des nobles chapitres des Pays-Bas n'étaient point tenues au célibat; les abbesses seules faisaient vœu de chasteté. Les abbesses étaient qualifiées, *mesdames*, et les chanoinesses, *mesdemoiselles*.

1781. Le roi Louis XVI, la reine Marie-Antoinette, Mademoiselle Elisabeth, le comte d'Artois et quelques autres membres de la maison royale de France, signèrent, à Versailles, le 29 janvier 1781, le contrat de mariage de messire Charles-Louis-Joseph-Marie-Alexandre, marquis de Beauffort, avec demoiselle Honorine-Léopoldine-Ghislaine de Mérode, retenu par Me Charet, notaire à Paris, le 28 janvier de ladite année. Il a été dit plus haut que la maison de Beauffort avait été admise aux honneurs de la Cour, en 1771, après avoir fait ses preuves devant M. Cherin, généalogiste du Roi, ce qui explique l'insigne honneur de ces signatures royales.

1782. M. le marquis de Beauffort rendit hommage au Roi, au bureau des Finances de Lille, le 10 mai 1782, à raison de trois fiefs nobles nommés La Wische, l'Armanie-de-Sermezecle et Hardissort; il dénombra, devant le même bureau, le 28 février 1783, le fief noble d'Armanie de Grande et Petite Stales, qui relevait du Roi. Le même jour, 10 mai, et devant le même bureau, messire Charles, vicomte de Beauffort, rendit hommage au Roi, pour un fief noble situé à Quaëtypers. — Le 30 décembre de cette même année, furent reçues chanoinesses du noble chapitre de Denain, près de Valenciennes, mesdemoiselles Charlotte, Marie-Louise-Joséphine et Marie-Louise-Henriette-Albertine de Beauffort, sœurs.

1784. Messire Charles-Jules, comte de Beauffort, fut admis de minorité dans l'ordre de Saint-Jean-de-Jérusalem ou de Malte, au grand prieuré de France, en vertu d'un bref du Saint-Père, du 3 juillet 1784; un second bref dit de réintégration lui fut octroyé le 23 octobre 1786; sa quittance du droit de passage est du 10 octobre 1787; le procès-verbal de l'admission de ses preuves de noblesse est du mois de juillet 1789. Admis de minorité, il ne fut point chevalier profès, à cause de la suppression de l'ordre de Malte, en France.

1785. Amédée-Marie de Beauffort, présenté le 7 février 1785, fut admis de minorité dans l'ordre de Saint-Jean-de-Jérusalem ou de Malte, au grand prieuré de France, le 4 septembre 1785, en vertu d'un bref du Saint-Père, du 13 août de la même année. Il paya le droit de passage ou de caravane, et mourut jeune.

1788. Cette année, il y eut une convocation extraordinaire des États-Généraux de la province d'Artois, par lettres de cachet du Roi, du 17 novembre 1788, fixant l'ouverture desdits États au 26 décembre suivant. Des lettres de cachet furent adressées, à cet effet, à M. le comte de Beauffort de Moulle ; à M. le baron de Beauffort d'Hanescamps ; à M. le marquis de Beauffort de Mondicourt (Bibliothèque Nationale, à Paris, section des manuscrit, B. III). M. le marquis de Beauffort présida la tenue de ces États.

1789. Nous extrayons ce qui suit des procès-verbaux de l'assemblée de la Noblesse pour l'élection des députés aux États-Généraux de France, en 1789, conservés à la bibliothèque Nationale, à Paris, B. III : « BAILLIAGE DE CALAIS ET ARDES : M. Louis-Eugène-Marie, *comte de Beauffort*, *comte de Moulle* et de Buisseheure, *vicomte de Houlle*, de Zélande et de la Jumelle; *baron de Pottes*, etc., membre et ancien député du corps de la noblesse à la Cour des États d'Artois (10 mars 1789). — BAILLIAGE D'ARRAS : M. *comte de Beauffort*, commissaire de la noblesse aux États-Généraux des tiers-ordres du gouvernement d'Arras, comprenant les bailliages secondaires d'Aire, Bapaume, Béthune, Hesdin, Lens, Saint-Omer et Saint-Pol, tenue, à Arras, le 10 avril 1789. — Parmi les gentilshommes qui signèrent la protestation relative aux prérogatives de la noblesse des États d'Artois, le 29 avril 1789, se trouvaient M. le comte de Beauffort et M. le baron de Beauffort *(idem)*.

Cette même année, 1789, furent vérifiées et admises les preuves de noblesse produites par messire Charles-Jules de Beauffort. Il fut assisté pour affirmer son identité, sa noblesse, sa religion et ses bonnes mœurs, et celles de ses ancêtres : *Pour le côté paternel :* par messire Adrien-Joseph-Amélie-Ghislain, COMTE DE BÉ-

THUNE, maréchal des camps et armées du Roi, seigneur de Senin, y demeurant, âgé de 55 ans environ; et messire Claude, COMTE DE DIGOINE, chevalier, commandant des ville et citadelle de Doullens, chevalier de l'ordre royal et militaire de Saint-Louis, y demeurant, âgé de 50 ans; *pour le côté maternel* : par messire Pierre-Joseph DE MARNIX, chevalier, ancien capitaine au régiment de Chartres cavalerie, demeurant ordinairement au château de Rollancourt, paroisse de Saint-Riquier, diocèse de Boulogne, âgé de 54 ans; et messire François-Philippe-Nicolas-Ladislas, COMTE DE DIESBACH, colonel du régiment de son nom, chevalier de l'ordre royal et militaire de Saint-Louis, demeurant à Arras, paroisse Saint-Jean, âgé de 43 ans; tous quatre gentishommes. (Extrait du procès-verbal d'admission, de juillet 1789, aux archives de Beauffort.)

Au mois d'août 1789, Mlle Marie-Henriette-Constance de Beauffort, née au Cauroy, en 1730, chanoinesse du noble chapitre d'Estrun-ès-Arras, fut élue et inaugurée abbesse dudit chapitre. Elle fut la dernière abbesse de cette noble abbaye de l'ordre de Saint-Benoît. Après la Révolution, la vénérable mère de Beauffort se retira au château du Cauroy, où elle continua, autant que possible l'observance des règles de son ordre, et où elle mourut pieusement, en 1809; sa famille conserve respectueusement sa crosse, sa croix pectorale et son anneau d'abbesse.

Nous devons dire ici que les chanoinesses et les abbesses des nobles chapitres des Pays-Bas continuaient de porter les armoiries de leur maison; seulement après leur admission, elles étaient tenues de changer la forme de l'écu. Le nouvel écu était en forme de losange pour les chanoinesses ; les abbesses portaient la crosse passée, en pal, derrière l'écu. Les chanoinesses conservaient jusqu'à leur mort l'écu en losange, nonobstant le mariage. C'est pour cela qu'on voit ce blason en losange accolé à d'autres, sur des pierres tombales.

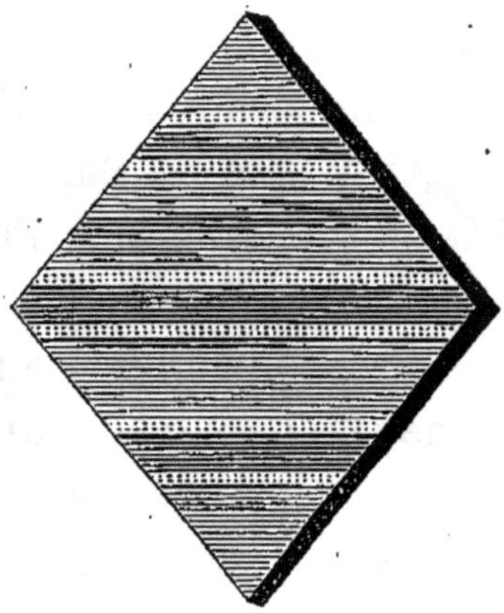

1791. M. Charles-Louis-Joseph-Marie-Alexandre, marquis de Beauffort, émigra, cette année, et fit la campagne des Princes à l'armée de Bourbon, en 1792; il assista au siége de Maestricht, en 1793, et resta au service jusqu'au licenciement. On conserve dans les archives de la famille de Beauffort, le certificat suivant :

« Nous hauts Ecoutets, bourguemaistre, échevins, conseillers, jurés et autres du Conseil indivis de la ville de Maestricht, déclarons et attestons que Monsieur Charles-Louis-Joseph-Marie-Alexandre, marquis de Beauffort, ancien officier du régiment des Gardes Françaises, est du nombre des nobles et des militaires français que l'honneur, le devoir et leur conscience ont obligé de sortir du royaume, pendant la révolution, et qui se trouvant dans cette ville lorsqu'elle fut assiégée et attaquée d'une façon violente par les insurgés et rebelles français, ont concourus à sa défense avec la fidélité et le courage qui distinguent toujours la Noblesse Française.

» Ainsi fait et arrêté dans l'assemblée du noble et vénérable Conseil indivis de la ville de Maestricht, le 8 avril 1793. Par ordonnance : M. C. Lenares, signé. — Le sceau. »

Son oncle, Charles-Louis-Ferdinand-Balthazar, vicomte de Beauffort, officier, chevalier de Saint-Louis, servit également dans l'armée des Princes, durant son émigration, ce qui est établi par un certificat, des plus élogieux, délivré par M. le comte de La Chastre, maréchal des camps, le 28 mai 1792.

1794. Tous les riches domaines de la maison de Beauffort furent mis sous séquestre et vendus révolutionnairement, pendant l'émigration de ses membres, comme propriétés nationales, provenant d'émigrés. Quelques-uns purent être rachetés; mais, la majeure partie est restée aux mains des acquéreurs. La maison de Beauffort figure dans les États détaillés des liquidations d'indemnités dues aux dépossédés, arrêtés le 31 décembre 1826, en exécution de la loi, du 27 avril 1825, au profit des anciens propriétaires ou ayants-droit des anciens propriétaires de biens-fonds confisqués ou aliénés révolutionnairement (Paris, imprimerie royale, 1827; plusieurs volumes in-4°).

1797. Le chevalier Philippe de Beauffort, officier supérieur au service d'Espagne, fut décoré, par lettres-patentes royales, du 7 avril 1797, de *l'ordre de Calatrava*, ordre militaire d'Espagne, institué en 1158, par Sanche III, roi de Castille.

1798. L'ordre de Saint-Jean-de-Jérusalem ou de Malte, supprimé en France par Napoléon Bonaparte, en 1799, continua d'exister dans les autres nations où il avait été établi. D'après une lettre autographe de M. le commandeur de Saint-Laurent, chevalier de Malte, adressée à M. le marquis de Beauffort, lors du séjour que ce dernier fit à Rome en 1805; lettre que nous reproduisons à sa date (1805), il résulterait que messire Charles-Louis-Ferdinand-Balthazar, vicomte de Beauffort, aurait été *admis*, le 31 mars 1798, dans l'ordre de Saint-Jean-de-Jérusalem ou de Malte, et qu'il aurait payé le droit de passage, c'est-à-dire *de caravane* pour aller à Malte, suivant les statuts de l'ordre. L'ordre étant supprimé en France, il fut reconnu par bref, *chevalier de l'ordre (non-profès)* ou *Croix de dévotion : Per il nobile vice-comte Carlo-Ludovico-Ferdinando-Baldazardo de Beauffort, croce de devozione* (voir la lettre de M. le commandeur de Saint-Laurent, à l'année 1805, ci-après). On ne doit pas confondre *admission* avec *réception* dans l'ordre de Malte. On admettait de minorité et on recevait *chevalier profès*, de majorité. Les présentés *admis* étaient quelquefois refusés lors des preuves exigées pour le réception. L'admission avait lieu sur des preuves de noblesse faites antérieurement pour l'ordre de Malte ou pour les chapitres nobles, etc., en vertu de brefs du Saint-Père et du grand-maître de l'ordre. Ces preuves écrites, affirmées par les témoignages de quatre gentilhommes, sous la foi du serment le plus solennel, étaient de nouveau vérifiées et contrôlées scrupuleusement. Aussi, les preuves faites pour admission dans les ordres de Malte et du Saint-Esprit, dans les chapitres nobles et pour les honneurs de la Cour, sont considérées comme les meilleures et les plus authentiques *preuves de noblesse*.

On ne doit pas non plus confondre ces *preuves de*

noblesse avec les décisions judiciaires dites de *rectification de noms*. Les tribunaux étant incompétents pour résoudre la question nobiliaire. Avec connaissance de cause, nous pouvons affirmer que de 1852 à 1870, les tribunaux, en France, ont consacré un grand nombre d'usurpations. Nous connaissons bon nombre de jugements ne visant qu'une ou deux pièces. Quant à l'identité du demandeur par rapport à celle des prétendus ascendants, on ne s'en occupait pas; les preuves testimoniales de *constatation d'identité* n'existant plus, une simple homonymie suffisait aux hommes du second Empire, pour rendre ou pour obtenir une *rectification de nom*, dans le sens nobiliaire. La particule ne prouve pas la noblesse, elle fait souvent partie du nom patronymique. Les actes qui établissent la vraie noblesse sont très-nombreux, comme on pourra s'en convaincre par ce travail.

1805. D'après une lettre de M. le commandeur de Saint-Laurent, chevalier de Malte, écrite à M. le vicomte de Beauffort, étant à Rome, M. le vicomte Charles-Louis-Ferdinand-Balthazar de Beauffort, aurait été décoré de la *Croix de Malte*, par bref du 31 mars 1798. Cette lettre, conservée dans les archives de Beauffort, est ainsi conçue :

« Monsieur, aussitôt que j'ai pu agir pour répondre à votre demande, j'ai fait des recherches dans les registres *des nôtres*, du consentement venu de Malte, et j'ai trouvé que, sous la date du 18 février 1786, il y a celui-ci : *Per il nobile vicecomte de Mercy*, et ce bref ne fut jamais demandé; sous la date du 31 mars 1798, j'en trouve un autre : *Per il nobile vicecomte Carlo-Ludovico-Ferdinando-Baldazardo de Beauffort, Croce de Devozione* (Croix de Dévotion). Ce bref ne fut pas non plus expédié, et le changement survenu m'empêche de vous donner des renseignements ultérieurs. — N'étant pas encore en état de sortir, et ne voulant pas différer davantage de répondre à votre empressement, je saisis avec empressement cette circonstance pour vous renouveler les assurances de dévouement avec lesquels j'ai l'honneur d'être, Monsieur, votre très-humble et très-obéissant serviteur. Le comm. DE SAINT-LAURENT, signé. — De chez moi, le 9 mai 1805. — N. B. M. de Beauffort avait payé le droit de passage. »

1814. Après quelques années d'exil, durant le fort de la Révolution, M. le marquis de Beauffort revint en France et se retira à Nancy. Là, au milieu d'une société d'élite, il ne tarda pas à mériter par les charmes de son esprit et les qualités de son cœur, le rang élevé que, dans d'autres temps, sa naissance eût suffi à lui assurer. Il consacra à l'éducation de sa jeune famille les loisirs et les talents que la conscience de ses convictions politiques ne lui permettait pas de donner aux affaires publiques. Noble passe-temps que devait couronner le plus heureux succès. Mgr le comte d'Artois, *Monsieur*, frère du Roi, lieutenant-général du royaume, avait connu, avant la Révolution, M. le marquis de Beauffort, au contrat de mariage duquel il avait signé, à Versailles, le 29 janvier 1781; puis, en exil; et, en 1814, lors de son séjour à Nancy, ce Prince revit M. le marquis de Beauffort. « Là, dit un historien du pays, Son Altesse Royale Mgr le comte d'Artois, se faisant l'interprète de l'estime et du respect publics qui honoraient le marquis de Beauffort, le nomma *maire de la ville de Nancy* (Pendant les Cent-Jours). » Le même auteur anonyme signale cette particularité : que le secrétaire intime de M. le marquis de Beauffort, maire de Nancy, qui écrivait sous sa dictée ses proclamations, était Mlle Caroline de Beauffort, sa fille, devenue plus tard Mme la comtesse de La Grandville, de respectueuse mémoire *(Madame la comtesse de La Grandville.* Lille, J. Lefort, 1867; in-8°). M. le marquis de Beauffort, ancien officier des Gardes-Françaises, chevalier de l'ordre royal et militaire de Saint-Louis, est décédé à Nancy, le 20 octobre 1827. Ses restes mortels ont été depuis transférés dans l'église de Beaucamps, par les soins pieux de sa fille.

1825. La branche dite des seigneurs de Beaulieu, de Graincourt, de Moulle, etc., créée par le mariage de Renom de Beauffort avec demoiselle Alexandrine de Massiet, dame de Moulle, le 9 août 1635, s'est éteinte en la personne de dame Louise-Ferdinande-Henriette de Beauffort, mariée avec messire Balthazar-Philippe, comte de Mérode de Montfort, marquis de Deynse, etc., décédée à Bruxelles, le 13 novembre 1825; inhumée au cimetière de Laeken, où l'on voit son tombeau.

1830. M. Philippe-Ernest, marquis de Beauffort, né à Arras, en Artois, le 17 février 1782, fut le premier de sa maison qui se fixa en Belgique, et cela par suite de son mariage avec Mlle Jeanne-Joséphine-Catherine de Wignacourt. Mariage qui fut célébré à Tournai (Hainaut), le 21 février 1804. Les enfants provenus de cette union sont tous nés à Tournai. — M. le comte Amédée de Beauffort, né à Tournai (Hainaut), le 4 avril 1806, dut, lors de son mariage, avec Mlle Elisabeth de Roose, comtesse de Baisy, baronne de Bouchout, célébré à Bruxelles, le 12 mai 1830, opter pour la nationalité belge. M. le comte Amédée de Beauffort était né en Belgique, il y avait été élevé et il venait de s'y marier ; puis, il devait se conformer à la décision du Congrès, tenu à Vienne (Autriche), et aux conditions du Traité de paix, signé le 30 avril 1814, portant : que les provinces belgiques, qui ont appartenu à la France depuis 1794, cessent d'en faire partie et sont placées sous la souveraineté de S. M. Guillaume Ier, roi des Pays-Bas. D'un autre côté, les événements survenus en France (juillet 1830) décidèrent définitivement l'option de M. le comte Amédée de Beauffort en faveur de la Belgique. Il servit en qualité de capitaine dans la garde civique de la ville de Bruxelles, pendant la période orageuse de 1830 à 1834 ; il fut ensuite bourgmestre de la commune de Wemmel (Brabant), dans laquelle se trouve enclavée une partie de la baronnie de Bouchout, sa résidence d'été. Dans la suite, nous verrons les éminents services que M. le comte Amédée de Beauffort a rendu à sa nouvelle patrie, et les hauts témoignages de reconnaissance dont les souverains et ses compatriotes l'ont honoré. Nous nous permettrons de faire ressortir combien le savoir, les mérites et le dévouement de M. le comte Amédée de Beauffort ont été utilisés au profit de la chose publique. Nous avons ouï dire : Qu'on se faisait facilement pardonner, par lui, un oubli, une offense, en allant lui demander un service.

1835. Un arrêté royal, du 7 janvier 1835, institua la commission royale des Monuments de Belgique, dont le siége fut fixé à Bruxelles. M. le comte Amédée de Beauffort en fut nommé membre par un arrêté royal du même jour ; l'année suivante, il fut appelé à la présidence de cette commission, qu'il conserva jusques au jour de sa mort, arrivée le 28 juillet 1858.

1836. Cette année, M. le comte Amédée de Beauffort fut attaché à l'ambassade d'honneur de M. le comte de Mérode, son oncle, pour représenter le souverain et la Belgique au couronnement de l'empereur d'Autriche, François-Joseph Ier, à Milan.

1836. En France, il est dans l'usage de poser sur l'écu une couronne supérieure à celle de la dignité nobiliaire du titré, la couronne n'étant considérée que comme ornement extérieur du blason, dont le vrai timbre est *le casque.* La couronne n'avait sa valeur réelle que sur la tête du dignitaire aux jours de solennités. Le casque seul donne le degré *vrai* dans la hiérarchie nobiliaire ; c'est le timbre légal des armoiries. — La maison de Beauffort porte légalement la *couronne de baron*, depuis plusieurs siècles; *celles de comte et de marquis*, en vertu des lettres-patentes de mai 1716, de juillet 1733 et de mars 1735 (Voyez, ci-devant, aux années indiquées). La descendance de M. le comte Amédée de Beauffort porte la *couronne ducale du Saint-Empire*, en vertu des lettres-patentes de S. M. Léopold Ier, roi des Belges, du 15 décembre 1836 et du 25 mai 1863. M. le comte Amédée de Beauffort, né à Tournai et marié à Bruxelles, voulant se mettre en règle vis-à-vis des lois et des usages de sa nouvelle patrie d'option, se pourvut devant le conseil Héraldique de Belgique, pour obtenir la fixation légale des attributs décoratifs de ses anciennes armoiries. Sa Majesté, sur l'avis du conseil Héraldique, signa, à cet effet, les lettres-patentes suivantes :

Lettres-patentes portant fixation des attributs des armoiries de l'ancienne maison de Beauffort, du 15 *décembre* 1836 :

« Nous, Léopold, roi des Belges, à tous présents et à venir, salut :

» Le comte Amédée de Beauffort, né le 4 avril 1806, à Tournai, province de Hainaut, Nous a fait exposer que la maison de Beauffort ou Beaufort, originaire de l'Artois, n'ayant cessé d'appartenir aux provinces belgiques que par suite des conquêtes de Louis XIV, et qu'il voulait rétablir en nos États une branche de sa maison, mais que, jouissant en France de la prérogative dont jouissent d'autres maisons, de porter des insignes supérieurs à son titre, il désirait conserver en Belgique le même avantage.

» En conséquence, ledit comte Amédée de Beauffort Nous a fait supplier de vouloir bien l'autoriser de changer sa couronne et son cimier contre la *couronne ducale et le manteau herminé*, plus spécialement en usage dans notre royaume.

» Sur la proposition de notre ministre *(ad interim)* des affaires étrangères; vu l'article 75 de la Constitution, ainsi conçu : « Le Roi a le droit de conférer des titres de noblesse sans pouvoir jamais y attacher aucun privilége. » Voulant donner audit comte Amédée de Beauffort un témoignage de notre satisfaction;

» A ces causes, Nous avons, par les présentes signées de notre main, conféré et conférons audit comte de Beauffort (Amédée), pour lui et ses descendants légitimes directs, sans distinction de sexe ni de primogéniture, le droit de porter leurs armes, lesquelles sont figurées aux présentes, savoir: *D'azur, à trois jumelles d'or*. — Supports : *Deux levrettes d'argent colletées d'or et d'azur*, — avec bannières; la première, de Beauffort plein; la deuxième, *d'or, aux fleurs de lys d'azur, sans nombre; au franc quartier de gueules*, qui est de Thouars; — et la devise : *In bello fortis;* posées sur un manteau ducal de pourpre, doublé d'hermine et surmonté de la couronne ducale, terminé de velours comme le manteau.

» Et afin que ce soit chose ferme et stable à toujours, Nous avons ordonné que les présentes soient revêtues du sceau de l'Etat.

» Donné à Bruxelles, le quinzième de décembre de l'an de grâce mil huit cent trente-six.

» *Signé* : LÉOPOLD. »

Vu, par le Roi :

Le Ministre « ad interim » des affaires étrangères,

Signé : DE THEUX.

Vu et scellé du sceau de l'Etat.

Bruxelles, le 23 février 1837.

Le Ministre de la justice,

Signé : A.V. J. ERNST.

Vu et inscrit au registre matricule sous le nº 8.

Le Secrétaire-général du ministère des affaires étrangères,

Signé : NOTHOMB.

1837. Un arrêté royal, à la date du 19 juin, appela M. le comte Amédée de Beauffort à faire partie de la commission administrative de la Bibliothèque royale de Bruxelles, fonction honorifique qu'il remplit jusqu'à sa mort.

1838. M. le comte Amédée de Beauffort, qui remplisait avec autant de distinction que de dévouement plusieurs fonctions publiques honorifiques, fut nommé *chevalier de l'ordre royal de Léopold*, par arrêté royal du 18 juin 1838.

1843. Un arrêté royal, portant la date du 26 septembre de cette année, appela à siéger au Conseil Héraldique de Belgique, en qualité de conseiller, M. le comte

Amédée de Beauffort, qui remplit ces fonctions honorifiques jusqu'à sa mort. Il fut promu *officier de l'ordre royal de Léopold*, par arrêté royal du 9 avril 1843.

1844. Louis-Philippe Ier, roi des Français, décora M. le comte Amédée de Beauffort de la croix d'*officier de l'ordre royal de la Légion-d'Honneur*, par ordonnance royale, du 19 février 1844, en récompense des éminents services qu'il avait rendu aux Beaux-Arts.

1846. M. le comte Amédée de Beauffort, président de la Commission royale des Monuments, fut nommé membre de la Commission du Musée national de peinture et de sculpture, de Bruxelles, par arrêté royal, du 31 mars 1846 ; il conserva cette charge honorifique jusqu'à sa mort, arrivée le 28 juillet 1858.

1847. Un arrêté royal, du 25 mars 1847, nomma M. le comte Amédée de Beauffort, président de la Commission des Monuments, membre de la Commission administrative du Musée national de peinture et sculpture, *directeur du Musée royal d'Armures, d'Antiquités et d'Artillerie*, dont il était le fondateur et l'organisateur. Ce beau Musée, qui fait l'admiration de tous les connaisseurs, a été installé dans l'ancien château-fort de la porte de Hal, à Bruxelles.

1850. M. Emmanuel-Léopold, comte de Beauffort, né à Metz (France), le 6 décembre 1812, ancien page du roi Charles X, passa, après la chute des Bourbon de France, au service de la Belgique en qualité d'officier de cavalerie. Il reçut du roi Léopold Ier des lettres-patentes de grande naturalisation, signées le 31 décembre 1850; elles furent enregistrées.

1851. M. le comte Amédée de Beauffort, inspecteur-général des Beaux-Arts en Belgique, fit don, cette année, à la ville d'Anvers, d'un tableau représentant l'Hôtel-de-Ville de cette cité, antérieur à celui construit vers 1560. La lettre de remercîment de M. le bourgmestre est conservée dans les archives de la famille de Beauffort. — Par décret du 2 septembre 1851, M. le comte Amédée de Beauffort fut nommé *chevalier de l'ordre du Lion Néerlandais.*

1853. M. le comte Amédée de Beauffort, décoré déjà de plusieurs ordres honorifiques, fut nommé, le 25 février 1853, *chevalier de l'ordre du Saint-Sépulcre* (Palestine).

1854. Un arrêté royal, du 3 décembre 1854, éleva à la dignité de *commandeur de l'ordre royal de Léopold,* M. le comte Amédée de Beauffort, officier du même ordre depuis le 9 avril 1843, en récompense de ses nombreux services gratuits rendus à la chose publique.

1858. Cette année a été néfaste pour la famille de Beauffort : dans l'espace de six semaines, elle a eu à subir deux grands deuils. M. Philippe-Ernest, marquis de Beauffort, est décédé à Bruxelles, le 18 mai 1858. Il était né, à Arras, le 17 février 1782. Nous reproduisons les quelques lignes d'éloges qui suivent, publiées lors de son décès :

« M. Philippe-Ernest, marquis de Beauffort, a vécu éloigné de tous les emplois militaires ou civils dans lesquels ses aïeuls se sont illustrés. Il était le type du véritable gentilhomme. Sa courtoisie, sa générosité, sa parfaite loyauté, ses connaissances aussi variées qu'approfondies, sont de notoriété publique. Grand ami des arts, que son fils, M. le comte Amédée de Beauffort et lui, protégeaient de tout leur pouvoir. Il s'est occupé avec fruit des hautes études philosophiques; il a surtout traité avec distinction les grandes questions morales et religieuses, dont la solution heureuse est le seul espoir de la société. Écrivain d'un mérite rare, il a publié plusieurs ouvrages très-recherchés, entr'autres : *De l'Esprit de vie et de mort*, et les *Lettres sur l'Italie*, qui obtinrent un grand succès et furent traduites en plusieurs langues. Ce qui distingue particulièrement les écrits de M. le marquis de Beauffort, c'est une logique vive, entraînante et spirituelle tout à la fois, c'est encore la corrélation des sentiments, le mérite de l'à-propos et surtout la forme entraînante qu'il savait donner aux sujets abstraits qui exerçaient sa plume. »

Le roi Léopold Ier écrivit la lettre de condoléances suivante à M. le comte Amédée de Beauffort, à l'occasion de la mort de son père :

« Mon cher Comte,

» Permettez-moi de vous exprimer toute la part que je » prends à la perte douloureuse que vous venez de faire. Je » me souviens avec reconnaissance de la constante bienveil- » lance dont votre excellent père n'a cessé de me donner des » témoignages. J'apprends avec chagrin, par votre fils, que » vous êtes vous-mêmes encore souffrant; j'espère qu'une » température plus douce exercera une influence heureuse.

» Veuillez offrir mes sincères condoléances également à » Madame de Beauffort, et agréer l'expression de mes senti- » ments affectueux.

» LÉOPOLD.

» Laeken, le 21 mai 1858. »

Le 28 juillet de cette même année 1858, est décédé en son hôtel, rue de la Loi, 51, à Bruxelles, M. Louis-

Léopold-Amédée, comte de Beauffort, inspecteur-général des Beaux-Arts en Belgique, membre de la commission royale des Monuments, membre de la commission administrative de la Bibliothèque royale de Bruxelles, membre de la commission administrative du Musée national de peinture et de sculpture, à Bruxelles; directeur du Musée royal d'armures, d'antiquités et d'artillerie de Bruxelles, membre du conseil Héraldique de Belgique, etc., etc.; chevalier de l'ordre de Léopold, le 18 juin 1838; officier du même ordre, le 9 avril 1843; commandeur, le 3 décembre 1854; officier de l'ordre royal de la Légion-d'Honneur, le 19 février 1844; chevalier de l'ordre du Lion-Néerlandais, le 2 septembre 1851; chevalier de l'ordre du Saint-Sépulcre (Palestine), le 25 février 1853. Toute la presse belge et la presse étrangère ont rendu hommage au talent, au mérite et au dévouement de M. le comte Amédée de Beauffort. Nous reproduisons ci-après un article qui les résume à peu près tous :

« M. le comte Amédée de Beauffort fut attaché à l'ambassade d'honneur de M. le comte de Mérode, son oncle, au couronnement de l'empereur d'Autriche, à Milan, en 1836; inspecteur-général des Beaux-Arts, président de la commission des Monuments, membre du conseil Héraldique, etc. Son père lui inspira de bonne heure le goût du travail. Il passa rapidement par tous les degrés de l'enseignement. En 1829, il se trouva en état de suivre avec succès les cours de droit de l'université de Paris. Quand il revint dans sa famille, il put se livrer tout entier à l'étude des beaux-arts, et pour laquelle il éprouva toujours une vocation irrésistible. Sans pratiquer plus spécialement aucune des branches de l'art, il se livra à l'appréciation des œuvres des grands maitres en peinture, en sculpture et en archéologie.

« Le gouvernement belge voulut s'attacher le comte Amédée de Beauffort, et il sut utiliser son profond sentiment pour les arts. Il le nomma successivement président de la commission royale des Monuments, membre de la commission administrative du Musée national de peinture, directeur du Museum d'armures et d'antiquités, *dont il est le créateur;* membre du conseil Héraldique, membre des commissions chargées de l'érection des statues que l'on a élevées à Bruxelles, à Malines, à Anvers, à Mons, etc., et de celles qu'on a placées au palais de la Nation sur sa demande et sur ses conseils.

» L'Ecole de gravures de Bruxelles a été fondée, en partie, par ses soins. M. le comte de Beauffort fit preuve également de goût et d'aptitude dans l'organisation et la direction de diverses expositions de peinture ouvertes à Bruxelles, dont il fut le président à plusieurs époques. En 1835, M. Nothomb, alors ministre de l'intérieur, lui offrit les fonctions d'administrateur des beaux-arts, changées par M. le comte de Theux en celles *d'inspecteur-général des lettres, des sciences et des arts*. Il accepta, mais avec cette réserve : *qu'il ne recevrait aucun traitement*. Depuis cette époque et jusqu'à sa mort, on n'a pas élevé un monument national en Belgique, on n'a pas réparé ou restauré un seul de ses édifices, soit dans l'ensemble, soit dans la plus simple de ses parties; on n'a pas acheté une œuvre d'art quelconque : tableaux, statues, objets d'antiquités, sans que M. le comte de Beauffort ait été consulté sur la nécessité ou l'utilité de l'achat.

» Pour donner une faible idée de ses travaux si variés et si étendus, nous dirons qu'en qualité de président de la commission royale des Monuments, il a visité, fait rebâtir, restaurer ou agrandir plus de cinq cents églises. Il contribua puissamment à remettre en honneur l'art de la peinture sur verre en Belgique, et c'est à ses soins notamment que l'on doit la réparation et le complément des belles verrières de la collégiale de Sainte-Gudule, à Bruxelles; des vitraux de la cathédrale de Tournai et des églises d'Hoogstraete, de Mons, de Nivelles, etc. Les soins, les travaux, les démarches, les déplacements, les difficultés de toute nature qu'il faut vaincre quand on se livre à l'appréciation des arts, ne l'ont jamais rebuté. Il consacra aussi une partie notable de sa fortune à encourager les beaux-arts. Il protégea les arts, les lettres et les sciences par des souscriptions, par des achats nombreux, par des démarches, par des recommandations, surtout par d'excellents conseils;

une bienveillance et une aménité sans égale à l'égard de tous les jeunes gens qui, certains de trouver en lui un sage conseiller, un Mécène et un père, avaient accès auprès de lui à toute heure, dans tous les temps, et jusques au chevet de son lit de douleur et d'agonie. Ses goûts distingués trouvèrent aussi une application soutenue dans la restauration des monuments historiques des plus anciens et des plus remarquables du pays, dont l'un, le *château de Bouchout*, dans la commune de Meysse (Brabant), construit par Godefroid-le-Barbu, duc de Brabant, est depuis longtemps un des apanages de la famille de Roose de Baisy, d'où sortait madame la comtesse, son épouse, douairière du nom.

» Indépendamment des grands travaux entrepris à Bouchout, M. le comte de Beauffort a fait restaurer à Rhumes (Reusmes, ancienne seigneurie de la maison de Beauffort), près de Tournai, ancienne pairie du Hainaut, les mausolées relevés : 1° de Philippe de Beauffort, IIe du nom, etc., conseiller et chambellan de l'empereur Charles-Quint et grand bailly de Tournai; mort en 1530, et de Jeanne de Hallevin, sa femme; 2° de Georges de Beauffort, chevalier, seigneur, etc., gentilhomme de la bouche de l'empereur Charles-Quint, gouverneur et capitaine du château de l'Ecluse; mort en 1556, et de Marie de Berlaymont, sa femme. » (*La Belgique héraldique*, par Ch. Poplimont, 1863, t. 1er, p. 363 et suivantes).

M. le comte Amédée de Beauffort a été inhumé à Meysse, près de Bruxelles, dans le tombeau de la famille de Roose, comtes de Baisy, barons de Bouchout, où sa vertueuse épouse est allée le rejoindre le 19 décembre 1873. — Dans le cimetière de la paroisse de Meysse, on voit un grand marbre noir adapté au mur de l'église, au chevet, du côté de l'Évangile, portant les armoiries et leurs attributs des maisons de Roose de Baisy et de Beauffort, en marbre blanc et en relief, avec cette inscription latine : D. O. M. — *Monumento perillùs et nobilis familliæ comitum de Beauffort olim. — Perillùs familiæ de Roose, comit. de Baisy, baron. de Bouchout, toparchæ de Meysse.* »

Dès que Sa Majesté Léopold Ier, roi des Belges, apprit la mort de M. le comte Amédée de Beauffort, il adressa à la famille la lettre de condoléances suivante :

« Mon cher Comte.

» Veuillez exprimer à madame votre Mère, ainsi qu'à toutes » les branches de votre famille, la sincère douleur que j'é- » prouve du malheur si inattendu qui vient de vous accabler.

» Votre digne et excellent père a rendu de bons et fidèles » services au pays avec un rare zèle et un grand désintéres- » sement. A moi, il a toujours témoigné des sentiments qui me » feront garder affectueusement sa mémoire.

» Agréez les vœux affectueux que je forme pour vous et » pour toute votre famille.

» LÉOPOLD.

» Bruxelles, le 30 juillet 1858. »

1863. M. Emmanuel-Léopold, comte de Beauffort, ancien officier de cavalerie, obtint de S. M. Léopold Ier, sur l'avis conforme du conseil Héraldique, un arrêté royal, le 16 mars 1863, et des lettres-patentes, le 25 juin 1863, de reconnaissance du titre *de comte*, en y joignant la faveur de le transmettre à tous ses descendants. Ces lettres-patentes sont contre-signées par M. Ch. Rogier, ministre, et enregistrées au conseil Héraldique, à Bruxelles. — De pareilles lettres-patentes furent octroyées, à cette même date, à MM. Léopold-Marie-Ghislain, comte de Beauffort, et à M. Albert-Marie-Ghislain, comte de Beauffort, frères et cousins du précédent. Ces lettres-patentes autorisent aussi la transmissibilité du titre de *comte* ou *comtesse* à tous leurs enfants, de l'un et de l'autre sexe, et à leurs descendants sans distinction de sexe, ni de primogéniture. Voici la teneur et les considérants de l'une d'elles :

« *Lettres-patentes qui accordent à* M. ALBERT-MARIE-GHISLAIN DE BEAUFFORT *reconnaissance du titre de* COMTE, *transmissible à tous ses descendants.*

» LÉOPOLD, roi des Belges, à tous présents et à venir, salut.

» Le sieur ALBERT-MARIE-GHISLAIN DE BEAUFFORT, propriétaire, domicilié à Bruxelles, fils de LOUIS-LÉOPOLD-AMÉDÉE, *comte* DE BEAUFFORT, et de dame MARIE-ÉLISABETH-JOSÉPHINE-ANTOINETTE-JEANNE-GHISLAINE, *comtesse* DE ROOSE DE BAISY, petit-fils de PHILIPPE-ERNEST et de dame JEANNE-JOSEPHE-CATHERINE DE WIGNACOURT, Nous ayant, par requête en date du 21 janvier 1863, fait exposer que son troisième aïeul, CHARLES-ANTOINE DE BEAUFFORT DE MONDICOURT, obtint du roi Louis XV, par lettres-patentes données à Versailles, au mois de mars 1735, le titre de *marquis*, lui permettant de se qualifier tel en tous actes, tant en jugement que dehors; même d'appliquer ledit titre sur telle terre que bon lui semblera, et de le transmettre à ses enfants et descendants mâles, nés et à naître en légitime mariage; que, néanmoins, les puînés ont constamment, depuis cette époque, porté le titre de *comte*; que la possession de ce titre a été par Nous virtuellement reconnue à son père dans les lettres-patentes que Nous avons daigné lui délivrer sous la date du 15 décembre 1836; et, s'appuyant sur les services rendus au pays par feu son père, en son vivant inspecteur général des beaux-arts; Nous ayant fait supplier de lui accorder la reconnaissance du titre de *comte*, transmissible à tous ses descendants; Nous, vu le rapport de notre ministre des affaires étrangères, avons, par notre arrêté du 16 mars, favorablement accueilli sa requête. En conséquence, désirant profiter de la grâce que Nous lui avons faite, ledit ALBERT-MARIE-GHISLAIN DE BEAUFFORT s'est retiré par-devant notre ministre des affaires étrangères, spécialement à ce par Nous commis, à l'effet d'obtenir les lettres-patentes nécessaires.

» A ces causes, considérant que de tout temps les concessions et les reconnaissances de noblesse et de titres ont été utilement employées, non-seulement à récompenser les belles actions et les services rendus à l'État, mais encore à en perpétuer le souvenir dans les familles; si est-il qu'il Nous a plu *reconnaître* et par les présentes, signées de Notre main, *Nous reconnaissons* de Notre propre volonté, autorité royale et constitutionnelle, ledit ALBERT-MARIE-GHISLAIN DE BEAUFFORT et ses descendants légitimes des deux sexes comme appartenant à la noblesse du royaume avec le titre de *comte* et *comtesse*. Voulant qu'il jouisse de toutes les prérogatives que la Constitution et les lois attachent ou pourront attacher à la noblesse et à la dignité de *comte*. Qu'il soit inscrit en ladite qualité aux registres ouverts à cet effet près notre conseil Héraldique, et qu'il y fasse dessiner ses armoiries. Permettons audit ALBERT-MARIE-GHISLAIN DE BEAUFFORT de prendre en tous lieux et en tous actes la qualité de *comte* et de porter les *armes de sa famille*, telles qu'elles sont décrites et figurées aux présentes, savoir :

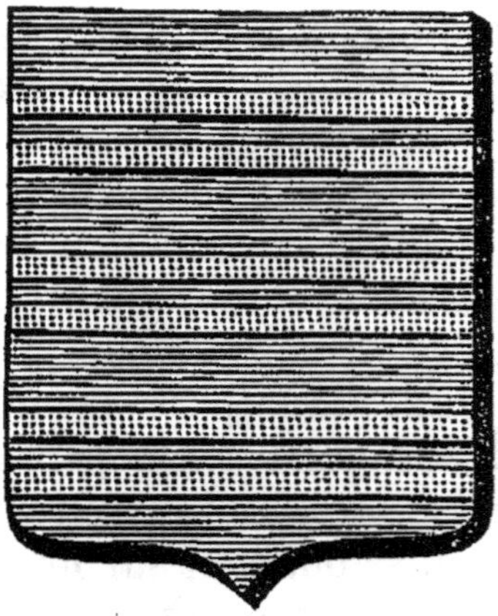

» *D'azur, à trois jumelles d'or*; l'écu supporté par deux levrettes d'argent colletées d'azur, bordé d'or; avec bannières, la première DE BEAUFFORT plein, la deuxième *d'or*, *semé de fleurs de lis d'azur, au franc canton de gueules*, qui est DE THOUARS, et la devise : *In bello fortis* posé sur un manteau de pourpre, surmonté de la *couronne ducale* du Saint-Empire (Ici est le dessin enluminé des armoiries et des attributs).

» Nous requérons les Ducs, les Princes, les Comtes, Seigneurs et Souverains, quels qu'ils puissent être, ainsi que tous ceux à qui appartiendra ultérieurement de reconnaître comme *comtes* et *comtesses* ledit ALBERT-MARIE-GHISLAIN DE BEAUFFORT et ses descendants légitimes des deux sexes, et de les laisser jouir librement de l'effet des présentes et des prérogatives y attachées. Mandons et ordonnons aux cours et tribunaux, aux autorités provinciales et communales, et à tous autres officiers et fonctionnaires, tels qu'ils soient, non-seulement de reconnaître le *comte* ALBERT-MARIE-GHISLAIN DE BEAUFFORT et ses descendants légitimes en tout ce qui précède, mais de les maintenir et protéger au besoin. Et afin que ce soit chose ferme et stable à toujours, Nous avons ordonné que les présentes soient revêtues du sceau de l'État.

» Donné au château de Laeken, sous notre seing royal et le contre-seing de notre ministre des affaires étrangères, le vingt-cinquième jour du mois de juin de l'an de grâce mil huit cent soixante-trois. » LÉOPOLD.

» *Par le Roi :* le ministre des affaires étrangères,

» CH. ROGIER. »

« Les présentes lettres-patentes, vues par le conseil Héraldique, ont été transcrites dans le registre officiel des diplômes, et il en a été tenu note dans le régistre matricule de la Noblesse.

» Bruxelles, le 1er juillet 1863.

» *Le Président du Conseil,*
» COMTE DE SAUVAGE

» Ici est le sceau du conseil Héraldique :

» *Le Greffier,*
» SOUMYER. »

1865. Madame la comtesse de la Grandville, née Marie-Caroline de Beauffort, est décédée au château de Beaucamps, près de Lille (Nord), le 6 septembre 1865, et a été inhumée sous le monument funèbre qu'on voit dans une des chapelles de l'église. Un auteur anonyme nous a transmis quelques lignes sur la vie et les œuvres de Mme la comtesse de la Grandville (1).

Il a fait précéder la biographie de cette noble Dame, distinguée autant par son savoir que par ses vertus et sa piété (dans laquelle il rappelle quelques-unes des nombreuses fondations dont on lui est redevable) de ces quelques lignes d'éloges :

« 6 septembre 1866. — Il y a un an, presque au moment où le général de Lamoricière terminait sa glorieuse carrière, une âme noble et grande selon le monde et sainte devant Dieu quittait pour toujours les contrées que, durant tant d'années, elle avait enrichies de ses dons et édifiées par ses vertus. Nous signalâmes alors cette perte douloureuse, espérant qu'une plume plus digne que la nôtre ne tarderait pas à assigner à Mme la comtesse de la Grandville la place qui lui appartient, dans cette phalange de femmes illustres par la naissance, grandes par le cœur et l'intelligence, fortes par le caractère, que la Providence semblait avoir suscitées à la fin du siècle dernier pour apprendre aux générations nouvelles le respect d'un temps qui n'est plus. Mais, hélas ! le silence s'est fait autour de cette tombe. La reconnaissance des pauvres, les pleurs des malheureux, et l'affection de ceux qu'elle a aimés, seuls ont rendu hommage à cette sainte mémoire. Et pourtant les vertus de ceux qui ne sont plus ne forment-elles pas le plus précieux trésor des générations qui suivent, et n'est-ce pas surtout au souvenir des grands exemples que dans ses moments de défaillance l'âme se relève et se fortifie ?... Reportons-nous donc par la pensée au delà de ce triste anniversaire, et quoique impuissant à une si grande tâche, essayons de reproduire ici les principaux traits de cette noble figure, avant que le temps en ait affaibli le souvenir. »

---

(1) *Madame la comtesse de la Grandville.* Lille, J. Lefort, 1867, in-8°, avec portrait.

Marie-Caroline de Beauffort fut élevée au couvent du Sacré-Cœur d'Amiens, berceau de cet institut célèbre. Ce fut sous la direction personnelle de la vénérable Mme Barat, fort jeune alors, que Caroline de Beauffort acquit cette piété ardente et cet enthousiasme du bien, qui devaient être plus tard le principe de si grandes choses. Mme de la Grandville a écrit plusieurs ouvrages qui ont été imprimés : *Souvenirs de voyage : la Suisse, le Piémont, l'Italie*, en 2 vol. ; un volume de *Pensées*; *Abrégé de la Doctrine de l'Église sur les Sacrements*; *Voyage aux Pyrénées*; *Trente et un exercices pour le chemin de la Croix*; *Lettre à une dame protestante*, etc.

Nous ne citerons que quelques-unes des fondations dues à la munificence et à la piété de Mme de la Grandville, née de Beauffort : la reconstruction de l'église de Notre-Dame de Grâce, à Loos. — L'hospice et l'école de Beaucamps, desservis par les sœurs de l'Enfant-Jésus. — L'établissement de l'institution du Sacré-Cœur, à Lille. On nous permettra de citer, à ce sujet, un passage de la biographie de Mme de la Grandville, p. 19 : « Depuis longtemps, d'ailleurs, l'importance de l'éducation chrétienne avait fixé son attention. Élève privilégiée de Mme Barat, ce fut à sa vénérable institutrice qu'elle confia la direction de sa première fondation. M. le comte de la Grandville, son beau-père, l'aida de sa charitable coopération, et la ville de Lille ne tarda pas à posséder une maison du Sacré-Cœur, devenue depuis un des établissements les plus importants de cette illustre congrégation. » — En 1842, la comtesse de la Grandville, fonda l'établissement des frères Maristes, dont elle fit tous les frais de construction, d'installation, etc. Elle aida toutes les paroisses des environs de Lille, à se donner les bienfaits de l'instruction. — Puis, elle participa largement à la fondation de la maison du Bon-Pasteur, à Lille. — En 1847, M. le comte de la Grandville céda aux PP. Jésuites son hôtel de la rue Voltaire ; et, ensuite, contribua puissamment à son agrandissement et à la construction de la belle église, qui a remplacé l'humble chapelle. — L'œuvre des conférences de Saint-Vincent de Paul a trouvé d'excellents auxiliaires en M. et Mme de la Grandville. — Mme de la Grandville acheta l'ancien hôtel des Monnaies, de Lille, et le fit approprier à l'installation des frères des Écoles Chrétiennes, avec leurs classes. Au fronton de cet établissement se voient les armoiries *de la Grandville* et *de Beauffort.*

Nous prions nos lecteurs, désireux de connaître plus amplement les détails de la vie de Mme la comtesse de la Grandville, née Marie-Caroline de Beauffort, d'avoir recours aux publications qui lui ont été consacrées par la gratitude et la reconnaissance, telles que : *Madame la comtesse de la Grandville,* Lille, J. Lefort, 1867 ; in-8°. — *Histoire de Mme Barat, fondatrice de la société du Sacré-Cœur de Jésus*, par M. l'abbé Baunard. Paris, Poussielgue frères, éditeurs, 1876 ; 2 beaux vol. in-8°.

Nous empruntons à ce dernier ouvrage un chapitre relatif à Mme de la Grandville, tome II, pages 532 et suivantes :

« ..... Nous avons déjà nommé, au commencement de cette histoire, Caroline de Beauffort, une des premières élèves de la maison d'Amiens. Nous l'avons retrouvée ensuite, mariée et devenue comtesse de la Grandville, établie à Lille, et secondant dans la Flandre les entreprises de zèle de Mme Barat. Depuis le jour où l'enfant avait quitté le pensionnat de l'Oratoire, la mère générale (1) ne l'avait pas perdue de vue : « La seule bonne qualité que l'on me reconnaisse, lui écrivait sa fidèle maîtresse, est la constance dans mes affections. Je crois qu'elle est d'autant plus vraie que je ne l'accorde intimement qu'à peu de personnes. » Et dans une autre lettre, donnant la raison surnaturelle qui lui rendait si chère cette ancienne enfant, elle lui écrivait : « Pourrions-nous jamais oublier une élève du Sacré-Cœur qui veut se sauver, à quelque prix que ce soit, et devenir une sainte ?... »

» Mais de grandes tentations, d'inexprimables angoisses, ne tardèrent pas à compromettre la félicité et menacer le salut de la jeune comtesse. Ce fut pour la soutenir, la fortifier dans le combat, la consoler dans l'épreuve que Mme Barat entretint avec elle une correspondance de plus de quarante années qui nous semble être le chef-d'œuvre du cœur comme du style de la servante de Dieu.

« Tant qu'elle avait vécu dans la maison de son père, le marquis de Beauffort, maire de la ville de Nancy (2) et sous l'aile de sa mère, Léopoldine de Mérode, la jeune Caroline, entourée, appréciée, adulée par une société d'élite, n'avait écrit que de loin en loin à Mme Barat : elle était heureuse alors. C'était une personne extrêmement brillante, d'une rare distinction et d'un grand charme d'esprit. Elle cultivait les lettres, les arts, les langues étrangères. L'antiquité classique lui était familière, et un de ses biographes attribue à ce commerce avec les plus grands hommes de tous les pays et de tous les siècles, cette trempe mâle, héroïque, qui s'alliait en elle à la plus exquise sensibilité.

» Mais tout change de face lorsque son mariage avec le comte de la Grandville l'eut arrachée à cette vie d'éclat et de bonheur, pour la reléguer soit à Lille, soit au château de Beaucamps, qui en est à trois lieues. Là, sous le toit de son beau père, dans une maison livrée à des servantes souveraines et impertinentes, et dans la compagnie d'un mari opulent, mais très-inférieur à elle par l'intelligence et l'âme, la jeune comtesse ne tarda pas à connaître les tortures du cœur. La dis-

---

(1) Mme Barat, fondatrice de la société du Sacré-Cœur de Jésus.
(2) Nommé par Mgr le comte d'Artois, pendant les Cent Jours.

crétion des lettres de Mme Barat n'en laisse qu'à peine entrevoir la délicate nature, mais elle en révèle à chaque ligne les indicibles douleurs. Au bout d'un an de mariage, déjà découronnée de toutes ses illusions, éloignée de son père et de sa mère dont elle ne voulait pas affliger l'affection par ses confidences, cette jeune femme de 25 ans se rejeta dans le sein de sa première maîtresse.

» Mme Barat la plaignit d'abord pour avoir le droit de la conseiller. « Je n'ai pu, ma bonne comtesse, lui disait-elle, dès les premières ouvertures, je n'ai pu lire votre dernière lettre sans éprouver le plus profond attendrissement. Si j'avais été seule, mes larmes auraient coulé en abondance, en me rappelant votre enfance, vos sentiments, votre position actuelle, et mon impuissance à vous soulager, quand je voudrais pour tout au monde contribuer à votre bonheur ! Ah ! ma chère Caroline, combien vous me faites souffrir ! et, cependant, vous êtes digne des complaisances du Seigneur par votre résignation et vos combats. Soyez donc fidèle, acceptez votre croix, portez-la avec courage, et Jésus la portera avec vous. Même il l'adoucira, j'en ai l'entière confiance (Paris, 31 janvier 1820). »

» Déçue du côté du monde, et soutenue uniquement par les affections qui lui venaient du cloître, il était naturel que parfois la jeune comtesse se retournât avec regret vers la vie religieuse, à laquelle elle s'était crue un moment appelée.

» Mme Barat se fit d'abord un devoir d'écarter d'elle ces rêves impossibles, et, dès lors, dangereux. « Croyez, lui disait-elle, que vous pouvez, dans l'état où vous êtes, aimer et servir Dieu avec plus de perfection et de pureté de cœur qu'un grand nombre de religieuses. Presque toutes celles qui se sont sanctifiées, même en religion, et dont le bon Dieu s'est servi pour édifier de grandes œuvres, avaient été mariées. Travaillez donc aussi à votre perfection avec paix et abandon dans le bon plaisir de Dieu, qui a voulu vous appeler à un état moins parfait, afin peut-être que vous le devinssiez davantage par une vraie et profonde humilité (Paris, 6 mars 1821). »

» Le père Varin était de moitié dans les confidences comme dans la direction de cette âme éprouvée. « Le père Varin est le seul à qui je montre vos lettres, afin qu'il pense à vous et qu'il prie pour vous, » écrivait Mme Barat, et, dans un autre endroit : « Le père Varin aime à m'entendre parler de ma Caroline, ensuite il soupire : je comprends tout ce qu'il pense; il prie pour ma chère fille avec une grande affection..... Chaque fois que je lui parle de vous, il s'attendrit et lève les yeux au ciel. J'en fais autant, ma bonne Caroline, mais avec bien peu de profit pour vous. Ce bon et vénérable ami doit vous envoyer quelques mots d'encouragement (Paris, 31 janvier et 10 avril 1820; 6 mars 1821 et 26 novembre 1822). » Il lui en envoya, en effet, qui la remplirent de courage. Si nous avions ces lettres du père Varin, si, surtout, nous possédions celles que la comtesse adressait à ces deux confidents de son âme et de sa vie, nous n'y verrions pas seulement se dérouler un drame d'une poignante émotion, mais surtout nous y verrions quel beaume salutaire la religion peut verser sur un des maux les plus cuisants qu'un foyer puisse cacher.

» A elles seules, les lettres de Mme Barat à Mme de la Grandville sont une belle suite d'instructions élevées et pratiques, à l'usage d'une jeune femme souffrante, méconnue, et, plus que tout cela, exposée dans le monde.

» En effet, cette position n'était pas seulement pour elle une souffrance, c'était surtout un danger. Elle ne cherchait pas le monde, mais le monde la recherchait ; son esprit, sa bonté, son grand et généreux cœur, un besoin naturel de compassion et d'expansion; enfin, dans toute sa personne, « un certain je ne sais quoi, qui plaisait, » comme Mme Barat le témoigne elle-même, attirait vers elle les plus ardents hommages, non sans inquiéter son cœur et troubler son repos. Quelle situation!

» Mme Barat l'avait comprise. Elle eût voulu d'abord se rendre auprès de sa fille pour la conseiller : « Ma chère Caroline, que ne puis-je passer quelques heures avec vous! Que de choses nous aurions à nous dire! Que de réflexions, tantôt tristes, tantôt consolantes, mais qui toutes finiraient par cette phrase chérie : « Que Dieu est bon! » (Paris, 22 mai 1822). Ses lettres la remplacèrent; et voici les deux remèdes que sa sagesse opposa aux périls de la jeune femme. Elle lui prescrivit d'abord le détachement du monde, qu'elle eût volontiers aimé : « Ah! ma chère Caroline, je pense quelquefois que vous êtes trop sensible aux choses de ce monde. Je le conçois, vous devez y vivre. Du moins, détachez-vous-en peu à peu, de manière toutefois que ceux qui vous entourent ne s'en aperçoivent pas (Grenoble, le 17 mars 1832). » Par contre, elle lui demandait instamment de s'attacher à son nouveau foyer, à quelque prix que ce fût. « Dieu seul et votre devoir, c'est-à-dire votre seule famille, » telle est la devise qu'elle lui avait donnée. Elle lui recommandait conséquemment de préférer, à toute autre résidence, la demeure de ses nouveaux parents. Une occasion se présenta d'aller demeurer à Nancy, auprès de sa famille. Aux yeux de Mme de la Grandville, c'eût été une délivrance; aux yeux de Mme Barat, c'eût été une désertion : « Nous préférons, lui dit-elle, vous voir endurer un long et pénible martyre. Au moins, il finira avec votre vie, et il est à présumer qu'il vous sanctifiera. Dieu, qui voit jusqu'où vous portez votre sacrifice, vous soutiendra, et il ne permettra pas que votre âme se perde, puisque c'est pour son amour que vous voulez souffrir (Paris, 27 décembre 1823).

» Mais, il y a dans la vie un degré de souffrance qui en brise le ressort; Mme Barat semblait le craindre pour sa fille chérie : « Surtout, ma bonne Caroline, ne vous laissez point abattre, et soutenez votre courage. Votre santé se perdra, si votre pauvre cœur se laisse atteindre par la tristesse et par la crainte... Le Seigneur veut que vous ne trouviez qu'amertume et vide dans les créatures que vous devriez légitimement chérir, entrez donc dans ses desseins. Supportez-les, aimez-les par devoir, mais votre Dieu par dessus tout. » (Paris, 27 décembre 1823.)

» Le conseil venait trop tard; dès 1823, la santé de la comtesse était gravement atteinte; on put tout redouter. Mme Barat pria et fit beaucoup prier pour son enfant. Elle ordonna une neuvaine dans la maison de Paris à son intention; elle la recommanda au grand thaumaturge de ce temps-là, le prince de Hohenlohe. Se trouvant à Grenoble, en 1823, elle porta ses vœux pour elle au tombeau de plus en plus vénéré et invoqué de la pieuse Aloysia. En même temps, elle lui écrivait fréquemment; ses lettres, tour à tour inquiètes ou rassurées, allèrent la trouver et la consoler dans l'étable du château où on l'avait établie pour respirer un air réputé salutaire à sa poitrine haletante. A ses consolations, Mme Barat mêlait ses pensées de l'éternité, vers laquelle il lui semblait que sa fille s'avançait à pas rapides : « La figure de ce monde passe, lui écrivait-elle, les illusions de la jeunesse s'évanouissent; le grand, le beau de ce monde, tout passe. Croyez-moi, ma fille, il ne reste pour l'éternité que les sacrifices que l'on a faits à Dieu. » (Paris, le 30 septembre 1823.)

» La comtesse de la Grandville partit pour l'Italie. La campagne et les souvenirs de la Lombardie, les richesses artistiques de Pise et de Florence, les magnificences religieuses de Rome et le doux climat de Naples vivifièrent la malade. Elle en revint avec de meilleures espérances, de salutaires émotions, et des notes à l'aide desquelles elle rédigea ensuite des pages élevées et charmantes (1).

» Mme Barat l'avait suivie de ses vœux pendant le voyage; elle alla la trouver au retour par ses lettres, dans la solitude de ce château de Beaucamps, où « la croix l'avait suivie et lui restait toujours. » La plus terrible de ces croix était l'acharnement de certaines obsessions ardentes, passionnées, dont elle était l'objet, et contre lesquelles sa maison même n'était pas un asile. Elle devait longtemps encore en souffrir, à un degré que seule sa sainte directrice a pu connaître.

» Heureusement, Mme de la Grandville était décidée à tout, plutôt que de déplaire à Dieu. Mme Barat le savait; elle l'en félicitait, elle se disait fière d'elle; elle la proclamait capable d'héroïsme; elle lui écrivait : « Ma fille, votre lettre m'a consolée. Je vous ai trouvée telle que je m'étais formé l'idée de ma Caroline, grande, généreuse, avec une piété solide et éclairée; enfin, avec une foi telle qu'il en faudrait une pour souffrir le martyre, si nous avions le bonheur d'y être destinées. » (Paris, 31 octobre 1824.) Alors, elle la faisait aspirer à ces sources de l'éternel amour dont son âme avait soif : « Il y a longtemps, ma fille, que je demande au Seigneur qui vous lasse de tout ce qui n'est pas Lui, et qu'il vous fasse la grâce de ne trouver de bonheur et de paix qu'en Lui, selon cette parole de saint Augustin : *Fecisti nos ad te, Deus, et irrequietum est cor nostrum donec requiescat in te!* — Vous nous avez faits pour vous, ô mon Dieu, et notre cœur est sans repos jusqu'à ce qu'il se repose en vous ! ... (Paris, 3 mars 1825.)

» Quand une âme est ainsi ou tentée ou séduite par ce que Bossuet appelle « le charme de sentir, » il y a d'ordinaire trois

---

(1) Mme la comtesse de la Grandville a publié plusieurs ouvrages, comme nous l'avons dit plus haut (Voyez page 114).

voix que Dieu fait entendre pour la rappeler à Lui. C'est d'abord la voix du cœur, qui crie que Dieu seul est aimable, et que tout le reste est impuissant à nous satisfaire. C'est ensuite la voix déchirante de la conscience, qui crie que Dieu seul est le bien, et que le reste est souvent le mal. Enfin, c'est la voix funèbre de la douleur ou de la mort, qui, à chaque coup qu'elle frappe, nous répète que Dieu seul est l'Etre infini, éternel, et que le reste est caduc, misérable, néant. Ces voix qui convertissent ou qui avertissent, et ces coups qui guérissent, Dieu les faisait retentir à l'âme de Mme de la Grandville, par les lettres maternelles de Mme Barat.

» Elle s'adressait donc premièrement à son cœur; elle lui montrait en Jésus la grande, l'unique beauté. Elle lui répétait, en 1832 : « Vous avez donc encore, à votre âge, à lutter contre ces dons de la nature qui, malgré vous, détournent quelques âmes du souverain bien. Ah! si elles pensaient seulement que ces dons que Dieu vous a faits ne sont que petit grain de ses perfections, combien elles trouveraient ce grand Dieu plus excellent! C'est alors qu'elles l'aimeraient avec autant d'ardeur que la créature! » (Turin, 11 juillet 1832.) Et dans une lettre postérieure : « Allons, maintenant que l'âge a calmé vos affections, tournez-vous tout-à-fait vers le souverain bien, et que les créatures ne vous soient plus un obstacle pour atteindre le noble et grand but, mais plutôt qu'elles soient comme autant de degrés pour vous y élever. C'est ainsi que le Créateur l'a voulu, en vous donnant tant de dons et de moyens d'attirer vers lui! » (Rome, 15 mars 1838.)

» Elle parlait à sa conscience; elle lui disait : « Étrange position que la vôtre! vous devenez, sans le vouloir, un piége pour une foule d'âmes qui cherchent avidement le bonheur, et que l'attrait de la vertu attire. Comme elle doit être pure et austère chez vous! » Alors, elle lui montrait le péril et son remède : « Vous êtes trop expansive, vous avez un abandon, un naturel qui charment; cachez aux yeux des hommes ces qualités si attachantes que l'être le plus vertueux s'y laisse prendre malgré lui. Il est temps, ma chère fille, que vous preniez une tenue et une manière d'être qui s'accorde mieux avec votre âme si droite, si pure, si délicate. Donnez votre cœur à Dieu, et n'aimez que pour lui ceux que vous devez aimer... Soyez prudente, courageuse, ferme comme le rocher immobile au milieu d'une mer orageuse (Paris, 27 février 1827; 30 novembre 1825; 4 juillet et 12 septembre 1826, etc.). Éloignez les occasions, ne comptez pas sur l'âge, mais sur la force de Dieu. C'est Dieu seul que vous voulez, repoussez tout dédommagement de la part de la créature (Rome, 15 mars 1838). » Enfin, à ces conseils et à une foule d'autres, elle joignait les avis des plus saints personnages ecclésiastiques, Mgr de Quelen, Mgr Lambruschini, le Père Rozaven, prescrivant des règles sévères avec une autorité que son affection faisait accepter par avance : « Je dois, lui disait-elle, ces conseils à votre confiance en votre meilleure amie (Paris, 13 avril 1836). » Il n'y avait pour elle qu'une manière d'aimer une âme : c'était de la sauver !...

» Enfin, la voix de la douleur, la voix du néant de la vie parlait d'un autre côté, et c'était Mme Barat qui se faisait l'interprète de ces rudes leçons. Le marquis de Beauffort, ce père que Caroline regardait comme son soutien, elle le vit cloué immédiatement sur un lit de souffrance : « Que je vous plains, ma fille, écrit Mme Barat, et d'un autre côté, que de grâces Dieu répand sur votre pieux malade ! il reçoit la récompense de sa vertueuse vie. Ah ! ma fille, n'enviez pas à votre père le bonheur qui le couronnera bientôt. Soumettez-vous, et restez encore sur cette terre pour faire revivre dans votre famille les vertus de ce père chéri (Paris, 20 septembre 1827). » A la mort de cet homme de bien, Mme Barat reprend : « Ma chère fille (car vous l'êtes davantage maintenant que votre père est au ciel), songez que cette séparation ne sera pas de longue durée. Quelques années encore, et vous serez réunis à l'objet de votre tendresse. Croyez que cet espace sera bientôt franchi; vous êtes à la porte, car que sont les siècles à côté de l'éternité? (Paris, 27 octobre 1827). »

» A quelques années de là, la comtesse perd sa sœur : « J'ai appris, à Turin, la perte douloureuse et inattendue de votre sœur Pauline. J'ai la confiance que Dieu l'a reçue dans ses tabernacles éternels... C'est vous qui la remplacerez auprès de ses enfants, qui sont maintenant les vôtres (1). Ah ! demandez

(1) Pauline de Beauffort, mariée avec M. Jacques-Marie-Claude, marquis de Nettancourt-Vaubecourt, laissa plusieurs enfants.

bien à Dieu son saint esprit pour les élever dans sa crainte et son amour : c'est tout l'homme, le reste n'est rien (Rome, 13 décembre 1832). »

» Plus tard, c'est son beau-père que la comtesse voit expirer. « Quel vide, ma Caroline, cette mort fera autour de vous ! Seule avec son fils, vous sentirez encore plus tout ce qui lui manque. Mais, en héroïne chrétienne, vous le supporterez avec encore plus de douceur et de patience que par le passé. Vous lui remplacerez son père ; et désormais votre fortune se trouvant augmentée, votre jouissance sera de l'employer à faire plus de bien. Ce sera une compensation digne de votre cœur (Rome, 21 janvier 1840). »

» En effet, Mme Barat, en rattachant son enfant aux espérances célestes, l'appliqua aussi aux œuvres de charité, dont le ciel est la récompense. On le conçoit, ce n'est pas tout de déprendre un cœur des affections terrestres, il faut lui offrir un aliment capable de combler ce vide. L'amour des pauvres, des malades, des enfants, des vieillards, voilà l'ample supplément offert par la religion à tous les cœurs brisés qui ont placé désormais leur trésor dans les cieux : « Vous aiderez tous ceux qui auront besoin de vous, écrivait Mme Barat ; vous serez la consolation de l'affligé, la providence de l'indigent, le soutien de votre famille. Chacune de ces vertus s'exercera avec calme ; une vue de foi les épurera et leur enlèvera une partie de cette tendresse trop naturelle qui vous use et qui vous martyrise (Paris, 4 octobre 1827). »

» Docile à ces conseils, Mme de la Granville se jeta dans les bonnes œuvres avec l'intelligence et le dévouement de son ardente nature. Le Ciel lui ayant refusé des enfants, elle se fit une famille de tout ce qui souffrait, et on ne saurait compter les bienfaits que lui doivent l'Église et les pauvres. Avant la Révolution, il existait à Loos un antique pélerinage connu sous le nom de Notre-Dame-de-Grâce. Mais l'église était détruite, et le pélerinage n'attirait plus les fidèles. La comtesse se mit à l'œuvre, et bientôt après Notre-Dame-de-Grâce se relevait de ses ruines. En 1832, le choléra s'étant cruellement abattu sur le village de Beaucamps, Mme de la Grandville recueille les cholériques, les soigne de ses mains et en sauve le plus qu'elle peut. Elle achète une maison, la transforme en hospice ; appelle, pour le desservir, les sœurs de l'Enfant-

Jésus, qui en font ensuite une école de filles. Elle y joint un pensionnat, en 1848. Ses bonnes œuvres se succèdent sans interruption. Elle bâtit un établissement de jeunes gens qu'elle donne aux frères Maristes. En 1850, elle y appelle le noviciat de cette congrégation, qui, aujourd'hui, distribue l'instruction chrétienne à plus de quinze mille enfants épars sur le globe.

» Dans sa terre de Boisgrenier, elle transforme la chapelle du hameau en église, et le hameau lui-même en commune et en paroisse.

» A Lille, elle contribue puissamment à fonder la maison du Bon-Pasteur; puis, elle ouvre aux repenties un nouveau refuge à Loos. — Elle donne aux jésuites de Lille, son jardin entier et la moitié de son hôtel (1), pour y élever une église. L'œuvre du patronage, organisé par ces pères, lui doit en partie son établissement. En même temps, sa charité, véritablement catholique, se tourne vers les missions. Elle achète un vaisseau pour la navigation des mers de l'Océanie et en fait présent à Mgr Bataillon, évêque de ces îles. Telle fut la belle réponse que cette chrétienne faisait aux exhortations de Mme Barat.

» Celle-ci était heureuse, dans ses voyages à Lille, de visiter, avec Mme de la Granville, les établissements dont plusieurs étaient dus à son inspiration : « Lorsque j'irai chez vous, vous me procurerez la satisfaction de visiter vos œuvres, d'en voir déjà les fruits; et avec vous, ma fille, j'en bénirai le Seigneur! » Elle la soutenait contre la contradiction; car la charité elle-même est condamnée à la rencontrer, dans notre siècle : « Quelle vie que la vôtre, lui écrivait-elle, comme elle est agitée, toujours en voyage, traînant partout vos croix, et la divine Providence vous chargeant encore de celles des autres! Il est vrai qu'elle vous a donné une âme forte et sensible. Ce sont ces qualités qui, vous élevant au-dessus de tant de caractères faibles, vous imposent l'obligation de leur servir de guide et de soutien. Quel noble et divin emploi quand on se sert de cet ascendant pour sauver les âmes en les préservant des piéges qui sont tendus sous leurs pas! (Paris,

(1) Cet hôtel, situé rue Voltaire, à Lille, fut cédé, en 1847, aux pères jésuites.

10 février 1829). » La charitable comtesse se plaignait bien quelquefois de l'incroyable ingratitude qui payait ses bienfaits; mais Mme Barat lui répondait à ce sujet : « Ma fille, oubliez le temps et ne regardez que l'éternité. A l'exemple des anges, nous devons faire du bien à tous, mais sans en attendre de reconnaissance (Paris, 9 mars 1829). »

» Mme de la Grandville était sauvée. Vers 1840, un grand apaisement s'était fait dans cette âme, comme son guide le constate par les lignes suivantes : « Votre âme continue-t-elle de jouir de la paix? Êtes-vous fidèle aux sacrifices que Dieu demande de vous? Vous ne trouverez le bonheur que dans l'amour de l'Être infini. Répandre les bienfaits sur tous, soulager les infortunes, voilà votre occupation ordinaire; mais votre cœur ne doit être qu'à Jésus-Christ... Consacrez-lui donc le reste de vos années : vous le lui devez bien pour les grâces que sa bonté a faites à sa fille de prédilection. Voici qu'approche le moment de la séparation. Bientôt le torrent qui nous entraîne aura achevé son cours et nous aura reposé dans l'océan de l'Éternité (Rome, 21 janvier 1840). »

» Pendant vingt ans encore, Mme de la Grandville vécut dans la solitude de son château de Beaucamps, comme dans un sanctuaire : « Séparez-vous de tout l'inutile, lui disait Mme Barat, de tout ce qui ne tend pas à Dieu ni à sa gloire. Personne ne sera étonné que vous cherchiez plus de solitude; et si vous ne pouvez vous dérober à vos parents, ayez du moins chaque jour des heures destinées à la prière, au repos et aux lectures pieuses, que nul ne puisse interrompre (Paris, 12 avril 1836, et 17 janvier 1849). » Elle acheva de se sanctifier en la présence de Dieu. Un prêtre disait d'elle : « Dans le cloître, elle eût été une autre sainte Thérèse. C'est une âme de feu. »

» Elle se proclamait redevable de son salut à *sa mère*, ainsi qu'elle continuait de nommer Mme Barat; celle-ci, de son côté, l'appelait « *son unique fille*, sur laquelle reposaient les seules affections qu'elle eût conservées hors de sa famille religieuse (Paris, 15 novembre 1847). » Quelle joie n'avait-elle pas à s'édifier avec elle tant que la comtesse passa ses hivers à Paris! La dernière lettre qu'elle lui adressa est de juin 1860. « Pendant de longues années, lui écrivait-elle, les épanchements du cœur de ma chère Caroline ont été une de mes jouissances dans cette vie. Mais il est un temps où tout ce qui tient au sensible doit être sacrifié : l'attachement n'en devient que plus pur et plus fort. Maintenant, chère comtesse, achevez votre mission, aidez-moi de vos prières... Continuons de faire le petit bien qui nous est demandé, et que notre confiance grandisse dans les contradictions. Des âmes sauvées ! quel sujet de sécurité à la mort ! Elle sera pour vous, chère comtesse, le prix de votre zèle, la couronne de vos combats, et comme la femme forte, vous rirez quand viendra pour vous ce dernier moment (Paris, 22 juin 1860). »

» Mme de la Grandville ne survécut que quatre mois à la mère Barat (1). Elle mourut doucement, saintement consolée à sa dernière heure par *la bénédiction de Pie IX*, dont elle avait largement soulagé la détresse, heureuse d'aller rejoindre sa sainte amie dans le ciel !... »

Mme la comtesse de la Grandville a fait presque la totalité des frais de reconstruction de l'église paroissiale de Beaucamps. Aussi y voit-on, dans une des chapelles, un monument funèbre sous lequel elle repose, entourée de ceux qui lui étaient chers (voyez, ci-après : *Monuments*, *Inscriptions*, etc.). Dans cette chapelle se célèbrent les obits fondés au nom des familles *de la Grandville* et *de Beauffort*. La mémoire de Mme la comtesse de la Grandville, née Caroline de Beauffort, est bénie et vénérée dans toute la contrée, dont elle était une vraie providence.

1867. Au mois de novembre de cette année, M. Roger, comte de Beauffort, entra comme volontaire dans les zouaves pontificaux, au service de Sa Sainteté. Dans cette arme, il a suivi tous les grades de la hiérarchie militaire,

---

(1) La vénérable mère Barat mourut le jeudi, fête de l'Ascension de Notre-Seigneur Jésus-Christ, le 25 mai 1865.

depuis celui de simple soldat jusqu'au grade de sergent-major. Il prit part à la défense de Rome, contre l'armée italienne, en septembre 1870. Puis il rentra en France avec les zouaves pontificaux français, pour faire la campagne de l'armée de la Loire. Il assista au combat de Brou, à la bataille de Loigny, etc., et fut nommé sous-lieutenant en janvier 1871. M. le comte Roger de Beauffort quitta le service militaire, au mois d'août 1871, lors du licenciement des zouaves. En récompense des services rendus au Saint-Siége, M. le comte Roger de Beauffort a été nommé, au mois de juin 1874, *chevalier de l'ordre de Pie IX* (1).

1870-1871. Années néfastes pour la France, entraînée dans une guerre désastreuse pour elle. Les de Beauffort, fidèles à leur devise : *In bello fortis*, à l'exemple de leurs ancêtres, volèrent au secours de leur patrie. Pendant que MM. Roger et Louis de Beauffort, son frère consanguin, étaient sur les champs de bataille, défendant l'honneur de la France, MM. Léopold et Albert, comtes de Beauffort, prodiguaient des soins et des secours à nos braves soldats blessés ou réfugiés sur le sol hospitalier de la Belgique. Nous avons parlé, en 1867, de M. le comte Roger de Beauffort, disons maintenant que M. Louis de Beauffort entra comme lieutenant dans les mobiles de la Manche, bataillon de Saint-Lô, le 17 août 1870 ; nommé capitaine, il fut attaché à ce titre, le 29 septembre suivant, à l'état-major de l'amiral Jauréguiberry, comman-

---

(1) M. le comte de Beauffort a écrit et publié l'*Histoire de l'invasion des États-Pontificaux et du siége de Rome par l'armée Italienne, en septembre 1870*. Paris, V. Palmé ; 1874, 1 vol. in-8°.

dant le 16e corps d'armée. Il fit, sous le commandement de ce chef, toute la campagne, et le suivit jusqu'à l'assemblée Nationale de Bordeaux; ayant assisté à quatorze batailles, depuis Coulomiers jusqu'à la retraite sur Laval. Il fut nommé *chevalier de la Légion-d'Honneur* en janvier 1871. Il n'est rentré dans ses foyers qu'après le traité de paix, lors du licenciement de la garde mobile. M. Louis de Beauffort est décédé, à Paris, le 4 juin 1873.

Le zèle et le dévouement de M. le comte Léopold de Beauffort, ancien secrétaire de la légation diplomatique belge en France, bourgmestre de la commune de Wemmel, furent reconnus par le titre suivant :

« ŒUVRE INTERNATIONALE, 1870-1871. — *Secours volontaires sur les champs de bataille, dans les ambulances et dans les hôpitaux.* — Le Conseil de la Société française de Secours aux blessés et malades des Armées de terre et de mer, offre à Monsieur le comte LÉOPOLD DE BEAUFFORT, une *Croix de Bronze*, signe de l'Œuvre, ainsi que le présent diplôme, en souvenir des services qu'il a rendus *aux laboureurs francais ruinés par la guerre de* 1870-1871.

« Le Président : Cte DE FLAVIGNY.
« Le délégué près les ministères de la guerre et de la marine,
« Vice-Président : Cte SEVERIN. »

M. le comte Albert de Beauffort reçut, pour son dévouement à la cause des braves soldats français réfugiés en Belgique, les insignes de l'*Œuvre internationale* : la *croix de Bronze*, et celle d'*officier de l'ordre national de la Légion-d'Honneur*.

1873. Le 18 décembre de cette année, est décédée, à Bruxelles, madame la comtesse Amédée de Beauffort, née Marie-*Elisabeth*-Joséphine-Antoinette-Jeanne-Ghislaine de Roose, comtesse de Baisy, baronne de Bouchout, dernière du nom. Elle a été inhumée dans le tombeau de l'illustre famille Roose de Baisy, auprès de son époux, sous l'église de Meysse (Brabant). Cette sépulture est indiquée par un marbre noir, adapté au chevet de l'église, *extra-muros*, dans le cimetière, et sur lequel sont sculptées en relief les armoiries en marbre blanc des nobles et illustres maisons de Beauffort et de Roose de Baisy, avec cette inscription latine : « D. O. M. — MONUMENTO PERILLUS ET NOBILIS FAMILLÆ COMITUM DE BEAUFFORT OLIM. — PERILLUS FAMILIÆ D. ROOSE, COMIT. DE BAISY, BARON. DE BOUCHAUT, TOPARCHÆ DE MEYSSE. »

Les de Roose de Baisy formaient une maison historique, dont plusieurs membres ont rempli les plus hautes fonctions publiques et ont été honorés des plus grandes dignités de la magistrature. Les villes d'Anvers et de Malines conservent respectueusement leur mémoire. A Anvers, on voit : le nom illustre de Roose inscrit sur la porte royale de l'Escaut ; un magnifique monument dans l'église de Saint-Jacques ; l'ancienne habitation de cette famille est devenue l'hôtel du gouverneur de la province. Les de Roose étaient aussi qualifiés *barons de Leeuw*. Nous trouvons un résumé des services rendus par les Roose au pays et aux différents souverains qui ont régné sur lui, dans un document authentique, dans des lettres-patentes, dont nous citons cet extrait :

« ... Notre cher et féal Pierre-Charles-Joseph Roose, écuyer, seigneur de la terre et baronnie de Bouchout, dans notre province et duché de Brabant, et major de notre ville d'Anvers, Nous a été très-humblement représenté, qu'il serait issu d'une ancienne, noble et chevaleureuse famille, originaire de notre province et comté de Flandres, fils légitime de Jean-Alexandre Roose, écuyer, en son vivant major de la même place, et d'Isabelle-Victoire de Cordes; petit-fils d'Albert Roose, chevalier, seigneur de Seclin, aussi major de notre ville d'Anvers, et de dame Christine-Barbe van Lière, dite de la Torre; de sorte que le remontrant ferait la troisième génération de ceux de sa famille qui auraient successivement, de père en fils, occupé ladite place de major; arrière-petit-fils de Jean Roose, écuyer, premier bourguemestre de ladite ville, et de dame Anne-Frédéric de Bouckorst, dame de Seclin; que ledit Jean, fils d'autre Jean Roose, écuyer, aurait été marié à Marie de Kinschot, levée aux fonts de baptême par Marie, reine douairière de Hongrie; que Pierre Roose, son arrière-grand-oncle, aurait été chef et président de notre Conseil privé aux Pays-Bas, et aurait été trois fois en Espagne pour des affaires du royal service; que le frère du suppliant Melchior-François Roose, aurait délaissé un fils nommé Arnould-Melchior Roose, *baron de Bouchout*, procréé de Marie-Françoise van der Linden d'Hooghworst, sa femme; lequel ayant été capitaine des grenadiers au régiment de Salin-Salin, aurait fait plusieurs campagnes, dans lesquelles il aurait fait éclater son zèle, et qu'ayant été considérablement blessé, il aurait ensuite été tué à la bataille de Lignitz, en Silésie, le 15 août 1760, sous le général baron de Loudon. Qu'enfin, ses ancêtres se seraient toujours distingués par leur attachement à notre auguste Maison et par les services importants qu'ils auraient rendus dans les différentes charges honorables dont ils auraient été revêtus, tant dans le civil que dans le militaire; qu'en ces considérations, plusieurs de sa famille auraient été honorés et illustrés par nos glorieux prédécesseurs de titres de *chevalier*, de *baron* et de *décorations d'armoriés;* que lui remontrant n'ayant rien plus à cœur que de transmettre à sa postérité un monument propre à y perpétuer ce même zèle et à y animer son fils unique Jean-Alexandre Roose, écuyer, procréé d'Anne-Hélène Emtinck, et marié à Marie-Anne-Josephe Van de Werve, fille de Charles-Philippe-Henri-Jean-Baptiste, comte Van de Werve et de Wasselaer, membre de l'Etat noble de notre province et duché de Brabant, etc.

» ... Fait et créé, faisons et créons, par les présentes, le même Pierre-Charles-Joseph Roose, *comte*, ainsi que ses enfants et descendants de l'un et de l'autre sexe, nés et à naître de mariage légitime, en ligne directe et suivant l'ordre de progéniture, *comte* et *comtesse;* consentons et permettons que lui et ses descendants de l'un et de l'autre sexe, comme dit est, puissent et pourront porter ce titre de son nom de Roose et l'appliquer sur telle terre et seigneurie qu'ils trouveront convenir, déjà acquise ou à acquérir sous notre domination et obéissance aux Pays-Bas, érigeant en conséquence dès à présent pour lors la même terre et seigneurie, avec ses appendances et dépendances, hauteurs, juridictions, revenus et possessions, en cri, dignité, titre, nom et prééminence de *comté*, etc.... » (Extrait des lettres-patentes de Marie-Thérèse d'Autriche, reine de Hongrie et de Bohême, etc., données à Vienne, le 7 juillet 1770; enregistrées en la Chambre héraldique, à Bruxelles, le 16e jour de mars 1771; conservées dans les archives de la maison de Beauffort, au château de la baronnie de Bouchout, Brabant.)

Sa Majesté Léopold II, roi des Belges, ayant eu communication de la mort de Madame la comtesse Amédée de Beauffort, écrivit à M. le comte Léopold de Beauffort la lettre de condoléance qui suit :

« Laeken, le 20 décembre 1873.

» Mon cher Comte,

» C'est avec une vive peine que j'ai appris la mort de Madame de Beauffort. Nous connaissions de longue date l'attachement de votre bonne et excellente mère. Elle aimait, comme vous le rappelez si bien, à saisir toutes les occasions de nous en donner des preuves.

» Aussi, la Reine et moi prenons-nous la part la plus sincère à votre deuil et à celui de toute votre famille, et tenons à vous dire combien nous nous associons à vos regrets et à votre douleur.

» Les sentiments que nous portions à Madame de Beauffort, nous les avons voués également à ses enfants.

» Laissez-moi, cher Comte, dans cette triste circonstance, vous en renouveler l'assurance, et croyez-moi votre affectionné

» LÉOPOLD. »

1876. Actuellement, l'ancienne et illustre maison de Beauffort, de l'ancienne province d'Artois, est réduite à la représentation de deux branches seulement, celle *de Mondicourt* et celle *du Cauroy*.

La branche des anciens SEIGNEURS DE MONDICOURT, *etc.*, se divise en plusieurs rameaux, représentés :

En France : par M. Alfred-Julien, *marquis de Beauffort*, et par M. Roger, *comte de Beauffort*, son fils ; — par M. Henri, *comte de Beauffort*, et par M. Charles, son fils.

En Belgique : le RAMEAU A, est représenté par *M. le comte Léopold de Beauffort*, et par son frère *M. le comte Albert de Beauffort* et *MM. les comtes Fernand, Jean et Georges de Beauffort*, ses fils. — Le RAMEAU B, est représenté par *M. le comte Emmanuel-Léopold de Beauffort*, par *M. le comte Jules de Beauffort*, son fils, et par *MM. les comtes Charles et Louis-Baudouin de Beauffort*, ses petits-fils.

La branche des anciens SEIGNEURS DU CAUROY n'est plus représentée qu'en France, par *M. Alphonse, baron de Beauffort*, résidant à Paris et au château du Cauroy.

—

RECTIFICATION. — Nous avons dit, par erreur, à la page 105, dernière ligne, que : M. le comte Amédée de Beauffort était décédé *rue de la Loi*, 51 ; on doit lire : rue du *Marché-au-Bois*, sur la paroisse de Sainte-Gudule, dont il était *président du conseil de fabrique*.

GÉNÉALOGIE HISTORIQUE

DE LA

MAISON DE BEAUFFORT

Tous les historiens et généalogistes estimés de France et des Pays-Bas, s'accordent à reconnaître que la maison de Beauffort, de la province d'Artois, tient son origine des anciens vicomtes de Thouars, et que son auteur fut Guy, seigneur d'Oiran, second fils d'Aiméry V, vicomte de Thouars, et de dame Agnès de Poitiers, fille de Guillaume IX, duc de Guienne, comte de Poitou, et de Mahau ou Mathilde, comtesse de Toulouse, sa seconde femme. Aiméry V est mort en 1135. Agnès étant veuve se remaria avec Ramire II, roi d'Aragon (P. Anselme, Moreri, etc.).

Guy est mentionné dans une charte de l'abbaye de Saint-Jouin-de-Marnes, de l'an 1139, avec Guillaume Ier, vicomte de Thouars, et Geoffroy de Thouars, seigneur de Tiffauges, ses deux frères. Guy fit le voyage de la Terre-Sainte, où il accompagnait Louis VII; il épousa, vers 1125, Jeanne, héritière de Beaufort et de Noyelles-Wion, en Artois, fille unique de Bouchard, sire de Beaufort, et de dame Marguerite de Noyelles-Wion. Bouchard mourut en 1141; il avait un frère nommé Aubert de Beaufort, chevalier; lequel est mentionné dans une charte de l'abbaye de Saint-Aubert, de Cambrai, de l'an 1133, par laquelle Guy et Jean de Watripont frères, chevaliers, font donation à ladite abbaye de douze mencaudées de terre situées à Bertries. Aubert de Beaufort scella de ses armes : *d'azur, à trois jumelles d'or, mises en fasces*, ladite charte, avec plusieurs autres chevaliers assemblés en la maison du prévost de Maubeuge. Il laissa postérité qui s'éteignit peu après (Le Carpentier, *Histoire de Cambrai*, aux preuves, t. III, p. 82).

La nouvelle maison de Beauffort s'est formée par l'alliance de Guy de Thouars et de Jeanne de Beaufort. Comme Jeanne était fille unique et qu'elle apportait en dot les seigneuries de Beaufort et de Noyelles-Wion, en Artois, il fut convenu, dans leurs pactes de mariage, rédigés vers 1125, que leur postérité releverait le *nom et les armes de Beaufort.*

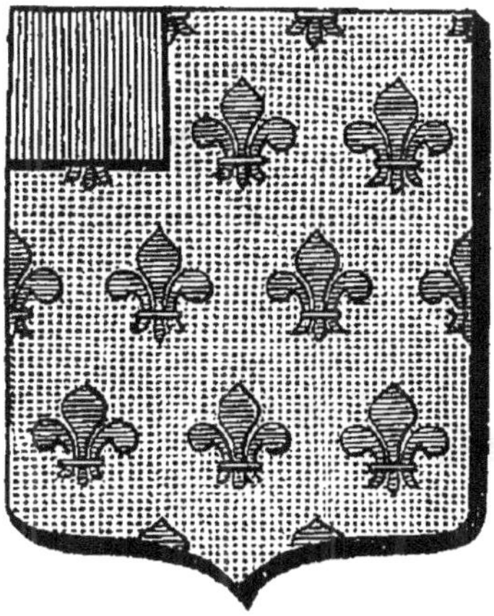

I. Guy, seigneur d'Oiran, fils puîné d'Aiméry V, vicomte de Thouars, et de dame Agnès de Poitiers, épousa, vers 1125, JEANNE, héritière DE BEAUFORT ET DE NOYELLES-WION, fille unique de BOUCHARD, *baron* DE BEAUFORT, *chevalier*, et de dame MARGUERITE DE NOYELLES-WION. Guy et sa femme sont mentionnés dans une charte de 1140. Guy de Thouars, seigneur d'Oiran, de Beaufort et de Noyelles-Wion, mourut vers 1152. Sa femme confirma, par acte du mercredi avant les Rameaux de l'an 1159, les dons et legs faits, par elle et son feu mari, à l'abbaye de Saint-Jean-du-Mont; elle mourut vers 1172. De cette union vint un fils.

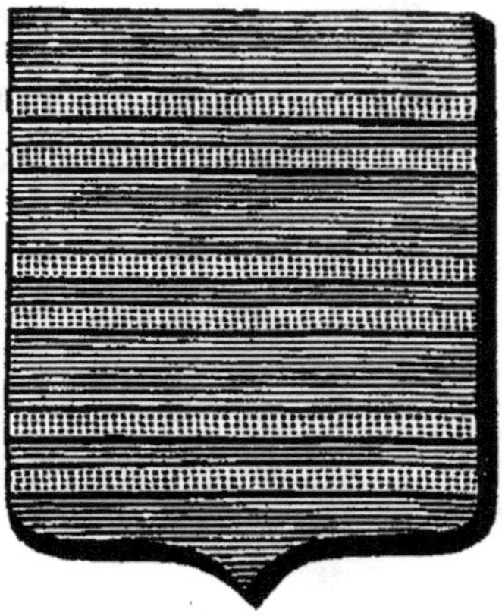

II. BAUDOUIN, seigneur de Beaufort, de Noyelles-Wion et d'Oiran, *chevalier*, qui est nommé dans une charte, par laquelle Jeanne de Beaufort, sa mère, confirma le legs fait par Guy, son mari, à l'abbaye de Saint-Jean-du-Mont, le mercredi avant les Rameaux de l'an 1159, paraît encore dans des titres de 1170 et de 1193. Il est mentionné, avec sa femme AGNÈS DE BEAUMETZ, fille de Hugues, châtelain de Bapaume, dans un titre de 1170 et dans une charte de 1213, souscrite par Aleaume, leur fils aîné. Nous avons publié ladite charte aux *Annales*, sous l'année 1203, p. 9. Agnès de Beaumetz, veuve de Baudouin, seigneur de Beaufort, de Noyelles-Wion et d'Oiran, vivait encore en 1213, suivant cette charte conservée à l'abbaye d'Estrun-lez-Arras. En exécution des clauses du contrat de mariage de ses auteurs, Baudouin dut relever le nom et les armes *de Beaufort.* Ces nouvelles armoiries furent ainsi réglées : *D'azur, à trois jumelles d'or*, qui est de Beaufort, au franc-quartier de Thouars, comme elles sont représentées à la page suivante. De cette union sont issus :

1° ALEAUME, qui suit ;

2° COLART, dit BAUDOUIN, seigneur d'Oiran, dont la postérité suivra celle de son frère aîné. Il est auteur de la deuxième branche dite *des seigneurs d'Oiran*;

3° GOSSIN ou GOSSUIN, archidiacre de Tournai, élu évêque en 1203, sacré en 1204; décédé le 29 octobre 1218 et inhumé dans sa cathédrale (Voir aux *Annales*, 1204; page 10);

4° GILETTE ou GILA, reçue chanoinesse du noble chapitre d'Estrun-lez-Arras, en 1203 (Voir aux *Annales*, 1203, page 9).

PREMIÈRE BRANCHE

DITE

Des seigneurs de Beaufort, de Noyelles-Wion, de Saire, de Cessoye, de Brie, etc.; issus de Thouars.

(1170-1437)

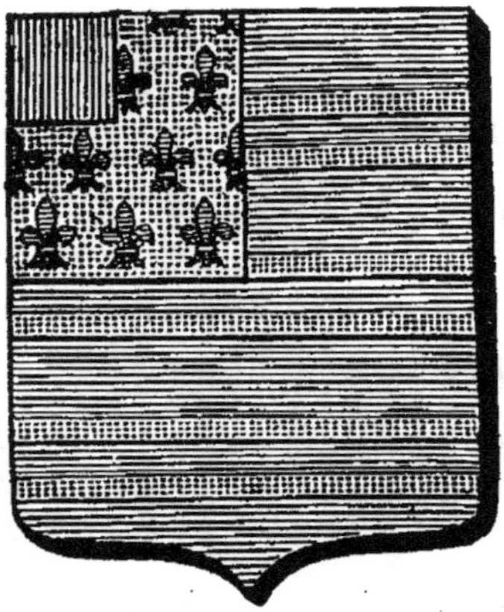

III. Aleaume, seigneur de Beaufort, de Noyelles-Wion et de Bavelincourt, en Artois, *chevalier*, est nommé dans deux chartes de l'abbaye de Saint-Jean-du-Mont, des années 1198 et 1203, avec Colart, dit Baudouin, seigneur d'Oiran, et Gossin, archidiacre de Tournai, ses frères; ainsi que dans la charte de l'abbaye d'Estrun-lez-Arras, que nous avons publié aux *Annales*, année 1203, page 9. Aleaume fit, en 1216, plusieurs acquisitions, qu'il donna toutes, par acte de la veille de la Toussaint 1217, à Baudouin, son petit-fils. Dans cet acte de donation, il est qualifié *chevalier*. Nous avons remarqué que les chartes de 1203 et de 1217 sont scellées d'un sceau appendu où sont les trois jumelles et le franc-quartier de Thouars, avec cette légende autour : *S. Alelmi dni de Belloforti*; le contre-scel est pareil. Ce seigneur mourut le Vendredi-Saint de l'an 1219. Il avait épousé ATHALIE DE BRIMEU, *dame de Saire et de Cessoye*, d'une très-ancienne et illustre maison de Cambraisis, qui a donné plusieurs chevaliers à l'ordre de la Toison-d'Or et d'illustres personnages. Athalie paraît, avec son mari, dans la charte d'Estrun, de l'an 1213; elle ratifia, étant veuve, au mois de juin 1222, la donation que feu son mari avait faite à Baudouin de Beauffort, leur petit-fils. Il vint de cette union :

1° WAUTIER OU WAUTHIER, qui suit ;

2° GUY ou WIS, seigneur de Beaufort et de Noyelles-Wion, auteur de la troisième branche, dite *des seigneurs de Beaufort, de Ransart*, etc., rapportée ci-après;

3° GUILLAUME DE BEAUFFORT, qui a fait la quatrième branche, dite *des seigneurs de la Vacquerie et de Saint-Martin*;

4° BAUDOUIN DE BEAUFFORT qui paraît dans un titre de l'an 1223 et mourut, sans postérité, la dernière semaine de mars 1226.

IV. WAUTIER DE BEAUFFORT, sire de Saire et Cessoye, en Cambraisis, terres que sa mère avait apportées en mariage. Il fit acquisition de la terre de Brie. Wautier paraît, avec son père, dans une charte de l'abbaye de Saint-Jean-du-Mont, de l'an 1203, et dans des actes de 1204 et 1211; dans ces derniers, il est qualifié de *miles generosus*. Il mourut vers la mi-carême de l'an 1212, avant son père, « ce qui fit, suivant Moreri, que Guy de Beauffort, son frère puîné, hérita des fiefs patronymiques de Beaufort et de Noyelles-Wion, à l'exclusion des enfants de Wautier, dont la représentation n'ayant point lieu en Artois. » Wautier avait épousé MARIE, *dame* d'ANGRE, fille de Tassart, à qui une ancienne généalogie donne pour mère une fille de la maison de Picquigny. De ce mariage vinrent :

1° BAUDOUIN, qui suit;

2° JEAN DE BEAUFFORT, auteur de la cinquième branche, dite *des seigneurs d'Angre*, rapportée ci-après à son rang.

V. BAUDOUIN DE BEAUFFORT, IIe du nom, *chevalier*, seigneur de Saire, de Cessoye et de Brie, était en 1223 sous la tutelle de Guy, seigneur de Beaufort et de Noyelles-Wion, son oncle. Il est mentionné dans des actes de 1223, 1227, 1232, 1233 et 1247. Il suivit, en 1248, le roi saint Louis, avec quatre chevaliers de sa compagnie, au voyage que ce prince fit à la Terre-Sainte, et périt à la bataille de la Massoure, en Egypte, en 1250. Il avait épousé AGNÈS DE GAVRE, fille de Rasse, sire de Gavre, de Chièvre et de Liedekerke, bouteiller de Flandre, et de Clarisse d'Herzelles, dame d'Exaerde. Ils eurent de leur union :

1° GEOFFROY, qui suit ;

2° THOMAS DE BEAUFFORT, qui paraît dans un acte de 1301, avec MARGUERITE..... sa femme. Il mourut peu de temps après, n'ayant eu qu'un fils, mort avant lui;

3° ENGUERRAND DE BEAUFFORT, mort sans enfant.

VI. GEOFFROY DE BEAUFFORT (1), *chevalier*, seigneur

(1) Il existait au même temps, un autre GEOFFROY DE BEAUFFORT, seigneur de Pierrerveis-en-Coudren (V. aux *Annales*, 1291, p. 16).

de Saire, de Cessoye et de Brie, fit aussi le voyage de la Terre-Sainte, et se trouva au siége de Tunis, en 1270. Il fit son testament le 4 avril 1300, et nomma exécuteurs testamentaires Jean ou Jeannet, dit Payen, seigneur de Beaufort, chevalier, et Raoul de Beauffort, chevalier, seigneur de Metz et de Markais, ses cousins au 3e degré. Il mourut au commencement de l'année 1301. Geoffroy avait épousé YOLANDE DE PROUVY, fille de Gérard, seigneur de Prouvy, et de dame Ides de Guines. Elle testa, avec son mari, en 1300, et en paraît veuve dans des actes de 1303 et 1310. De leur mariage sont issus :

1° BERNARD DE BEAUFFORT, seigneur de Saire, de Cessoye et de Brie, qui fut, en 1302, à l'ost de Flandre, avec son frère Perrin. Il mourut, en 1307, sans enfant;

2° PERRIN OU PIERRE, qui suit;

3° GUILLAUME DE BEAUFFORT, qui fut envoyé en ambassade, en 1297, auprès du roi d'Angleterre, par le roi Philippe-le-Bel (V. aux *Annales*, 1297, p. 16);

4° GAUTHIER DE BEAUFFORT, chanoine du chapitre de Thérouanne, en Artois, en 1320 ;

5° ROBINET OU ROBINEAU DE BEAUFFORT, *chevalier*, qui servit avec distinction dans les armées du roi Philippe-le-Bel, de 1300 à 1314, en qualité de *chevalier-bachelier* et chef d'une compagnie de quarante écuyers et de quarante archers, sous la conduite d'Enguerrand de Bournonville, ainsi qu'il conste de la quittance qu'il donna de ses gages et de ceux de sa compagnie, le 29 juin 1312; à laquelle pend son scel, qui est le même que celui de son père. Il mourut sans postérité.

VII. PIERRE OU PERRIN DE BEAUFFORT, dit l'*Aveugle*, parce qu'il vint aveugle au monde; on prétend qu'il recouvra miraculeusement la vue; il fut seigneur de

Saire, de Cessoye et de Brie, après la mort de son frère Bernard, avec lequel il était à l'ost de Flandre, en 1302-03, Pierre fut convoqué au ban et arrière-ban de la noblesse, réuni à Saint-Riquier, le 11 septembre 1337 (V. aux *Annales*, 1337, p. 24). Il fut le premier à prendre les armes pleines de l'ancienne maison de Beauffort, en 1310 (V. les *Annales*, 1308, p. 20). Il mourut vers l'an 1340. Sa veuve AGNÈS DE HAVESKERQUE assista, cette même année 1340, au partage des biens de son mari fait entre leurs enfants, savoir :

1° ANTOINE, qui suit ;

2° AIMÉRY DE BEAUFFORT, élu évêque d'Arras, succéda au cardinal Bertrand ; et mourut le 6 octobre 1361 (V. aux *Annales*, 1361, p. 25) ;

3° WAUTIER DE BEAUFFORT, qui épousa MATHILDE DE BOUBERS-ABBEVILLE, laquelle était sœur de Gérard d'Abbeville, sire de Boubers, pair de Ponthieu, marié avec Jeanne de Créquy. Elle était veuve en 1357. Ils n'eurent point d'enfant ;

4° ANNE DE BEAUFFORT, mariée à THIBAUT DE CANTELEU, *chevalier* ;

5° MARGUERITE DE BEAUFFORT, reçue chanoinesse du noble et illustre chapitre de Mons, en 1340 ; elle est décédée sans avoir contracté d'alliance ;

6° MARIE DE BEAUFFORT, mariée avec GÉRARD DE LIENCOURT, dit *de Harle*, seigneur de Liencourt, dont elle eut plusieurs enfants. Quelques auteurs donnent une origine commune aux maisons de Beauffort et de Liencourt, à cause du port des mêmes armes. Nous croyons que l'alliance de ces deux familles date du mariage de Gérard de Liencourt, dit de Harle, seigneur de Liencourt, avec Marie de Beauffort, et que le port des armes de Beauffort par les descendants directs de Gérard de Liencourt, ne serait que l'exécution d'une substitution légale, imposée par contrat de mariage ou par testament. Nous devons faire remarquer ici, que Marie de Beauffort acheta, de Baudouin de Beauffort, son neveu, la terre de Saire, qui entra dès lors dans la maison de Liencourt, terre qu'elle a longtemps possédée. Il a pu arriver, ce qui s'est passé pour les maisons de Thouars et de Beauffort, où le blason *de Beauffort* a primé sur celui *de Thouars*. Une autre remarque, au même sujet, c'est que JEAN DE BEAUFFORT, dit *le Leu (loup), écuyer*, avait épousé une fille de la maison DE LIENCOURT, avec laquelle il figure dans un titre de Fremont, de 1296, cité par P. Louvel, dans les *Anciennes remarques de la noblesse Beauvaisine*, etc., imprimées en 1640, in-12. Nous avons trouvé aussi dans des titres authentiques : « qu'un seigneur DE BEAUFORT, en Artois, eut une fille légitime, *dame de Sanson, de Watifleur et de Berle*, mariée avec messire JEAN, dit MALET DE LA VIEFVILLE, on ne sait en quelle année. — A la même époque, vivait une dame SOPHIE DE BEAUFFORT, dame de Gramerie, d'Aytberghe et de Schierkvelde, morte en 1331 ; laquelle avait été mariée, en 1313, avec GUILLAUME, sire DE NEVELE, châtelain de Courtray, fils de Gauthier, sire de Nevele, et de dame Jeanne de Bèvre-Dixmude (Voir SANDERUS, *Flandria illustrata*, t. III, p. 390).

VIII. ANTOINE DE BEAUFFORT, *chevalier*, sire de Saire, de Cessoye et de Brie, partagea avec ses frères et sœurs, en 1340, la succession de leur père. Il est qualifié, dans l'acte de partage, ainsi que dans des actes de 1343 et 1344, d'échanson du comte de Flandres. Il est mort vers l'an 1369. En effet, cette année, sa femme, ANNE D'AUDENCHAM, étant veuve, transigea avec Arnould, sire d'Audencham, son frère, maréchal et porte-oriflamme de France, pour un restant de sa dot ; elle mourut en 1370. Ils n'eurent qu'un fils :

IX. Baudouin de Beauffort, IIIe du nom, dit *le Dépensier*, *chevalier*, sire de Saire, de Cessoye et de Brie, qui aliéna ses biens pour faire face à ses dépenses. Il servit sous le maréchal d'Audencham, son oncle, dans toutes les guerres de son temps, jusques en 1370, et fut gouverneur de Guise et de Bouchain. Ce chevalier est cité dans *les Chroniques*, de Froissart, en l'année 1340. Baudouin testa, à Arras, la veille de Saint-Luc 1377, et mourut le lendemain, laissant la tutelle de ses enfants à Mathelin, seigneur de Beaufort, et à Tassart de Beauffort, seigneur du Saulchoy, ses cousins. Il avait épousé, par contrat du 27 avril 1361, Hélène de Rosimbos, fille de Baudouin, chevalier, seigneur de Rosimbos, et de dame Agnès de Liedekerke. Hélène de Rosimbos serait morte en 1376, suivant le testament de son mari. Ils eurent de leur mariage :

1° Philippe, qui suit ;

2° Payen de Beauffort, *chevalier*, mestre-de-camp, dont parle Enguerrand de Monstrelet, dans ses *Chroniques*, aux années 1415, 1416 et 1417 ; il est également cité dans les *Chroniques* de Froissart, en 1416. Ce preux chevalier fut tué en duel, dans un des faubourgs d'Arras, le 24 octobre 1437. Il n'avait point contracté d'alliance.

X. Philippe de Beauffort, *chevalier*, était avec Payen, son frère, sous la tutelle de Mathelin, seigneur de Beaufort, et de Tassart de Beauffort, seigneur du Saulchoy, ses grands cousins, pendant les années 1377 à 1381. Leur père ayant vendu tous ses fiefs, ils étaient sans seigneuries. Nous avons dit plus haut que la seigneurie de Saire fut acquise par Marie de Beauffort, femme de Gérard de Liencourt. Philippe de Beauffort fut nommé, par Jean, duc de Bourgogne, capitaine d'Arras, lorsque cette ville était assiégée par le roi Charles VI. Il fut créé *chevalier* en 1414, et ensuite *chevalier de l'ordre du roi d'Aragon*. Il a été tué en duel, comme Payen, son frère unique, dans un faubourg d'Arras, le 24 octobre 1437. Il était célibataire. Par suite de la mort des deux frères, sans enfants, Regnault, dit Froissard, seigneur de Beaufort, devint chef de sa maison, et en prit les armes pleines (Moreri et autres).

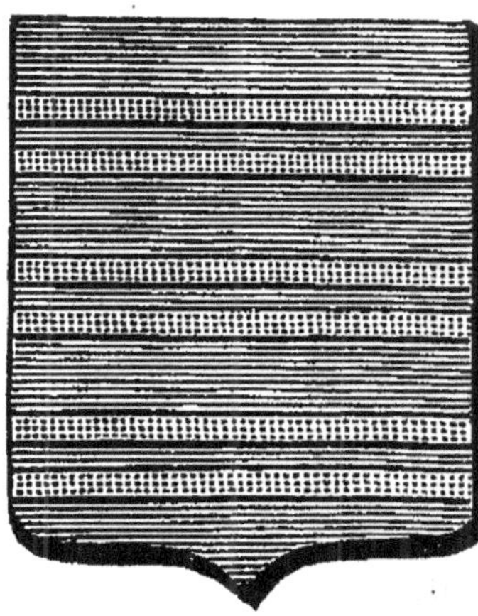

DEUXIÈME BRANCHE

DITE

Des seigneurs d'Oiran, issus de Thouars.

(1200-1385)

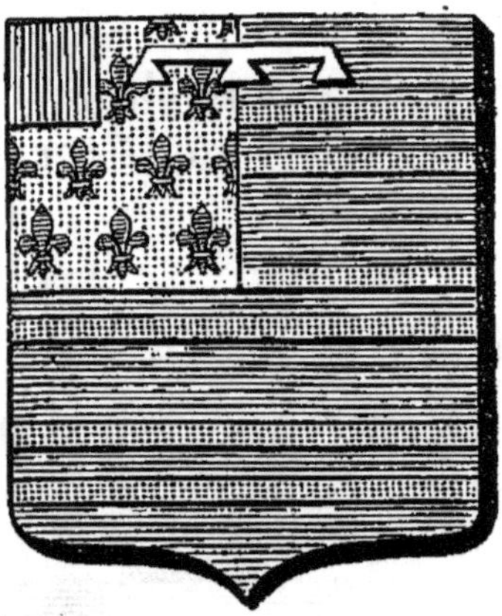

III. Colart, dit Baudouin de Beauffort, fils puîné de Baudouin, seigneur de Beaufort, de Noyelles-Wion et d'Oiran, et de dame Agnès de Beaumetz, frère d'Aleaume et de Gossin, hérita du fief noble d'Oiran, provenant de Guy de Thouars, son grand-père paternel. Il dût vendre la terre d'Oiran pour se racheter des mains des infidèles, qui l'avaient fait prisonnier. Il brisa ses armes *d'un lambel de trois pendants d'argent.* Il avait épousé Annotte de Vendosme, dont il eut :

1° Hugues, qui suit ;

2° Jeanne de Beauffort, mariée avec Gabriel de Longastre, seigneur de Sanzi, avec laquelle il vivait encore en 1251 (1);

(1) On trouve dans un registre du Parlement de Paris, qu'un Jean de Beauffort épousa, vers ce même temps, Ide de Longastre.

3° MARGUERITE DE BEAUFFORT, qui fut mariée : 1° avec JEAN DE SOMMIEUX, *chevalier*; 2° avec JEAN DE CHANTOISEL, *chevalier*. Elle est mentionnée dans des titres de Beaupré et de Gerberoy, de l'an 1249.

IV. HUGUES DE BEAUFFORT épousa MARIE DE FONTAINES, fille de Wautier, seigneur de Fontaines-l'Evêque, et de dame Basile de Trith, dont le mausolée se voyait encore vers la fin du siècle dernier, dans l'église de l'abbaye d'Alne-sur-Sambre. Ce chevalier y était représenté en armure et sur son casque était une croix, distinction des chevaliers croisés. Hugues vivait encore, avec sa femme, en 1243. Ils eurent de leur mariage :

V. JEAN DE BEAUFFORT, époux de YOLANDE D'INCHY, d'une ancienne famille flamande, dont il eut :

VI. HENRY DE BEAUFFORT, qui mourut au service de Jean, comte de Luxembourg, roi de Bohême. Celui-ci avait épousé, avant 1285, SARA DE GOY ou GOUY. — Jean de Goy, *chevalier*, seigneur dudit lieu, avait épousé : 1° Yolande d'Inchy; 2° Béatrix N..... Il fit son testament en 1285, et donna à l'abbaye de Saint-André-au-Bois, huit setiers de blé de rente, pour faire son anniversaire, et ce, du consentement d'Eustache de Goy, son fils aîné, et de *Sara de Goy*, sa fille, épouse de *Henry de Beauffort*. Il est à remarquer que ladite terre de Gouy a appartenu, ultérieurement, aux seigneurs de Noyelles-Wion, notamment au chevalier Baudot, qui se qualifiait de *seigneur de Gouy*. — De cette union est venu :

VII. BAUDOUIN DE BEAUFFORT, qui se signala au service de Charles de Luxembourg, IVe du nom; cet empereur le fit capitaine des gardes de son corps et de ses armées. Il épousa MARGUERITE DE MONTBERNENCHON, dont il n'eut qu'une fille nommée .

VIII. CHARLOTTE DE BEAUFFORT, qui fut envoyée par Venceslas, fils de l'empereur Charles IV, en qualité de *dame d'honneur*, à la suite d'Anne de Luxembourg, fille de ce prince, lorsqu'elle épousa, en 1384, Richard II, roi d'Angleterre. Ce souverain fit épouser à Charlotte de Beauffort sire ROGER TONG, *chevalier*, un de ses favoris. Nous ferons remarquer que la maison de Beauffort a eu une autre alliance avec celle de Tong. Jean de Beauffort, seigneur de Saclains, épousa, en secondes noces, Isabelle Tong. Ils figurent ensemble dans un acte de 1385 (Voyez la branche *des seigneurs de Saclains et de Bavelincourt*, ci-après).

TROISIÈME BRANCHE

DITE

Des seigneurs de Beaufort, de Ransart, etc.

(1220-1588)

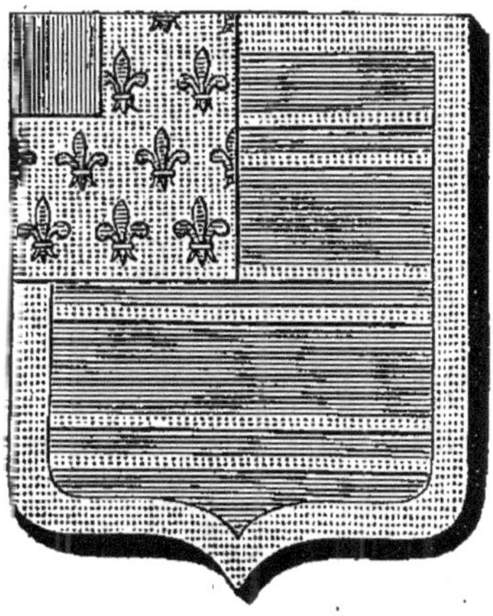

IV. Guy de Beauffort, second fils d'Aleaume et d'Athalie de Brimeu, *dame de Saire et de Cessoye*, pouvaient être le filleul de *Guy de Thouars*, seigneur d'Oiran, son grand père paternel. Il hérita, en 1218, à la mort de son père, des terres de Beaufort, de Noyelles-Wion et de Bavelincourt, à l'exclusion des enfants de Wautier de Beauffort, seigneur de Saire, etc., son frère aîné, dont les descendants avaient quittés l'Artois. Il sanctionna, en 1213, un échange fait par ses père et mère avec l'abbaye d'Estrun-lez-Arras (voir aux *Annales*, 1213, page 9). Guy figure dans des chartes de l'abbaye de Moreul-lez-Arras, du mois d'avril 1219, du 7 des ides d'avril 1222, de la veille des nônes de mai 1226 et du jour de Saint-Barthélemy, 24 août 1230. Il donna, par la charte de 1219, un amortissement à ladite abbaye de Moreul, avec Wautier de Baillelet, chevalier, Garette ou Marguerite, femme dudit Wautier, et Jean et Robert de Baillelet, leurs fils, de toute la dîme qu'ils avaient au territoire de Bavelincourt, en présence de plusieurs chevaliers ; ce qui fut approuvé par une charte, donnée par Pierre, évêque d'Arras, datée de la veille des ides de mai 1226 ; laquelle charte et l'acte de donation étaient conservés dans les archives de l'abbaye de Moreul. On trouve Guy de Beauffort, mentionné dans une charte de 1220, dans laquelle on lit : « *Wis ki fut fils d'Aleaume, seigneur de Belfort*, etc. » Ce seigneur reçut, au mois de janvier 1219, un hommage de Lambert de Markaing, pour une maison qu'il possédait dans la juridiction de Beaufort ; dans l'acte dudit hommage, il est qualifié : *monseigneur et chevalier*. Guy de Beauffort avait épousé ALE ou ALIX D'ARRAS, fille de messire Gilles, châtellain d'Arras, et nièce de Névelon d'Arras, maréchal de France. Ils sont tous les deux nommés dans un titre, du mois de juillet 1223. Elle figure, étant veuve, dans un titre, daté du samedi après la fête de Saint-Luc, au mois d'octobre 1250, dans lequel elle paraît avec ses trois fils. Guy brisa ses armes d'*une bordure d'or* ; il fut père de :

1° JEAN, qui suit ;

2° JACQUES DE BEAUFFORT, *chevalier*, seigneur de Noyelles-Wion, auteur de la branche dite *des seigneurs de Noyelles-Wion*, qui suivra ;

3° GUY OU HUY DE BEAUFFORT, mentionné dans le titre du mois d'octobre 1250, avec sa mère et ses frères, et dans d'autres titres des années 1252, 1260, 1281 ; il fut présent, en 1287, au partage que firent Jehan, dit Payen, de Beauffort, Raoul et Béatrix, frères et sœur, ses neveux et nièce. Il était mort en 1289. Guy de Beauffort avait épousé MARIE D'OCCOCHE. Nous ignorons s'il a eu des enfants.

V. JEAN DE BEAUFFORT, Ier du nom, dit *le Croisé, chevalier*, seigneur de Beaufort et de Metz, signala son zèle pour la foi en faisant le voyage de la Terre-Sainte, avec la Croisade de 1248, commandée par le roi Louis IX. Ses armes sont exposées au Musée des Croisades, à Versailles, sous le n° 270. Il donna des preuves de sa valeur et de sa bonne conduite, disent les vieux chroniqueurs, dans les guerres qui eurent lieu entre Guillaume, comte de Hollande, et Marguerite, comtesse de Flandres. Ce seigneur est qualifié : *monseigneur, sire de Beauffort et chevalier*, dans des titres des années 1256, 1259 et de juillet 1260, 1271 et 1280. Il fut, en cette dernière année, arbitre d'un différend existant entre plusieurs gentilshommes des plus titrés et qualifiés de l'Artois ; à cet acte d'arbitrage pend son sceau, où il est représenté à cheval, armé de toutes pièces, l'épée haute d'une main, et tenant de l'autre un écu ou bouclier, sur lequel sont réprésentées ses armoiries (comme ci-dessus), avec cette légende : *Sigillum Johannis dni de Belloforti, militis*. Le contre-scel est pareil, Jean de Beauffort mourut, le jour de l'Épiphanie 1282. Il avait épousé, par contrat du 10 octobre 1252, JULIENNE DE SAVEUSE, *dame de Markais*, fille d'Enguerrand de Saveuse, seigneur dudit lieu, et de dame Marie de Croy, d'une très-ancienne famille du Cambraisis. Elle est mentionnée, avec son mari, dans un acte de l'échevinage d'Arras, du mois de janvier 1260, et dans deux autres titres du mois de mars 1264 et de l'an 1271 (voyez : *les Mémoires* de dom Le Pez, religieux de Saint-Vaast, à Arras, fameux généalogiste). Ils eurent de leur mariage :

1° GILLES DE BEAUFFORT, qui fut *chevalier de l'ordre des Templiers,* ordre à la fois religieux et militaire. Il paraît, avec ce titre, dans un acte de 1284 ; il mourut en 1285 ;

2° JEAN ou JEANNET, dit *Payen,* qui continue la branche dite *des seigneurs de Beaufort et de Ransart.*

3° RAOUL DE BEAUFFORT, auteur de la branche dite *des seigneurs de Metz, Markais,* etc., qui suivra :

4° BÉATRIX DE BEAUFFORT, mariée avec GUY DE CAYEU, de l'Artois, dont elle était veuve en 1298. Elle avait partagé, avec ses frères Jean et Raoul, la succession de leurs père et mère, le 26 juin 1287.

VI. JEAN DE BEAUFFORT, IIe du nom, dit *Payen, chevalier*, seigneur de Beaufort, de Bavelincourt, etc., en Artois, partagea avec son frère Raoul et sa sœur Béatrix, le 26 juin 1287, les biens délaissés par leurs auteurs. Il se trouva, en 1299, à la journée de Cambrai, avec trois écuyers à sa solde, et à l'ost de Flandre, en 1302. Il fut, avec messire de Bellebaut du Cauroy, chevalier, et quatre écuyers de leur campagnie, à la chevauchée d'Oisy, selon une quittance donnée, à Arras, le samedi, 3 septembre 1305, scellée de son sceau de *chevalier* ; il fut encore, en 1306, avec deux écuyers, à la chevauchée de Saint-Omer, où se trouvèrent un grand nombre de chevaliers de l'Artois, ainsi qu'il conste d'une quittance de ses gages, donnée à Thérouanne, le 13 août 1306, par laquelle il abandonna cinquante livres aux pauvres de sa seigneurie de Beaufort, où il fonda un obit. Il mourut, à Péronne, en 1306, au service du roi, ayant fait son testament, le 8 septembre de la même année, dans lequel il nomma pour son exécuteur testamentaire, *Raoul de Beauffort*, chevalier, seigneur de Metz et de Markais, son frère. Il avait épousé SAINTE D'HAMELINCOURT, d'Artois, dont il eut :

1° COLART DE BEAUFFORT, dit *à la Barbe*, seigneur de Beaufort, qui était au service du roi Philippe-le-Bel, en qualité de *chevalier-bachelier*, ayant sous ses ordres une compagnie de onze écuyers et de douze archers; ce qui paraît d'une quittance de ses gages et de ceux desdits écuyers et archers, donnée le 16 mai 1312, scellée du même sceau de chevalier dont se servait son père. Il est mort sans laisser d'enfants;

2° FROISSARD, qui suit;

VII. FROISSARD DE BEAUFFORT, *chevalier*, seigneur de Beaufort et de Bavelincourt, par la mort sans enfants de son frère aîné. Il fut un des premiers chevaliers qui allèrent au secours d'Eudes, duc de Bourgogne, à la bataille de Saint-Omer, en Artois; à laquelle il fut tué aux pieds de ce prince, le 26 juillet 1340. « Froissard de Beauffort était, en 1340, au nombre des *chevaliers-bannerets* à la fameuse journée de Saint-Omer. » Les *chevaliers-bannerets* avaient droit de porter une bannière à leurs armes et avaient double solde de chevaliers, et ces derniers avaient double solde des écuyers (*Histoire générale de la province d'Artois*, par M. Hennebert, chanoine de la cathédrale de Saint-Omer, 1789; 3 vol. in-8°, page 191). Le chevalier-banneret, Froissard de Beauffort, fut inhumé dans l'église collégiale de Saint-Omer. — Froissard avait épousé JEANNE-ALIX DE MAILLY, fille de *Jean de Mailly*, dit *Maillet*, seigneur de Lorsignol, et de dame Jeanne de Picquigny; elle appartenait à l'ancienne et illustre maison de Mailly, de Picardie, connue depuis le XIe siècle, qui a donné un grand pannetier, trois chevaliers bannerets, un régent de France, un grand prieur, un maréchal, un chevalier des ordres du Roi, etc. De ce mariage sont issus :

1° REGNAUD ou RENAUD DE BEAUFFORT, chevalier, seigneur de Beaufort et de Bavelincourt, qui servit avec distinction le roi Philippe de Valois. Il fut, en 1361, capitaine du château d'Avesne. Il vivait encore en 1369, et mourut sans laisser d'enfants. C'est Regnaud qui est désigné dans un certain nombre d'actes authentiques par *de Beauffort à l'Arbre?*... surnom dont nous n'avons pu découvrir l'origine, ni nous en rendre un compte exact; mais, nous supposons que ce chevalier aura été marié avec une héritière, dont il aura été obligé d'écarteler les armes, avec les siennes, ou bien qu'il habitait une maison sur laquelle il y aurait eu un arbre sculpté;

2° MATHELIN ou MATHIEU, qui suit;

3° ROBIN ou ROBINET DE BEAUFFORT fut un des huit écuyers de la compagnie de messire Colart de Mailly, son oncle; ce qui est établi dans le rapport d'une montre ou revue passée à Saint-Omer, le 1er juin 1369;

4° COLART DE BEAUFFORT, qui eut pour parrain Colart de Mailly, son oncle, frère de sa mère, époux de Marguerite de Picquigny, fut bailly et capitaine du château et ville d'Avesnes-le-Comte, d'Aubigny et de Quiery, depuis le 17 octobre 1369 jusques au 1er août 1382. Mort sans laisser de postérité;

5° SEGREMOR DE BEAUFFORT, mort sans avoir contracté d'alliance;

6° JEAN DE BEAUFFORT, qui vivait toujours en 1409, est mort sans laisser de postérité;

7° CATHERINE DE BEAUFFORT, mariée avec SIMON D'AVER-

DOING, seigneur de Montsoreau, d'où vint Jeanne, dame de Montsoreau, mariée avec Jean d'Amiens, seigneur de Seronville, dont postérité;

8° BARBE DE BEAUFFORT, mariée avec JACQUES DE BAILLENCOURT, dit *Couriol*, *chevalier*, seigneur dudit lieu, deuxième fils de Maximilien et de dame Geneviève d'Ailly. Ils n'eurent point de postérité.

VIII. MATHELIN DE BEAUFFORT, dit *Froissard*, *chevalier*, seigneur de Beaufort et de Bavelincourt, qui servit à la guerre de Gueldre, dès l'an 1366. Il fut tuteur des enfants de feu Philippe, dit Payen de Beauffort, seigneur de Saire, etc. Il épousa MARIE DE RANSART, *dame de Ransart*, en Artois, veuve en premières noces de Jean, seigneur de Divion et d'Aix, fille unique de Wautier, *baron de Ransart*, et de Sarah Louchart; elle lui porta en dot la *baronnie de Ransart*. On les trouve inscrits, en juin 1377, dans un registre de l'échevinage d'Arras. Il vivait toujours en 1395, et fut père de

1° COLART DE BEAUFFOPT, dit l'*Etourdi*, chevalier, seigneur de Beaufort, Bavelincourt, etc., figure dans un acte, du 28 juillet 1406, dans lequel il est qualifié : *noble et puissant seigneur et chevalier*. Il avait épousé MARIE DE SAINS, *dame de Masinghem* en partie, fille de Tassart de Sains, dit Harpies, chevalier, seigneur de Sains et de Hauteclocque. Etant veuve, sans enfants, elle se remaria, par contrat du 11 août 1434, avec noble Pierre de Lieure, bailly de Beaufort.

2° REGNAUT OU RENAUD DE BEAUFFORT, dit *Froissard*, seigneur de Beaufort, Bavelincourt, etc., après la mort de son frère aîné; il fut ensuite seigneur de Blaireville, terre baronniale qui appartenait, en 1406, à Enguerrand de Nédonchel. Il s'attacha au service de son Prince dès sa jeunesse. Monstrelet, dans *ses Chroniques* en fait mention, sous l'an 1414; il fut nommé gouverneur et capitaine du château-fort de Béthune, en Artois, le 22 octobre 1415; Regnaut assista, avec son frère Colart, en 1424, à la passation du contrat de mariage de Jean de Beauffort, IIe du nom, seigneur de Markais et du Saulchoy, son cousin, avec Marie de Paris. Il prit les armes pleines de sa maison, après la mort de Philippe de Beauffort, capitaine d'Arras, tué en 1437. Regnaut mourut, le 1er mai 1439, sans avoir contracté d'alliance. Les armes pleines passèrent à son frère Collart.

3° COLART DE BEAUFFORT, dit *Payen* qui suit.

4° HÉLÈNE DE BEAUFFORT, mariée à PHILIPPE DE HABARCQ, dit *Payen*, chevalier, seigneur d'Habarcq, Gournay, Villers-Châtel, Noyelles-Wion, son cousin, fils de Colart dit Payen, seigneur d'Habarcq, et de Jeanne de Lières, dame de Gournay, Villers-Châtel, Thiembronne, et fille de Robert ou Enguerrand de Lières et d'*Isabeau de Noyelles-Wion*, fille et héritière de *Jean de Noyelles-Wion*, qui était fils de *Jacques de Beauffort*, seigneur de Noyelles-Wion, ci-après mentionné à la branche cinquième. Ils eurent plusieurs enfants qui s'allièrent au plus illustres maisons du pays. Philippe de Habarcq a été un des plus ardents défenseurs du malheureux Colart de Beauffort, son beau-père (Voyez *aux Annales* 1459, p. 35).

5° MARGUERITE DE BEAUFFORT, dont nous ignorons la destinée.

6° MARIE DE BEAUFFORT, mariée avec ETIENNE DE HÉRISSEM, *chevalier*, seigneur de Bousval, fils d'Arnould, seigneur de Wicht, et de N... de Rozelaer, dame de Bouseval. Elle vivait encore en 1377. Ils laissèrent postérité.

0. MATHELIN DE BEAUFFORT eut deux filles naturelles, l'une nommée *Jacqueline, bâtarde de Beauffort*, mariée avec *Jacques Guillemant*, fils d'un chanoine d'Arras, avec lequel elle vivait en 1460. Il est question de ce Jacques Guillemant dans l'affaire de Colart (Voyez aux *Annales*, 1459); l'autre nommée *Marie*,

bâtarde de Beauffort, qui fut mariée, en 1432, avec *Michel de Dours*, dit Bridoul, fils de Jean.

IX. Colart de Beauffort, dit *Payen*, *chevalier*, seigneur de Ransart de par sa mère; puis, après la mort de ses deux frères aînés, de Beaufort. Il fut conseiller et chambellan du duc de Bourgogne; c'était un des plus riches et des plus puissants seigneurs-bannerets de l'Artois. Dans un grand nombre d'actes, qui nous sont passés sous les yeux, il est qualifié : *Noble et puissant seigneur, monseigneur;* à la mort de son frère Renaut (1439), il devint chef de nom et des armes de sa maison

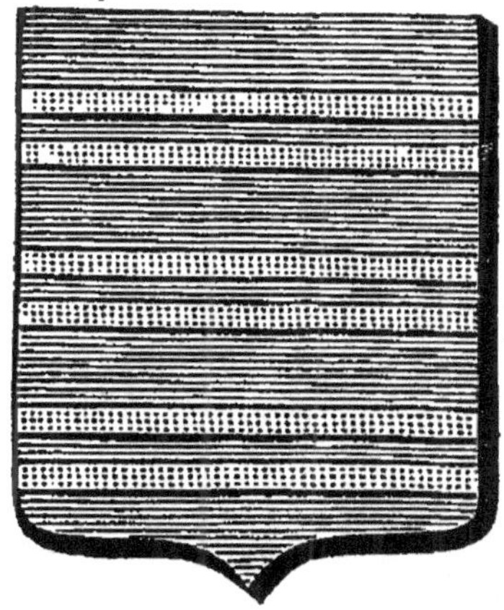

dont il prit les armes pleines. Colart fut faussement accusé d'être Vaudois et condamné injustement par le tribunal de l'Inquisition; sa mémoire fut solennellement réhabilitée, à Arras, en 1491 (V. ci-devant les *Annales*, 1459, 1460, 1491). Colart de Beauffort acheta les terres et seigneuries de Montenencourt (1439), de Fisseux (1438), de Beaumes-Pourchelet (1434), de Vailly, Monchy-au-Bois, de Blaireville, terre qui avait le titre de *baronnie*. de Bienvillers, conjointement avec sa femme (1434), de

Blavincourt (1444), de Curles et de Boisleux (1432), de Graincourt, de Bretocourt en partie (1440), un fief noble situé à Bretencourt (1431), et autres. La terre de Blaireville, située dans les dépendances de Ransart, avait le titre de *baronnie*. Colart vendit, le 10 décembre 1440, à l'abbaye de Saint-Vaast d'Arras, certaine rente que cette abbaye lui devait, acquise par lui à Philippe de Waëncourt, écuyer ; il céda, par le même acte, à ladite abbaye, le tiers de la dîme qu'il avait droit de percevoir à l'encontre du chapitre d'Arras, sur la paroisse de Saint-Sauveur-lez-Arras, à cause de sa *baronnie de Blaireville*, dont il fit saisir Philippe, son fils aîné, le 27 octobre 1440. Ce seigneur avait épousé, avant 1434, JEANNE D'OLLECHAIN, fille de Hugues d'Ollechain, seigneur d'Estaimbourg, et de dame Isabeau de Sainte-Aldegonde-Noircarmes. Il fut père de :

1° PHILIPPE, dit le *Barbu*, qui suit :

2° ANTOINE DE BEAUFFORT, auteur de la neuvième branche, dite *des seigneurs de Boisleux et de Cowin*, qui sera établie ci-après.

3° JEAN DE BEAUFFORT, se disant *baron de Beaumetz*, seigneur de Bienvillers, de Boyaval, etc., mort sans avoir contracté d'alliance, après 1513. Il laissa un enfant naturel nommé LOUIS, *bâtard de Beauffort*.

4° JEANNE DE BEAUFFORT, mariée, en 1442, avec ANTOINE DE RIVERY, seigneur dudit lieu et de Villers, capitaine d'Amiens, en 1465. Étant veuf, sans enfants, il se remaria (Voyez *les Antiquités d'Amiens*, par La Morlière).

5° JEANNETTE DE BEAUFFORT, mariée : 1° avec JEAN VANSPIELS, seigneur de la Wichte, fils d'Olivier Vanspiels, seigneur de la Wichte, et d'Isabelle de Gavre, dite d'Escarnaix ; il vivait encore en 1468 ; 2° avec JEAN DE

BAILLENCOURT, seigneur de Saint-Martin-en-Blaireville, son cousin, fils de Jean de Baillencourt, dit *Couriole, baron de Blaireville*, et de Marguerite de la Couronne, dont descendance. »

6° ISABEAU DE BEAUFFORT, mariée, vers 1460, avec PIERRE DU CAUROY, seigneur dudit lieu et de Fontaine-lez-Boullans, chevalier, qui, étant veuf, se remaria avec Jeanne de Wambourg, dont il était veuf en 1507.

7° MARIE DE BEAUFFORT était chanoinesse du noble chapitre de Sainte-Waudru, de Mons (Hainaut), en 1461. Morte sans alliance.

O. COLART DE BEAUFFORT eut plusieurs enfants naturels, qui ont contractés de bonnes et nobles alliances. Il en sera question plus loin, à la fin de la troisième branche, dont nous nous occupons actuellement.

X. PHILIPPE DE BEAUFFORT, Ier du nom, dit *le Barbu, chevalier*, seigneur de Beaufort, de Ransart, Bienvillers, Bavelincourt, Boyaval, Graincourt, Hestrud, Curles, Montenencourt, Villers-l'Hospital, etc., capitaine de la ville d'Arras, en Artois, de 1473 à 1476, pour le duc de Bourgogne. Il fut créé *chevalier*, par le duc de Bourgogne, en 1476. Décédé en 1478, il fut inhumé sous le chœur de l'église paroissiale de Beaufort. Philippe de Beauffort avait épousé, en 1461, JEANNE LE JOSNE, dite *de Contay, dame du Hamel et de Lully*, veuve en premières noces de messire Antoine de Habarcq, seigneur dudit lieu, fille de messire Guillaume Le Josne, seigneur de Contay, premier maître d'hôtel du duc de Bourgogne, et de Marguerite, dame de Lully et du Hamel ; elle était sœur de Marguerite Le Josne, femme de Jean de la Trémouille, baron de Dours. Ils eurent de leur union :

1° JEAN, IVe du nom, qui suit ;

2° GUILLAUME DE BEAUFFORT, mentionné dans des titres des années 1491 et 1493, mort sans alliance.

3° RODOLPHE DE BEAUFFORT qui est mentionné, avec ses frères dans les mêmes actes; il est décédé sans avoir contracté d'alliance.

4° ANTOINETTE DE BEAUFFORT, mariée avec messire GILLES D'ONGNIES, seigneur de Brouay et de Chaulnes, écuyer tranchant du duc de Bourgogne. Il était à la journée de Montlhéry, en 1465. Elle fut mère de Philippe et de Waléran d'Ongnies (V. *Nobiliaire de Picardie*, par Handiquer de Blancourt; art. *Ongnies).*

5° JEANNE DE BEAUFFORT, mariée avec ROBERT DU FAY, seigneur de Hulluch, fils de Laurens du Fay, maître d'hôtel du roi, et de Bonne de la Viefville. Ils ont eu des enfants.

6° MARGUERITE DE BEAUFFORT, mariée, vers 1480, avec PIERRE DE LA HAGERIE, dont elle n'eut point d'enfants. Elle est mentionnée dans un procès plaidé, en 1489, entre Jean et Antoinette de Beauffort, ses frère et sœur.

0. PHILIPPE DE BEAUFFORT eut plusieurs bâtards, dont il sera question à la suite de cette branche.

XI. JEAN DE BEAUFFORT, IVe du nom, *chevalier*, *baron de Beaufort* (1), seigneur de Ransart, Montenencourt, Bavelincourt, Hestrud, Boyaval, Graincourt, Beaumez-lez-Loges, Pourchelet, Bienvillers, Vailly, Fisseux, Hapegrive, Estove, Noyelles-lez-Avesnes, Firmont, Grosville, etc. Mort étant gouverneur d'Arras, le 23 septembre 1503, et inhumé, avec sa femme, sous le chœur de l'église de Beaufort. Il avait épousé d^{lle} MARIE DE

(1) *Baron de Beauffort*, probablement à cause de la possession des *baronnies de Ransart, de Blaireville, etc.*, réunies sous la dénomination de *Beaufort*. Jean est le premier qui reprit le titre de *baron*.

LANNOY, *dame de Reusmes en Tournaisis et de Wittem*, fille de messire Jean de Lannoy, chevalier de l'ordre de la Toison d'Or, et de dame Jeanne de Ligne, fille de messire Michel de Ligne, baron de Barbançon, pair et maréchal de Hainaut, bailly de Cambruisis, et de dame Bonne de Boubers d'Abbeville. Le P. Anselme cite cette alliance, tome VII, p. 74, B. C'est à la suite de ce mariage que s'est formée la lignée dite *des seigneurs de Reusmes*, en Tournaisis, dont Philippe de Beauffort et Georges son fils, furent les seuls représentants. On voit dans l'église de Reusmes les mausolées relevés de ces deux chevaliers, surmontés des armes pleines de la maison de Beauffort : *D'azur, aux trois jumelles d'or*. De cette union sont issus :

1° PHILIPPE, IIe du nom, qui suit ;

2° JEANNE DE BEAUFFORT, *dame de Graincourt, etc.*, mariée, par contrat du 20 août 1525, avec messire ANTOINE DE MONTMORENCY, chevalier, seigneur de Croisilles et d'Amogies, fils de messire Marc de Montmorency et de dame Marie de Hallain. Elle apporta en mariage les terres et seigneuries de Boyaval, d'Hestrud et de Graincourt. Antoine de Montmorency mourut le 21 mars 1529, et Jeanne de Beauffort, sa femme, le 11 juin 1533 ; ils furent inhumés dans l'église d'Amogies-lez-Tournai, du côté droit du grand autel, où l'on voit une pierre portant les armoiries des *de Montmorency* et *de Beauffort*. Nous avons remarqué que l'écusson de Jeanne de Beauffort, que soutient un ange, est en losange, ce qui indiquerait qu'elle aurait été reçue chanoinesse dans l'un des nobles chapitres des Pays-Bas. Ils n'ont point laissé de postérité.

3° JEANNE OU JEANNETTE DE BEAUFFORT, dite la *Jeune*, mariée, par contrat du 4 avril 1522, avec messire PHILIPPE DE GHISTELLES, seigneur de La Motte et de

Provênes, deuxième fils de Jean de Ghistelles, chevalier, et d'Antoinette de La Barre, et neveu de Guillaume de Ghistelles, chevalier de Malte, commandeur de Loison. Ils n'eurent qu'une fille, morte jeune, avant son père.

4° JEANNET DE BEAUFFORT, seigneur de Bienvillers, qui ne se maria pas, mais qui eut un enfant naturel, nommé LOUIS, *bâtard de Beauffort*, demeurant à Lucheux en 1510, qui épousa ANTOINETTE LE PRÉVOST.

XII. PHILIPPE DE BEAUFFORT, IIe du nom, *chevalier, baron de Beaufort*, seigneur de Ransart, de Montenencourt, de Reusmes, de Wittem, etc., conseiller et chambellan de l'empereur Charles-Quint et grand bailly de Tournai. Il signa au contrat de mariage de sa sœur Jeanne avec Antoine de Montmorency, le 20 août 1525. Philippe de Beauffort épousa d^{lle} JEANNE DE HALLEWIN, dame d'Oostwinchel, de Wittem et du fief d'Allennes, fille de Georges, seigneur d'Hallewin, et de dame Antoinette de Sainte-Aldegonde-Noircarmes, fille de Nicolas de Sainte-Aldegonde, chevalier, seigneur de Noircarmes, et de dame Honorine de Montmorency, fille de Jean de Montmorency, Ier du nom, seigneur de Nivelles, conseiller et chambellan du duc de Bourgogne, et de dame Gudule Vilain, fille de Jean Vilain, dit *de Gand*, chevalier, seigneur de Huysse, et de dame Gudule Raes, fille de Godefroy Raes, seigneur de Pamel, en Brabant. Il mourut, à Reusmes lez-Tournai, le 31 décembre 1530, et fut inhumé dans l'église, où l'on voit son tombeau en relief, sur lequel il est représenté armé de toutes pièces, couché à côté de sa femme, qui mourut le 27 novembre 1557. Étant veuve, elle se remaria avec messire Jean, comte de Ligne et de Franquenberghe, prince de Mortagne, chevalier de l'ordre de la Toison-d'Or. Philippe de Beauffort fut père de :

1° GEORGES DE BEAUFFORT, *baron de Beaufort*, seigneur de Bavelincourt, fut gentilhomme de la bouche de l'empereur Charles-Quint, gouverneur et capitaine du château-fort de l'Écluse : « Georges de Beauffort était un des gentilshommes flamands *ayant bouche en cour*, à la suite de l'empereur Charles V, en 1546 et en 1547. » (Archives de Beauffort). Il est décédé le 6 mars 1558. Il avait épousé, vers 1528, d^lle^ MARIE DE BERLAYMONT, *dame de la Bouteillerie*, fille de Charles, comte de Berlaymont, baron de Leuz, chevalier de la Toison-d'Or, et de dame Adrienne de Ligne, fille de Louis de Ligne, baron de Barbançon, et Marie de Berghes, fille de Corneille, seigneur de Berghes, etc., chevalier de la Toison-d'Or. Ils n'eurent de leur alliance qu'un enfant, mort au maillot, qui a été inhumé, avec eux, dans l'église de Reusmes-lez-Tournai, dans un tombeau relevé, sur lequel ils sont représentés tous trois couchés ; le chevalier Georges en armure complète. Ce tombeau, de même que celui de Philippe, son père, est décoré des *armes pleines* de la maison de Beauffort (Voyez : le chapitre des *Monuments*, *inscriptions*, etc.).

2° PHILIPPE, IIIe du nom, qui suit.

3° BONNE DE BEAUFFORT, née en septembre 1527, reçue chanoinesse du noble chapitre d'Andenne-lez-Namur ; décédée avant son père (1558).

4° MARGUERITE DE BEAUFFORT, née le 25 octobre 1530, reçue chanoinesse du noble et illustre chapitre de Nivelles en Brabant ; morte avant son père (1558).

O. D'après M. Goethals, Philippe de Beauffort aurait eu un enfant naturel nommé GEORGES, *bâtard de Beauffort*, qui aurait épousé FRANÇOISE DE BERTELLES (*Dictionn. généalogique et héraldique*).

XIII. PHILIPPE DE BEAUFFORT, IIIe du nom, *chevalier*, né le 23 septembre 1529, *baron de Beaufort*, seigneur de

Ransart, Blavincourt, Montenencourt, Bretencourt, Beaumes, Pourchelet, Fischeux ou Fisseux, Bienvillers, Reusmes, Boyaval, Wavrechin, Wittem, Curles, Grosville, Monchy-au-Bois, Wailly, etc. Il devint l'un des plus riches seigneurs de l'Artois, par suite de la mort, sans enfants, de Georges, son frère aîné. A son sujet, Moreri dit, dans son *Dictionnaire historique*, tome VII, p. 642 : « Philippe, IIIe du nom, devint, à la suite de la mort de son frère aîné, un des plus puissants seigneurs de la province d'Artois, dont il fut le *premier député.* » Philippe de Beauffort fut, en effet, député général et ordinaire du corps de la noblesse des États généraux de l'Artois. Il mourut en 1582, et fut inhumé dans l'église de Beaufort, où sa fille fit placer une épitaphe pour rappeler sa mémoire. Il avait épousé d[lle] MAGDELEINE DE LA MARCK, fille de Jean, seigneur de Wassenaër, chevalier de la Toison-d'Or, et de dame Jossine d'Egmont. Elle testa le 12 juillet 1590, mourut le 13 septembre 1591, et fut inhumée à Beaufort, auprès de son mari. De cette union il ne provint qu'une fille nommée :

XIV. ANNE DE BEAUFFORT, qui hérita de tous les biens de la branche aînée de sa maison, et fut par cela une des plus riches héritières du pays. Elle les porta tous, par son contrat de mariage, du 17 décembre 1582, à messire PHILIPPE DE CROY, *comte de Solre*, *baron de Sempy*, seigneur de Molembaix, chevalier de la Toison-d'Or, capitaine de la garde du roi d'Espagne, grand veneur; conseiller au conseil d'État des archiducs des Pays-Bas, grand bailly de Tournai et du Tournaisis, fils de messire Jacques de Croy, chevalier de la Toison-d'Or, et de dame Yolande de Lannoy. — De ce mariage descendent les princes de Croy-Solre, qui ont depuis possédé la *terre baronnie de Beaufort*, en Artois, dont le titre seul a fait retour à la maison de Beauffort, comme on le verra plus loin. Anne de Beauffort, comtesse de Croy-Solre, décéda le 26 mars 1588, et fut inhumée à Solre-le-Château. Phillippe de Croy, comte de Solre, vendit, le 15 juin 1609, à Allard de Croix, seigneur d'Hannescamps, Wismes, etc., la maison nommée de *la Chouette*, située à Arras, provenant du chef de dame Anne de Beauffort, sa première femme. — Les deux maisons de Croy et de Beauffort ont de tout temps entretenues entr'elles de bonnes relations de parenté ; plusieurs lettres conservées dans les archives de la maison de Beauffort en font foi. Voici deux lettres de faire part de mariage qui témoignent de la reconnaissance de parenté : « A Monsieur le marquis de Beauffort, à Hannescamps, par Arras. — Monsieur, j'ai l'honneur de vous faire part du mariage du prince de Solre, mon second fils, avec Mlle de Croy d'Havré, ma nièce. Celui (l'honneur) que j'ai de vous appartenir me fait espérer que vous voudrez bien prendre part à ma satisfaction. J'ai l'honneur d'être, Monsieur, votre très-humble et très-obéissant serviteur : Le DUC DE CROY. Paris, ce 12 avril 1788. » — « Monsieur, j'ai l'honneur de vous faire part du mariage de Mlle de Croy, ma fille, avec M. le prince de Solre, de Solre. L'honneur que j'ai de vous appartenir me fait espérer que vous voudrez bien partager ma satisfaction. J'ai l'honneur d'être, avec un inaltérable attachement, Monsieur, votre très-humble et très-obéissant serviteur et parent : Le DUC D'HAVRÉ ET DE CROY. Paris, le 8 avril 1788. »

Les bâtards de Colart de Beauffort, dit Payen, seigneur de Beaufort, de Ransart, etc.

—

Moreri et autres généalogistes avec lui, citent plusieurs bâtards de Colard, dit Payen de Beauffort, seigneur de Beaufort, de Ransart, etc. La preuve de leur existence se trouve aussi dans les archives de la maison de Beauffort. Ici, nous trouvons un nouveau témoignage de l'importance du personnage de Colart de Beauffort, dont les enfants naturels étaient traités comme les bâtards des maisons princières. Ils portaient le nom patronymique de la maison en le faisant précéder du mot *bâtard* et les armes pleines de Beauffort, avec la brisure dite de *bâtardise* :

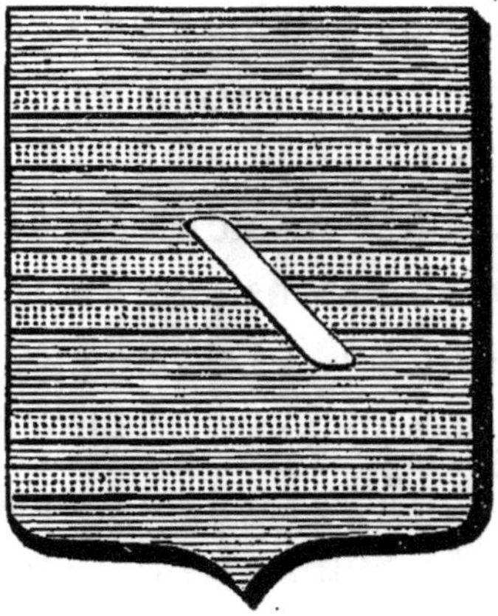

1° REGNAULT, *bâtard de Beauffort*, qu'on dit, à tort, mort sans alliance. On le trouve mentionné dans un accord, du 19 août 1479, avec ISABEAU ou JEANNE LE ROGIER, sa femme ; étant veuve, elle se remaria avec Guillaume le Brasseur, écuyer, seigneur de Conchy-le-Pot, en 1482.

2° COLART, *bâtard de Beauffort*, qui épousa MARIE BILLET, dont il eut GABRIELLE DE BEAUFFORT, femme de PIERRE DU FESNOY, écuyer, seigneur de Fromens, sans postérité.

3° QUENTIN, *bâtard de Beauffort*, écuyer, seigneur de...., épousa MARIE PELLET, fille de Jean, seigneur de Rosettes, et de Magdeleine des Gardins, dont il eut : JEAN ou JEANNET DE BEAUFFORT, écuyer, marié avec MARIE TESTART. « Comparurent en leurs personnes Jeannet de Beauffort, écuyer, fils de défunt Quentin de Beauffort, et de d^lle^ Marie Pellet, et Pierre Testart, demeurant en la cité d'Arras, se faisant fort en cette partie de Mariette Testart, sa fille, etc. ; ce fait et passé, le 26 juillet 1497, à l'hôtel de la *Quiefvrette*, à Arras, appartenant à M. de Beauffort. » — « Marie Pellet, fille aînée de Jean, alliée à noble homme Quentin de Beauffort, escuyer, seigneur de N...., provenu de la famille de Colart de Beauffort, le banquet nuptial fait en la maison de la *Quiefvrette*, ancienne maison et demeure des seigneurs de Beauffort, etc. » — « *Marie Testart*, provenue de l'ancienne maison de Testart, conseiller et trésorier-général des comtes de Flandres et d'Artois, en 1299, épousa *Jeannet de Beauffort*, escuyer, fils de Quentin et de Marie Pellet » (Archives de la maison de Beauffort).

4° JEAN, *bâtard de Beauffort*, écuyer, que nous croyons auteur des de Beauffort, qui habitaient à Roisin (Sous toute réserve).

Les bâtards de Philippe de Beauffort, dit le Barbu, chevalier, seigneur de Beaufort et de Ransart, etc.

—

Les bâtards de Philippe de Beauffort sont mentionnés par plusieurs auteurs qui les nomment, notamment par M. Goethals, dans le *Miroir de Notabilités Nobiliaires*, etc., p. 156. Ici se placent logiquement les mêmes observations que nous avons faites à la page 165, relativement aux bâtards de Colart. Les trois bâtards de Philippe de Beauffort: Pierre, Renaut et Colart, réclamèrent en 1449 et en 1468, la qualité de *bourgeois de la ville d'Arras*, en Artois, afin de jouir des droits, priviléges et prérogatives attachés à cette qualité purement municipale.

1° PIERRE, *bâtard de Beauffort*, écuyer, seigneur de Bry, de Fondrin, etc., épousa FRANÇOISE DE BERRY, qui en était veuve en 1563; il fut père de : 1° JEAN DE BEAUFFORT, seigneur de Proviseux ; 2° HENRI DE BEAUFFORT, qui épousa MARGUERITE DE CAULINCOURT, fille d'Olivier de Caulincourt.

2° RENAUT ou RENAUD, *bâtard de Beauffort*.

3° COLART, *bâtard de Beauffort*.

QUATRIEME BRANCHE

DITE

Des seigneurs de la Vacquerie, de Saint-Martin, en Cambraisis.

(1200-1360).

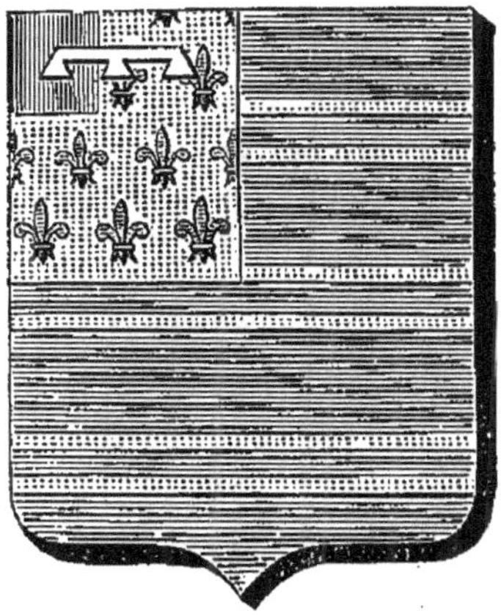

Jean Le Carpentier a consigné dans son *Histoire généalogique des Pays-Bas* ou *Histoire de Cambray*, imprimée en 1664, tome Ier, page 192, d'après d'autres généalogistes plus anciens : « BEAUFFORT porte pour armes : d'*azur, à trois jumelles d'or*. Cette famille est originaire du pays d'Artois ; mais, un puîné de cette maison, nommé GUILLAUME, se domicilia en Cambraisis, dès l'an 1200. Il épousa, selon une charte de l'abbaye de Saint-Aubert, MARGUERITE DE CASTAING (du Cambraisis), de laquelle il eut : JEAN, LOUIS et GUILLAUME DE BEAUFFORT. Celui-ci *chevalier* et seigneur de la Vacquerie. En une charte de l'an 1290, il est dit conjoint avec AGNÈS DE BOUSIES, d'où sortit GUILLAUME DE BEAUFFORT, qualifié bailly de

Crèvecœur. En un autre titre de ladite abbaye de Saint-Aubert, de l'an 1354, ce même Guillaume est qualifié de seigneur de Saint-Martin, capitaine et bailly des villes de Crèvecœur, d'Arleux, de Rumilly et de Saint-Souplet pour le roi de France, alors seigneur de Crèvecœur ; et en une autre charte exhibée au procès du marquis de Wargny, sous l'année 1363. » Il résulte de cet exposé que cette branche de la maison de Beauffort, de l'Artois, transplantée en Cambraisis, vers 1200, a pour auteur Guillaume, troisième fils d'Aleaume, seigneur de Beaufort, et d'Athalie de Brimeu, originaire du Cambraisis. Plusieurs membres de cette branche se sont fixés dans le Hainaut. On a pu voir dans les *Annales*, publiées en tête de ce volume, l'importance des fonctions qui ont été confiées à ceux de cette lignée, et notamment l'intimité qui existait entre les membres de la maison princière de Hainaut avec ceux de la maison de Beauffort. Malgré nos soins, nous n'avons pu dresser une généalogie régulière de ceux de cette branche, que nous avons placés dans l'ordre chronologique, ci-après :

IV. Guillaume de Beauffort, Ier du nom, troisième fils d'Aleaume, seigneur de Beaufort et de Noyelles-Wion, et d'Athalie de Brimeu, dame de Saire et de Cessoye, se fixa en Cambraisis, vers l'an 1200, suivant une charte de l'abbaye de Saint-Aubert, à Cambrai. Guillaume épousa Marguerite de Castaing, dont il eut :

1° Louis de Beauffort, dont nous ignorons la destinée ; mort sans enfants.

2° Havoise de Beauffort, dite *de Noyelles*, femme de Simon d'Ongnies, qui fut inhumée, avec son mari, en

1202, dans l'abbaye de Cantimpré, à Cambrai (J. Le Carpentier).

3° JEAN DE BEAUFFORT, dit *le Leu (le Loup)*, receveur du Hainaut, épousa d^{lle} N... DE LIENCOURT. On prétend que c'est de cette union que vient la maison de Liencourt, qui porte les mêmes armes que celles de Beauffort, c'est-à-dire : *d'azur, aux trois jumelles d'or.* Ils figurent ensemble dans un titre de Fremont, de 1296. Il eut pour successeur en sa charge de receveur du Hainaut, GILLION OU GILLES DE BEAUFFORT, qui était encore en fonction en 1335.

4° GUILLAUME, qui suit.

V. GUILLAUME DE BEAUFFORT, IIe du nom, seigneur de la Vacquerie, épousa JEHANNE DE WARLINCOURT, dont il eut :

1° GUILLAUME, qui suit ;

2° PHILIPPE DE BEAUFFORT *(Belloforti)*, chanoine du chapitre de Sainte-Croix de Cambrai, déjà en 1291.

VI. GUILLAUME DE BEAUFFORT, IIIe du nom, seigneur de la Vacquerie, qui avait épousé, suivant une charte de 1290, citée par Le Carpentier, AGNÈS DE BOUSIES, et qui mourut en 1304; il fut père de :

1° GUILLAUME, IVe du nom, qui suit;

2° JEAN DE BEAUFFORT, chanoine et trésorier du chapitre de Sainte-Croix, à Cambrai. Ce personnage figure dans un grand nombre d'actes de la maison des comtes de Hainaut, dont il devait être un des familiers. Il assista, à Chauny-sur-Oise, le 19 mai 1305, à la passation du contrat de mariage de messire Guillaume, comte de Hainaut, Hollande, Zélande, sire de Frise, avec d^{lle} Jeanne, fille de Charles-le-Bel, qui fut dans la suite, roi de France. Nous devons faire remarquer, ici, que Philippe-le-Long, frère de Charles-le-Bel, qui régna de 1314 à 1322, donna les premières lettres de noblesse connues. Les nobles antérieurs à cette époque, sont appelés *nobles de race*, comme on les désigne. Jean de Beauffort, intervenant souvent dans la rédaction des actes de la maison princière de Hainaut, à divers titres ou qualités, les signait et y apposait le sceau de ses armes, dès l'an 1301, ainsi que le constent les actes mêmes, cités par Saint-Genois, dans ses *Monumens Anciens*. — Ces seigneurs brisaient leurs armes *d'un lambel de trois pendants d'argent*, qui ne chargeait que le franc-quartier *de Thouars*.

3° AGNÈS DE BEAUFFORT, mariée avec GUY DE PARIS, seigneur d'Escarpelle. Elle était sœur de Guillaume de Beauffort, bailly de Crèvecœur (J. Le Carpentier).

VII. GUILLAUME DE BEAUFFORT, IVe du nom, qualifié bailly de Crèvecœur, dans un titre de l'abbaye de Saint-Aubert, de l'an 1354, et de seigneur de Saint-Martin, capitaine des villes de Crèvecœur, d'Arleux, de Rumilly et de Saint-Souplet, pour le roi de France, alors seigneur de Crèvecœur, suivant une charte produite au procès du marquis de Wargnies, sous l'année 1368. — « Willaume de Beauffort, bailly de Crèvecœur, est qualifié, avec d'autres seigneurs, *hommes de fief du sieur Crèvecœur*, dans une charte de 1356, conservée dans les archives de l'abbaye de Saint-Aubert, citée par J. Le Carpentier, dans son *Histoire de Cambray*, t. II, aux preuves, p. 91.

CINQUIEME BRANCHE

DITE

Des seigneurs d'Angre, en Artois.

(1239-1400).

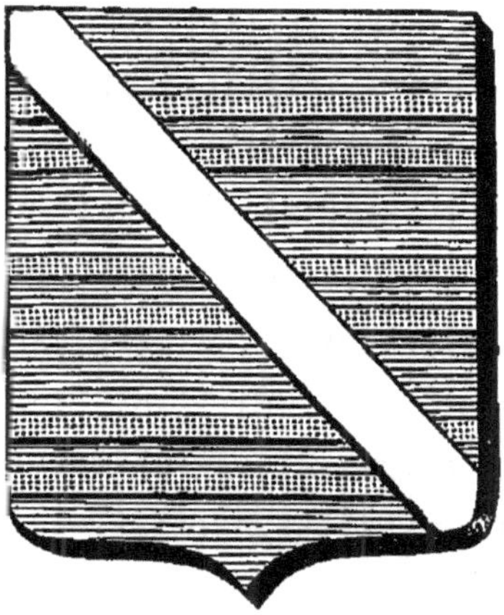

V. JEAN DE BEAUFFORT, Ier du nom, chevalier, seigneur d'Angre, second fils de Wauthier de Beauffort, seigneur de Saire, de Cessoye et de Brie, et de dame MARIE, héritière d'ANGRE, était avec Baudouin, son frère, sous la tutelle de Guy de Beauffort, leur oncle, en 1223. Il paraît par titre des années 1232 et 1239. Nous avons trouvé que Jean de Beauffort, dit Gilliet, et Lottard de Beauffort, son frère, demeurant à Angre, firent une vente de fief à Lottart de Baissieu et à Jeanne d'Angre, sa femme. Cette branche brisait ses armes, *d'une bande d'argent*. Jean fut père de :

VI. THOMAS DE BEAUFFORT, seigneur d'Angre. On le trouve d'abord mentionné dans des titres de 1273, de 1287 et de 1291. Il avait épousé ANNOTTE N..., qui vivait encore en 1291. Thomas de Beauffort mourut en 1298, laissant de son mariage :

1° HUY ou GUY DE BEAUFFORT, lequel était fort jeune en 1290. Il mourut sans alliance.

2° JEAN, qui suit :

VII. JEAN DE BEAUFFORT, IIe du nom, sire d'Angre, était encore très-jeune en 1290, lors de la mort de son père. Il paraît, avec la qualification de *chevalier*, dans trois titres authentiques, l'un du 22 avril 1344, un autre de l'an 1354 et le dernier du jour de Saint-Mathieu 1355. Jean de Beauffort, seigneur d'Angre, fut créé *chevalier* le lundi après le jour de Saint-Jacques et Saint-Christophe 1347. (Cette création de chevalier est citée par dom Caffiau, dans son *Trésor Généalogique, etc.* Paris, 1777; t. Ier, p. 75). Jean de Beauffort épousa SAINTINE DE BINCHE, fille de Jean de Binche, sire d'Angre, en 1297. « Nous possédons, dit M. Goethals, dans le *Miroir des Notabilités Nobiliaires*, page 631, à ce sujet, plusieurs chartes originales d'une belle conservation pour établir cette alliance (1). M. Goethals, avec son esprit de dénigrement de l'ancienne maison de Beauffort, aurait voulu substituer l'alliance de Jean, IIe du nom, avec Saintine de Binche, à celle plus ancienne de Jean, Ier du nom, avec *Marie d'Angre*. Cet auteur aurait dû tenir compte des dates, ce qu'il n'a pas fait, dans son aveugle rancune. Puis, il a détruit lui-même ce qu'il avait écrit dans d'autres volumes sur la maison de Beauffort. Du

(1) Mme Goethals ayant donné le cabinet de feu son mari à la bibliothèque royale de Bruxelles, ces chartes doivent s'y trouver.

reste, il a avoué la cause de ce changement, qui a un tout autre motif que celui de l'exactitude historique. Nous ferons seulement remarquer que si M. Goethals possédait des titres établissant une alliance faite en 1297, entre Jean de Beauffort et Saintine de Binche, fille de *Jean de Binche, sire d'Angre*, celle-ci ne détruisait pas la première. Nonobstant ce, ce ne peut être le même Jean, attendu que le premier était fils de Wautier, mort en 1212 ; en admettant que cette année fut celle de la naissance de ce Jean, celui-ci aurait donc eu en 1297, 85 ans!... Jean eut avec Saintine de Binche :

1° JEAN, qui suit ;

2° HENRI DE BEAUFFORT, écuyer, seigneur d'Angre, après son frère aîné, paraît dans un titre de l'an 1354, avec son père et son frère, et dans un autre titre du 1er avril 1361. En cette même année, il partagea, avec ses cinq sœurs. En 1365, il satisfit Colart de Beauffort, suivant un acte conservé dans les archives de Beauffort. Henri de Beauffort céda la terre d'Angre à Guillaume de Sars, vers l'an 1400.

3° JEHANNE DE BEAUFFORT, religieuse. On lit dans la *Gallia-Christiana* : « Eccl. Vesantionensis, Ledo Salinarius, abb. VIII, Joanna IV de Beauffort, 1397, *ex eadem*. » (Tome XV, folio 318).

4° SAINTE DE BEAUFFORT, religieuse.

5° MARIE DE BEAUFFORT, religieuse.

6° ISABEAU DE BEAUFFORT, religieuse.

7° PHILIPPE ou PHILIPPINE DE BEAUFFORT, religieuse. Elles prirent toutes cinq part au partage, de l'an 1361.

VIII. JEAN DE BEAUFFORT, IIIe du nom, sire d'Angre, est mentionné dans les trois titres de 1354, avec son père, auquel il survécut très-peu de temps, étant mort avant le 1er avril 1361. Il avait épousé, en 1359, JEANNE DESPREZ, dont il n'eut point d'enfants.

SIXIÈME BRANCHE

DITE

Des seigneurs de Noyelles-Wion, de Gouy, de Castau, etc.

(1230-1480)

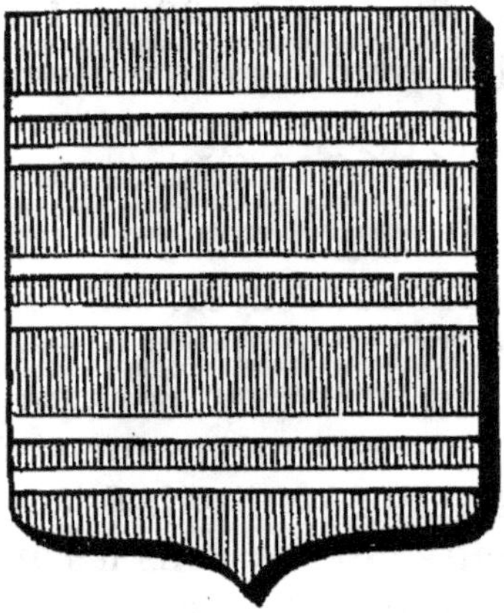

V. Jacques de Beauffort, *chevalier*, seigneur de Noyelles-Wion, en Artois, second fils de *Guy de Beauffort* et de dame *Alix d'Arras*. Il était jadis dans l'usage que le fils aîné seul retenait le nom du fief patronymique, dont il héritait. Les autres enfants prenaient les noms des fiefs qui leur advenaient par successions, donations, mariages ou acquisitions. Jacques de Beauffort, suivant la coutume, retint le nom de son fief et brisa les armes de sa maison, en changeant les émaux. Sa lignée ne fut plus connue que sous le nom *de Noyelles-Wion*, à l'exemple des descendants de *Guy de Thouars*, qui étaient devenus les *de Beauffort*. Les noms de famille ou patronymiques ne commencèrent à être fixés que sous le règne de Philippe Ier, c'est-à-dire vers la fin du onzième siècle, suivant l'opinion du président Enault et autres historiens. Les registres des baptêmes furent institués par le Concile de Trente. Dans les grandes maisons seulement, on tenait un registre des événements de famille; ces registres étaient généralement nommés *livres de raison* ; un membre de la famille le tenait au courant. Nous avons vu de ces registres très-anciens. Plusieurs maisons ont porté le nom *de Noyelles*; mais la plus ancienne de toutes est celle *de Noyelles-Wion*, dont l'origine remonte vers 1230, époque du mariage de JACQUES DE BEAUFFORT avec ADÈLE D'ANTHOING, fille de Hugues, IIe du nom, seigneur d'Anthoing, en Cambraisis, et nièce de Jean, d'abord archidiacre de Cambrai, puis doyen d'Arras, prévost de Nivelles, mort évêque de Cambrai, en 1196. Ils eurent de leur mariage :

1° JEAN, qui suit :

2° JEANNE DE NOYELLES-WION, mariée, avant 1294, avec HUGUES DE BÉTHUNE, seigneur de Desplancques et des Préaux, dont elle eut huit enfants. Son fils aîné ratifia son testament en 1339 (*Mémoires pour servir à l'histoire des familles des Pays-Bas*, par Joseph de Saint-Genois; 1780; t. Ier, p. 88). Le blason de la maison de Noyelles-Wion : *De gueules, aux trois jumelles d'argent*, a été sculpté sur le tombeau des sires de Béthune, édifié dans l'église d'Hesdignœul (Idem, voir la gravure à la page 135). On lit dans le même ouvrage, page 154 . « IXe degré; *Hugues*, IIe du nom, *Desplancques*, seigneur des Préaux, Wendin, etc., allié à *Jeanne de Noyelles-Wion*, comme il paraît par titres de 1294, 1299, 1317 et 1331. »

3° ISABEAU DE NOYELLES-WION, mariée à PIERRE DE RANCICOURT, dont elle n'eut qu'une fille, nommée ANNE, *dame de Rancicourt* ou *Ranchicourt*, mariée à Guy de Bournonville (J. Le Carpentier, dans son *Histoire de Cambrai*).

4° AGNÈS DE NOYELLES-WION, mariée avec messire THIBAUT DE BAILLENCOURT, troisième fils de Philippe et de dame d'Orville, qui se trouva, en 1302, à la bataille de Courtrai, où il mourut.

5° BAUDOUIN DE NOYELLES-WION, Ier du nom, seigneur de Gouy, qui mourut en 1376.

VI. JEAN DE NOYELLES-WION, seigneur dudit lieu, fut père de

1° COLART, qui suit :

2° BAUDOUIN, IIe du nom, auteur de la branche cadette qui suivra :

3° ISABEAU DE NOYELLES-WION, mariée avec ROBERT ou ENGUERRAND DE LIÈRES, seigneur de Gournay, etc. Ils n'eurent qu'une fille nommée Jeanne de Lières, mariée avec messire Colart, dit *Payen*, de HABARCQ, dont vint Philippe, dit *Payen*, seigneur d'Habarcq, de Gournay, de Villers-Chastel, qui épousa HÉLÈNE DE BEAUFFORT, sa cousine.

VII A. COLART DE NOYELLES-WION, seigneur dudit lieu et d'Agnetz, écuyer, épousa MARGUERITE DE BAILLEUL, dont il eut :

VIII. WILLAUME OU GUILLAUME DE NOYELLES-WION, *chevalier*, seigneur d'Agnetz, qui épousa, par contrat du 10 janvier 1419, damoiselle JEANNE DE BEAUFFORT, sa parente, fille de messire Jacques de Beauffort, écuyer, seigneur du Saulchoy, de Markais, d'Hersin, etc., et de dame Jeanne de Bruce. Dans leur contrat de mariage, il est dit que *Baudot de Noyelles-Wion* est neveu de feu

Colart, père de Guillaume. Sa femme mourut en 1458. Nous ignorons s'ils ont eu des enfants.

VII *B*. BAUDOUIN DE NOYELLES-WION, IIe du nom, seigneur de Gouy, d'Estrayelles et de Tilloley, conseiller et chambellan du duc de Bourgogne, gouverneur, bailly et maître des eaux et forêts de Péronne, Mondidier et Roye, par commission du 2 septembre 1418. Il est auteur de la branche cadette des seigneurs de Noyelles-Wion, dite *de Gouy*, *de Castau*, etc., dont il brisa les armes

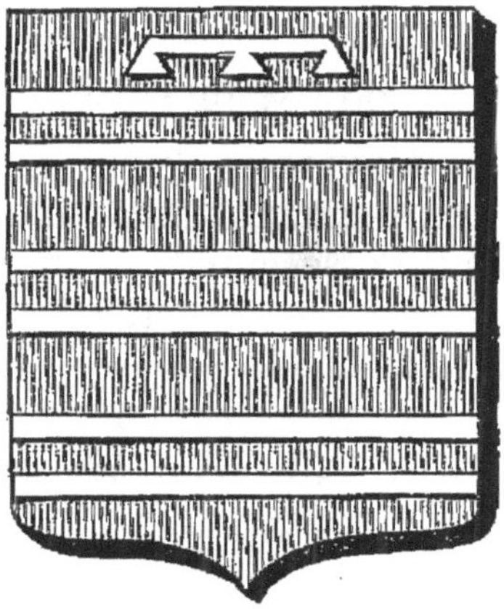

d'*un lambel d'argent, en chef*. C'est Baudouin qui était surnommé le *Blanc Chevalier*, surnom que l'on trouve employé, pour le désigner, par plusieurs écrivains, notamment par Enguerrand de Monstrelet, dans sa *Chronique*, au récit de la bataille d'Azincourt, à laquelle assistait ce preux chevalier, un des grands capitaines de son temps. Il était au siége d'Arras, en 1414, avec soixante-neuf payes (*Hist. d'Artois*, par Hennebert, t. Ier, p. 281). Il avait épousé, en 1383, JACQUELINE DE MALLET, dite DE COUPIGNY, fille de Robert, seigneur de Coupigny, et de dame Jeanne de Martini, qui le rendit père de :

VIII. Jean de Noyelles-Wion, seigneur de Castau, en Cambraisis, qui avait épousé Marie de Rosimbos. M. Hennebert a publié, dans son *Histoire générale de la province d'Artois*, page 418, la liste des principaux seigneurs qui se trouvaient à la bataille d'Azincourt, en 1415, dans laquelle on lit que : « *de Noyelles-Wion et son fils furent faits prisonniers.* » Ce ne pouvaient être que Jean et Baudot, son fils. Mais, J.-B. Maurice est plus précis, dans son *Histoire de la Toison-d'Or*, en disant que : « Jean de Noyelles-Wion, seigneur de Castau, fut tué à la bataille d'Azincourt, en 1415. Il était père de :

1° Baudot ou Baudouin, qui suit;

2° Péronne de Noyelles-Wion, mariée avec Elie ou Hélie d'Aix, seigneur d'Aix, au comté de Saint-Pol, et du Grand-Fossé, qui testa en 1458. Ils marièrent leur fille Jeanne, le 12 septembre 1447, avec Antoine d'Estrées, seigneur de Boulans, etc., en Artois, grand maître de l'artillerie, père de la belle Gabrielle d'Estrées (P. Anselme, t. IV, p. 596; et autres auteurs).

IX. Baudot ou Baudouin de Noyelles-Wion, seigneur de Castau, fils de Jean et de Marie de Rosimbos, épousa, en 1425, Marie, *dame de Hangest et d'Avenescourt*, veuve de Jean, seigneur de Mailly, qui fut tué à la bataille de Saint-Riquier, en 1421, fille de Rabache, *chevalier*, seigneur d'Hangest et d'Avenescourt, et de dame Louise de Craon. Baudot fut un des plus vaillants capitaines de son temps; il fut conseiller et chambellan de Philippe-le-Bon, duc de Bourgogne; gouverneur de Péronne, Mondidier et Roye, il fut créé *chevalier* en 1429 et *chevalier de la Toison-d'Or*, en 1433, par Philippe-le-Bon. Il mourut entre 1461 et 1467 (*Voir*, aux

Annales, année 1433, p. 31, et *le Blason des Armoiries de tous les chevaliers de l'ordre de la Toison-d'Or*, etc., par J.-B. Maurice; 1667; p. 34). Du mariage de BAUDOT et de MARIE DE HANGEST furent procréés :

1° CHARLES, qui suit;
2° JEANNE DE NOYELLES-WION, mariée avec RUDOLF DE MOREUIL, seigneur de Poix.

X. CHARLES DE NOYELLES-WION, *chevalier*, des seigneurs de Castau, seigneur d'Hangest et d'Avesnecourt. Il hérita de la seigneurie de Gouy, qu'il vendit, en 1467, à Mgr Pierre de Ranchicourt, évêque d'Arras. Il avait épousé ANTOINETTE DE VILLERVAL, fille de Jean et de dame Isabeau de Bernicules, qui lui donna deux filles :

1° MARIE DE NOYELLES-WION, *dame de Hangest*, mariée, en premières noces, avec ANTOINE DE LALAING, mort à Nancy, le 9 janvier 1469; et, en secondes noces, en 1477, avec GILLES DE WASIÈRES, seigneur d'Hendicourt. Elle testa, le 25 mai 1480, se qualifiant de *dame de Hangest et d'Hendicourt*.

2° HÉLÈNE DE NOYELLES-WION, mariée avec GILLES DE CRETON, dit *Raimbault*, seigneur d'Estourmelle, de Templeux et d'Hardincourt, fils de Simon et de dame Jeanne de Basincourt (J. Le Carpentier, Saint-Genois, J.-B. Maurice, etc.).

SEPTIÈME BRANCHE

DITE

Des seigneurs de Metz, de Markais, en Picardie, de Bullecourt, Mondicourt, etc., en Artois.

(1300-1876).

VI. Raoul de Beauffort, *chevalier*, seigneur de Metz et de Markais, en Picardie, terres qu'il eut pour son lot, au partage fait le 26 juin 1287, était fils puîné de Jean, Ier du nom, dit *le Croisé*, seigneur de Beauffort, et de dame Julienne de Saveuse, *dame de Markais*. Il partagea avec ses frères et sœur la succession de leurs père et mère, le 26 juin 1287; à cet acte de partage furent présents : *Jacques de Beauffort*, seigneur de Noyelles-Wion, Guy ou Huy de Beauffort, Guy de Brimeu et Enguerrand de Ranchicourt. Cet acte de partage est scellé de deux sceaux, l'un, *aux trois jumelles*, *au franc-quartier fleurdelisé avec un franc-canton* ; l'autre de même, avec l'addition d'*un lambel de trois pendants*, comme ci-dessus. Raoul de Beauffort fut institué exécuteur testamentaire, par son frère aîné, Jean dit *Payen*, dans son testament du 8 septembre 1306. Il eut contestation avec Pierre ou Perrin de Beauffort, dit l'*Aveugle*, sire de Saire et de Cessoye, son parent, au sujet du port *des armes pleines* de la maison de Beauffort; mais ce différend se termina à l'amiable, en 1310, par le mariage qu'Yolande de Prouvy, mère de Pierre ou Perrin de Beauffort, conclut entre Jacques de Beauffort, fils aîné de Raoul, et Magdeleine de Gironvilliers, sa nièce, à condition (clause qui fut insérée dans leur contrat de mariage) que les enfants qui naîtraient de cette alliance, porteraient les armes de Gironvilliers, avec celles de Beauffort en franc quartier (Voyez aux *Annales*, année 1308, p. 20). Raoul de Beauffort avait donné, par acte de l'an 1304, en présence d'Arnaud Caffi, bailly d'Arras, et de frère Nicolas de Bapalmes, prieur des frères prêcheurs d'Arras, aux frères Prêcheurs d'Arras, quatre muids de blé, à prendre sur certaines terres qu'il avait, situées au village d'Inchy « *et ce pour faire prier Dieu pour lui, pour sa femme et pour monseigneur* JEHAN, *seigneur de Beaufort et de Metz, son père.* » Il décéda en 1314. Raoul avait épousé, vers 1290, ISABELLE ou ISABELOTTE DE MOREUL, fille de Bernard, seigneur de Moreul, *chevalier*, et de dame Yolande de Soissons; elle le rendit père de :

1° JACQUES, Ier du nom, qui suit ;

2° VIS ou WION dit FRION DE BEAUFFORT, seigneur de Saclains et de Bavelincourt en partie, auteur de la huitième branche, dite *des seigneurs de Saclains et de Bavelincourt*, qui suivra.

3° JEAN DE BEAUFFORT, seigneur de Mouy, qui épousa

d[lle] FLORE DE LA CAUCHIE; morts sans enfants, ils fondèrent, par titre du 13 octobre 1329, une chapelle dans l'hôtellerie de l'abbaye de Saint-Vaast, d'Arras. Ce titre a été conservé dans les archives de cette abbaye.

4° CHARLES DE BEAUFFORT, *chevalier*, capitaine des arbalétriers de Louis de Nevers, comte de Flandre, en 1346; il épousa CATHERINE DE GRISPERE. Décédé en 1369.

5° SIMON DE BEAUFFORT, qui donna, par testament, en 1339, à Jacques son frère, un fief que lui-même tenait de Froissard, sire de Beauffort, son cousin. Sans postérité.

6° GUY DE BEAUFFORT, mort sans postérité légitime.

7° JEANNE DE BEAUFFORT, religieuse noble à l'abbaye de Messines-lez-Ypres, de l'ordre de Saint-Benoît.

VII. JACQUES DE BEAUFFORT, Ier du nom de cette branche, dit *Baudouin*, *chevalier*, seigneur de Metz et de Markais, se trouva en qualité de *chevalier-bachelier*, en 1328, à la bataille de Cassel; à l'ost de Tournai, en 1339, et à la bataille de Bouvines, en 1340. Il donna, le 2 mai 1343, à Arras, une quittance de ses gages, scellée en cire rouge d'un scel : *aux trois jumelles d'or, au franc-quartier fleurdelisé et au franc-canton de gueules, à un lambel de trois pendants brochant sur le tout*, comme ci-dessus. Dans cette quittance, il est qualifié : capitaine de Thérouanne, de même que dans une charte de l'abbaye de Cantimpré, du mercredi avant la Pentecôte 1345. Il fut aussi mestre-de-camps; et c'est de lui dont parle Froissart, dans sa *Chronique*, sous l'année 1340. Il paraît, avec sa mère, par titre du mois de mai 1314; il était mort au commencement de juillet 1346. Jacques de Beauffort avait épousé, par contrat, en 1310, d[lle] MAGDE-

LEINE DE GIRONVILLIERS, *dame du Saulchoy et de Tenquette*, dernière du nom et d'armes, fille de Guy de Gironvilliers, seigneur desdits lieux, et de dame Jeanne de Prouvy, fille de Gérard, sire de Prouvy, et de dame Ides de Guines, sœur d'Yolande de Prouvy, femme de Geoffroy de Beauffort, seigneur de Saire. Dans leur contrat de mariage fut imposée et acceptée la condition : « que les enfants provenant de leur mariage porteraient à l'avenir les armes de la maison *de Gironvilliers*, avec le franc-quartier *de Beauffort*, c'est-à-dire : *De gueules, au château-fort à l'antique d'argent, avec pont levis*

baissé, qui est de Gironvilliers ; *au franc-quartier d'azur, aux trois jumelles d'or*, qui est de Beauffort plein. Nous devons faire remarquer que la descendance de Jacques, comme celle de Pierre de Beauffort, abandonna, en 1310, le franc-quartier *de Thouars*, armes primitives de leur ancienne et illustre maison. Ils eurent de leur union :

1° GUYON, qui suit ;

2° CHARLES DE BEAUFFORT, qui fut tué à la bataille de Poitiers, en 1356, en défendant Jean II, dit *le Bon*, vaincu et fait prisonnier par le Prince-Noir.

3° ROBERT DE BEAUFFORT, seigneur de Rollecourt et de Saint-Valéry, conseiller et chambellan du roi de France, qui vivait encore en 1374. Il fut père de ROBINET OU ROBINEAU DE BEAUFFORT, seigneur de Rollecourt et de Gournay-de-Beauffort, qui épousa, vers 1400, d^lle^ JEANNE DE CORBELLE OU DU BOIS dit DE CORBEL, veuve en premières noces, de Mayclin de Montbernenchon. Elle était veuve de Robinet de Beauffort avant 1417.

4° ISABEAU DE BEAUFFORT, mariée, par contrat du 5 avril 1345, avec messire ANTOINE DE HABARCQ, chevalier, seigneur d'Habarcq, fils de Hugues, et frère de Hugues d'Habarcq, marié à Catherine de Saulty.

VIII. GUYON DE BEAUFFORT, *chevalier*, seigneur de Metz, de Markais, de Tenquette et du Saulchoy, fut attaché à la cour des rois Philippe-de-Valois et Jean II; il se signala en plusieurs grandes occasions. Guyon est qualifié : *noble et puissant seigneur (nobilis et potens dominus)*, dans une charte de l'abbaye de Cantimpré, de l'an 1353; et d'autres titres honorables lui sont également donnés dans les actes. Il fut le premier de sa maison qui additionna à ses armes celles de Gironvilliers, conformément aux pactes de mariage de ses auteurs. Le port de ces armoiries *au château* a fait désigner, dans un grand nombre d'actes, les descendants de Jacques et de Magdeleine de Gironvilliers, par *de Beauffort, au château*. Guyon avait épousé MARIE DE SOUASTRE, veuve de Guibert de Cayeu, et fille de Baudouin, IIIe du nom, seigneur de Souastre, et de dame Marguerite de Rely. Leur contrat de mariage est scellé de deux sceaux de cire verte; l'un : *d'azur, à trois jumelles d'or, au franc-*

quartier d'or, semé de fleurs de lys d'azur, au franc-canton de gueules, en chef un lambel de trois pendants de gueules brochant sur le tout (blason des auteurs de Guyon, depuis Raoul); l'autre : *De gueules, au château-fort d'argent, avec pont levis baissé ; au franc-quartier d'azur, à trois jumelles d'or*, qui est de Beauffort-Gironvilliers. On lit autour du premier : *Sigillum Jacobi de Beauffort, militis*; le second porte en exergue : *Sigillum dominus de Beauffort* (Archives de la maison de Beauffort). Ils testèrent, au mois de juin 1369, et nommèrent leurs enfants vivant alors :

1° TASSART, qui suit;

2° MATHIEU DE BEAUFFORT, seigneur de Metz, terre qu'il vendit pour se racheter des mains des infidèles, dont il avait été fait prisonnier. Il était présent au partage des biens de son père en 1372.

3° JACQUES DE BEAUFFORT, était présent lors du partage des biens de son père, en 1372. Il fut tué à la bataille de Nicopolis, le 28 septembre 1389, jour où le sultan Amurat Ier défit les chrétiens.

4° PAUL DE BEAUFFORT, chanoine du chapitre de Thérouanne, en Artois; puis, de Saint-Lambert, à Liége, où il mourut en 1410. Il avait partagé, avec ses frères, les biens de leur père, en 1372.

5° TRISTAN DE BEAUFFORT entra dans les ordres sacrés.

6° ENGUERRAND DE BEAUFFORT, se fit religieux.

7° JEANNE DE BEAUFFORT fut mariée, 1° avec MICHEL DE BAILLEUL, *chevalier*, seigneur de Broye; 2° avec JEAN DE STAVELE, *chevalier*, duquel elle était veuve en 1396. Elle n'eut pas d'enfants.

IX. TASSART DE BEAUFFORT, seigneur du Saulchoy, de Tenquette et de Markais, qui suivit le duc de Bourgogne, en sa qualité de *chevalier-banneret* (1), dans toutes ses guerres, fut fait prisonnier à la bataille de Rosbecq, en 1383. Il mourut en 1409 et fut inhumé dans la *chapelle de Beauffort*, en l'église de Saint-Géry, à Arras. Tassart avait épousé, avant 1384, MARIE DE LA PERSONNE, *dame d'Hersin*, fille d'Antoine de la Personne, seigneur de Verloing, et de dame Marie d'Ailly (de Picardie), de la même famille du cardinal Pierre d'Ailly, dit *le Pieux*, *l'Aigle de France*, *le Marteau des hérétiques*, élevé à la pourpre en 1411, et décédé en 1425. Marie de la Personne mourut vers 1409, laissant de son mariage avec Tassart :

1° JACQUES, IIe du nom, qui suit;

2° JACQUET OU JACQUES DE BEAUFFORT, seigneur de Tenquette; mort, sans alliance, vers 1436.

3° GAUTHIER DE BEAUFFORT, échanson d'Eudes IV, duc de Bourgogne qui se trouva à la bataille d'Azincourt, en 1415; il fut fait prisonnier à celle de Mons-en-Vimoux, en 1421; et servit encore le duc de Bourgogne en plusieurs occasions. Il mourut, sans avoir contracté d'alliance, en 1446.

4° JEAN DE BEAUFFORT, tué à la bataille d'Azincourt, en 1415, n'avait point contracté d'alliance.

5° SARRAZIN DE BEAUFFORT, servit le parti du dauphin, dans toutes les guerres de son temps, et auxquelles il se distingua; il fut créé chevalier en 1421 (Voyez : Monstrelet, Moreri, etc.).

6° TARRE DE BEAUFFORT, mariée à JACQUES, seigneur D'HABARCQ, avec lequel elle vendit, le 25 mai 1412, la terre et seigneurie de Hapegrive, à Pierre de Mont-

---

(1) Celui qui avait droit de porter une bannière à ses armes, était chevalier-banneret.

bertault, écuyer. Elle mourut avant 1416, sans laisser d'enfants.

7° HÉLÈNE DE BEAUFFORT, mariée, par contrat du 18 novembre 1413, avec COLART DE CAMBRAY, *chevalier*, seigneur de Vaillant, etc., qui fut fait prisonnier à la bataille d'Azincourt, en 1415, et mourut peu de temps après. Elle paraît veuve dans l'acte de partage qu'elle fit avec ses frères et sœurs, le 4 août 1416, et testa le 12 décembre 1420. Ils eurent une postérité.

8° MARIE DE BEAUFFORT fut mariée : 1° avec messire CHARLES DE RENTY, chevalier, dont elle eut Marie de Renty; 2° avec GEORGES DE WANCQUETIN; 3° avec ANDRÉ DE NORTHAUT, avec lequel elle vivait encore en 1449.

X. JACQUES DE BEAUFFORT, IIe du nom, *écuyer*, seigneur du Saulchoy, de Markais, d'Hersin, etc. A l'exemple de ses ancêtres, il passa la plus grande partie de sa vie au service du duc de Bourgogne. Il fut nommé capitaine de la ville d'Arras, par Jean, duc de Bourgogne, comte de Flandres, le 31 mai 1414. Jacques de Beauffort est qualifié de *noble et puissant seigneur*, dans le contrat de mariage de Jean, son fils aîné, passé en 1424. Ce noble seigneur obtint un jugement de francs-fiefs, en 1437, qui le déclara exempt du droit de nouvel acquêt, parce qu'il *était gentilhomme issu de gentilshommes* (Voir, aux *Annales*, 1437 ; page 33). Jacques de Beauffort était du nombre des gentilshommes qui escortèrent Philippe-le-Bon, duc de Bourgogne, au tournoi qui se donna, en 1423, en la ville d'Arras, en Artois, tournoi que ce prince honora de sa présence. Il combattit, au mois de mai 1428, au tournoi qui eut lieu, dans la même ville, auquel présida de nouveau le duc de Bourgogne (Voyez, aux *Annales*, 1423, p. 31). Il mourut vers 1441, et fut inhumé *dans sa chapelle*, en l'église de Saint-Géry, d'Arras, auprès de son père. Il avait épousé, par contrat des 9 mars et 4 mai 1400, JEANNE DE BRUCE, fille de Richard de Bruce, échanson et chambellan de Louis II, dit de Masle, comte de Flandres, et de Philippe de Bourgogne, son gendre, et de dame Marguerite de Nevelle. La maison de Bruce est illustre en Écosse, d'où elle est originaire. Elle a donné deux rois à ce pays : Robert Ier et David II. Jeanne de Bruce est morte en 1432, et a été inhumée dans la *chapelle de Beauffort*, en l'église de Saint-Géry, à Arras. Cette chapelle était sous le vocable de Saint-Eloy (Voyez, aux *Annales*, 1407, p. 27). Ils eurent de leur union :

1° JEAN, qui suit ;

2° JEANNET DE BEAUFFORT, seigneur d'Illiés, mort en 1506, âgé de plus de cent ans, sans alliance ;

3° HENRIETTE DE BEAUFFORT fut mariée, en 1431, avec MARTIN DE RELY ; partagea avec ses frères et sœurs, le 7 mars 1449 ;

4° JEANNE DE BEAUFFORT, mariée, par contrat passé le 10 janvier 1419, avec GUILLAUME DE NOYELLES-WION *(de Beauffort)*, *chevalier*, son cousin, seigneur d'Agnetz, fils de Colart de Noyelles-Wion et de Marguerite de Bailleul. Elle est morte en 1458. « ... Auquel temps, il reconnut avoir reçu de Jean de Beauffort, IIe du nom, seigneur du Saulchoy, de Markais, qu'il qualifiait : *noble et magnifique seigneur*, tout ce qui lui était dû de la dot de ladite Jeanne de Beauffort ; énoncée dans cet acte sœur de Jean. »

5° MARGUERITE DE BEAUFFORT, mariée : 1° avec THOMAS BAUDAIN, seigneur de Clause ; 2° en 1450, à ROBERT DE HAVESKERQUE, *chevalier*, seigneur des Moulins. Elle partagea avec ses frères et sœurs, le 7 mars 1449. Elle eut deux fils de son second mari, morts sans alliance.

6° CATHERINE DE BEAUFFORT, mariée avec THIBAULT DE ROSIMBOS, *chevalier*, seigneur de Masle, que Jean de Beauffort, seigneur du Saulchoy, son beau-frère, nomma son exécuteur testamentaire, en 1465.

XI. JEAN DE BEAUFFORT, Ier du nom de sa branche, *chevalier*, seigneur du Saulchoy, de Markais, d'Hersin, etc., s'étant fixé à Arras, en Artois, en vue de son mariage, revendiqua le *droit de bourgeoisie* attribué aux habitants de cette ville, pour jouir des priviléges et prérogatives attachés à cette qualité. Dans la décision prise à son sujet, le 9 octobre 1422, il est dit qu'il *est de noble extraction* (Voyez aux *Annales*, 1422 et 1435, p. 30 et 32). Il fit son testament, le 6 décembre 1465, dans lequel il ordonna « d'inhumer son corps dans la chapelle, dite *de Beauffort*, en l'église de Saint-Géry, d'Arras, auprès de ceux de Jacques et de Tassart, son père et son aïeul. » Jean de Beauffort avait épousé, par contrat passé, à Arras, le 18 mars 1424 (mariés le lendemain, à l'église), damoiselle MARIE DE PARIS, *dame de Bullecourt, de Lassus, de Baurains, du Saulchoy et Heudecourt, etc.*, fille unique de Jean de Paris, seigneur desdits lieux, mayeur de la ville d'Arras, et de dame Hélène de Bernemicourt. Jacques de Paris avait fait, en 1385, le dénombrement de la terre du Saulchoy, fief situé à Heudecourt-lez-Riancourt; Jean de Beauffort le renouvella, en 1443, à titre d'époux de Marie de Paris. Ils avaient reçus, en dot, la belle maison dite *du Dragon* (à cause d'un dragon aîlé, ou dragon de saint Georges, sculpté sur la façade), située sur la place du Petit-Marché, à Arras. Ils furent les héritiers de Sainte de Paris, veuve de Nicaise de La Porte, leur sœur et belle-sœur. Il reçut en dot, par avance d'hoirie, la terre et seigneurie de Markais.

Jean dénombra la terre d'Heudecourt, en Artois, le 8 mars 1448. Marie décéda peu de temps après 1473, et fut inhumée dans la chapelle des *de Beauffort*, dans l'église de Saint-Géry, à Arras, près de son mari. Ils eurent de leur union :

1° JEAN DE BEAUFFORT, seigneur de Lassus et du Saulchoy, écuyer d'écurie de Charles-le-Téméraire, duc de Bourgogne ; puis de l'empereur Maximilien. Il fit son testament le 8 mai 1475, et institua Jean de Beauffort, seigneur de Bullecourt, son frère, son héritier. Il mourut le 9 février 1479. Jean avait épousé ANTOINETTE D'AVEROULT, qui vivait encore en 1491, de laquelle il n'eut point d'enfants ;

2° JEAN OU JEANNET, qui suit ;

3° N.... DE BEAUFFORT, chanoine du chapitre d'Arras ;

4° ANTOINE DE BEAUFFORT, seigneur d'Avesnes, pannetier et maître d'hôtel de l'empereur Maximilien Ier, armé *chevalier* à la journée de Guinegatte, en 1479. Il avait épousé, en 1467, damoiselle ANNE DE BARBANÇON, fille de Godefroy de Barbançon, dit l'*Ardennois*, seigneur d'Avelin, en 1437, et de dame Jeanne de Celles, dite d'Ailly ; petite-fille de Godefroy de Barbançon, seigneur d'Avelin, et de dame Catherine de Ghistelles, qui le rendit père de deux filles, savoir : 1° ANTOINETTE DE BEAUFFORT, qui fut mariée avec messire JEAN D'ESNES, *chevalier*, seigneur de Wavremont ; 2° ISABELLE DE BEAUFFORT, femme de PHILIPPE DE BAILLEUL, seigneur d'Aublin. Mortes toutes les deux sans laisser d'enfants ;

5° GUILLAUME DE BEAUFFORT, *chevalier*, servit longtemps Philippe-le-Bon et Charles-le-Téméraire, ducs de Bourgogne, et accompagna ce dernier, dont il était particulièrement aimé, dans toutes ses guerres et ses voyages. Il perdit glorieusement la vie, à côté de ce prince, devant Nancy, en 1477. Par son testament, du 7 décembre 1475, il avait donné tous ses biens à

Jean de Beauffort, seigneur de Bullecourt, son filleul et aîné de ses neveux. Il possédait des biens à Ostrel et à Ostreville. Il avait épousé damoiselle MARIE DU FAING, dont il n'eut pas d'enfants ;

6° JACQUES DE BEAUFFORT, chevalier de Saint-Jean-de-Jérusalem ou de Malte, par titre de 1444 et de 1445. Il portait, suivant la coutume, sur les armes pleines de sa maison, le chef de Malte :

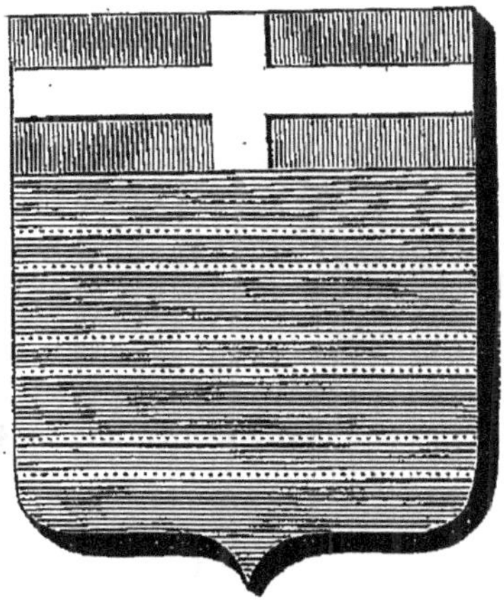

7° ROBERT DE BEAUFFORT, seigneur de Bavelincourt, qui épousa damoiselle JEANNE D'AILLY, dite *de Sains*, dont il eut MARIE DE BEAUFFORT, *dame de Bavelincourt*, *etc.*, mariée avec 1° ROBERT D'AMIENS, dit *de Bachimont*, seigneur de Fontaines-les-Boullans; 2° TASSART DE HANON ;

8° PIERRE DE BEAUFFORT, seigneur de La Motte, épousa JEANNE D'ONGNIES. Elle était veuve, avec enfants, en 1493 ; mais sa postérité est éteinte ;

9° MICHEL DE BEAUFFORT, mourut sans laisser d'enfants de JEANNE DE NEUFVILLE, sa femme, qui, étant veuve, se remaria avec messire Guibert de Lannoy, seigneur de Willerval ;

10° HÉLÈNE DE BEAUFFORT, mariée, en 1456, avec LOUIS DE BEAUFFREMEZ, seigneur de Carolus, fils de Thomas, seigneur de Fléquiers et de Carolus, gouverneur du pays de Laleau, et de dame Catherine de Cayeu.

Il donna quittance de la dot de sa femme, le 30 janvier 1457. Ils ont eu des descendants. Ils marièrent, en 1514, leur fille *Jeanne* avec *Jean de Beauffort*, son cousin ;

11° ISABEAU DE BEAUFFORT, mariée : 1° avec JEAN DE GOOR, seigneur de Cuvigny ou Quivigny, archer du corps; puis chambellan du duc de Bourgogne ; 2° avec RASSE DE LE WARDE, écuyer, seigneur de Cuvigny, en Artois, maître d'hôtel du roi Louis XI. Il testa, le 4 mai 1495. Sa femme, veuve en 1501, mourut sans laisser de postérité, en 1511, et fut inhumée près de son premier mari, dans la chapelle de Sainte-Anne, en l'église de Saint-Jean, à Arras. Elle fit en faveur de cette église plusieurs fondations pies, et donna sa terre de Cuvigny, ou Quivigny, en Artois, à *Magdeleine de Beauffort*, religieuse au couvent de la Thieuloye, sa nièce, par son testament, fait à Arras, le 10 novembre 1501 ; Magdeleine vendit cette terre à sa tante Hélène.

XII. JEAN OU JEANNET DE BEAUFFORT, IIe du nom, *chevalier*, seigneur de Bullecourt, de Markais, d'Hersin, du Saulchoy, Fauquemont, Lassus, Baurains, etc., fut capitaine de cinquante hommes d'armes des ordonnances du roi. Il épousa, par contrat passé, au château d'Oriaumont, le 13 février 1475, damoiselle JEANNE LE BORGNE, *dame de Bailleul et de Meuricourt*, fille de Jacques Le Borgne, *chevalier*, seigneur d'Oriaumont, capitaine d'une compagnie de cent lances, et de dame Françoise d'Aoust, dame de Ligny. « Jean de Beauffort, seigneur de Bullecourt, et sa femme Jeanne Le Borgne, étant veuve, donnèrent une verrière ornée et armoiriée à l'église des Carmes-Chaussés de la ville d'Arras, suivant une déclaration donnée par le magistrat de cette ville, en 1689. On voyait sur cette verrière les armes de Beauffort et celles de sa femme (Moreri). » Jean testa le 10 mars 1496, et mourut le lendemain, et fut inhumé dans le tombeau de ses ancêtres, en la chapelle de Saint-Eloi, dite *des sires de Beauffort*, de l'église de Saint-Géry, à Arras. Jeanne Le Borgne, étant veuve, acheta, par acte du 19 juin 1499, la terre et seigneurie de *Bailleul-aux-Cornailles,* à messire Robert de Bailleul. Elle testa, le 24 octobre 1512, et mourut la même année ; elle fut inhumée dans l'église des Carmes-Chaussés, à Arras, en faveur desquels elle avait fait plusieurs fondations pies. Le généalogiste de La Chenaye des Bois dit : « Ils eurent plusieurs enfants qui se distinguèrent au service de leur prince, auprès duquel ils remplirent des fonctions aussi honorables qu'importantes. » Leurs enfants sont tous nommés dans un acte d'accords passé entr'eux, le 18 août 1516, publié par M. Goethals, dans le *Miroir des Notabilités Nobiliaires, etc.*, savoir :

1° JEAN, IIIe du nom, qui suit ;

2° JEANNET OU JEAN DE BEAUFFORT, *chevalier*, seigneur de Markais, de Bailleul-aux-Cornailles, etc., né le jour de la Pentecôte, 7 juin 1479, épousa, par contrat du 29 janvier 1514, JEANNE DE BEAUFFREMEZ, petite-nièce de Louis de Beauffremez, mari d'*Hélène de Beauffort*. Il fit son testament, à Lille, où il résidait, le 24 août 1532, et un codicile, le 5 mai 1555; Jeannet décéda, à Lille, en Flandre, le 13 octobre 1556, à l'âge de 67 ans. Ils n'eurent de leur union qu'une fille nommée JEANNE DE BEAUFFORT, reçue chanoinesse au noble et illustre chapitre de Mons, morte jeune, sans alliance. — *Romain de Beauffort*, aîné des neveux de Jeannet, hérita de la terre de Bailleul-aux-Cornailles, qui fut vendue avec plusieurs autres fiefs nobles, par les héritiers dudit Romain, pour payer les dettes qu'il avait faites pour le service de son prince. Ce qui est rappelé dans les lettres-patentes de chevalerie, données le 1er octobre 1631, en faveur de messire

Gilles de Beauffort (Voyez aux *Annales*, 1631; p. 64). En 1588, Marie Thorillon possédait, par suite d acquisition, la terre de Bailleul-aux-Cornailles, et la porta en dot à *Christophe, bâtard de Beauffort.* Cette terre appartint à leur descendance jusqu'en 1712, qu'elle fut vendue et rachetée par la maison de Beauffort, dans laquelle elle est restée jusqu'en 1726;

3° ROBERT DE BEAUFFORT, seigneur de Baurains et de Sainte-Barbe, né le 12 mai 1490, capitaine de chevau-légers, décéda en 1519, sans alliance.

4° PHILIPPE DE BEAUFFORT, gentilhomme de la bouche du roi d'Espagne et capitaine d'une compagnie d'hommes d'armes de ses ordonnances, servit avec beaucoup de distinction dans les guerres de son temps. Il fut brûlé accidentellement dans sa maison, située à Arras, pendant la nuit du 10 au 11 mars 1546. Philippe avait épousé demoiselle ALIX DE RABODENGHES, dont il n'eut qu'un fils, nommé CHARLES DE BEAUFFORT, tué à la bataille de Gravelines, le 13 avril 1558; sans alliance.

5° EUSTACHE DE BEAUFFORT, seigneur d'Hersin, colonel d'un régiment allemand. Il avait épousé, par contrat du 9 septembre 1519, demoiselle LOUISE D'INCOURT, fille de Jean, seigneur d'Incourt, et dame Catherine de Bournonville. Il testa, en janvier 1542, et mourut en février 1543. Ils n'eurent point d'enfants de leur union.

6° CLAUDE DE BEAUFFORT, gentilhomme de la bouche du duc de Savoie, et capitaine d'une compagnie de lances. Il mourut sans avoir contracté d'alliance, en 1560, âgé de 67 ans. Il eut un différend avec son frère Jean, qui fut réglé par l'arbitrage de Philippe de Beauffort, le 4 février 1525.

7° LOUIS DE BEAUFFORT, seigneur de Muy, colonel d'un régiment d'infanterie, qui est mentionné dans un compte de recette de l'abbaye de Saint-Vaast-lez-Arras, dès l'an 1525, et avant, pour quelques biens qu'il avait à Bienvilliers, etc. Louis de Beauffort, dit de Bienvilliers, écuyer, épousa, en 1532, à Hermaville,

ANNE LE PRÉVOST (manuscrit de Gazet). Ils eurent de leur mariage PHILIPPE DE BEAUFFORT, écuyer. Louis eut un enfant naturel nommé : JOSEPH, *bâtard* de Beauffort, auquel les frères de son père firent une donation en 1538. Louis de Beauffort fut tué au siége d'Hesdin, en Artois, en 1537. PHILIPPE DE BEAUFFORT, écuyer, épousa demoiselle MAGDELEINE DE BOFFLES ; ils habitaient, de 1532 à 1556, à Hermaville. Philippe vivait encore en 1599.

8° MARIE DE BEAUFFORT, mariée par contrat passé, à Arras, le 19 janvier 1494, avec ROBERT DU BOS ou DU BOIS, *chevalier*, seigneur du Bos-Bernard et d'Oppy, en Artois, fils de noble Jean, seigneur desdits lieux, gouverneur de Thérouanne, en Artois, et de dame Jeanne de Lens, dite de Lowez et de Hourdes. Décédé le 25 juillet 1543, et inhumé, avec sa femme, dans l'église de Saint-Jean, à Arras. Ils n'eurent de leur union, que deux filles nommées Jeanne et Marie du Bos-Bernard, reçues chanoinesses des chapitres nobles de Mons et de Nivelles, en 1512.

9° MAGDELEINE DE BEAUFFORT, née le 23 mai 1481, religieuse au monastère de la Thieuloye, de l'ordre de Saint-Dominique, à Arras, où elle mourut le 21 du mois de février 1550.

10° JOSSINE DE BEAUFFORT, née le 13 juin 1482, fille d'honneur de la reine de Castille ; mariée, par contrat du 14 septembre 1511, avec messire JACQUES DE WANCQUETIN, chevalier, seigneur de Beuses, gentilhomme de la bouche de Philippe, roi de Castille ; lequel, par ledit contrat de mariage, lui assigna pour son douaire la terre et seigneurie de Beuses, pour y vivre, comme « *il appartenait à femme de si haut lignage*, » y est-il dit. Elle était veuve en 1523.

11° CATHERINE DE BEAUFFORT, née le 14 septembre 1484, mariée, par contrat du 18 juillet 1503, avec JEAN DU GROSPRÉ, seigneur de Ligny, fils de Jean du Grospré, seigneur dudit lieu, et de dame Ivette d'Esmenault. On voit dans le registre *des Embrevures*, conservé dans les archives de Lille, une cession de rentes faite, en 1513, par Hector de Liencourt à Jean du Grospré et à Catherine de Beauffort, sa femme. Ils eurent des enfants.

12° MARGUERITE DE BEAUFFORT, née le 29 juin 1486, mariée, par contrat, du 19 juin 1508, passé dans la maison *du Dragon*, sise place du Petit-Marché, à Arras, avec FRANÇOIS DE LA TRAMERIE, seigneur de Neufville-Saint-Vaast et de Berneville, fils de Jean, seigneur de la Tramerie et de Draucourt, et de dame Philippe de Longueval. « Leur fils aîné, d'après M. Goethals, Jean de la Tramerie, mort en 1582, écartellait ses armes, avec celles de Beauffort *au château*, c'est-à-dire : *De gueules, au château-fort d'argent, au pont-levis baisé de même; au franc-quartier d'azur, à trois jumelles d'or, mises en fasce.* » Il attribuait les mêmes armoiries à sa mère et à son grand père maternel, qui avait épousé Jeanne Le Borgne. De ce mariage est venue la branche de la Tramerie, barons de Berneville, seigneur de Neufville-Saint-Vaast.

13° ISABEAU DE BEAUFFORT, née le 27 avril 1488 ; mariée : 1° par contrat du 22 mai 1516, avec MICHELET DE DOSFINES, seigneur de Dorlencourt, capitaine d'une compagnie d'hommes d'armes, fils de Michel, seigneur de Dosfines et de Dorlencourt, et de dame Marguerite de Wignacourt, dite d'Ourton; 2° avec messire PIERRE DE MONCHEAUX, dit *Aldin, écuyer*, seigneur de Maisoncelle et de Peuin, fils de noble Pierre, seigneur de Bas-Alloine, et de dame Jeanne de Poix. On lit dans le registre *des Embrevures*, conservé dans les archives d'Arras : « Du 31 décembre 1539, vente de rentes, par Pierre Aldin, écuyer, tant en son nom, que se portant fort d'*Isabeau de Beauffort*, sa femme. »

14° MARGUERITE DE BEAUFFORT, mariée avec noble JACQUES D'ONGNIES, seigneur du Châtelet, lequel transigea, au nom de sa femme, avec Jean de Beauffort, seigneur de Bullecourt, le 6 décembre 1536, au sujet de ce qui restait à payer de sa dot.

15° Pasquette ou Pasqueton (*Pascale*) de Beauffort, *dame de Bailleux-aux-Cornailles*, mariée, par contrat du 4 mai 1500, avec Charles de Crespiœul, seigneur de Bricques et du Taillich, fils de noble Pierre, seigneur desdits lieux, capitaine souverain des archers du corps du duc de Bourgogne, et de dame Catherine d'Esmenault, dame du Taillich. Elle habitait, en 1496, la paroisse de Saint-Géry, à Arras, et mourut sans enfants, en 1516.

XIII. Jean de Beauffort, IIIe du nom, *chevalier*, seigneur de Bullecourt, Markais, du Saulchoy, Lassus, Baurains, des Avesnes, Sainte-Barbe, etc., né le 13 février 1476, donna le dénombrement de ses fiefs nobles, scellé de son sceau armorié, le 8 novembre 1507. Il épousa: 1° par contrat du 22 décembre 1513, damoiselle Magdeleine de Sacquespée, fille de noble Robert de Sacquespée, seigneur de l'Escoult, Saint-Main et Jumelle, et de dame Agnès de Carnin; morte en 1532, et inhumée en l'église de Saint-Nicaise, à Arras, dans le tombeau de ses auteurs; 2° par contrat du 17 mai 1533, damoiselle Cornélie ou Cornille de Kils, fille de noble Jean de Kils, chevalier, seigneur de Haansbergue, gouverneur de Bapaume, en Artois, et capitaine de cent hommes d'armes des ordonnances du roi, et de dame Marie de Sumenberg. Jean de Beauffort donna, en 1540, une verrière ornée et armoriée à l'église de Saint-Géry d'Arras (Voir aux *Annales*, 1540, p. 57). Il testa, au mois de septembre et mourut en 1551, selon son épitaphe qui se trouvait, dans ladite église de Saint-Géry, et Cornille de Kils, sa seconde femme, décéda en 1560. Il eut de son premier mariage, avec Magdeleine de Sacquespée, plusieurs enfants, savoir :

1° Romain, qui suit;

2° Antoine de Beauffort, *écuyer*, seigneur du Saulchoy et de Bailleul-aux-Cornailles, qui partagea, avec ses frères et sœurs, les biens de leurs auteurs, le 1er juin

1560; il fut capitaine de cinquante hommes d'infanterie wallonne, capitaine et gouverneur du château de Béthune, en 1556. Il épousa : 1° par contrat passé à Béthune, le 16 avril 1571, damoiselle JACQUELINE DE RANCHICOURT, sœur d'Anne de Ranchicourt, femme de Guy de Bournonville, baron de Houllefert, gouverneur d'Abbeville, et fille de noble Charles, seigneur de Ranchicourt, vicomte et baron de Bartin, conseiller et chambellan de l'empereur Charles-Quint, et de dame Isabeau de Noyelles, morte sans enfants; 2° par contrat signé, à l'abbaye d'Estrun-lez-Arras, le 12 janvier 1580, damoiselle BARBE DE FŒUTRE, veuve de Jean Le Josne, seigneur de Parfait, fille d'Antoine de Fœutre, seigneur du faubourg de Sainte-Catherine d'Arras, et de dame Jeanne de Habarcq; elle resta veuve sans enfants.

3° PHILIPPE DE BEAUFFORT, seigneur de Baurains, étant capitaine d'une compagnie d'infanterie, fut tué au siége de Saint-Dizier, où il accompagnait l'empereur Charles-Quint, en 1544. Il n'avait point contracté d'alliance.

4° EUSTACHE DE BEAUFFORT, écuyer, seigneur d'Avesnes, homme d'armes; puis, capitaine d'infanterie. Il était à l'affaire d'Arras, du 15 juin 1546. « Il fut tué *en certaine rencontre, en Brabant*, par les religionnaires espagnols mutinés. » Eustache ne fut point marié.

5° MARGUERITE DE BEAUFFORT, mariée avec messire ANTOINE BAULDUWIN ou BAUDOUIN, écuyer, seigneur de Nœud-en-Garcelle, lieutenant du bailliage de Lens; ce seigneur signa le contrat de mariage de sa belle-sœur *Gabrielle*, passé à Arras, le 12 décembre 1565; il figure aussi dans la transaction et acte de partage du 1er juin 1560.

6° EUSTACHE DE BEAUFFORT, dit *le Jeune*, lieutenant-colonel au régiment d'Isbergue; mort sans avoir contracté alliance.

7° JEAN DE BEAUFFORT, seigneur de Sainte-Barbe, capitaine de cinquante hommes; tué à Anvers, à l'affaire dite de la *Furia française*, le 3 août 1582. Il avait fait son testament le 3 juin 1582. Sans alliance.

8° MAGDELEINE DE BEAUFFORT, *dame de Markais*, fut mariée, en 1531, avec JEAN DE BAYART, créé *chevalier* en 1530, seigneur de Gantaut et de Marquais, fils de Jean de Bayart, dit *le Hutin*, et de dame Jeanne de Wion. Magdeleine de Beauffort fut mère de seize enfants, parmi lesquels Florisse et Jeanne de Bayart de Gantaut, chanoinesses et abbesses des abbayes nobles d'Avesnes et d'Estrun-lez-Arras, Jean de Bayart, décéda le 15 septembre 1580, et Magdeleine de Beauffort, sa femme, le 3 septembre 1583; ils furent inhumés dans l'église de Sainte-Croix, à Arras, où se voyaient leur épitaphe et leurs huit quartiers de noblesse.

9° BARBE DE BEAUFFORT, *dame d'Hersin*. « Jean de Beauffort, du vivant de sa première femme, Magdeleine de Sacquespée, sollicita pour sa fille Barbe une prébende du chapitre noble d'Andenne-lez-Namur. Par une lettre, datée de Bruxelles, le 6 septembre 1529, l'empereur Charles-Quint ordonna à la prévoste et à son chapitre de recevoir Barbe de Beauffort, *en observant les usages et cérémonies de leur maison*. Ce document authentique est conservé dans les archives de la maison de Beauffort. » La solennité de réception eut lieu, le 28 juillet 1532. Les huit quartiers de noblesse de *Barbe de Beauffort* furent certifiés, sous la foi du serment, en face de l'autel, par des gentilhommes de la province d'Artois, dont voici les noms : messires Antoine de Fricourt, seigneur de Plaineville; Arthur de Fricourt, son fils aîné; Louis de Fricourt, son second fils; messire Jean Le Borgne, *chevalier*, seigneur du Bus; messire Philippe de Saint-Quentin, *chevalier*, seigneur de Billy; messire Antoine de Saint-Léger, *chevalier*, seigneur de Rannart; messire JEAN DE BEAUFFORT, *seigneur de Bullecourt*, messire *Jean Le Borgne*, fils de Simon Le Borgne, seigneur de Carioeul et du Bus, et de dame Barbe d'Auffay, dame de Lambres-lez-Douai et d'Acquenbronne, était neveu de Jeanne Le Borgne. Les huit quartiers de noblesse présentés au chapitre noble d'Andenne, pour l'admission de damoiselle Barbe de Beauffort furent, d'après le procès-verbal des preuves : BEAUFFORT, *Paris*, *Le Borgne*, *d'Aoust;* SACQUESPÉE, *Lens*, *Carnin*,

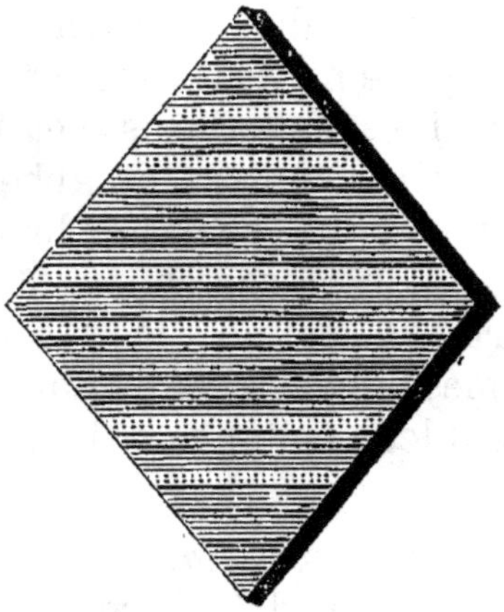

Chucquet. Barbe de Beauffort, chanoinesse et doyenne du noble et illustre chapitre d'Andenne, donna devant les juges d'Andenne, en la cour de Namur, le 13 février 1570, une procuration à Antoine de Beauffort, son frère, pour administrer ses biens. Dans les preuves de Malte, faites par noble Charles-Jules de Beauffort, il est rappelé, par titres, que Romain de Beauffort était frère de Barbe de Beauffort, reçue chanoinesse au noble et illustre chapitre d'Andenne, en 1529. Elle était prévôte en 1561. Barbe mourut doyenne et prévôte dudit chapitre, le 14 mai 1588, et fut inhumée dans l'ancienne église collégiale d'Andenne-lez-Namur, où se voyait son épitaphe, avec ses huit quartiers de noblesse. La nouvelle église d'Andenne, construite en 1773, avait été dallée avec d'anciennes pierres tumulaires provenant de la vieille église, ce qui est cause de la perte d'un grand nombre de monuments précieux pour l'histoire. On doit à M. le Curé actuel la conservation de plusieurs d'entr'elles, qui font, par leurs inscriptions et la richesse de leur ornementation, regretter davantage celles qui sont perdues. Lesdites chanoinesses portaient leur écusson en losange.

10° MARIE DE BEAUFFORT, mariée : 1° avec JEAN BAUDART, seigneur de Bondues, *baron des Balances*, etc., dont elle eut un fils et deux filles; 2° en 1558, avec ROBERT DE HAUTECLOCQUE, seigneur de Quatre-Vaux, dont elle eut plusieurs enfants, notamment Isabelle de Hauteclocque, qui fut chanoinesse et abbesse de l'abbaye d'Estrun-lez-Arras. Elle décéda à Arras, en 1599, et fut inhumée dans l'église de Saint-Géry (démolie).

11° ANNE DE BEAUFFORT, mariée, par contrat du 17 juillet 1567, avec JEAN DE GIVERY, écuyer, *vicomte de Gleins-lez-Mons* (Hainaut), seigneur de Brevillers, veuf d'Antoinette de Gongnies; il fit son testament le 13 octobre 1584, et fut inhumé dans l'église de Sainte-Waudru, à Mons. Sa veuve décéda en 1591. Ils laissèrent un fils nommé PIERRE.

12° ANNOTTE OU ANNETTE DE BEAUFFORT, religieuse du Vivier, à Arras, où elle est morte.

13° JEANNE DE BEAUFFORT, religieuse de la noble abbaye de Messines-lez-Ypres, de l'ordre de Saint-Benoît, qu'elle quitta au bout de quelques années de profession, pour embrasser un ordre plus austère; elle entra aux Clarisses pauvres, à Bruges, où elle mourut en odeur de sainteté (Moreri et autres).

14° FRANÇOISE DE BEAUFFORT, chanoinesse du chapitre noble d'Estrun-lez-Arras. Elle suivit l'exemple de sa sœur Jeanne, et entra aux Clarisses d'Arras, où elle est morte en odeur de sainteté (Moreri et autres).

Jean de Beauffort eut de son second mariage avec Cornille de Kils :

15° HUGUES DE BEAUFFORT, auteur de la dixième branche, dite *des seigneurs de Lassus, du Saulchoy, du Cauroy*, etc., qui est toujours représentée et qui sera établie ci-après.

16° GABRIELLE DE BEAUFFORT, mariée par contrat passé à Arras, le 12 décembre 1565, avec GUILLAUME HESPEL, écuyer, seigneur du Bus. Elle est morte sans laisser de postérité.

XIV. Romain de Beauffort, dit *le Blond*, *chevalier*, seigneur de Bullecourt, de Markais, de Baurains, etc., guidon des ordonnances du roi, de la compagnie du gouverneur-général du pays et comté d'Artois, et capitaine de chevaux. Il donna des preuves de sa valeur dans toutes les affaires où il se trouva. Il se signala à la bataille de Saint-Quentin, dite *de Saint-Laurent*, où il enleva de ses propres mains un étendard aux ennemis. Sa Majesté Catholique, en récompense de cette action d'éclat, le créa *chevalier* sur le champ de bataille, en 1560. Romain acheta à ses frères Eustache et Hugues, le 29 juillet 1561, le fief de Waltemetz, situé à Baurains. Il avait hérité de la terre de Bailleul-aux-Cornailles. Ce brave chevalier mourut à Arras, le 17 février 1562, des suites des blessures qu'il avait reçues au service de son prince, pour lequel il aliéna la plus grande partie de ses biens et des anciennes terres de sa maison. Cet acte de munificence de Romain de Beauffort à l'égard de son souverain, est rappelé dans les lettres de chevalerie de Gilles de Beauffort, son fils, au passage suivant : «..... que » dernièrement fut honoré du titre de *chevalier* feu » messire Romain de Beauffort, seigneur de Bulle- » court..... qui a servi notre couronne en qualité de » guidon de la compagnie d'ordonnances des seigneurs » de Bugnicourt et de Montigny, et après capitaine des » chevaux, durant le règne de feu l'empereur Charles- » Quint et le roi Philippe II ; *dépensé et consommé audit* » *service, grande partie des anciens biens de sa maison.*» (Voyez aux *Annales*, 1631 ; page 64). Romain de Beauffort avait épousé : 1° par contrat passé, à Arras, le 3 décembre 1549, demoiselle ANTOINETTE DE WARLUZEL, fille de François, seigneur de Warluzel, etc., écuyer, maréchal-de-camp, gouverneur et capitaine de Bapaume, en Artois, et de dame *Antoinette de Guines*, dit *de Bonnières de Souastre*; elle était sœur d'Adrien, seigneur de Warluzel, gouverneur de Bapaume et de la Haute-Gueldre, qui épousa, en 1574, Antoinette de Cortenbach; elle est décédée le 2 mai 1554 et a été inhumée dans la sépulture de son premier mari, en l'église des Carmes-Chaussés, à Arras; 2° par contrat du 14 mars 1555, demoiselle MAGDELEINE DE SCHOONVLIET, *dame de Ghinderon, de Becdersele, de Dorp-lez-Bruxelles* en partie, fille de messire Hubert de Schoonvliet et de dame Françoise de Granet. Magdeleine de Schoonvliet avait la réputation d'être une des plus jolies femmes de son temps. Elle testa, à Arras, le 22 novembre 1584, mourut le 25 novembre suivant, et voulut être inhumée dans le tombeau de son mari, en l'église des Carmes-Chaussés, à Arras. « Après avoir été pendant sa vie un modèle parfait de piété. » Elle était veuve depuis 1562 et eut la tutelle noble de ses enfants. Robert de Beauffort eut de sa première union, avec Antoinette de Warluzel :

1° JEAN-ROMAIN DE BEAUFFORT, élevé à la cour du roi d'Espagne, devint capitaine d'une compagnie des gardes wallonnes; il mourut, à Walladolid, le 5 février 1609, à l'âge de 48 ans, sans avoir contracté d'alliance.

2° PHILIPPE-ANTOINE DE BEAUFFORT, né le 7 juin 1552; capitaine au service de la France et de l'Espagne. Il fut tué en duel, à Madrid, le 18 septembre 1604. Mort sans alliance. Il aurait laissé un bâtard du nom de PIERRE, qui entra dans le protestantisme, dans lequel il joua un rôle important; forcé de se réfugier à Londres, il y vécut longtemps et y mourut en 1656. Il acquit dans cette capitale une certaine réputation de savoir.

3° JACQUES DE BEAUFFORT était, comme son frère, au service de la France et de l'Espagne. Il fut tué étant au service du roi Henri IV, à Arques, en 1589. Il n'avait point contracté d'alliance.

4° ANTOINETTE DE BEAUFFORT, reçue chanoinesse au noble chapitre de Munster-Bilsen, au duché de Limbourg. On faisait, pour l'admission dans ce chapitre, les mêmes preuves de noblesse que pour les chapitres de Nivelles et de Mons, c'est-à-dire seize quartiers de noblesse. Elle ne fut pas mariée.

Romain de Beauffort eut de sa seconde femme, dame Magdeleine de Schoonvliet :

5° GILLES, qui suit ;

6° MARGUERITE DE BEAUFFORT, mariée par contrat passé, à Arras, le 29 avril 1575, avec messire ROBERT DE BLOCQUEL, seigneur de Lamby, maire héréditaire de Naves et de Marcoing ; député ordinaire de la noblesse des États de Cambraisis. Mort à Cambrai, le 28 mars 1615. Ils furent tous les deux inhumés dans l'église de Saint-Aubert, à Cambrai, où se voyait leur épitaphe. Ils ont eu des enfants devenus : *barons de Wismes*.

XV. GILLES DE BEAUFFORT, *chevalier*, né en 1561, seigneur de Mondicourt, Mondies, Graincourt, Beaulieu, Ghinderon, Dorp, Becterselle, Sterbecq, etc., acheta la terre et seigneurie *de Mondicourt*, le 25 septembre 1612. Gilles obtint un arrêt, rendu au nom des archiducs Albert et Isabelle, par le conseil de Brabant, le 26 mars 1621, lui reconnaissant le droit de se qualifier *écuyer* ou *joncheer* dans tous les actes (Voyez aux *Annales*, 1621; p. 63). Gilles de Beauffort possédait une rente à charge de la ville de Bruxelles, qu'il vendit, par acte passé devant l'échevin dudit Bruxelles, le 19 juillet 1628, au sieur Jean-Baptiste de Pape, fils de feu Victor de Pape. Gilles de Beauffort fut capitaine des chevaux au service du roi d'Espagne; il servit, avec distinction, aux siéges de Bouchain, de Cambrai, en 1581, de Doullens, et fut au secours d'Amiens, en 1597. Il fut créé *chevalier*, par lettres-patentes, datées de Madrid, le 1er octobre 1631 (Voyez aux *Annales*, 1631; page 64). Gilles de Beauffort épousa: 1° par contrat passé, à Arras, le 25 septembre 1589 (le mariage fut célébré le 13 novembre suivant, dans l'église paroissiale de Saint-Jean-de-Ronville), demoiselle ANNE LE MARCHANT, fille de feu noble Nicolas Le Marchant, seigneur de Liohette, et de dame Yolande de Prouville, en présence de messire *Hugues de Beauffort* et de *Jean de Saint-Amand*, ses oncles. Anne mourut en 1591, sans enfants; 2° par contrat passé, à Arras, le 28 décembre 1592, demoiselle SUZANNE DE FOURNEL, *dame de Graincourt*, *Beaulieu*, etc., fille de noble Antoine, seigneur de la Rachie et de Beaulieu, et de dame Marguerite de Roussel-Viltendael; elle était sœur d'Antoinette de Fournel, femme de Renom de France, chevalier, seigneur de Noyelles-Wion; de Florisse de Fournel, femme d'Antoine de Lannoy, seigneur d'Ablain, etc., et d'Antoine de Fournel, *chevalier*, seigneur de Beaulieu, la Rachie, Graincourt, Fremicourt, etc.; ce dernier avait épousé Éléonore de Villers, dont il n'eut point d'enfants. Gilles de Beauffort, qui fit son testament le 8 février 1631, mourut à Arras, le 11 octobre de ladite année, et fut inhumé en l'église de Saint-Nicaise, dans le tombeau de la famille de Sacquespée, ainsi qu'il l'avait ordonné dans son testament. Par suite de son dernier mariage, Gilles se trouva héritier de Renom de France, seigneur de

Moulle et de Noyelles-Wion, mari d'Antoinette de Fournel; d'Antoine de Lannoy, seigneur d'Ablain, mari de Florisse ou Florence de Fournel, et d'Antoine de Fournel, mari d'Éléonore de Villers. Suzanne de Fournel, seconde femme de Gilles de Beauffort, décéda, à Douai, le 26 juillet 1636, et fut inhumée en l'église de Saint-Nicaise, à Arras, auprès de son époux. Ils eurent de leur union :

1° Jérome de Beauffort, né le 15 février 1584, décédé, à Arras, le 28 septembre 1595;

2° Marie de Beauffort, née le 23 octobre 1595; mariée, par contrat, le 15 juin, et à l'église, le 27 juin 1622, avec messire Etienne Du Vach, *comte de Dampierre, baron de Bazoche et de Han*, en Champagne; mestre-de-camp de cavalerie, gentilhomme ordinaire de S. M. Très-Chrétienne, fils de messire Jacques Du Vach, comte de Dampierre, gouverneur de Sainte-Menehout, et de dame Anne de Bossut, comtesse de Dampierre, etc. Elle est décédée, au château de Han, en Champagne, le 27 août 1648. Cette alliance est rappelée avec honneur, dans les lettres-patentes de *chevalerie*, octroyées au père de Marie, en 1631 (Voyez aux *Annales*, 1631; p. 64). Marie de Beauffort, comtesse de Dampierre, était citée comme une des femmes les plus vertueuses de son temps;

3° Mathieu de Beauffort, né le 15 juillet 1597, décédé le 10 décembre suivant;

4° Robert, qui suit;

5° Eustache de Beauffort, seigneur de Graincourt, né le 10 décembre 1600; nommé, le 16 février 1633, chanoine de la collégiale de Saint-Pierre, à Leuze (Hainaut). Il fit son testament le 5 septembre 1646, et décéda à Leuze, le même jour, et fut inhumé dans ladite église collégiale;

6° Louis de Beauffort, né à Arras, le 4 février 1603, entra dans les ordres sacrés. Prêtre distingué, tant par son savoir que par sa piété, il ne tarda pas à être appellé à un canonicat de l'église collégiale de Saint-Pierre, à Douai ; puis, il entra, en 1629, dans la congrégation des Oratoriens, et devint bientôt prévôt et supérieur de la maison dite de l'Oratoire de Saint-Philippe-de-Néry, à Douai. Il fut aussi curé de la paroisse de Saint-Jacques, de la même ville, durant plus de vingt ans. Orateur distingué, il fut proposé pour un évêché (Voyez aux *Annales*, 1676 ; page 71). Il testa, le 9 mars 1676, et mourut à Douai, le 24 août de la même année. Le P. Louis de Beauffort était porté en grande vénération ;

7° Claire de Beauffort, née le 18 février 1605, décéda le 25 avril 1607.

8° Renom de Beauffort, auteur de la onzième branche, dite *des seigneurs de Beaulieu, de Graincourt et de Moulle.*

9° Marie-Marguerite de Beauffort, *dame de Beaulieu*, née le 7 février 1611, a été fiancée, par contrat du 22 mai 1622, avec Antoine de Beauffort, *des seigneurs de Boisleux*, son cousin, qui était alors en Espagne, où il est mort en 1644. Marie-Marguerite n'avait, en 1622, qu'onze ans ; mais, autrefois, on fiançait, *conditionnellement*, des mineurs, le plus souvent pour satisfaire à des volontés supérieures ou à des prescriptions ou conditions. M. Goethals dit qu'Antoine de Beauffort fut décapité en Espagne, en 1644?... (*Miroir des Notabilités nobiliaires*; 1860; t. II, p. 467). Elle testa les 12 mars et 11 juillet 1676, et mourut sans être mariée, le 25 avril 1679. Son corps fut inhumé en l'église de Saint-Nicaise, à Arras, auprès de ceux de son père et de sa mère ; son cœur fut déposé dans l'église de Moulle. Elle avait été héritière d'Antoine de Fournel, seigneur de Beaulieu, son oncle.

10° Herman de Beauffort, né le 2 août 1613, décéda le 13 septembre 1626.

11° Marie-Suzanne de Beauffort, née le 6 décembre 1615, décéda au château de Mondicourt, le 1er octobre 1624, et fut inhumée sous le chœur de l'église de Mondicourt, où se voyait son épitaphe, avec ses quartiers de noblesse.

XVI. Robert de Beauffort, *chevalier*, seigneur de Mondicourt, de Mondies, de Malmaison, de Fremicourt, de Ribreux, etc., né à Arras, en Artois, le 4 novembre 1598. Il devint chef de sa maison, par suite du décès, sans enfants, d'Antoine de Beauffort, seigneur de Boisleux, son parent; dont il prit les armes pleines en 1663. Robert

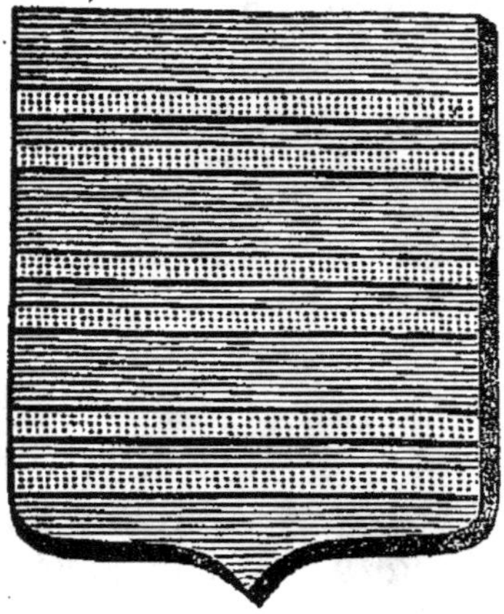

de Beauffort fut capitaine d'une compagnie de trois cents hommes; il servit le roi d'Espagne avec distinction, et fut créé *chevalier*, par lettres-patentes de 1632; il fit ensuite partie du conseil de guerre, en 1638, pendant le siége de Saint-Omer, où il fit des actions d'éclat. Ce seigneur fut député à la cour, en 1652 et en 1653, par la noblesse des États généraux de l'Artois; il fut durant treize années mayeur de la ville de Saint-Omer, en Artois (Voyez aux *Annales*, 1650; p. 67). A la mort de *Philippe-Albert de Guines de Bonnières*, seigneur de Souastre, époux de *Marie de Beauffort de Boisleux*, il fut nommé *chevalier d'honneur* au Conseil provincial d'Artois, en 1653. Robert testa, avec sa femme, le 30 septembre 1664, et fit un codicile le 25 janvier 1668. Il décéda à Saint-Omer, le 5 septembre 1668, à l'âge de 70 ans, et fut inhumé dans l'église cathédrale de Saint-Omer. Robert de Beauffort avait épousé, par contrat passé à Arras les 14 et 17 janvier et 8 octobre 1630, ratifié le 13 octobre 1632, et marié à l'église de Douai, le 4 février 1632, demoiselle ISABELLE DE FRANCE, *dame de Fremicourt et de Malmaison*, fille de noble Renom de France, *chevalier*, président du grand Conseil, à Malines, seigneur de Noyelles-sur-l'Escaut, de Noyelles-Wion, etc., et de dame Antoinette de Fournel, dame de Fremicourt. Robert de Beauffort reçut en dot la terre et seigneurie de Mondicourt, en Artois, dont il fut mis officiellement en possession, le 4 mai 1662. Sa femme décéda le 3 juin 1677 et fut inhumée auprès de son mari. Isabelle de France était sœur de Jérôme-Gaspard de France, *baron de Bouchout*, par lettres-patentes de mai 1640 (Voyez aux *Annales*, 1640; p. 40), de Christophe de France, évêque de Saint-Omer, et de Ghislaine de France, abbesse de l'abbaye d'Avesnes. Robert de Beauffort et Isabelle de France, sa femme, firent un testament mutuel, le 30 septembre 1664, dans lequel ils fondèrent un lit perpétuel affecté aux pauvres malades, en l'hôpital général de Notre-Dame de Brusle (Saint-Omer). Ils choisirent le lieu de leur sépulture *dans l'église cathédrale de Saint-Omer, à l'opposite de celle de feu Monseigneur Christophe de France, évêque de Saint-Omer, leur frère et beau-frère*. Ils donnèrent à Christophe de Beauffort la seigneurie de Fremicourt, et à Philippe-Louis de Beauffort, celle de Mondicourt. Dame Isabelle de France, veuve de Robert de Beauffort, se dessaisit de tous ses biens, en faveur de Christophe et de Philippe-Louis de Beauffort, ses deux fils, par acte passé à Saint-Omer, le 21 août 1673. Ils eurent pour enfants :

1° CHRISTOPHE DE BEAUFFORT, seigneur de Fremicourt, né en 1634; fut tenu sur les fonts baptismaux par Christophe de France, mort évêque de Saint-Omer (1); il entra dans les ordres sacrés et fut chanoine-chantre de la cathédrale de Saint-Omer; élu, en 1670, prévôt de la collégiale de Saint-Pierre, à Aire, en remplacement de messire Balthazar de Noyelles-Marles. Lors de son décès, arrivé en octobre 1676, il était proto-notaire apostolique. Son corps repose en paix dans l'église cathédrale d'Aire.

2° PHILIPPE-LOUIS, qui suit;

3° NICOLAS DE BEAUFFORT, mort en bas-âge;

4° MARIE-CATHERINE DE BEAUFFORT, née à Saint-Omer, en Artois, le 6 mars 1636; décédée le 2 octobre 1640.

XVII. PHILIPPE-LOUIS DE BEAUFFORT, *chevalier, marquis de Mondicourt*, seigneur de Mondicourt, Mondies, Acquembronne, Fremicourt, Malmaison, Ribreux et autres lieux, baptisé dans l'église de Sainte-Aldegonde, à Saint-Omer, en Artois, le 15 février 1640. Il fit enregistrer les armes pleines de sa maison dans l'Armorial général de France, ouvert en vertu de l'édit de novembre 1696 : « *D'azur, à trois jumelles d'or, mise en fasces ;* »

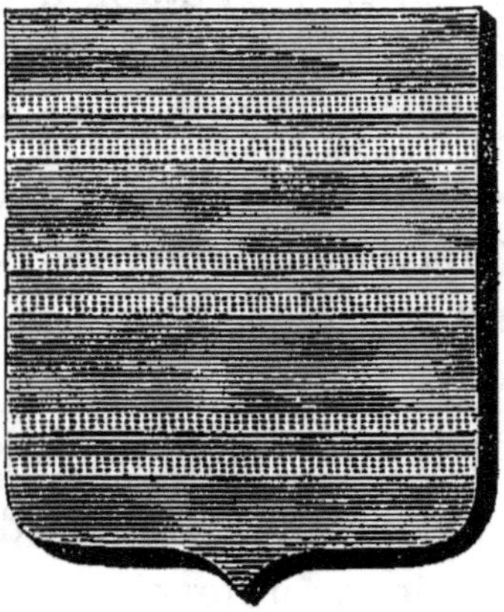

(1) CHRISTOPHE DE FRANCE, chanoine de Cambrai, ensuite doyen de la cathédrale d'Arras, fut sacré évêque de Saint-Omer en 1635; il mou-

ainsi que celles de sa femme (1). Ce qui peut se vérifier dans les registres conservés à la Bibliothèque Nationale, à Paris, section des manuscrits, B. III, registre *Artois*; et ce qui est aussi établi par un certificat authentique, délivré à Saint-Omer, le 3 juillet 1697, sous la signature de d'Hozier, juge d'armes de France. Philippe-Louis entra, dès 1655, au service de l'Espagne, où il obtint, en 1663, une compagnie de cuirassiers. Une blessure grave, reçue à la main droite, qui exigea l'amputation de trois doigts, le força de quitter le service militaire. Il est à remarquer que Philippe-Louis de Beauffort, *écuyer*, n'était d'abord que seigneur de Malmaison, et que ce ne fut qu'après la mort de son frère aîné qu'il devint seigneur de Mondicourt. Il habitait sur la paroisse de Notre-Dame, à Arras, où il revendiqua les droits de bourgeoisie, qui lui furent octroyés, le 8 octobre 1661, à l'âge de 20 ans révolus, comme « fils de messire Robert de Beauffort, *chevalier d'honneur* du conseil d'Artois, à Saint-Omer, seigneur de Mondicourt. » (*Miroir des Notabilités Nobiliaires*, *etc.*, par M. Goethals, p. 469). Il avait épousé : 1° par contrat, du 14 mai 1663, d[lle] MARIE-JEANNE-ISABELLE DE LATTRE D'AYETTE, *dame de la Mairie d'Arembrouck*, fille de messire Adrien de Lattre, seigneur d'Ayette, et de dame Yolande de Landas-Mortagne; elle décéda, à Saint-Omer, le 18 octobre 1670, et fut inhumée, le 20, sous le chœur de l'église de Saint-Jean

---

rut, en 1656, et fut inhumé en son église cathédrale de Saint-Omer. — ARMES : *Fascé d'argent et d'azur de six pièces; sur l'argent, six fleurs de lys de gueules, posées trois, deux et une.*

(1) DE QUAËTJONCK portait : *D'argent, à trois cors de chasse de sable, liés de gueules, virolés d'or, posés deux et un.*

de cette ville. Ils eurent deux enfants nés à Saint-Omer, morts en bas-âge; 2° par contrat passé, à Saint-Omer, le 21 août 1673, et à l'église de Saint-Jean-Baptiste, de ladite ville, le 22 août 1673, MARIE-CHARLOTTE DE QUAËTJONCK, *dame de Wierlinchove, de Bogaersveld et de Campagne-en-Blaringhem-Arrois*, fille unique et héritière de noble François de Quaëtjonck, comte de Wierlinchove, etc., colonel de cavalerie au service de l'empereur, et de dame Marie-Marguerite de Zuitpéenne, dame de *la Wische*, dite *de Saint-Omer*. Elle naquit le 23 avril 1656, testa le 20 décembre 1706 et décéda, à Saint-Omer, en son hôtel, le même jour. Philippe-Louis de Beauffort est décédé, à Dunkerque, le 16 juillet 1698, à l'âge de 58 ans, laissant de son second mariage :

1° FRANÇOIS-LOUIS DE BEAUFFORT, *marquis de Mondicourt*, seigneur de Mondicourt, Mondies, Terdeghem, la Wische, Brehaut, Acquenbronne, Sellier, Bogaertsveld, Malmaison, l'Écluse et autres lieux, né à Saint-Omer, le 8 juillet 1674; fut capitaine au régiment de Famechon. Il fit dix campagnes en Italie; puis, il quitta le service militaire, peu après la mort de son père. Il hérita, en 1723, des terres de la Wische, Terdeghem, Brehaut, l'Écluse, Sellier, Cardonnerie, du Sael, etc., par suite de la mort, sans enfants légitimes, de François-Ignace de Saint-Omer (de Zuitpéenne), chevalier, seigneur et comte desdits lieux, son oncle à la mode de Bretagne, arrivée le 11 février 1723. François-Louis de Beauffort est décédé, à Saint-Omer, le 31 octobre 1731, et a été inhumé dans le tombeau de ses ancêtres, en l'église de Saint-Jean de Saint-Omer. Il n'avait point contracté d'alliance.

2° CHARLES-ANTOINE, qui suit;

3° CHRISTOPHE-ALEXANDRE-BERNARD DE BEAUFFORT, dit le *chevalier de Beauffort*, né à Saint-Omer, le 21 août 1676, seigneur de Fremicourt; capitaine au régiment de Famechon; il fit aussi quelques campagnes en Italie. Il mourut des suites de ses blessures, à Saint-Omer, le 10 janvier 1697, à l'âge de 21 ans, et fut inhumé en l'église de Saint-Jean, dans la sépulture de ses ancêtres.

4° ISABELLE-DOROTHÉE DE BEAUFFORT, dite *Mademoiselle de Mondicourt*, née à Saint-Omer, le 14 décembre 1679; décédée célibataire, en la même ville, le 8 février 1749.

5° ANNE-FRANÇOISE DE BEAUFFORT, née à Saint-Omer, le 19 novembre 1686; décédée audit Saint-Omer, le 24 octobre 1691; inhumée en l'église de Saint-Jean, dans le tombeau de ses ancêtres.

XVIII. CHARLES-ANTOINE DE BEAUFFORT, né à Saint-Omer, en Artois, le 14 mars 1678, *marquis de Beauffort et de Mondicourt*, par lettres-patentes du roi, données au mois de mars 1735; enregistrées au conseil provincial et souverain de l'Artois, le 8 novembre suivant (Voyez, les *Annales*, 1735; p. 80). Il rendit hommage au roi, à raison de cette érection de ses terres en *marquisat*, devant le bureau des Finances, à Lille, le 16 mars 1736. M. le marquis de Beauffort servit en qualité de capitaine de dragons, au régiment de Flavaucourt, nommé par lettres-patentes du 2 mars 1703; puis, il commanda l'artillerie; il se distingua à la bataille d'Ekeren, le 30 juin 1703. Par suite de la mort de François-Louis, son frère aîné, *marquis de Mondicourt* (1), en 1731, il hérita de tous ses biens. Messire Charles-Antoine, marquis de Beauffort, avait épousé : 1° par contrat passé, à Bruxelles, en

(1) Il est à remarquer que le *titre de marquis de Mondicourt* a été pris dans un grand nombre d'actes par François-Louis de Beauffort, avant l'obtention des lettres-patentes de 1735.

Brabant, le 10 septembre 1703, d[lle] CLOTILDE-RADEGONDE DE CUPERE DE DRINCKAM, fille de messire François-Marie de Cupere, *baron de Drinckam*, et de dame Marie-Thérèse Vlaemineck, dame de Basmare et de Walbason. Elle est décédée, sans enfants, le 10 avril 1721; 2° par contrat passé, à Saint-Omer, le 12 juin 1735 (l'union fut bénite, le 12 septembre de la même année), dame MARIE-JOSEPH-AGNÈS DE CROISILLES, *dame de la Pierre*, etc., née le 20 janvier 1700, veuve, sans enfants, de messire François-Marie de Harchies, chevalier, seigneur du Pery et de Contes, et fille de messire Jacques-Augustin de Croisilles, seigneur de la Blanche-Mothe, lieutenant-mayeur à son tour de Saint-Omer, et de dame Jeanne-Berthine du Val. Charles-Antoine décéda, à Saint-Omer, le 25 novembre 1743, et fut inhumé dans l'église de Saint-Jean. Il eut de son premier mariage :

1° CHARLES-LOUIS-ALEXANDRE, qui suit ;

2° ANTOINE-FRANÇOIS DE BEAUFFORT, dit *le chevalier de Beauffort*, né à Saint-Omer, le 28 décembre 1705; capitaine au régiment de Vermandois-infanterie. Il est mort, à Landshut (Bavière), le 25 mai 1743, sans avoir contracté d'alliance.

3° MARIE-CLOTILDE-JOSÈPHE DE BEAUFFORT, *dame d'Acquenbronne, Ribreux*, etc., née à Saint-Omer, le 11 juin 1711; mariée à Saint-Omer, par contrat, du 20 juin 1751, avec messire PHILIPPE-FERDINAND-JOSEPH D'AUDENFORT, chevalier, seigneur de la Potterie, etc. Ils sont décédés sans postérité.

4° ADRIEN-LOUIS DE BEAUFFORT, décédé en bas-âge, à Saint-Omer, le 30 avril 1710.

5° FRANÇOIS-IGNACE DE BEAUFFORT, mort en bas-âge, le 26 septembre 1710.

6° N.... DE BEAUFFORT, mort en bas-âge.

XIX. Charles-Louis-Alexandre de Beauffort, né à Saint-Omer, le 19 août 1704, *marquis de Beauffort et de Mondicourt, vicomte de la Wische, baron de Graincourt*, seigneur de Terdeghem, Acquenbronne, Wierlinchove, Bogaertsveld, Sellier, Cardonnerie, Brehaut, Mondies, l'Écluse, le Fossé, Malmaison, etc.; membre des États-Généraux de la province d'Artois, où il entrait pour la terre de Mondicourt, fut député général et ordinaire de la noblesse desdits États à la cour, les années 1751, 1752, 1753 et 1754 (Voyez, aux *Annales*, 1751; p. 85). Il était plus généralement connu sous le nom *de Mondicourt*, ce qui a été cause de la transposition de l'article *de Beauffort* au mot *Mondicourt*, dans le *Grand Dictionnaire historique*, de Moreri. Il se qualifiait, du vivant du marquis de Mondicourt, son père, de *vicomte de la Wische*, terre située près de Moulle, en Artois. Il épousa, par contrat passé, au château de Moulle, par Me Van Eechout, notaire à Saint-Omer, le 23 septembre 1746, et à l'église de Saint-Nicolas, à Moulle, le 28 dudit mois, d[lle] Florence-Louise-Joseph de Beauffort, *dame de Graincourt et de Beaulieu*, sa cousine au quatrième degré, née à Saint-Omer, le 28 juin 1725, fille de messire *Christophe-Louis de Beauffort*, comte de Beauffort, de Croix, de Moulle, etc., et de dame *Marie-Anne-Françoise de Croix*, héritière de la branche de Croix-Malanoy. En 1761, la question du port des *armes pleines* de la maison de Beauffort fut de nouveau soulevée; mais elle fut aussitôt résolue par M. le marquis de Beauffort, qui autorisa *tous les membres de sa famille* à porter les armes pleines de leur maison, et cela par un acte sous-seing privé, du 10 octobre 1761. Seul, le timbre des armoiries devait servir à différencier les branches (Voyez, aux

Annales, 1761 ; p. 86). M. le marquis de Beauffort testa, chez Me Charet, notaire à Paris, le 19 juin 1776, mourut à Arras, le 18 septembre 1780, et fut inhumé dans l'église de Mondicourt, *où repose le cœur de Gilles de Beauffort;* Mme la marquise de Beauffort, née de Beauffort, testa, par devant Me Gamaut, notaire à Arras, le 13 juin 1776; mourut, audit Arras, le 15 mars 1779, et fut inhumée auprès de son mari, dans l'église de Mondicourt. De leur union sont issus :

1° MARIE-LOUISE-DOROTHÉE DE BEAUFFORT, née à Saint-Omer, le 7 août 1747 ; décédée le 2 mars 1748.

2° CHARLES-MARIE-LOUIS-MAXIMILIEN DE BEAUFFORT, né à Saint-Omer, le 12 mai 1749 ; mort audit Saint-Omer, le 27 mai 1750.

3° CHARLES-LOUIS-MARIE DE BEAUFFORT, né à Saint-Omer, le 25 juillet 1750; décédé le 16 mars 1751.

4° MARIE-LOUISE-HENRIETTE DE BEAUFFORT, dite *mademoiselle de Beauffort*, née à Arras, le 4 janvier 1752, reçue chanoinesse du noble chapitre de Sainte-Rainfroye, à Denain (Hainaut), le 30 avril 1766. Puis, elle entra chez les religieuses carmélites, à Valenciennes, où elle prononça ses vœux, le 9 décembre 1786. Elle fut nommée, en religion, sœur *Marie-Magdeleine de la Croix*. Henriette de Beauffort avait fait son testament, le 14 juillet 1786, en faveur de son frère Charles-Louis-Marie-Alexandre, marquis de Beauffort, et un codicile le 29 novembre de la même année. Elle est décédée, à Tournai, au mois de mai 1806.

5° CHARLES-LOUIS-JOSEPH-MARIE-ALEXANDRE, qui suit;

6° VICTOIRE-MARIE-LOUISE-CAROLINE DE BEAUFFORT, dite *mademoiselle de Mondicourt*, née à Arras, le 27 août 1756, reçue, avec sa sœur, chanoinesse du noble chapitre de Denain (Hainaut), le 15 septembre 1766. Elle se maria, le 11 juin 1776, avec messire EMMANUEL-CONSTANT-JOSEPH DE BEAUFFORT, *che-*

valier, seigneur d'Hannescamps, capitaine d'infanterie au service de la France, *chevalier de l'ordre royal et militaire de Saint-Louis*, né le 28 avril 1726, fils de messire François-Joseph de Beauffort, seigneur de Lassus, et de dame Marie-Florence de Coupigny; dont postérité.

7° Ange-Louis-Joseph de Beauffort, né à Arras, le 14 octobre 1759; mort en bas-âge.

8° Charles-Louis-Ferdinand-Balthazar de Beauffort, dit *le vicomte de Beauffort*, né à Arras, le 8 janvier 1761, entra au régiment provincial d'Arras, le 23 décembre 1772; puis, comme lieutenant en second, dans le régiment d'infanterie de S. M. Très-Chrétienne, le 20 avril 1776; capitaine audit régiment le 16 août 1789. Il donna sa démission en 1790. *Chevalier de l'ordre royal et militaire de Saint-Louis*, le 7 février 1796; puis, *chevalier honoraire de l'ordre de Saint-Jean-de-Jérusalem* ou *de Malte*, par bref, du 31 mars 1798, avec permission et consentement de l'empereur et roi. Le vicomte de Beauffort rendit hommage au roi, devant les présidents trésoriers généraux de France, au bureau de Lille, le 10 mai 1782, pour un fief noble situé à Quaëtypers. Il émigra, en 1790, à Aix-la-Chapelle, où il obtint un certificat de M. le comte de la Chastre, maréchal-de-camp, constatant les services extraordinaires qu'il rendit, étant à l'armée des princes, délivré le 28 mai 1792. M. le vicomte de Beauffort avait épousé demoiselle Françoise-Cornélie T'Kint, née à Malines (Brabant), le 4 septembre 1762, veuve de Jean-Baptiste Van Langenhove, fille de Jean T'Kint et de dame Robertine Muller. En 1804, il était chambellan de l'empereur d'Autriche. Il est décédé, à Vienne (Autriche), en 1826. En Autriche, il était qualifié *marquis*. Nous ignorons s'il a eu des enfants.

9° Félicité-Louise-Marie-Éléonore-Dorothée de Beauffort, dite *mademoiselle de la Wische*, née à Arras, le 26 avril 1763, reçue, comme ses deux sœurs aînées, chanoinesse du noble chapitre de Denain

(Hainaut), le 10 septembre 1776; fiancée par contrat, passé le 11 juin 1786, et signé au parloir du couvent des Carmélites de Valenciennes, où était religieuse sa sœur, Marie-Louise-Henriette, le 13 juin 1786, et mariée à l'église de Saint-Martin d'Haunescamps, le 5 juillet 1786, avec messire HENRI-CHARLES-LÉOPOLD, *comte* DE GOURCY, chevalier, seigneur de Moineville-lez-Pugny, etc., en Lorraine, officier d'infanterie, fils de Léopold-Charles-Laurent de Gourcy, seigneur de Pugny, et de dame Marie-Thérèse-Antoinette, comtesse de Lignéville et du Saint-Empire romain, sa seconde femme. Le comte de Lignéville testa, étant colonel du régiment d'Ultrech-Kinski, au service de l'empereur, au camp d'Arlon, le 18 août 1792. Puis, il émigra. Elle vivait encore, à Liége, en 1816. Ils n'eurent qu'un fils et une fille, morts en bas-âge.

10° PHILIPPE-LOUIS-CHARLES-HENRI DE BEAUFFORT, dit le *chevalier de Beauffort*, né à Arras, le 15 juillet 1766. Il entra au service du roi d'Espagne en 1785; et fut successivement capitaine, colonel de cavalerie, exempt des gardes du corps de Sa Majesté Catholique, dans la compagnie Flamande; brigadier des armées du roi; maréchal-des-camps, en 1798, et enfin lieutenant-général, en 1802; il fut nommé *chevalier de l'ordre de Calatrava*, le 7 avril 1797. Philippe de Beauffort vécut longtemps à Madrid; puis, il rentra en France et se fixa à Lille (Nord), où il mourut le 26 décembre 1823. Mme la comtesse de la Grandville, née Caroline de Beauffort, sa nièce, fit transporter son corps à Beaucamps, près de Lille, pour le faire inhumer dans le tombeau de la famille, érigé dans une des chapelles de l'église paroissiale, que cette pieuse dame venait de faire construire à ses frais.

XX. CHARLES-LOUIS-JOSEPH-MARIE-ALEXANDRE, *marquis* DE BEAUFFORT, né à Arras, en Artois, le 12 décembre 1753, baptisé dans l'église de Saint-Nicolas-sur-les-Fossés, le 7 janvier 1754, *vicomte de la Wische*, seigneur de Terdeghem, Graincourt, Malmaison, etc., enseigne au régiment des gardes-françaises, en 1770; *chevalier de l'ordre royal et militaire de Saint-Louis*. Il rendit hommage au roi, au bureau des finances de Lille, le 10 mai 1782, à raison de trois fiefs nobles nommés : la Wische, l'Armanie-de-Sermesecle et Hardissort; il dénombra, devant le même bureau, le 28 février 1783, le fief noble d'Armanie de Grande et Petite Stalès, qui relevait du Roi. M. le marquis de Beauffort de Mondicourt fut convoqué, par lettres de cachet du Roi, du 17 novembre 1788, à l'assemblée des États généraux de l'Artois, tenue le 26 novembre suivant (Voir aux *Annales*; page 89). Il fut présent à l'assemblée de la Noblesse, tenue en 1789, pour la nomination des députés aux États-Généraux du royaume. Il émigra en 1791 et fit la campagne, dite des Princes, à l'armée de Bourbon, en 1792; il assista au siége de Maestricht en 1793, et resta au service jusqu'au licenciement de l'armée. Il était *chevalier de l'ordre royal et militaire de Saint-Louis*. Rentré en France, tous ses biens ayant été vendus révolutionnairement, il se réfugia à Nancy, où S. A. R. le comte d'Artois le revit en 1814, et le nomma maire de cette ville, durant les Cent-Jours. M. le marquis de Beauffort avait épousé, par contrat passé par Me Charet, notaire à Paris, le 28 janvier 1781, demoiselle HONORINE-LÉOPOLDINE-GHISLAINE, *comtesse* DE MÉRODE. Leur contrat de mariage fut signé, au château de Versailles, par le roi Louis XVI, la reine Marie-Antoinette, Mademoiselle Elisabeth, Monsieur le comte d'Artois et par quelques autres membres de la famille royale, le 29 janvier 1781 (Voyez aux *Annales*, 1781; page 89). Cet honneur insigne n'était réservé qu'aux grands personnages et à ceux admis aux réunions intimes de la cour. Nous avons dit plus haut que M. le chevalier de Beauffort avait fait ses preuves de noblesse au cabinet du Saint-Esprit, devant M. Cherin, en 1771. Le mariage religieux eut lieu, à Bruxelles, dans l'église collégiale des Saint-Michel et Sainte-Gudule, *dans l'oratoire de Mérode*, le 7 février 1781. Mlle Honorine-Léopoldine-Ghislaine, comtesse de Mérode, née et baptisée à Saint-Martin d'Everbergh, en juillet 1761, était fille de messire Philippe-Maximilien-Werner-Mathias, comte de Mérode et du Saint-Empire Romain, marquis de Westerloo, prince de Rubempré et d'Everbergh, libre baron impérial de Petersheim, etc., grand d'Espagne de 1re classe; chambellan et conseiller intime d'État de Leurs Majestés Impériales; et de dame Marie-Catherine-Josèphe de Mérode, princesse héréditaire de Rubempré et d'Everbergh. Du vivant de son père, M. le marquis de Beauffort était connu sous le titre de *vicomte de la Wische*. Il est décédé, à Nancy, le 20 octobre 1827, et la marquise, le 25 novembre 1829. Leur vénérable fille Caroline a fait transporter leurs corps dans l'église paroissiale de Beaucamps, qu'elle avait fait reconstruire à ses frais, et déposer sous une chapelle où elle a réservé une sépulture de famille (V. p. 470). De ce mariage :

1° PHILIPPE-ERNEST, qui suit;

2° CHARLES-JULES DE BEAUFFORT, ci-après, degré XXI B.

3° AMÉDÉE-MARIE DE BEAUFFORT, né à Hannescamps, le 7 février 1784, reçu de minorité dans l'ordre de Saint-Jean-de-Jérusalem ou de Malte, au grand prieuré de France, le 4 septembre 1785, en conformité d'un bref dn Saint-Père, du 13 août 1785. On paya son droit de passage en 1787. Mort en bas-âge.

4° ANNE-CHRÉTIENNE-FRANÇOISE DE BEAUFFORT, née à Hannescamps, en mai 1786; décédée le 11 novembre 1787 et inhumée à Mondicourt (V. p. 355 et 455).

5° ANNE-CHRÉTIENNE-LÉOPOLDINE-JOSÉPHINE DE BEAUFFORT, née à Liège, le 28 avril 1789, baptisée à Notre-Dame-aux-Fonds; mariée, le 4 octobre 1814, avec M. CONSTANT-MARIE-CLAUDE-XAVIER-GHISLAIN, *vicomte* DE NAMUR D'ELZÉE ET DE DHUY, *comte de Marchin*, fils de M. Henri-Claude de Namur, vicomte d'Elzée, sénateur, et de dame Marie-Isabelle-Josèphe de Haultepenne, veuf de Pauline, baronne de Coppin, né à Namur, le 17 avril 1790, décédé le 1er février 1832; son épouse est morte, au château de Dhuy, le 18 décembre 1855, laissant cinq filles et un fils : M. Florimond, vicomte de Namur d'Elzée, ancien membre du Conseil provincial de Namur, actuellement sénateur du royaume de Belgique.

6° ERNESTINE-PAULINE DE BEAUFFORT, née à Schwetzingen, le 10 juillet 1791; mariée, le 2 mars 1819, avec M. JACQUES-MARIE-CLAUDE, *marquis* DE NETTANCOURT-VAUBECOURT, chef de bataillon au service de la France, né à Lavaure, le 11 mai 1786, fils de M. Marc-Pierre, marquis de Nettancourt, et de dame Charlotte-Jeanne des Roys. Elle est décédée à Nancy (Meurthe), en 1832, laissant : 1° Mathilde, mariée à M. le marquis de La Fare; 2° Mme la comtesse de Charpin-Fougerolles, décédée en 1860; 3° Armand, marquis de Nettancourt-Vaubecourt, marié, ayant des enfants.

7° MARIE-CAROLINE DE BEAUFFORT, née, à Anvers, le 3 janvier 1793, eut pour parrain messire Henri-René-Sigismond, duc de Montmorency-Châtillon, son oncle maternel, et pour marraine dame Marie-Joseph d'Ongnies de Mastaing, princesse de Grimberg, comtesse de Mérode-Westerloo, sa tante maternelle. Caroline fut mariée, à Nancy, le 5 août 1818, avec M. HENRI-JULIEN-LÉON BIDÉ, *comte* DE LA GRANDVILLE DE LAUWE, *dernier du nom et d'armes*, décédé au château de Beaucamps, près de Lille (Nord), le 19 ma 1870; son épouse était morte dans le même château, le 6 septembre 1865, laissant une mémoire bénie dans toute la contrée, dont elle avait été la bienfaitrice et l'exemple vivant des vertus chrétiennes (Voyez ci-devant, aux *Annales historiques de la maison de Beauffort*, page 112 et suivantes). Ils reposent dans un tombeau, œuvre d'art du fameux sculpteur Jozef Geefs, établi sous une des chapelles de l'église paroissiale de Beaucamps, dont Mme la comtesse de la Grandville, née Caroline de Beauffort, a fait les frais de reconstruction, et dont elle a été la bienfaitrice. Sans postérité.

XXI. PHILIPPE-ERNEST, *marquis* DE BEAUFFORT, en vertu des lettres-patentes octroyées, par le roi, au mois de mars 1735 (publiées dans toute leur teneur, aux *Annales*; p. 80 et suivantes, et maintenues par la charte française de 1815), naquit, à Arras, en Artois, le 7 février, baptisé à l'église de Saint-Etienne, le 17 du même mois 1782. Il épousa, à Tournai, le 4 février 1804 et à l'église le 12 dudit mois, dlle JEANNE-JOSÉPHINE-CATHERINE DE WIGNACOURT, née à Lille (Flandre), le 31 mai 1776, fille de M. Louis-Antoine, marquis de Wignacourt, lieutenant-général des armées du roi, *grand'croix héréditaire de l'ordre de Malte*, parce que cette illustre maison avait donné deux grands maîtres à l'ordre (1), et de dame Marie-Françoise-Catherine de Sainte-Aldegonde. M. le marquis de Beauffort, président du cercle Catholique de Paris, est décédé, à Bruxelles, le 18 mai 1858 (Voyez ci-devant

---

(1) Alof de Wignacourt, grand maître de l'ordre de Malte, de 1601 à 1622; Adrien de Wignacourt, premier gentilhomme de la chambre du roi Henri IV, grand maître de l'ordre de Malte, de 1690 à 1697. Voici l'épitaphe latine placée à Malte, sur le tombeau de ce dernier : SI GENERIS SPLENDOREM QUŒRIS, HABES IN SOLO NOMINE, HABES IN AFFINITATIBUS PENE REGIIS. — « *Si vous cherchez la splendeur de sa race, vous la trouverez dans son nom, vous la trouverez dans ses alliances presque royales.* »

les *Annales*, 1858 ; p. 104), et son épouse est morte, au château de Beaucamps, près de Lille, le 27 octobre 1830. Mme de la Grandville les a réuni, dans son tombeau, en l'église de Beaucamps (Nord). De ce mariage ont été procréés :

1° ALFRED-JULIEN-PHILIPPE, *marquis* DE BEAUFFORT, qui suit ;

2° LOUIS-LÉOPOLD-AMÉDÉE, auteur de la branche *B*, dite *de Belgique*, qui suivra XXII *B* ;

3° CLOTILDE-MARIE-ALBERTINE DE BEAUFFORT, née à Tournai, le 7 avril 1817 ; religieuse, décédée au couvent de l'Enfant Jésus, le 1er juin 1847. Elle a été inhumée dans la sépulture des barons de Bouchout, en l'église de Meysse (Brabant);

4° CHARLES-LOUIS, *comte* DE BEAUFFORT, qui suivra ci-après, au degré XXII *C* ;

5° MARIE-IDA-LOUISE DE BEAUFFORT, née à Tournai, le ; mariée, à Paris, le 30 avril 1829, avec M. LUDOVIC-JEAN-ANTOINE-MARIE-JOSEPH, *comte* DE ROBIANO, sénateur, né le 16 août 1807, fils de M. François-Xavier-Jean-Marie-Joseph, comte de Robiano, membre du congrès National Belge, et gouverneur de la province d'Anvers, et de dame Marie-Christine-Josèphe Gilliés. Dont une fille, nommée Jeanne, née le 29 juillet 1835, au château de Bruille, à Waudrez ; mariée, le 9 mai 1855, avec M. Gustave, baron de Senzeilles.

XXII *A*. ALFRED-JULIEN-PHILIPPE, *marquis* DE BEAUFFORT, né à Tournai (Hainaut), le 5 mars 1805. Il a épousé, en premières noces, le 22 avril 1830, dlle MARIE-ELISABETH-ROSE-LÉONTINE LE CLERC DE JUIGNÉ, fille de M. Etienne Le Clerc, comte de Juigné, neveu de l'archevêque de Paris, et du marquis de Juigné, ambassadeur de France à Constantinople, avant la Révolution, et de dame Orimée de Thiboutot, fille du marquis de Thiboutot, lieutenant-général et grand cordon rouge, dernier du nom en France (Sa mère était la dernière des de Montgomméry, et de d^lle^ de Thieuville, aussi dernière du nom). Décédée, à Pleinmarais, en Normandie, le 25 juin 1836. La maison Le Clerc de Juigné est ancienne et illustre; elle est connue dans les provinces d'Anjou et du Maine, par titres authentiques, depuis le XIIe siècle. M. le marquis de Beauffort a épousé, en secondes noces, le 9 mai 1842, Mlle MARIE-ANTOINETTE-CLÉMENTINE DE CHATEAUBRIAND, fille de M. Geoffroy-Louis, comte de Châteaubriand, et de dame Henriette-Félicité-Zélie d'Orglandes; elle était petite-nièce du célèbre écrivain, pair de France, membre de l'académie Française, etc. Résidences actuelles : à Paris et au château de Malesherbes (Loiret). M. le marquis de Beauffort a eu, de son premier mariage, avec Mlle Le Clerc de Juigné :

1° ROGER-ANATOLE-CHARLES-PHILIPPE, qui suit;

Et de sa seconde union, avec Mlle de Châteaubriand :

2° ERNEST-FÉLICITÉ-BAUDOUIN DE BEAUFFORT, né, à Paris, le 6 septembre 1843; décédé, en la même ville, le 14 avril 1844;

3° LOUIS-MARIE-BAUDOUIN DE BEAUFFORT, né, à Paris, le 17 avril 1845. Il entra comme lieutenant dans les mobiles de la Manche, au bataillon de Saint-Lô, le 17 avril 1870; fut ensuite nommé capitaine et attaché à ce titre, le 29 septembre suivant, à l'état-major de l'amiral Jauréguiberry, commandant le 16e corps d'armée. Il fit, sous le commandement de ce chef, toute la campagne et le suivit jusqu'à l'assemblée Nationale à Bordeaux; ayant assisté à quatorze batailles, depuis celle du Coulmiers jusqu'à la retraite sur Laval; il fut nommé *chevalier de la Légion-d'Honneur*, en janvier 1871. Il n'est rentré dans sa famille qu'après la signature du traité de paix, lors du licenciement de la garde mobile. Louis de Beauffort est décédé, à Paris, le 4 juin 1873;

4° ISABELLE-HENRIETTE-MARIE-GHISLAINE DE BEAUFFORT, née au château de Moulle, en Artois, le 7 août 1849; mariée, à Paris, le 17 janvier 1874, avec M. ADRIEN-CHARLES-MARIE-VALENTIN DE LEVIS DE MIREPOIX, fils cadet de M. Charles-Marie-Sigismond, comte de Levis de Mirepoix, d'une illustre maison de Languedoc, et de dame Juliette-Anne-Victorienne de Berton de Balbes de Crillon, fille du duc et de la duchesse de Crillon; mariés, le 18 juillet 1843. De ce mariage est née, le 17 décembre 1874, une fille nommée : *Félicité*.

XXIII. ROGER-ANATOLE-CHARLES-PHILIPPE DE BEAUFFORT, dit *comte de Beauffort* (héritier légitime et direct du titre de *marquis*), né, à Paris, le 4 novembre 1833; il épousa, à Bruxelles, le 10 décembre 1856, demoiselle OLYMPE-MARIE-THÉRÈSE-GHISLAINE, *comtesse* D'ANDELOT, née, à Bruxelles, le 3 avril 1834, fille unique de

M. Léon-Louis-Maximilien, comte d'Andelot (1), officier de

(1) D'une très-ancienne et très-illustre maison de la Bourgogne, dont le nom primitif serait DE COLIGNY, *seigneurs d'Andelot*, connue dans cette province antérieurement au XIe siècle.

l'ordre de Léopold, lieutenant-colonel d'état-major de la Garde civique de Bruxelles, qui fit partie de l'ambassade du prince de Ligne, au couronnement de la reine d'Angleterre, en 1839; et de dame Ida de Rodriguez d'Evora y Véga, fille du marquis de Rodes. Elle est décédée, à Bruxelles, le 17 février 1860. Ils n'eurent qu'une fille nommée : MARIE-DELPHINE-PHILIPPINE-GENNARA-GHISLAINE DE BEAUFFORT, née, à Bruxelles, le 21 mai 1858, et décédée, en la même ville, le 16 février 1860. M. le comte de Beauffort entra comme volontaire aux zouaves pontificaux, en novembre 1867; et fut successivement soldat, caporal, sergent et sergent-major. Il prit part à la défense de Rome contre l'armée italienne, en septembre 1870. Rentré en France, avec les zouaves pontificaux français, il a fait, avec eux, la campagne de l'armée de la Loire, et il prit part au combat de Brou, à la bataille de Loigny, etc. Nommé sous-lieutenant en janvier 1871, M. le comte Roger de Beauffort quitta le service militaire, au mois d'août 1871, lors du licenciement des zouaves. Il a écrit et publié ensuite l'*Hisioire de l'invasion des Etats-Pontificaux et du siége de Rome par l'armée italienne, en septembre* 1870 (1). En récompense des services rendus au Saint-Siége, M. le comte Roger de Beauffort a été nommé, au mois de juin 1874, *chevalier de l'ordre de Pie IX*. Mme la comtesse de Beauffort, née comtesse d'Andelot, était la dernière de son nom. Résidences actuelles : Paris et Pleinmarais (Manche).

(1) *Histoire de l'invasion des Etats-Pontificaux et du siége de Rome par l'armée italienne, en septembre 1870*, par le comte DE BEAUFFORT, officier aux volontaires de l'Ouest (zouaves pontificaux). Paris, Palmé; 1874; 1 vol. in-8°. M. Roger, comte de Beauffort, est auteur de divers autres ouvrages fort estimés.

XXI *B*. CHARLES-JULES, *comte* DE BEAUFFORT, né au château d'Hannescamps, diocèse d'Arras, le 7 mai 1783, baptisé le 27 dudit mois, fils puîné de M. Charles-Louis-Joseph-Alexandre, marquis de Beauffort, et de dame Honorine, comtesse de Mérode-Westerloo ; fut reçu de minorité dans l'ordre de Saint-Jean-de-Jérusalem ou de Malte, au grand prieuré de France, le 3 juillet 1784 ; il paya son droit de passage, le 10 octobre 1787, et ses preuves de noblesse furent vérifiées et admises en 1789 (Voyez, ci-devant, aux *Annales*, 1789 ; pages 91 et 477. Il épousa, le 20 janvier 1810, Mlle ADÉLAÏDE DE POUILLY, dernière du nom, fille de M. Albert-Louis, *baron de Pouilly de Mensdorf, etc.*, et de dame Marie-Antoinette-Philippine de Custine de Guermanche, comtesse de Roussy. M. le comte de Beauffort est décédé, à Paris, le 22 décembre 1827, et Mme la comtesse, au château de Laclaireau (province de Luxembourg), le 9 février 1855. De ce mariage sont nés :

1° CAROLINE-AMÉLIE-LAURENCE DE BEAUFFORT, née à Metz (Moselle), le 2 décembre 1810 ; mariée, à Bruxelles, le 29 septembre 1829, avec M. CAMILLE, *comte* DE BRIEY, né le 28 juin 1799, fils de M. Louis-Marie-Hyacinthe de Landres, comte de Briey, et de dame Anne-Marie-Caroline-Albertine de Pouilly. Membre du Sénat belge ; envoyé extraordinaire et ministre plénipotentiaire du roi des Belges, près la confédération Germanique ; ancien ministre des finances et des affaires étrangères ; grand officier de l'ordre de Léopold ; grand'croix de la Légion-d'Honneur ; de Charles III, d'Espagne ; du Lion-Néerlandais, de Hollande ; de Saint-Michel, de Bavière ; du Sauveur, etc. Décédé, à Namur, le 26 janvier 1869, laissant postérité.

2° EMMANUEL-LÉOPOLD, qui suit ;

3° CLAIRE-SOPHIE DE BEAUFFORT, née le 30 novembre 1814 ; morte en bas-âge ;

XXII. EMMANUEL-LÉOPOLD, *comte* DE BEAUFFORT, né à Metz (Moselle), le 6 décembre 1812, fut admis au nombre des pages de Charles X, roi de France. Puis, après les événements politiques de 1830, il passa au service du royaume de Belgique, en qualité d'officier de cavalerie, dans le régiment des Guides. Le roi Léopold Ier, par un arrêté royal, du 31 décembre 1850, octroya à M. Emmanuel, comte de Beauffort, la grande nationalité belge; et, par un autre arrêté royal, du 16 mars 1863, *reconnut et confirma son titre de comte*, en y joignant la faveur de la transmissibilité du *titre de comte* à tous ses descendants, sans distinction de sexe ni de primogéniture. Les lettres-patentes de cette concession, du 25 juin 1863, sont enregistrées par le conseil Héraldique, M. le comte Emmanuel de Beauffort a épousé, à Bruxelles, le 17 mai 1837, demoiselle SARAH-JULIE-MATHILDE-GHISLAINE DE

T'SERCLAES-TILLY, dernière du nom de cette illustre branche, née à Bruxelles, le 1er mai 1815, fille de M. Charles-Gustave-Edouard-Auguste, comte de T'Serclaes-Tilly d'Herlaer, et de dame Victorine-Pauline-Ghislaine de Beeckman. Dont :

1° MARIE-ALIX-GHISLAINE DE BEAUFFORT, née à Bruxelles, le 2 novembre 1838, décédée, à Chaumont-Gistoux, le 28 juin 1841;

2° MARIE-ERNESTINE-GHISLAINE DE BEAUFFORT, née à Bruxelles, le 26 janvier 1840, décédée à Chaumont-Gistoux, le 18 août suivant;

3° JULES-EMMANUEL-JOSEPH-GHISLAIN, qui suit;

4° PAULINE-GHISLAINE, *comtesse* DE BEAUFFORT, née à Bruxelles, le 16 décembre 1843, décédée au château de Linden (Brabant), le 18 novembre 1857;

5° MARIE-LÉOPOLDINE-GHISLAINE, *comtesse* DE BEAUFFORT, née à Bruxelles, le 17 octobre 1852, mariée à Bruxelles, les 9 et 10 février 1874, avec M. PAUL, *comte* DE ROUGÉ, capitaine au 5e régiment de dragons, au service de la France, né à Guyencourt (Somme), le 1er octobre 1840, fils de M. Félix, comte de Rougé, et de dame Lucie-Marie-Léonarde de Tramecourt, dont un fils, nommé *Adrien*, né le 30 janvier 1875.

XXIII. JULES-EMMANUEL-JOSEPH-GHISLAIN, *comte* DE BEAUFFORT, né à Bruxelles, le 12 octobre 1841, fit partie de l'ambassade envoyée en Saxe et en Saxe-Weimar lors de l'avènement de Sa Majesté Léopold II au trône de Belgique; bourgmestre de Linden (Brabant); officier des ordres de la Branche Ernestine, de Saxe, et du Faucon-Blanc, de Saxe-Weimar. Il a épousé, à Bruxelles, le 11 novembre 1869, Mlle YOLANDE-GOBERTINE-MARIE-GHISLAINE-FRANÇOISE, *comtesse* D'ASPREMONT-LYNDEN, née à Liége, le 29 novembre 1849, fille de feu M. François-Charles-Gobert-Antoine, comte d'Aspremont-Lynden, et de dame Clotilde, baronne de Copis, dont il y a :

1° CHARLES-JULES-GOBERT-GHISLAIN, *comte* DE BEAUFFORT, né au château de Linden, (Brabant), le 26 août 1871;

2° LOUIS-BAUDOUIN-GOBERT-GHISLAIN, *comte* DE BEAUFFORT, né au château de Linden, le 15 juillet 1873.

Alix-Marie-Gobertine-Ghislaine, *comtesse* de Beauffort, née, au château de Linden, le 10 novembre 1875.

XXII. *B.* Louis-Léopold-Amédée, *comte* de Beauffort, second fils de M. Philippe-Ernest, *marquis de Beauffort*, et de dame Jeanne-Joséphine-Catherine de Wignacourt, né à Tournai (Hainaut), le 4 avril 1804, servit après son option pour la Belgique, en qualité de capitaine dans la Garde civique de la ville de Bruxelles, de 1830 à 1834 (Voyez, *aux Annales*, 1830 ; page 98). Il obtint du roi Léopold Ier des lettres-patentes, données le 11 décembre 1836, portant fixation et règlement des attributs

des Armoiries de sa maison, pour lui et sa descendance (Voyez, les *Annales*, 1836 ; p. 101). M. le comte Amédée de Beauffort, bourgmestre de Wemmel (Brabant), fut nommé, en 1835, membre de la commission des Monuments de Belgique, dont il fut président l'année suivante. En 1836, il fut attaché à l'ambassade de M. le comte de Mérode, son oncle, pour assister au couronnement de l'empereur d'Autriche, à Milan; en 1837, nommé membre de la commission administrative de la Bibliothèque royale de Bruxelles; en 1843, il entra, avec le titre de conseiller, au conseil Héraldique de Belgique; en 1846, membre de la commission du Musée national de peinture et de sculpture de Bruxelles; en 1847, directeur du Musée royal d'armures et d'antiquités, dont il était le fondateur et l'organisateur; il fut ensuite inspecteur général des Beaux-Arts; fonctions gratuites qu'il conserva et remplit avec un zèle et un dévouement sans bornes, jusqu'à sa mort (V., *Annales*, 1858; p. 106 et suiv.). M. le comte Amédée de Beauffort fut honoré, en récompense des nombreux services qu'il avait rendus au pays, en 1838, de la croix de *chevalier de l'ordre royal de Léopold*, dont il fut promu *officier*, en 1844, et élevé à la dignité de *commandeur*, en 1854. Les arts n'ayant point de patrie, étant universels, les services rendus par M. le comte de Beauffort se généralisaient en quelque sorte, et répandaient leurs bienfaits partout; aussi, plusieurs souverains étrangers lui en ont témoigné leur gratitude : S. M. Louis-Philippe Ier, roi des Français, nomma M. le comte Amédée de Beauffort, *officier de l'ordre royal de la Légion-d'Honneur*, en reconnaissance de la grande impulsion qu'il avait su donner aux expositions publiques des Beaux-Arts et à leur succès; S. M. le roi de Hollande le décora, en 1851, de *l'ordre du Lion Néerlandais*, pour les mêmes causes; il reçut également la décoration de l'ordre du Saint-Sépulcre, de la Palestine, en 1853. Les œuvres de bienfaisance et les œuvres pies comptaient M. le comte de Beauffort au nombre de leurs auxiliaires, de leurs adhérents et de leurs protecteurs les plus généreux et les plus dévoués; il fut longtemps président du conseil de fabrique de l'église cathédrale des Saints Michel et Gudule, de Bruxelles. En un mot, il faudrait un gros livre pour y résumer la vie et les œuvres de ce gentilhomme de bien et de savoir. M. le comte Amédée de Beauffort est décédé, à Bruxelles, rue du Marché-aux-Bois, 14, sur la paroisse de Sainte-Gudule, le 28 juillet 1858 (Voyez, aux *Annales*, 1858; p. 106). Il avait épousé, à Bruxelles, le 12 mai 1830, Mlle MARIE-ÉLISABETH (1)-JOSÉPHINE-ANTOINETTE-JEANNE-GHISLAINE DE ROOSE, *comtesse* DE BAISY,

baronne DE BOUCHOUT (V., ci-devant, aux *Annales*, 1873; p. 128), née à Bruxelles, le 13 juillet 1809; fille puînée de

(1) *Élisabeth*, étant le prénom familier de Mme la comtesse de Beauffort, née de Roose, nous devons dire que sa patronne est sainte Élisabeth, reine de Hongrie (Voyez, p. 466).

M. Charles-Pierre-Joseph de Roose, comte de Baisy, baron de Leuw et de Bouchout, et de dame Henriette-Josèphe-Françoise-Ghislaine de Vischer, baronne de Celles. Mme la comtesse douairière est décédée, à Bruxelles, le 18 décembre 1873, étant la dernière du nom et d'armes (Voyez, ci-devant, p. 130). Le comte et la comtesse ont été inhumés dans la sépulture des barons de Bouchout, sous le sanctuaire de l'église de Meysse (Brabant); l'ouverture de ce tombeau, dans le cimetière de cette paroisse, est indiquée par un marbre portant une inscription et les blasons des de Beauffort et des de Roose (Voyez, pages 129 et 468). De cette union sont nés :

1° Marie-Gabrielle-Louise-Henriette-Ghislaine de Beauffort, née à Bruxelles, le 21 mars 1831 ; mariée en la même ville, le 9 janvier 1856, avec M. Charles-Théodore, *comte* Van der Straten-Ponthoz, né au château de Ponthoz, commune de Clavier, le 18 septembre 1819, commandeur de l'ordre de Charles III, d'Espagne, fils de M. Louis-Marie-Hyacinthe-Joseph, comte Van der Straten-Ponthoz, officier des gardes Wallonnes au service du roi d'Espagne, Charles IV; membre de l'ordre Équestre des Pays-Bas, sénateur du royaume de Belgique, et de dame Gabrielle-Eustache-Françoise de Laittres. Résidences actuelles : à Bruxelles et au château de Spy (Namur).

2° Léopold-Marie-Ghislain, *comte* de Beauffort, né à Bruxelles, le 25 mai 1832; nommé, par arrêté royal, du 8 novembre 1854, en qualité d'attaché à la légation diplomatique de Belgique, à Vienne (Autriche); secrétaire de 2me classe, le 30 octobre 1855; il fut transféré à la légation diplomatique, à Paris, en la même qualité, le 24 décembre 1855; promu secrétaire de 1re classe, le 14 novembre 1858. Démission honorable, à la suite de la mort de son père, acceptée par décret du 12 décembre 1858; bourgmestre de la commune de Wemmel (Brabant), de 1866 à 1876. M. Léopold, comte de Beauffort, obtint de S. M. Léopold Ier, un arrêté royal, du 16 mars 1863, portant *reconnaissance du titre de comte*, avec faculté de le transmettre à tous ses descendants, sans distinction de sexe ni de primogéniture. Les lettres-patentes de cette nouvelle concession, datées du 25 juin 1863, contre-signées par M. Charles Rogier, ministre, ont été enregistrées au conseil Héraldique, à Bruxelles (Voyez, ci-devant, aux *Annales*; p. 110). M. le comte Léopold de Beauffort a hérité des terres titrées de Baisy et de Bouchout, en Brabant. Résidence actuelle : au château de Bouchout, commune de Meysse (Brabant), près de Bruxelles.

3° Marie-Ghislaine-Caroline-Amélie de Beauffort, née au château de Bouchout, commune de Meysse (Brabant), en 1833; mariée, à Bruxelles, le 21 août 1858, avec M. Aymard-Louis-de-Gonzague-Charles-Marie, *comte* de Nicolay, né à Paris, le 29 janvier 1828, fils de M. Aymard-Marie-Charles-Théodore, marquis de Nicolay, ancien pair de France; et de dame Augustine-Charlotte-Adèle de Levis ~~de Mirepoix~~, d'une des plus anciennes et illustres maisons de Languedoc, dans laquelle est le titre de *maréchal héréditaire de la foi*. De cette union sont issus : 1° Henri, né le 27 mai 1859; 2° Jean, né le 21 avril 1860; 3° Augustine, née le 18 juin 1861; décédée, le 29 juillet 1862; 4° Élisabeth; 5° Théodore, né le 26 septembre 1866; 6° Marie-Louise, née en 1875.

4° Albert-Ghislain, qui suit;

5° Isabelle-Ghislaine-Marie, née en 1835; décédée, en bas-âge, à Bruxelles et inhumée à Meysse (Brabant).

XXIII. Albert-Ghislain, *comte* de Beauffort, né au château de Bouchout, commune de Meysse (Brabant), le 20 septembre 1834, reçut du roi Léopold Ier un arrêté royal, daté du 16 mars 1863, portant *reconnaissance du titre de comte*, et lui concédant la faveur de transmettre ce titre nobiliaire à tous ses descendants, sans distinction de sexe ni de primogéniture. Les lettres-patentes de cette concession royale, du 25 juin 1863, contre-signées par M. Charles Rogier, ministre, ont été enregistrées au conseil Héraldique, à Bruxelles, et publiées dans toute leur teneur, dans les *Annales*, année 1863; page 110. Bourgmestre de la commune d'Onoz (Namur), en 1876. Le gouvernement français, voulant reconnaître les services extraordinaires, les soins et le dévouement prodigués aux soldats français réfugiés en Belgique, à la suite de la malheureuse guerre franco-prussienne, par M. le comte Albert de Beauffort, sur la proposition de la légation Française et des Comités de secours aux Blessés, l'a décoré de *la croix d'officier de l'ordre national de la Légion-d'Honneur* (1871). M. le comte Albert de Beauffort a épousé, à Bruxelles, le 21 avril 1861, Mlle EMILIE-MATHILDE-VALÉRIE-MARIE-GHISLAINE DE MARNIX, née à Liége, fille de M. Victor-Idesbald-Marie-Ghislain, comte de Marnix, et de dame Herminie-Charlotte-Emilie Desoer (fille de M. Ferdinand Desoer, ancien trésorier-général du département de l'Ourthe et, plus tard, de la province de Liége, ancien membre de la chambre des Représentants, et sœur de Mme la vicomtesse de Clérembault), petite-fille de M. Charles-Ghislain-Marie, comte de Marnix, grand-veneur de Sa Majesté le roi des Pays-Bas, pour les provinces méridionales; membre de la première chambre des États-Généraux; président du Corps Équestre de la province d'Anvers, de 1817 à 1830 (Voir l'*Almanach de la cour de Bruxelles*, par M. Tarlier; 1864; page 178), décoré de plusieurs ordres; et de dame Dorothée-Louise-Ghislaine Van der Gracht; elle est nièce de M. Charles-Gustave-Ghislain-Marie, comte de Marnix, des vicomtes d'Ogimont, barons de Pottes, etc., grand maréchal de la cour, sénateur, envoyé extraordinaire et ministre plénipotentiaire de Belgique ; membre de l'ordre de Léopold (de Belgique), grand cordon de l'ordre de Léopold (d'Autriche), de l'ordre de la branche Ernestine de Saxe, et de l'ordre d'Isabelle-la-Catholique; grand-officier de l'ordre de la Légion-d'Honneur ; commandeur de l'ordre de Danebrog, etc., époux de dame Adrienne-Eléonore-Joséphine, baronne de Heeckeren. La maison de Marnix est originaire de Savoie, où elle est historique,

comme dans les Pays-Bas. Le nom de Marnix est souvent mêlé à l'histoire de ces provinces. Résidences actuelles : à Bruxelles et au château de Mielmont, commune d'Onoz (Namur). De ce mariage sont nés cinq enfants dont les noms suivent .

1° FERNAND-AMÉDÉE-ANNE-MARIE-GHISLAIN, *comte* DE BEAUFFORT, né, à Bruxelles, le 27 janvier 1862;

2° MARGUERITE-ELISABETH-DOROTHÉE-MARIE-GHISLAINE, *comtesse* DE BEAUFFORT, née, à Bruxelles, le 21 juin 1863;

3° GABRIELLE-HERMINIE-ANNE-MARIE-GHISLAINE , *comtesse* DE BEAUFFORT, née, audit Bruxelles, le 1er jour de février 1865 ;

4° JEAN-ANNE-GHISLAIN-MARIE, *comte* DE BEAUFFORT, né, à Bruxelles, le 9 février 1868;

5° GEORGES-ALFRED-ADRIEN-ANNE-GHISLAIN-MARIE, *comte* DE BEAUFFORT, né, à Bruxelles, le 14 septembre 1871.

XXII *C*. CHARLES-MARIE-LOUIS, *comte* DE BEAUFFORT, né à Tournai (département de Jemmapes), le 13 juillet 1808, troisième fils de M. Philippe-Ernest, marquis de Beauffort, et de dame Jeanne-Joséphine-Catherine de Wignacourt. Décédé, à Paris, le 22 février 1870. Il avait épousé, le 11 décembre 1832, Mlle HERMINIE DE FOURMESTREAUX D'HANGRAIN, d'une noble et ancienne famille de Lille (Flandre), dont il a eu :

XXIII. HENRI-MARIE-GHISLAIN-PHILIPPE, *comte* DE BEAUFFORT, né à Lille (Nord), le 7 août 1840; marié, à Paris, à la mairie du VIIe arrondissement, le 13 janvier 1868, et à l'église le lendemain, avec Mlle MARIE-CHANTAL-CLAIRE-PAULINE VOGT D'HUNOLSTEIN, née, à Metz (Moselle), le 11 février 1847, fille de M. Louis-Marie-Paul Vogt, comte d'Hunolstein, membre de la Chambre des Députés, sous Louis-Philippe, pour la Moselle, etc., fils de M. Félix, comte d'Hunolstein, pair de France, sous Louis XVIII, etc., et de dame Marie-Chantal-Claire-Henriette de Bassompierre, sa seconde femme, fille du marquis de Bassompierre, et de dame de Villeneuve de Vence. Résidences actuelles : à Paris et à Hombourg, par Kédange (Lorraine). De cette union sont nés :

1° PAULINE-MARIE-GHISLAINE-CHANTAL DE BEAUFFORT, née, à Paris, le 17 novembre 1869;

2° CHARLES-HENRI-MARIE-GHISLAIN-CHANTAL DE BEAUFFORT, né, à Paris, le 17 novembre 1872.

HUITIÈME BRANCHE

DITE

Des seigneurs de Saclains, de Bavelincourt, etc.

(1320-1415).

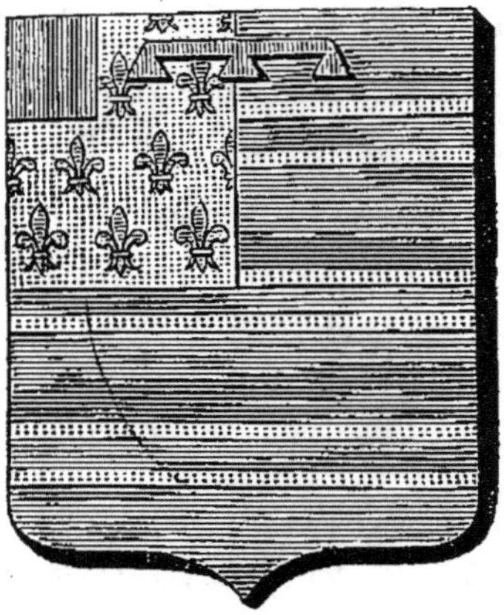

VII. WIS ou WION DE BEAUFFORT, dit *Frion*, seigneur de Saclains, de Bavelincourt en partie, etc., deuxième fils de Raoul de Beauffort, seigneur de Metz et de Markais, et de dame Isabelle de Moreul; Wis confirma, par une charte, du mois de janvier 1315, déposée aux archives de l'abbaye de Moreul-lez-Arras, la donation que *Guy*, seigneur *de Beaufort*, son bisaïeul, avait faite à ladite abbaye de la dîme qu'il possédait sur le lieu de Bavelincourt. Wis et Simon de Beauffort frères, écuyers, figurent avec Jacques de Beauffort, leur frère, et Magdeleine de Gironvillers, sa femme, dans un acte, du 4 février 1338, dans lequel il est aussi question de Marguerite de Cococh. Wion avait épousé MARIE DE DOUVRIN, qui en était veuve en 1341, suivant un acte de cette année. Ils eurent de leur union :

VIII. Tassart de Beauffort, dit *Wolfart*, *chevalier*, seigneur de Saclains, attaché au service du roi de Bohême; il fut, en 1346, étant encore fort jeune, à la bataille de Crécy. D'après un titre de 1369, il aurait épousé Elisabeth de Rizembourg, dont il aurait eu :

1° Jean de Beauffort, *chevalier*, qui fut élevé page du roi de Bohême, et fut ensuite écuyer de la reine d'Angleterre. Il épousa : 1° Blanche de Wamerhem; 2° Isabelle Tong, toutes deux anglaises. Il est mentionné, avec sa seconde femme, dans un acte de 1385, et mourut sans enfants. Nous devons faire remarquer que la branche des *seigneurs d'Oiran*, en Poitou, de la maison de Beauffort, est tombée en quenouille dans la maison Tong, vers 1385, par le mariage de *Charlotte de Beauffort* avec *Roger Tong*, chevalier, favori de l'empereur Charles IV;

2° Charles, qui suit ;

3° Baudouin de Beauffort, dont on ignore l'histoire.

IX. Charles de Beauffort, *chevalier*, seigneur de Saclains, avait épousé d[lle] Marie de Salseberg, qui le rendit père de :

1° Adolphe de Beauffort, seigneur de Saclains; mort, en 1415, d'une blessure qu'il avait reçue à la bataille d'Azincourt. Il n'avait point contracté d'alliance ;

2° Alix de Beauffort, dame de Saclains, après la mort de son frère. Elle fut mariée avec Charles de Mousy, chevalier. Nous avons trouvé une autre alliance de la maison de Beauffort avec celle de Mousy, c'est celle d'*Hugues de Beauffort* avec *Alix de Mousy*. Hugues mourut à Cassel, en 1337, sans laisser d'enfants.

NEUVIEME BRANCHE

DITE

Des seigneurs de Boisleux, de Maricourt, de Graincourt, de Cowin, etc.

(1477-1662)

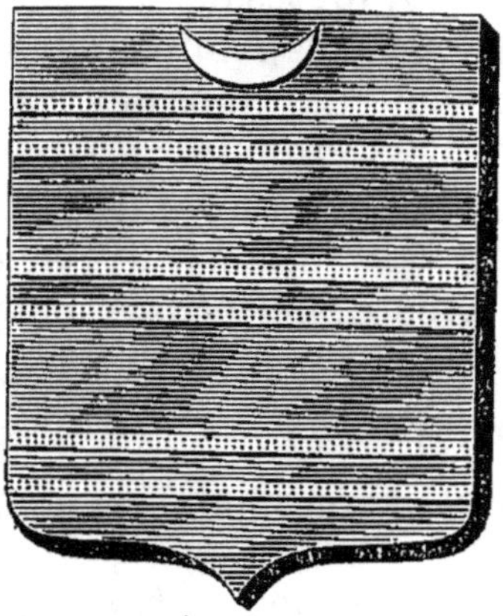

X. ANTOINE DE BEAUFFORT, seigneur de Boisleux et de Bouillencourt, fils puîné de Colart, dit Payen, seigneur de Beaufort, de Ransart, de Boisleux, etc., et de dame Isabelle d'Ollechain. Il fut un des seigneurs que le duc de Bourgogne invita, en 1473, à accompagner le corps de sa mère jusqu'à Namur (Voyez, aux *Annales*, 1473; p. 46). Antoine épousa, vers 1477, MARIE DE WARLUZEL, *dame de Maricourt*, fille d'Antoine, seigneur de Warluzel, chevalier, et de dame Jeanne de Wasières, dite de Warvin. Après son mariage, Antoine brisa ses armoiries d'*un croissant d'argent en chef*, comme ci-dessus. Antoine fut père de :

1° JEAN, IIIe du nom, qui suit ;

2° CATHERINE DE BEAUFFORT mariée, le 5 janvier 1507, à JEAN D'OSTREL, seigneur de Dieval. Ils eurent plusieurs enfants, notamment Philippe d'Ostrel, qui épousa Anne de Mailly.

3° FIRMIN DE BEAUFFORT, seigneur de Boisleux, en 1521, épousa JEANNE DE BISC, dont il n'eut qu'une fille, MARIE DE BEAUFFORT.

4° FRANÇOIS DE BEAUFFORT, écuyer, seigneur de Maricourt, figure dans les coutumes de Mondizier, de l'an 1567 (*Anciennes remarques de la noblesse Beauvaisine et de plusieurs familles,* par M. P. Louvet. Beauvais, 1640 ; in-12).

5° PONCE DE BEAUFFORT, religieuse en l'abbaye de Sainte-Claire de Rheims. On lit à son sujet dans la *Gallia Christiana*, t. IX, p. 332 : « Pontia de Beauffort, sub cujus regimine moniales parlamenti Parisiensis anni 1518, misiorem regulam amplexatæ, ad urbanistas transierunt. Obiit Pontia XIII cal. aug. anno 1521. »

6° ADRIEN DE BEAUFFORT, seigneur de Bouillencourt, entra jeune dans les ordres monastiques. On lit dans la *Gallia Christiana,* t. V, folio 63 : « Adrianus de Beauffort disciplinæ monasticæ tum quoad se tuum quoad subditos cultor observantissimus, nova quædam statuta conventui suo præscripsit, quibus inter alia tollitur omnimoda bonorum proprietas, quæ malorum omnium in monasteriis seminarium est. Vita defungitur, an. 1593, pridie nonas aprilis (Eccl. Mechliniensis, abb. S. Gertrudis, Lovaniensis. — Diocèse de Malines, abbaye de Sainte-Gertrude, à Louvain).

0. Moreri et autres historiens généalogistes donnent à Antoine de Beauffort, huit enfants légitimes et sept bâtards. Nous avons trouvé, dans les archives de la maison de Beauffort, des actes authentiques et des notes justifiant ces assertions, mais pas assez complètes pour établir parfaitement l'identité de chacun d'eux.

XI. JEAN DE BEAUFFORT, IIIe du nom, *chevalier*, seigneur de Boisleux et de Cowin, *baron de Graincourt*, ainsi qualifié dans un grand nombre d'actes, né en 1478. Il donna, en 1498, le dénombrement de sa terre et *baronnie de Blaireville*, et, en 1523, celui de la terre et seigneurie de Boisleux. Il avait épousé : 1° en 1513, JEANNE DE BEAUFFREMEZ, fille de Jean, seigneur du Fresnoy, et de dame Péronne d'Astiches, et tante de *Jeanne de Beauffremez*, femme de *Jean de Beauffort*, seigneur de Markais; 2° dlle ADRIENNE D'OLLEHAIN, fille de Jacques, seigneur de Fersay, et de dame Marie de Bayencourt, dite *de Bouchavesne*. Il mourut avant 1560. Il eut de son premier mariage :

1° CLAUDE DE BEAUFFORT, seigneur de Boisleux, Hatevillers, Blaireville, etc., qui épousa JOSÉPHINE DE BÉTHISY, fille de Baudouin de Béthisy, seigneur de Campvermont et d'Ygnaucourt, et de Marguerite de Fromessent. Claude mourut en France, où il s'était retiré, avant 1569. Il fut père de NICOLAS DE BEAUFFORT, seigneur de Boisleux, Blaireville, etc., homme d'armes des ordonnances du roi, sous les ordres de Montigny. Il avait épousé ETIENNETTE LE CLERCQ, avec laquelle il paraît dans un acte du 2 octobre 1563. N'ayant point eu d'enfants, ils vendirent, en 1564, la terre de Boisleux à *Hector de Beauffort*, seigneur de Warlincourt, son oncle; et, en 1568, la *baronnie de Blaireville*, à Charles Le Fèvre, procureur au Conseil d'Artois. Nous avons trouvé que Nicolas de Beauffort, seigneur de Boisleux, paya, le 9 mars 1569, les droits seigneuriaux pour la vente qu'il avait faite, de la *baronnie de Blaireville*, à feu Charles Le Fèvre, procureur au Conseil d'Artois, à l'abbaye de Saint-Vaast, dont cette baronnie relevait. (Extrait de dom Le Pez, registre L des Droits Féodaux de l'abbaye de Saint-Vaast; fo 96, II). Nicolas de Beauffort eut d'une maîtresse un enfant naturel, nommé : JACQUES, *bâtard* DE BEAUFFORT, qui se retira en France, et y résida.

Jean eut de son second mariage avec dame Adrienne d'Ollehain :

2° JEAN, IVe du nom, qui suit;

3° FRANÇOIS DE BEAUFFORT, seigneur de Maricourt, de Saint-Marcq en partie, de La Motte, etc.; guidon, puis enseigne d'une compagnie d'hommes d'armes des ordonnances du roi, en 1560. Il épousa : MARIE DE MONDRELOIS, dont il n'eut qu'une fille nommée : MARIE DE BEAUFFORT, *dame de Maricourt*, de La Motte et Saint-Marcq en partie, mariée avec ADRIEN DE FORMÉ, seigneur de Framicourt et du Quesnel en Santerre, *marquis d'Angers*, fils de Pierre de Formé, seigneur de Framicourt en partie, et de Marguerite de Riencourt, dame du Quesnel. Il mourut le 18 juillet 1587; sa veuve, Marie de Beauffort, testa le 7 août 1596. Ils laissèrent plusieurs enfants.

4° HECTOR DE BEAUFFORT, seigneur de Warlincourt, puis de Boisleux, dont il sera question après la postérité de Jean, au degré XII *B*.

5° N..... DE BEAUFFORT, religieuse de la noble abbaye de Messines-lez-Ypres.

6° CATHERINE DE BEAUFFORT, religieuse.

0. JEAN DE BEAUFFORT, IIIe du nom, laissa un fils naturel nommé PHILIPPE, *bâtard de Beauffort*. Une ancienne généalogie dit que : JEAN, *bâtard de Beauffort*, vivant en 1566, qui avait épousé JEANNE, *bâtarde de Withem*, était fils naturel de Jean de Beauffort, IIIe du nom, seigneur de Boisleux.

XII *A*. JEAN DE BEAUFFORT, IVe du nom, seigneur de Cowin, *baron de Graincourt*, Hervillers, etc., assista avec François, son frère, en 1560, à la passation du contrat de mariage d'Hector, seigneur de Warlincourt, leur frère, avec Jeanne de Lalaing. Il avait épousé (1), par

(1) On trouve dans un certain nombre de documents, un *Jean de Beauffort*, seigneur de Boileux et de Cowin, qui avait épousé, en

contrat des 19 et 23 mars 1539, MAGDELEINE D'OSTREL, dite *de Lière*, fille de Jean, seigneur de Lière, etc., et de dame Marie de Courteheuse. Elle fit, étant veuve, à Arras, le 30 août 1589, son testament, dans lequel elle nomme ainsi ses enfants :

1° JEAN, Ve du nom, qui suit;

2° CLAUDE DE BEAUFFORT, *chevalier*, *baron de Graincourt*, avait épousé : 1° JEANNE DE VILLEPERG, qui testa en 1612. Nous avons vu tout récemment son testament dans les archives de Tournai, au local du bureau de bienfaisance; 2° MARGUERITE DE TENREMONDE, veuve de J. de Spirinck, seigneur de la Cauchie, capitaine au service du roi d'Espagne, et fille de Philippe de Tenremonde, seigneur de Baschi et de Mérignies, prévost de Tournai, et de Catherine, dame de Berens. Claude de Beauffort testa en 1632, mourut le 15 mars de la même année, et fut inhumé, avec sa femme, dans la chapelle de la Sainte-Croix, en l'église de Saint-Brice, à Tournai, où l'on voyait leur épitaphe. Ils n'eurent pas d'enfants.

3° ANNE DE BEAUFFORT, admise, après la vérification de ses preuves de noblesse, au nombre des chanoinesses du noble chapitre de Maubeuge, en 1560, mourut célibataire, au mois d'août 1625, âgée de 82 ans.

4° MARIE DE BEAUFFORT, religieuse au monastère de la Thieuloye, de l'ordre de Saint-Dominique, à Arras, en Artois, vers 1560.

XIII. JEAN DE BEAUFFORT, Ve du nom, *chevalier*, seigneur et *baron de Graincourt*, gouverneur de Renty. Il acheta la terre de *Cowin*, qui dépendait de celle d'Auleux, en 1569; il fut présent, en 1582, à la passation du

---

premières noces, dlle *Antoinette de Picquigny*, que nous croyons être celui-ci.

contrat de mariage de sa cousine, *Anne de Beauffort*, héritière de Beaufort, avec messire Philippe de Croy. La même année, étant devenu chef de sa maison, par la mort de PHILIPPE, *baron de Beaufort*, il en prit le nom

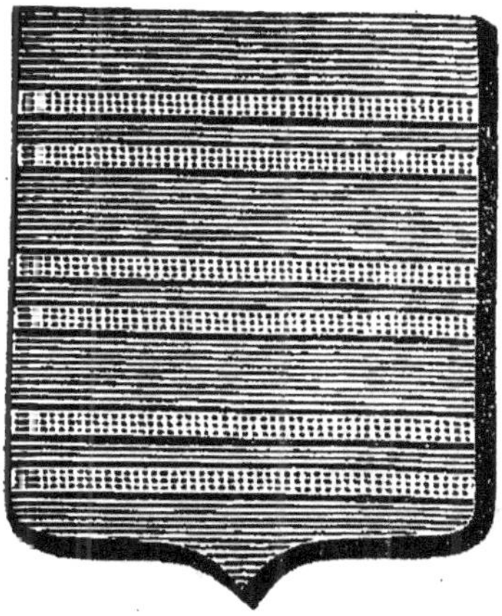

et les armes pleines. Il testa, à Arras, le 24 mars 1595; dans son testament, il ordonna que son corps fût inhumé dans l'église de Saint-Nicolas, à Arras, auprès de celui de Magdeleine d'Ostrel, sa mère. Ce seigneur avait épousé : 1° par contrat passé, à Arras, le 26 octobre 1572, demoiselle CLAUDE DE HALLEWIN, veuve de Jean de Bonnières, seigneur de Souastre, gouverneur et capitaine de Dunkerque, et fille de Claude de Hallewin, chevalier, seigneur de Nieurlet, gouverneur de Vermandois, et de dame Louise de Houchain. A la passation de leur contrat, assistait *Anne de Beauffort*, chanoinesse du noble et illustre chapitre de Maubeuge, *sœur du marian;* 2° par contrat passé, en 1587, ANNE DE PARDO, fille de Diégo de Pardo, seigneur de Gherseld, et de dame Isabelle de Villegas, dame de Nedonchel; elle testa, à Cowin, le 27 août 1590, et voulut être inhumée dans l'église dudit Cowin. Elle laissa, à cet effet, une somme d'argent pour la construction de son tombeau, et décéda avant le 1er septembre 1590; 3° par contrat, du 7 octobre 1591, CLAUDE D'ACHEU, fille de Louis, chevalier, seigneur de Francaucourt, Biensay-lez-Oilemont, etc. Étant veuve, elle se remaria, par contrat passé, à Arras, le 29 janvier 1597, avec Thierry de Martignies. Jean de Beauffort n'eut des enfants que de son premier mariage, avec dame Claude de Hallewin, savoir :

1° CLAUDE, qui suit ;

2° MAGDELEINE DE BEAUFFORT, reçue chanoinesse du noble chapitre de Maubeuge ; elle mourut en 1596, âgée de 23 ans, ainsi qu'il est indiqué sur son portrait, conservé au château de Cowin ;

3° ADRIENNE-LOUISE DE BEAUFFORT, née en 1579, reçue chanoinesse au noble et illustre chapitre de Maubeuge. Puis, mariée, en 1599, avec LAMORAL DE LANDAS, seigneur de Lovegnies, de Heule, de Rosne et de Florival, gentilhomme de la chambre de l'évêque de Liége, fils de Nicolas de Landas et de dame Catherine de Ferrare, dame de Lovignies, pannetière du comte et de la comtesse de Hainaut. Mort en 1628. Ils eurent un fils nommé Ernest Lamoral de Landas, seigneur de Florival, qui épousa Hélène-Christine d'Yve, dame de Poix, fille de François, seigneur dudit lieu, et de dame Marie de Le Val ;

4° MARIE DE BEAUFFORT, reçue chanoinesse du noble chapitre de l'abbaye d'Estrun-lez-Arras, de l'ordre de Saint-Benoît. Elle fut mariée avec PHILIPPE-ALBERT DE GUINES DE BONNIÈRES, seigneur de Souastre, etc., conseiller d'honneur au conseil provincial d'Artois ; mort vers 1652.

XIV. CLAUDE DE BEAUFFORT, *chevalier*, *baron de Graincourt*, seigneur de Cowin, etc., capitaine de chevau-légers, au service du roi d'Espagne ; puis, gouverneur et capitaine de Renty, en 1616; membre du conseil de guerre de S. M. Catholique; mestre-de-camp d'une compagnie de trois cents mousquetaires d'infanterie Wallonne, durant la guerre d'Italie. Il fit son testament, à Arras, le 21 avril 1617, et fut tué au siége de Verceil, cette même année 1617. Claude de Beauffort avait épousé, par contrat passé, à Douai, le 6 avril 1611, d^lle Cécile-Anne d'Ongnies, fille de Jacques d'Ongnies, chevalier, seigneur d'Estrées, etc., et de dame Anne de Withem, dont il eut :

1° Albert de Beauffort, *baron de Graincourt*, seigneur de Cowin, décédé à Bruxelles, en Brabant, étant page de l'archiduc Albert, souverain des Pays-Bas, en 1628; dernier descendant mâle de la branche aînée des seigneurs de Boisleux, barons de Graincourt, de la maison de Beauffort;

2° Anne-Chrétienne de Beauffort, *dame de Cowin et de Graincourt*, reçue chanoinesse du chapitre noble de Sainte-Aldegonde, à Maubeuge; elle fut éle-

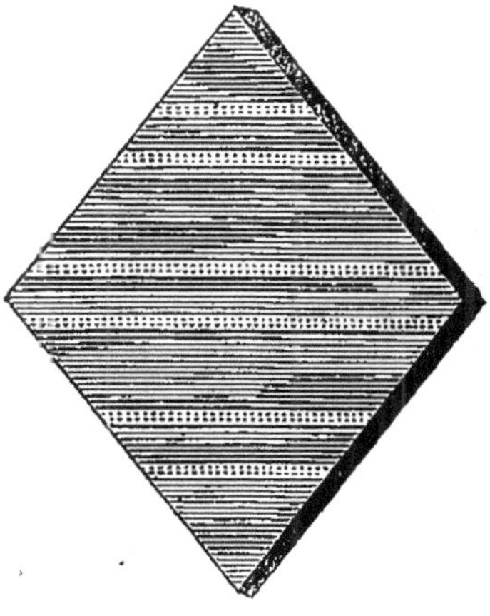

vée à la dignité d'abbesse, le 1er janvier 1672, et mourut le 10 novembre 1698, âgée de 84 ans environ. Par suite de sa mort, les terres de Cowin et de Graincourt revinrent à Philippe-Ernest-André de Landas, dit le *baron de Graincourt*, seigneur de Hendecourt en partie, son neveu à la mode de Bretagne, qui releva ces terres en 1690;

3° MARGUERITE-THÉRÈSE DE BEAUFFORT, reçue aussi chanoinesse au chapitre noble de Maubeuge; puis, elle fut mariée, vers 1680, avec Gordon O'Neill, d'une illustre famille d'Irlande, colonel au service d'Espagne; décédé en 1701 (Voyez, ci-devant, les *Annales*, 1701; p. 73 et 74).

XII *B*. HECTOR DE BEAUFFORT, seigneur de Warlincourt, Mercatel, Rochefort, etc., quatrième fils de Jean de Beauffort, IIIe du nom, seigneur de Boisleux et de Cowin, et troisième d'Adrienne d'Ollehain, seconde femme dudit Jean, devint *seigneur de Boisleux*, par l'achat qu'il fit de cette terre à *Nicolas de Beauffort*, son neveu, en 1564. Il écartela ses armes avec celles de Ollehain,

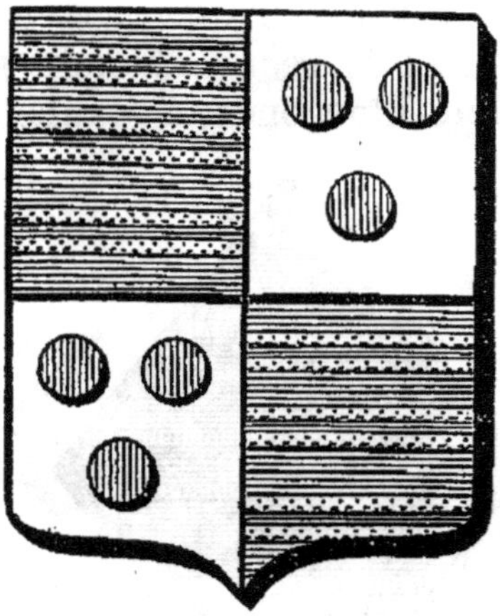

son aïeule. Il assista, en 1582, à la passation du contrat de mariage d'Anne, héritière de Beaufort, sa cousine, avec Philippe de Croy, comte de Solre. Hector fit son testament, le 7 mars 1589, mourut le 25 juillet de ladite année, et fut inhumé sous le chœur de l'église de Boisleux. Ce noble seigneur avait épousé, par contrat du

17 avril 1560, JEANNE DE LALAING, dite *Penel*, fille d'Antoine, seigneur de Warignies, et de dame Adrienne de la Cornehuse, dont il eut :

1° LOUIS, qui suit;

2° CLAUDINE DE BEAUFFORT, reçue chanoinesse du noble et illustre chapitre de Maubeuge; morte sans alliance, le 7 mars 1589.

XIII. LOUIS DE BEAUFFORT, seigneur de Boisleux, de Warlincourt, Mercatel, Rochefort et Liauette. Il servit quatre ans en qualité de volontaire, sous les ordres du marquis de Roubaix; il fut ensuite *alfer* de la compagnie d'hommes d'armes du comte d'Egmont, lors de l'expédition de France. Il eut ensuite une compagnie de chevau-légers. Compagnies d'élite, dont la première créée ne fut composée que de 240 gentilshommes; puis, instituée en compagnie de la garde du roi, par Henri IV, en 1599. Il fallait faire preuve de noblesse pour être reçu dans cette compagnie, dont le roi était capitaine. Louis de Beauffort commanda une compagnie de lances, avec laquelle il se rendit en France, accompagnant le duc de Parme, gouverneur des Pays-Bas, au secours de la Ligue, en 1590. Il était lieutenant et commandant de la compagnie de Philippe, comte d'Egmont et prince de Gavre, en garnison à Bapaume, en 1595. En laquelle année, il donna, avec sa femme, une verrière à l'église paroissiale de Notre-Dame de Bapaume. A son retour de France, il était lieutenant-général des hommes d'armes de S. M. Catholique, et se trouva, en cette qualité, à l'entreprise d'Amiens, avec l'archiduc Albert, souverain des Pays-Bas, qui le fit gouverneur, capitaine et prévôt de la ville et du château du Quesnoy (Hainaut), où il mourut, le 25 mars 1608, à l'âge de 38 ans, et fut inhumé sous le chœur de l'église paroissiale du Quesnoy, où se voyait son épitaphe, avec ses huit quartiers et ceux de sa seconde femme. Il fut créé *chevalier*, par lettres-patentes du roi Philippe II, du 15 mai 1596. Il avait épousé : 1° le 30 janvier 1589, d^lle^ MARGUERITE DE CUNCHY, riche héritière, fille unique de Jean, seigneur de Libersart, et de dame Gérardine de Tenremonde ; morte, sans enfants, le 14 juin 1590 ; 2° par contrat du 21 août 1592, d^lle^ ANTOINETTE DE GONGNIES, *dame de Vendegies et de Baurains*, fille aînée d'Antoine, seigneur de Vendegies et de Baurains, gouverneur de Bruxelles, et de dame Marie d'Esclaibes ; dont il eut :

1° ANTOINE, IIe du nom, qui suit;

2° ALEXANDRE DE BEAUFFORT, seigneur de Warlincourt; mort à Oppenheim, à la guerre du Palatinat, en 1620, sans avoir contracté d'alliance.

3° MARIE DE BEAUFFORT, morte jeune.

4° MARIE DE BEAUFFORT, mariée, par contrat du 18 janvier 1624, avec messire PHILIPPE-ALBERT DE GUINES, dit *de Bonnières*, *comte de Souastre*, seigneur du Maisnil, Noulette, etc., chevalier, député général et ordinaire du corps de la noblesse des États d'Artois, gouverneur de Binche et chevalier d'honneur du conseil provincial d'Artois. Mort, à Binche, le 9 novembre 1652. Dont postérité.

5° MICHELLE-ANNE DE BEAUFFORT, *dame de Boisleux-au-Mont et de Saint-Marcq*, mariée, à Vendegies, le 11 février 1631, avec FRANÇOIS-ALEXANDRE DE BLONDEL, seigneur de Manchicourt, *baron de Cunchy*, fils aîné de Jacques de Blondel, baron de Cunchy, et de dame Anne de la Viefville de Wactou. Dont plusieurs enfants.

6° ANTOINETTE DE BEAUFFORT, mariée, par contrat passé, à Vendegies-aux-Bois, le 10 mars 1635, avec JEAN-

GRAND *(Magnus)* O'NEILL, *comte de Tironne, prince d'Altonie*, en Irlande, etc., gentilhomme de la chambre du roi d'Espagne, commandeur de Carion de l'*ordre de Calatrava*, colonel d'un régiment irlandais. Tué en commandant les armées du roi d'Espagne, au siége de Fontarabie, au fond du golfe de Gascogne. Il appartenait à une illustre famille d'Irlande (Voyez, ci-devant, aux *Annales*, 1701 ; p. 73). Ils n'eurent point d'enfants.

XIV. ANTOINE DE BEAUFFORT, IIe du nom, *chevalier*, seigneur de Boisleux-au-Mont, Boisleux-Saint-Marcq, Liauette, Mercatel, Rochefort, Warlincourt, Vendegies-au-Bois, Baurains, Erquennes, etc., dit le *baron de Beauffort*. Il fut amené en Espagne, étant encore fort jeune, par le duc de Lermes, et fut *menin* de S. M. Catholique, qui le fit, plus tard, *chevalier de l'ordre de Saint-Jacques* ; puis, lieutenant et capitaine des gardes du corps du Roi ; colonel de douze cents hommes de cavalerie pour l'empereur ; gouverneur de Bapaume, pour le roi d'Espagne. On lit dans le *Mercure de France*, t. XIII, années 1626-1627 ; page 273 : « Au mois d'avril 1627, le sieur *de Maricourt* fut mis à la Bastille, comme complice du sieur *baron de Beauffort*; lequel y était détenu depuis deux ans, pour quelque levée de gens de guerre, ainsi que l'on disait. » On lui facilita une évasion, et il passa à l'étranger. Plusieurs généalogistes disent qu'il fut fiancé avec MARIE-MARGUERITE DE BEAUFFORT, *dame de Beaulieu*, sa parente, par contrat du 22 mai 1622 ; mais, que le mariage n'eut point lieu (Voyez, ci-devant, p. 208). Il mourut à Milan, où il était détenu depuis longtemps comme prisonnier d'État, en 1662. M. Goethals prétend qu'Antoine aurait été décapité en Espagne, en 1644, sans en fournir une seule preuve. Il ne fut point marié. Par sa mort, ROBERT DE BEAUFFORT, *chevalier*, seigneur de Mondicourt, son parent, étant devenu chef de la maison, en prit les *armes pleines* (Moreri et autres). La *terre de Boisleux* fut achetée, lors de la mort d'Antoine, par dame Antoinette de Gongnies, épouse de Louis de Beauffort, sa mère, qui la donna à sa fille Michelle, femme de Blondel, sœur cadette d'Antoine.

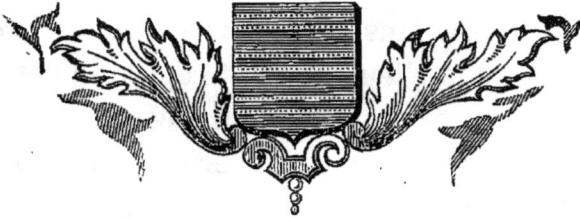

DIXIEME BRANCHE

DITE

Des seigneurs de Lassus, du Saulchoy
et du Cauroy, issus des seigneurs de Bullecourt, etc.

(1561-1876)

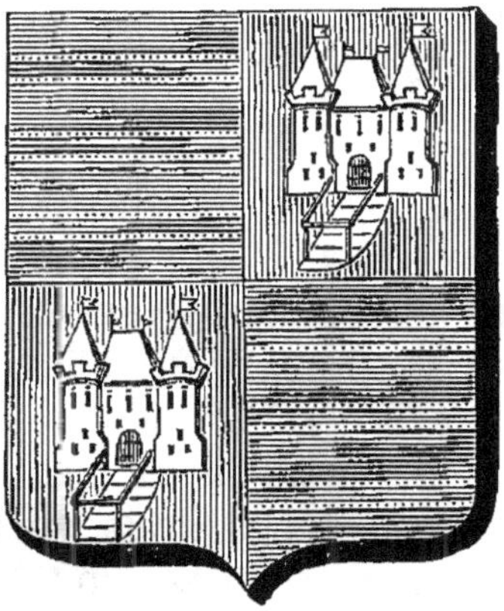

XIV. Hugues de Beauffort, *chevalier*, seigneur de Lassus, du Saulchoy, d'Hersin, Baurains en partie, né en 1534, licencié-ès-lois, conseiller au conseil d'Artois, fils de Jean, IIIe du nom, seigneur de Bullecourt, Markais, etc., et de dame Cornélie de Kils. Il hérita, par suite de la mort, sans enfants, d'Antoine, Jean, Eustache et Barbe, ses frères et sœur, des terres *de Lassus, du Saulchoy et d'Hersin* et forma une branche, dont les armoiries furent écartelées de Beauffort et de Gironvilliers, comme ci-dessus. Il avait épousé, par contrat, du 7 août 1561, d^{lle} MARGUERITE DE LE VAL, *dame du Ponchel et de Warnicamps*, fille et héritière de Jean, seigneur du Ponchel-sur-la-Lys et de Warnicamps, et de dame Marguerite de Couronnel, dite de Mailly. Il dénombra la terre et seigneurie de Warnicamps, au nom de sa femme, le 17 septembre 1583. Hugues de Beauffort testa, avec sa femme, le 3 août 1597, mourut à Arras, en Artois, le 8 août de la même année, et fut inhumé dans l'église de Saint-Nicolas de ladite ville. Son épouse fit un nouveau testament le 11 novembre 1618, qu'elle ratifia par un codicile, le 6 mars 1621, décéda le 21 janvier 1625, et fut inhumée auprès de son mari. Ils eurent de leur mariage :

1° ANTOINE DE BEAUFFORT, dit *de Warnicamps*, né à Arras, le 10 septembre 1582, capitaine d'une compagnie de gens de pied, au service des archiducs souverains des Pays-Bas. Il fut convoqué, le 22 mai 1604, pour le ban et arrière-ban des gentilshommes de l'Artois. Antoine, petit-fils de Jean de Beauffort et de Cornélie de Kils, fit réparer la verrière que Jean, son grand-père, avait donnée, en 1540, à l'église de Saint-Géry d'Arras (Voyez, aux *Annales*, 1540; p. 57). Il donna le dénombrement de la terre de Warnicamps, le 9 mars 1625. Par son testament, du 28 mai 1649, Antoine donna tous ses biens à ses neveux et nièces, enfants de Jean-Baptiste de Beauffort, son frère, et de Jeanne de Belvalet. Il mourut cette même année, à Arras, et fut inhumé dans l'église de Saint-Jean. Il ne se maria pas.

2° JEAN-BAPTISTE, qui suit.

3° MARIE DE BEAUFFORT, mariée, vers 1605, avec ANTOINE DE BELVALET, seigneur de Pomeras, de Bienvillers et de Famechon, etc., conseiller au conseil provincial de l'Artois, veuf d'Éléonore Payen, dame de Bellacourt. Il testa, le 1er juillet 1608, et mourut sans laisser d'enfants, à Arras, le 12 juillet 1632. Ils furent inhumés dans l'église de Saint-Jean, à Arras. Il eut une fille de son premier lit, nommée *Jeanne*, mariée à *Jean-Baptiste de Beauffort*, seigneur de Ponchel, ci-après.

4° HUGUES DE BEAUFFORT, *écuyer*, dit *le Bel* ou *le Beau*, seigneur du Saulchoy, fut convoqué, le 22 mai 1604, au ban et arrière-ban des gentilshommes de l'Artois. Il épousa, le 23 août 1625, noble damoiselle CATHERINE DE CORNAILLE, femme d'une rare beauté (Voyez, ci-devant, aux *Annales*, 1636; p. 65 et 66). Après son mariage, il modifia les armes de sa maison ainsi :

rappelant les alliances qui lui étaient les plus directes. Décédée le 9 août 1636, elle fut inhumée dans l'église de Saint-Vincent. Son mari était mort le 1er février 1636, et inhumé dans l'église de Saint-Jean-de-Ronville, à Arras. — Ils n'eurent qu'une fille nommée : MARIE-ANNE-FRANÇOISE DE BEAUFFORT, dite *Mademoiselle du Saulchoy*; décédée le 14 août 1636, en bas-âge. On aura, sans doute, remarqué que la famille créée par Hugues de Beauffort s'éteignit entièrement la même année.

5° ISABELLE DE BEAUFFORT mourut célibataire, à Arras, le 27 septembre 1634, à l'âge de 65 ans, et fut inhumée sous le chœur de l'église de Saint-Nicolas-sur-les-Fossés, en faveur de laquelle église, elle avait fait plusieurs fondations pies.

6° MARGUERITE DE BEAUFFORT, morte sans avoir contracté d'alliance, a été inhumée auprès de sa sœur Isabelle.

XV. JEAN-BAPTISTE DE BEAUFFORT, dit *du Ponchel, chevalier*, né à Arras, en Artois, le 28 août 1585, seigneur de Lassus, du Ponchel, etc. Il épousa, par contrat passé le 13 octobre, et à l'église le 19 novembre 1613, d^{lle} JEANNE DE BELVALET, fille d'Antoine de Belvalet, seigneur de Pomeras et de Famechon, etc., et de dame Léonore de Payen, dame de Bellacourt; nièce de dame Jeanne-Claudine de Belvalet, abbesse de la noble abbaye d'Estrun-lez-Arras. Il fut échevin de la ville d'Arras; puis, lieutenant particulier du gouverneur d'Arras. Il testa, le 10 novembre 1636, mourut à Arras, le 30 novembre 1637, et fut inhumé le 2 décembre suivant (Voyez, ci-devant, les *Annales*, 1637; p. 66). Sa femme décéda, à Douai, où elle s'était retirée, le 23 octobre 1648, et elle y fut inhumée dans l'église de Saint-Jacques, où l'on voyait son épitaphe (Voir, *Quartiers généalogiques des familles nobles des Pays-Bas*, 1776; in-4°, avec blasons; p. 33). Ils eurent de leur mariage :

1° HUGUES DE BEAUFFORT, seigneur du Ponchel, prêtre de la congrégation des Oratoriens ou de l'oratoire de Jésus; visiteur général de son ordre en Flandres et en Allemagne, où il était très-considéré. Il fut souvent supérieur des maisons de Maubeuge et de Mons; il mourut dans cette dernière ville, en 1678. Dans un acte de partage, conservé au Gros d'Arras, sous le n° 27, fait le 23 juillet 1650, on lit : « Entre noble et vénérable homme Hugues de Beauffort, prêtre de la congrégation de l'Oratoire, à Douai, etc., en son nom et comme tuteur et curateur d'*Antoine-Joseph de Beauffort*, son frère mineur d'ans; *Jean-Baptiste de Beauffort*, prêtre de ladite congrégation, et

Pierre-Ignace de Beauffort, écuyer, seigneur de Warnicamps; Charles de Quellerie, écuyer, seigneur de Chanteraine, et *Marie de Beauffort*, son épouse; et *Marguerite-Gertrude de Beauffort*, fille à marier, se fit le partage des biens du défunt *Jean de Beauffort*, seigneur du Ponchel, et de d^lle^ *Jeanne de Belvalet*, leurs père et mère, et de ceux d'*Antoine de Beauffort*, écuyer, seigneur de Warnicamps, leur oncle, etc. (Archives de Beauffort).

2° JEAN-BAPTISTE DE BEAUFFORT, dit l'*abbé de Beauffort*, seigneur du Saulchoy, d'Hersin et du Cauroy, qui acheta avec son frère Pierre-Ignace, le 19 décembre 1671, à Eugène de Noyelles, marquis de Lisbourg, la *terre et seigneurie du Cauroy*. Il fut nommé chanoine du chapitre d'Arras, en 1657; puis, vicaire général et official du diocèse d'Arras; il fut, plusieurs fois, député à la cour par le corps du clergé des Etats généraux d'Artois; protonotaire apostolique. Il testa, le 21 janvier 1678, mourut le 21 mars 1680, et fut inhumé dans la cathédrale d'Arras.

3° PIERRE-IGNACE DE BEAUFFORT, *chevalier*, seigneur de Warnicamps, Averval, Hesugle-Petit. Jean-Baptiste et Hugues de Beauffort, prêtres, lui firent don, par acte du 28 janvier 1650, de la terre de Warnicamps; donation qui fut ratifiée par acte du 27 février de la même année. Il fut créé *chevalier*, par lettres-patentes, données par le roi, à La Ferte, en août 1656. Il avait épousé, par contrat du 5 mars 1650, d^lle^ MARGUERITE DE LA FORGE, *dame de la Vallée*, fille de feu Pierre de La Forge, seigneur de Caigny, et de dame, Anne de Berry, dame de Villers-le-Leu, etc. Pierre-Ignace de Beauffort testa, à Arras, le 10 décembre 1677, et mourut le 14 janvier 1678; sa femme était déjà morte le 19 mai 1674. Ils furent inhumés dans l'église de Sainte-Croix, à Arras. Ils n'eurent qu'une fille, nommée MARIE-MARGUERITE DE BEAUFFORT, dame de Warnicamps, mariée, par contrat passé, à Arras, le 12 février 1677, avec messire JEAN-FRANÇOIS VOLLANT DE BERVILLE, marquis de Lisbourg, chevalier, seigneur de Berville. Dont postérité.

4° Antoine-Joseph, qui suit ;

5° Marie de Beauffort mariée, en 1647, avec Charles de Quellerie, seigneur de Chanteraine, Boursies. Quiery, du Forestel, etc. ; lieutenant, capitaine d'une compagnie d'hommes d'armes au service d'Espagne. Ils figurent tous les deux dans l'acte de partage, du 23 juillet 1650, mentionné ci-dessus, à l'article de Hugues de Beauffort, prêtre. Ils sont morts en 1660 et en 1677, à Douai, et ont été inhumés dans l'église de Saint-Jacques de cette ville, où l'on voyait leur épitaphe. Ils ont eu postérité.

6° Marguerite de Beauffort, mariée avec Charles de Moncheaux, chevalier, seigneur d'Hannescamps, etc., qui fut créé *chevalier*, avec Pierre-Ignace de Beauffort, son beau-frère, au mois d'août 1656. Elle est décédée en 1692 et son mari en 1703 ; ils furent inhumés dans l'église d'Hannescamps. De ce mariage sont nés plusieurs enfants, éteints sans postérité, en 1745.

XVI. Antoine-Joseph de Beauffort, *chevalier*, seigneur de Lassus, du Saulchoy, du Cauroy, etc., né le 2 mai 1635. Il fut convoqué aux États généraux d'Artois, le 7 avril 1677, auxquels il siégea les années de 1677 à 1681. Ce noble seigneur fut créé *chevalier*, par lettres-patentes données, à Versailles, en octobre 1677, enregistrées au conseil d'Artois, le 14 février 1678. Il avait épousé, par contrat du 26 janvier 1675, et à l'église de Saint-Jean-de-Ronville, le 9 juillet suivant, damoiselle Antoinette-Adrienne de Mont-Saint-Eloy, *dame de la Boucharderie*, fille de Nicolas, baron de Nedonchel, en Artois, et de dame Antoinette de Mailly, dite Maillet. Pour la célébration de ce mariage, il fallut une dispense de Rome, octroyée par le Saint-Père, Clément X, au mois de mars 1675, et visée par l'official d'Arras, le 13 avril de la même année, à cause du quatrième degré de parenté qui existait entre les futurs époux. Il testa le 21 juillet 1690, mourut au château du Cauroy, le 4 octobre 1694, et fut inhumé en l'église de Saint-Jean-de-Ronville, à Arras. Sa femme testa le 25 avril 1719, décéda, à Arras, le 21 août 1719, et fut inhumée auprès de son mari. Ils ont eu de leur mariage :

1° ALBERT-JOSEPH DE BEAUFFORT, né le 10 mai 1680; décédé, au château du Cauroy, le 20 décembre 1686.

2° FRANÇOIS-JOSEPH, qui suit ;

3° LOUIS-IGNACE DE BEAUFFORT, dit *le chevalier de Lassus*, né le 2 octobre 1689; mort en 1698, à l'âge de 9 ans.

4° MARIE-MAGDELEINE DE BEAUFFORT, née le 5 mai 1676; mariée, par contrat du 22 septembre 1696, avec messire GASTON-FRANÇOIS DE SAINT-VAAST, *baron et marquis d'Honnecourt*, seigneur du Hannet, etc., capitaine au régiment de Normandie, fils de Henry de Saint-Vaast, seigneur de Beugny, etc., capitaine de cinquante hommes d'armes, et d'Alix de Montbertault. Ils eurent plusieurs enfants, dont un seul se maria : *Alix-Barbe-Guye de Saint-Vaast*, héritière d'Honnecourt, née en octobre 1700, fut mariée, en 1720, avec M. *Charles-Ignace-François, comte de Lannoy, de Beaurepaire et du Saint-Empire*, dont postérité. Madame de Saint-Vaast est décédée, le 20 mars 1713, et a été inhumée dans l'église de Saint-Martin, à Cambrai. Son mari mourut, vers 1730, à l'âge de 77 ans.

5° JEANNE-ISABELLE DE BEAUFFORT, *dame d'Hersin* en partie, née le 25 décembre 1677, fut mariée : 1° en 1699, avec GUY DE MONCHEAUX, *chevalier*, seigneur de Moncheaux, d'Hannescamps, de Wavans, de Baurains et de Rivière, fils de Charles de Moncheaux, seigneur de Foucquevillers et d'Hannescamps, et de dame Marguerite-Gertrude de Beauffort. Il était major au régiment d'Isenghien, et décéda le 17 septembre 1700. De cette union, une fille morte en naissant; 2° par contrat passé, à Arras, le 23 septembre 1702, avec messire FRANÇOIS-JOSEPH DE PARTZ-DE-PRESSY, *marquis d'Esquires* (par lettres-patentes d'érection, données par le Roi, à Versailles, en octobre 1712), *chevalier*, seigneur d'Esquires, de Crespy, de Pressy, d'Herlin, de Berquineuse, capitaine au régiment de Famechon; membre de la noblesse des Etats d'Artois, dès l'année 1669; député de la noblesse à la Cour, en 1711; député général et ordinaire du même corps en 1720; né le 15 mai 1669; décédé, à Arras, le 9 juillet 1756. Ils eurent cinq enfants, entr'autres : François-Joseph-Gaston de Partz-de-Pressy, évêque du diocèse de Boulogne, en 1743; et Catherine-Joseph de Partz-de-Pressy, mariée, en 1731, avec Jean-François d'Alsace-Hennin-Liétard, chevalier, marquis d'Alsace. Madame la marquise d'Esquires, née de Beauffort, est décédée, à Arras, le 19 juillet 1744.

6° MARIE-ANTOINETTE-CHARLOTTE DE BEAUFFORT, née le 20 août 1681, baptisée dans l'église de Saint-Jean-de-Ronville, à Arras, le 1er septembre suivant; elle est décédée le 13 juillet 1682.

7° ADRIENNE-FRANÇOISE DE BEAUFFORT, dite *mademoiselle de Lassus*, née le 16 mars 1683, donna, par acte du 7 novembre 1753, à messire François-Joseph, son frère, la terre et *seigneurie du Saulchoy*. Elle est décédée, au château du Cauroy, sans avoir contracté d'alliance, le 10 juillet 1755.

8° BARBE-FRANÇOISE DE BEAUFFORT, dite *mademoiselle du Cauroy*, née le 5 avril 1685; décédée, au château du Cauroy, en Artois, le 14 février 1721. Sans alliance.

XVII. FRANÇOIS-JOSEPH DE BEAUFFORT, *chevalier*, seigneur de Lassus, du Saulchoy, du Cauroy, de Baurains en partie, d'Hannescamps, du Mont, du Plouich, de la Brayelle, de Frévillers, de Saint-Sauveur, d'Agival, Des Mottes, Bacouée, Novarro, Vaux, etc. La seigneurie du Saulchoy lui fut donnée par Adrienne-Françoise, sa sœur, par acte du 7 novembre 1753. *Baron de Nedonchel*, en Artois, par succession. Né, à Arras, le 20 juillet 1687, il fut baptisé le lendemain dans l'église de Saint-Jean-de-Ronville, à Arras. Il fut créé *chevalier* par lettres-patentes royales, signées le 10 décembre 1706. Messire François-Joseph de Beauffort épousa, par contrat passé, à Arras, le 13 avril 1722, et le lendemain à l'église de Foucquières-lez-Lens, demoiselle MARIE-FLORENCE DE COUPIGNY, *dame du Plouich et du Mont* en partie, née le 16 novembre 1693, fille aînée de messire Philippe-Constant de Coupigny, chevalier, seigneur de Foucquières, de Salau, du Mont, du Plouich, etc., chef de l'illustre maison de Coupigny, dit *de Mallet*, député général et ordinaire du corps de la noblesse des Etats généraux de l'Artois, et de dame Marie-Joseph du Pont de Tayneville. Après son mariage, François-Joseph de Beauffort modifia ainsi ses armes : « Ecartelé, au premier de Gironvilliers ; au deuxième de Mont-Saint-Eloy ; au

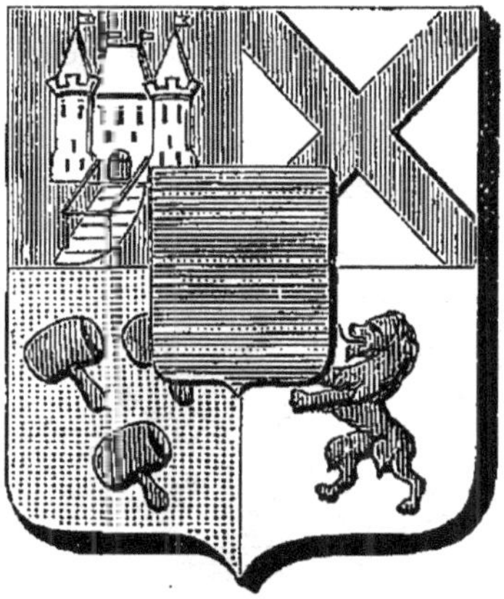

troisième de Mallet ; au quatrième de Belvalet ; sur le tout de Beauffort, comme ci-dessus. Cette modification fut approuvée par lettres-patentes royales, du mois de septembre 1722 (V. : les *Annales*, 1722 ; p. 77). Mme de Beauffort, née de

Coupigny, décéda, au château du Cauroy, le 16 octobre 1761, et son mari... Ils eurent de leur mariage :

1° CONSTANT-ANTOINE-JOSEPH DE BEAUFFORT, né au mois de décembre 1722, décédé le 20 janvier 1724;

2° MARIE-JOSÈPHE-ANTOINETTE DE BEAUFFORT, dite *mademoiselle de Beauffort*, née en janvier 1724, décédée célibataire, au château du Cauroy, le 6 avril 1770;

3° JEAN-BAPTISTE-CHARLES-ADRIEN DE BEAUFFORT, dit le *baron de Beauffort, écuyer*, seigneur du Cauroy, du Saulchoy, *baron de Nedonchel*, né en décembre 1724. Il était qualifié *baron*, probablement à cause de la possession de la *baronnie de Nedonchel*, dont il avait été apanaché, en sa qualité d'aîné, par messire Philippe-Albert de Mont-Saint-Eloy, son grand oncle. Il est mort, à Arras, en 178 , sans avoir contracté d'alliance ;

4° EMMANUEL-CONSTANT-JOSEPH, qui suit ;

5° MARIE-HENRIETTE-CONSTANCE DE BEAUFFORT, dite *mademoiselle de Beauffort*, née en 1730, reçue chanoinesse régulière du noble chapitre d'Estrun-lez-Arras, de l'ordre de Saint-Benoît, dont elle fut la dernière abbesse mitrée et crossée, en août 1789. On

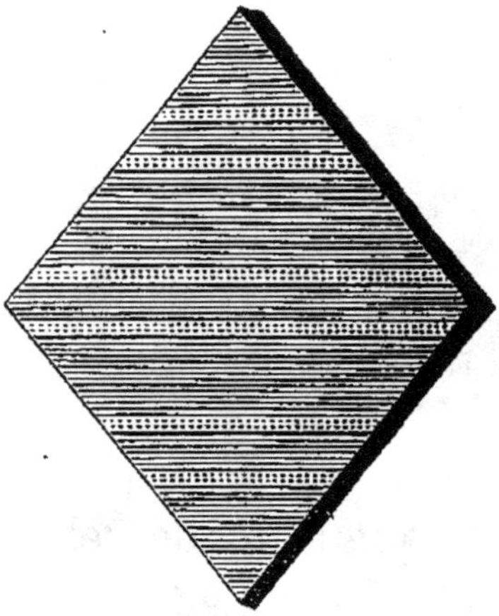

conserve précieusement, au château du Cauroy, sa croix pectorale, son anneau et sa crosse. Elle est décédée, vers 1809, au château du Cauroy, où elle s'était retirée, et où elle continua sa vie et ses devoirs religieux ;

6° MARIE-ALBERTINE-JOSÈPHE DE BEAUFFORT, née en mars 1729 ; mariée, le 8 avril 1761, avec CHARLES-PHILIPPE-BERNARD DE HYBERT, *chevalier*, *baron de la Motte*, etc., né en 1722, capitaine au régiment de Montmorin, chevalier de l'ordre royal et militaire de Saint-Louis, fils de messire Charles-Joseph et de dame Françoise-Thérèse-Josèphe de Gargan de Rollepot. Ils n'eurent qu'une fille, qui mourut célibataire, au château du Cauroy, en 1786 ;

7° MARIE-JEANNE-BARBE-FLORENCE DE BEAUFFORT, née en 1732, appelée dans le monde : *mademoiselle du Pouich*. Elle est décédée célibataire, au château du Cauroy, en 18 ;

8° N. . . . . DE BEAUFFORT, dite *mademoiselle du Saulchoy*, née en 1738 ; morte étant pensionnaire au couvent des Ursulines, à Arras, en 1749.

XVIII. EMMANUEL-CONSTANT-JOSEPH DE BEAUFFORT, dit *le chevalier de Beauffort*, qualifié aussi *baron de Beauffort*, seigneur de Lassus, du Cauroy, de Nedonchel, d'Hannescamps, etc., né à Arras, le 28 février 1726 ; il prit les armes pleines de sa maison, après l'autorisation donnée en 1761 (Voyez, aux *Annales*, page 85). Il fit ses preuves de noblesse, au cabinet du Saint-Esprit, devant M. Cherin, généalogiste du roi, le 16 février 1771, et fut déclaré admis aux honneurs de la cour (Voyez, les *Annales*, 1771 ; p. 88) ; il avait servi en qualité de capitaine dans le régiment du Roi-infanterie, et fut nommé *chevalier de l'ordre royal et militaire de Saint-Louis*, en 1768. Ce seigneur dénombra, le 15 février 1768, la terre de Beauchamps, sise à Ciclem, dont il venait d'hériter de sa mère. Il fut convoqué aux Etats généraux de l'Artois, le 25 octobre 1774, et signa en qualité de *baron*, le 29 avril 1789, la protestation de la noblesse des Etats généraux de l'Artois, relative à ses prérogatives. M. le baron de Beauffort avait épousé, à Arras, par contrat du 11 juin 1776, et à l'église de Saint-Etienne, le lendemain, 12 juin, d^lle^ VICTOIRE-LOUISE-MARIE-CAROLINE DE BEAUFFORT, sa parente, fille de M. Charles-Louis-Alexandre, *marquis de Beauffort*, et de dame Florence-Louise-Josèphe de Beauffort, dame de Beaulieu, etc., née à Arras, le 27 août 1756; elle avait été reçue chanoinesse du noble chapitre de Denain (Hainaut), en 1766. Il est à remarquer que ce mariage réunit trois branches de la maison de Beauffort, et qu'il donna neuf enfants, savoir :

1° CHARLOTTE-MARIE-LOUISE-JOSÉPHINE DE BEAUFFORT, dite *Mimi*, née au Cauroy, le 22 avril 1777, reçue chanoinesse du noble chapitre de Denain (Hainaut), le 30 décembre 1782 ; décédée au château dudit Cauroy, en 1786 ;

2° MARIE-LOUISE-HENRIETTE-ALBERTINE DE BEAUFFORT, née, à Hannescamps, le 18 août 1778, baptisée le 22 dudit mois, reçue chanoinesse du noble chapitre de Denain, le 30 décembre 1782; décédée au couvent des Carmélites, à Mons, où elle faisait son instruction, auprès de sa tante, en 1791 ;

3° FLORENCE-MARIE-CLOTILDE DE BEAUFFORT, née, au Cauroy, le 7 février 1780; mariée le 16 septembre 1812, avec M. FRANÇOIS-JOSEPH DE PARTZ, *marquis d'Esquires*, chevalier, né au château de Willeman, le 6 janvier 1775; décédé au château d'Esquires, le 29 mars 1848. Il était fils de M. François-Marie de Partz, marquis de Pressy, et de dame de Willeman. Dont postérité ;

4° CHARLES-AUGUSTE-MARIE, qui suit ;

5° ALPHONSE-CHARLES-MARIE-CONSTANT DE BEAUFFORT, né le 17 septembre 1783, baptisé dans l'église de Berlancourt, le 23 dudit mois; fut reçu de minorité, le 3 juillet 1784, dans l'ordre de Saint-Jean-de-Jérusalem

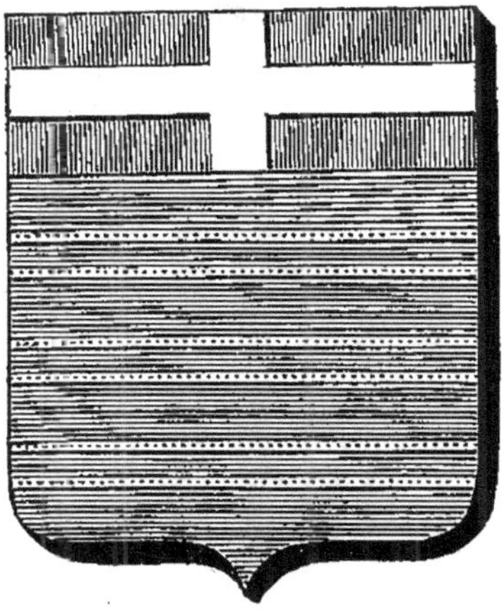

ou de Malte, au grand prieuré de France, à Paris, et par bref, le 4 septembre 1785; sa quittance de passage est du 3 septembre 1787. Il entra ensuite au service de l'Espagne, dans la compagnie flamande des gardes du corps de S. M. Catholique, en 1802; décéda à Madrid (Espagne), en 1803;

6° JOSÉPHINE-FERDINANDE DE BEAUFFORT, née, au château du Cauroy, en 1784; mariée, le 21 janvier 1807, avec M. ADRIEN-EUGÈNE-LÉONARD, *marquis* DE TRAMECOURT, fils de M. Eugène-Léonard de Tramecourt et de dame Marie-Anne de Nedonchel; décédée, au château de Lignereuil, le 7 mai 1807;

7° ÉLÉONORE-MARIE DE BEAUFFORT, née au château du Cauroy, le 14 novembre 1789; de laquelle nous ignorons la destinée;

8° EUGÉNIE-MARIE DE BEAUFFORT, née au Cauroy, le 27 octobre 1793, sœur jumelle de la suivante, mariée avec M. THÉODORE-CHARLES-JOSEPH, *baron* DE GARGAN, né à Inglange, le 9 août 1791, ancien élève de l'école Polytechnique; donna sa démission de membre du Conseil général de la Moselle et d'ingénieur des mines, en 1830. Elle est décédée en 1827. Ils eurent une fille, nommée Eulalie-Marie de Gargan, née à

Metz (Moselle), le 30 décembre 1823; elle est décédée, à Hayange, le 27 mars 1842. M. de Gargan se remaria;

9° EULALIE-MARIE DE BEAUFFORT, sœur jumelle de la précédente, née, au Cauroy, le 27 octobre 1793; entra religieuse aux Dames du Sacré-Cœur.

XIX. CHARLES-AUGUSTE-MARIE, *baron* DE BEAUFFORT, né, au Cauroy, le 23 décembre 1781; épousa, le 22 septembre 1815, d^lle^ ANTOINETTE-GENEVIÈVE-CAROLINE-CLAUDINE LE CLERC DE JUIGNÉ, née le 16 août 1795, fille de M. Charles-Marie Le Clerc, marquis de Juigné, et de dame Eulalie de Réals. Décédé le 26 avril 1827. Sont issus de ce mariage :

1° ALPHONSE-CHARLES-MARIE, qui suit;

2° MARIE-CHARLOTTE-FERDINANDE DE BEAUFFORT, née le 31 décembre 1816; mariée, le 22 mars 1838, avec M. ERNEST DE CORIOLIS, *baron de Limaye* (La terre de Limaye, en Provence, fut érigée en *baronnie*, en 1648, en faveur de Jean-Louis de Coriolis), officier démissionnaire en 1830. Décédé, le 12 février 1847, laissant un fils, nommé *Charles*.

XX. ALPHONSE-CHARLES-MARIE, *baron* DE BEAUFFORT né, à Paris, le 29 juin 1819; a épousé, le 29 mars 1842, d^lle^ SIDONIE DE ROCHEDRAGON, fille de M. le marquis de Rochedragon, colonel, aide-de-camp de Mgr le duc de Berry, et de dame Sidonie Mac-Donald, dont il n'a eu que trois filles :

1° ANTOINETTE DE BEAUFFORT, née à Paris, le 24 février 1843; mariée, le 25 avril 1866, avec M. JACQUES-MAXIME-GASPARD, *comte* DE CHASTENET DE PUYSÉGUR, lieutenant de vaisseau, officier de la Légion-d'Honneur, décoré de l'ordre du Medjidié; décédé le 15 avril 1874. De cette union : un garçon, mort en bas-âge, et trois filles vivantes;

2° GENEVIÈVE-JACQUELINE-MARIE-SIDONIE DE BEAUFFORT, née, à Paris, le 4 novembre 1845; mariée, à Paris, le 2 juillet 1872, avec M. HERVÉ-MARIE-CHRISTIAN, *comte* DE KERGORLAY, secrétaire d'ambassade, né le 18 août 1845, fils de M. Pierre-Ernest-*Alain*, comte de Kergorlay, décédé le 23 décembre 1860, et de dame Sophie-Jeanne-Marie-*Octavie* Tissot de Mérona, décédée le 18 août 1855. De ce mariage: 1° Hervée-Marie-Charlotte-*Aliénor*, née le 31 mai 1873, décédée le 19 septembre de la même année; 2° Aliénor-Alphonsine-*Jeanne-Marie*, née le 8 juillet 1874; 3° Raymond-Sidoine-Marie-*Alain*, né le 18 août 1875; 4° N.....

3° LOUISE-MARIE-HENRIETTE DE BEAUFFORT, née, à Paris, le 15 juillet 1850; décédée, au château du Cauroy, le 18 octobre 1857.

ONZIEME BRANCHE

DITE

Des seigneurs de Beaulieu, de Graincourt, de Moulle, etc.

(1635-1825.)

XVI. Renom de Beauffort, *chevalier*, seigneur de Beaulieu, de Graincourt, de Moulle, etc., huitième enfant de Gilles de Beauffort, seigneur de Mondicourt, etc., et de dame Suzanne de Fournel, dame de Beaulieu, etc., né à Arras, en Artois, le 27 mai 1607. Sa mère, étant veuve, lui donna, par acte du 5 octobre 1635, la terre *de Beaulieu-lez-Pas*. Il fut mestre-de-camp d'un régiment de vingt compagnies de fantassins; puis, capitaine de chevau-légers, au service d'Espagne. Il testa, à Saint-Omer, le 29 juin 1646. Dans son testament, il ordonna que son corps fût inhumé dans la paroisse où il sera décédé; mais, que son cœur soit transporté en l'église de Moulle, pour être déposé « auprès de celui de défunt haut et puissant seigneur messire Denis de Massiet, chevalier, baron de Ravesbergues, seigneur de Moulle, mon beau-père, et sur l'endroit où reposera mon-dit cœur soit mis une épitaphe, avec mes armes et mes quartiers, ainsi qu'il appartient à ma qualité..... » Il mourut, le 8 octobre 1647, des suites des blessures qu'il avait reçues, la même année, au siége de Dixmude. Renom de Beauffort, auteur de la branche dite *de Moulle*, brisa ses armes ainsi : *D'azur, aux trois jumelles d'or, à la bordure de l'écu de gueules*, comme ci-dessus. Renom épousa, par contrat passé, à Arras, le 9 août 1635, d^lle^ ALEXANDRINE DE MASSIET, *dame de Moulle*, etc., fille de Denis de Massiet, chevalier, baron de Ravesbergues, seigneur de Moulle, etc., et de dame Marie d'Assignies d'Alloisne, sa première femme; étant devenue veuve, elle se remaria, en 1650, et décéda le 21 mai 1668. Alexandrine de Massiet avait acheté la *terre et seigneurie de Moulle*, en 1612, à dame Claude de Créquy, épouse de messire François de Monchy ; terre qu'elle apporta en dot, en 1635, à Renom de Beauffort; de là, la branche dite des *seigneurs de Moulle*. Ils eurent de leur mariage :

1° RENOM-FRANÇOIS, qui suit;

2° LOUIS-ANTOINE DE BEAUFFORT, né le 25 juillet 1638, baptisé le 29 dudit mois; il était capitaine de cavalerie, à l'âge de 20 ans; il quitta le service militaire, en 1660, pour entrer dans les ordres sacrés; il se fit jésuite en 1688 et devint recteur des colléges d'Armentières et de Saint-Omer. Il décéda, à Saint-Omer, en Artois, à l'âge de 81 ans, et fut inhumé dans la chapelle des Pères Jésuites de cette ville.

3° JULIEN, 4° MARIE et 5° ALEXANDRINE DE BEAUFFORT, morts en bas-âge, à Arras.

XVII. RENOM-FRANÇOIS DE BEAUFFORT, *chevalier*, qualifié dans certains actes, *comte de Moulle*, seigneur de

Beaulieu, etc., né à Arras, le 26 juin 1636. En conséquence de la donation de la seigneurie de Beaulieu, qui lui fut faite par sa grand'mère, il dut écarteler ses armes : de Fournel, capitaine d'infanterie au régiment

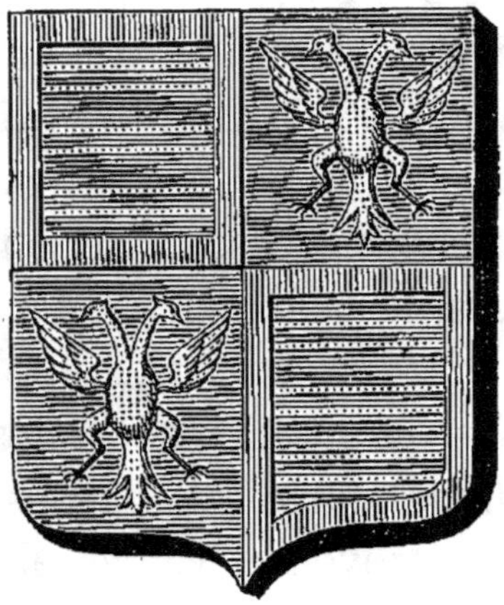

du comte de Solre, son parent; grand bailly d'épée de Saint-Omer. Il testa, le 3 octobre 1702, et mourut, à Moulle, le 9 octobre suivant. Il avait épousé, au château de Lescout, par contrat, le 14 mars 1670, D^lle^ ANTOINETTE DE CROIX, *dame de Courtois*, de Blanquemain, de Villeman, etc., fille de messire Jacques de Croix, *comte de Croix*, seigneur de Wasquehal, colonel royal de cavalerie wallonne, etc., brigadier des armées du roi, et de dame Marie de Croix; sœur de messire Pierre, comte de Wasquehal, brigadier des armées du roi et colonel du régiment de cavalerie wallonne. Il acheta, en 1684, la terre *de Guemy*, qui ne resta pas longtemps dans la maison de Beauffort. Antoinette mourut, le 21 janvier 1687, et fut inhumée dans l'église de Moulle. Renom-François nomma ses enfants dans son testament, du 3 octobre 1702, qui se trouve transcrit dans le registre *aux substitutions*, du conseil d'Artois, au folio 75, savoir :

1° LOUIS-FRANÇOIS DE BEAUFFORT, né le 8 février 1671, était aussi qualifié *comte de Moulle, vicomte de Houlle, etc.;* capitaine de cavalerie. Dame Claire-Angélique de Croix lui fit don, par son testament, en 1717, de la terre et *comté de Croix*, à la charge d'en porter le nom et *les armes de Croix* en écartelure. (Voyez, aux *Annales*, 1716, p. 75; 1733, p. 77; 1735, p. 80). Il modifia ainsi ses armes : *D'azur, à trois jumelles d'or, mises en fasce; écartelé d'argent, à la croix d'azur*, qui est *de Croix*. Louis est

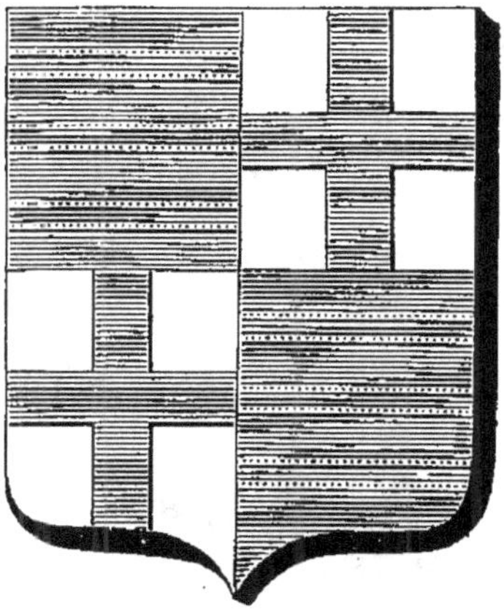

décédé, au château de Moulle, le 7 février 1718, sans avoir contracté d'alliance. Nous devons faire remarquer que Louis-François de Beauffort est décédé avant dame Claire-Angélique de Croix, qui lui avait donné, en 1717, ses biens; elle ne mourut qu'en 1721, ce qui rendit la donation nulle; mais elle fut continuée à Christophe-Louis de Beauffort;

2° CHRISTOPHE-LOUIS, qui suit;

3° CHARLES-DOMINIQUE DE BEAUFFORT, né le 26 avril 1781; mort, le 3 juin 1783;

4° CHRÉTIENNE-FRANÇOISE DE BEAUFFORT, née le 8 mai 1675, reçue chanoinesse au noble chapitre de Moustier-sur-Sambre, en 1685; elle est décédée au château de Moulle, le 26 août 1686, sans avoir pris possession de sa prébende.

XVIII. Christophe-Louis de Beauffort, *comte de Beauffort et de Croix* (la terre de Croix, en Artois, fut érigée en *comté*, par lettres-patentes royales, du mois de mai 1682), né au château de Moulle, le 28 mai 1674, seigneur de Moulle et de Buisseheure, *vicomte de Houlle*, de Beaulieu et de la Jumelle; *baron de Grincourt* et de la Motte, seigneur du Bourg de Sainte-Croix, de Lescusserie, de Lorphevrie, de Liscle, de la Hucseric, de Desprès, de Blanquemain, de Courtois, de Nortdausque, du Brœucq, etc. Il avait servi, pendant cinq ans, dans la seconde compagnie de mousquetaires. Il fut grand bailly d'épée des ville et bailliage de Saint-Omer, en Artois (1). M. Christophe-Louis de Beauffort épousa, en premières noces, par contrat passé, à Tournai, le 3 juillet 1716, d[lle] Claire-Angélique de Croix de Oyembourg, sa nièce à la mode de Bretagne, du côté de dame Marie-Philippine de Croix de Wasquehal, sa mère et sa cousine, riche héritière; elle était fille aînée de messire Charles-Adrien de Croix, *comte de Croix* (par érection de 1682), seigneur de Prescau, de Oyembourg, etc., et de dame Marie-Philippine de Croix de Wasquehal, sa cousine. Ils n'eurent qu'un enfant, mort le 13 octobre 1717. Claire-Angélique de Croix donna tous ses biens à Louis-François de Beauffort, frère aîné de son mari, en 1717. M. de Courcelles fait mention de cette particularité dans l'*Histoire généalogique des Pairs de France*, tome II, p. 15. Elle décéda en 1721. Il s'unit, en secondes noces, par contrat passé, au château de Malanoy, le 7 août 1723, et

(1) On entendait autrefois par *grand bailly d'épée*, *capitoul d'épée*, etc., ceux de ces magistrats municipaux qui étaient *nobles d'épée;* c'est-à-dire qui appartenaient à la noblesse militaire.

à l'église de Bourrech, au diocèse de Boulogne, le lendemain, avec d[lle] MARIE-ANNE-FRANÇOISE-JOSÈPHE DE CROIX, *dame de Malanoy*, sa cousine, née, à Saint-Omer, en 1694, héritière de la branche dite des seigneurs de Malanoy; décédée, à Moulle, le 29 juin 1735, âgée de 40 ans. Elle était fille de Maximilien-Thomas de Croix, seigneur de Malanoy, et de dame Marie-Anne-Josèphe de Crametz. Les diverses terres de Christophe-Louis de Beauffort furent érigées en *comté*, sous la dénomination de *comté de Beauffort*, par lettres-patentes royales, signées par Sa Majesté, au mois de juillet 1733 (Voyez, aux *Annales*, 1733 ; p. 77) ; plus, il fut aussi autorisé à transmettre à un de ses fils cadets la terre et *comté de Croix*, pour le titre en être porté par ses descendants, afin de satisfaire aux conditions de la donation, c'est-à-dire de relever le *nom et les armes de Croix;* l'aîné étant *comte de Beauffort* (Voyez, aux *Annales*, 1733, 1735, 1739; p. 77 à 83). Il testa, le 8 décembre 1741, décéda le 21 avril 1748, et fut inhumé dans l'église de Saint-Nicolas, à Moulle. De son second mariage avec Marie-Anne-Françoise-Josèphe de Croix, il eut :

1° ÉTIENNE DE BEAUFFORT, né le 2 septembre 1724, mort le même jour.

2° FLORENCE-LOUISE-JOSEPH DE BEAUFFORT, née le 27 juin 1725; mariée à l'église du St-Sépulcre, à St-Omer, le 23 septembre 1746, avec M. CHARLES-LOUIS-ALEXANDRE, marquis DE BEAUFFORT ET DE MONDICOURT, fils de messire Charles-Antoine, marquis de Beauffort, et de dame Clotilde-Radegonde de Cupere de Drinckam, son cousin, député général et ordinaire des Etats généraux d'Artois; elle testa, pardevant Me Gamaut, notaire à Arras, le 13 juin 1776, mourut dans cette ville, le 15 mars 1779, et fut inhumée sous le chœur de l'église de Mondicourt, auprès de son mari. Ils eurent plusieurs enfants, qui figurent ci-devant, à la branche des seigneurs de Mondicourt, p. 216. Le marché de Graincourt appartenait à Mme la marquise de Beauffort, du chef de Christophe-Louis de Beauffort, son père (Voyez, aux *Annales*, 1746 ; p. 84).

3° LOUIS-FRANÇOIS-JOSEPH DE BEAUFFORT, né le 10 juillet 1726; mort jeune.

4° LOUIS-EUGÈNE-MARIE, qui suit;

5° MARIE-LOUIS-BALTHAZAR DE BEAUFFORT, né le 6 janvier 1730, qualifié *vicomte de Beauffort* et *comte de Croix*, seigneur de la Cressonnière, etc.; lieutenant au régiment du Roi infanterie. En vertu de la substitution du titre de *comte de Croix*, il écartela ses armes de celles de la maison de Croix : *D'azur, aux trois jumelles d'or*, qui est de Beauffort, *écartelé*

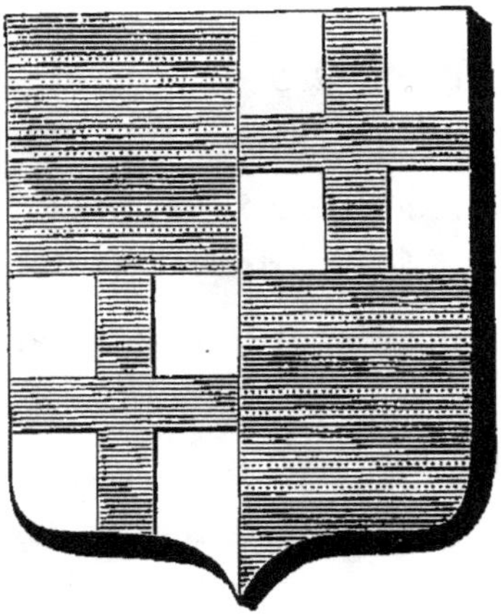

d'argent, à la croix d'azur, qui est de Croix. Il avait épousé, à Ypres, le 19 septembre 1763, dlle MARIE-FERDINANDE-PÉLAGIE DE STEENHUYS, fille unique de M. Jacques-Ferdinand-Antoine de Steenhuys, *baron d'Hernen* (par érection du 28 avril 1773), et de dame Marie-Catherine de Schynckels; décédée à Ypres, le 20 août 1783. Son mari mourut, à Arras, le 18 novembre 1763. Etant devenue veuve, deux mois après son mariage, elle se remaria, à Ypres, le 2 juin

1765, avec M. Jean-Charles, baron de Joigny de Pamèle (par lettres-patentes du 5 avril 1773). Il n'y eut point d'enfant de la première alliance. Le titre de *comte de Croix* resta dans la maison de Beauffort.

6° CHARLES-CHRISTOPHE-JOSEPH DE BEAUFFORT, dit *le chevalier*, né le 4 mai 1731 ; mourut, à Paris, au collége Louis-le-Grand, le 23 novembre 1743, et fut inhumé dans l'église paroissiale de Saint-Benoît, à Saint-Omer.

7° PHILIPPE-MAXIMILIEN-JOSEPH DE BEAUFFORT, né le 28 mai 1732; mort le 14 mai 1733.

8° MARIE-JEANNE DE BEAUFFORT, née le 24 juin 1735; morte au mois de juillet suivant.

XIX. LOUIS-EUGÈNE-MARIE, *comte* DE BEAUFFORT, de Moulle, de Buisseheure, etc., *vicomte de Moulle et de la Jumelle, baron de La Motte*, seigneur du Bourg de Sainte-Croix, etc., né, à Arras, le 20 juin 1728. Il entrait aux Etats généraux d'Artois pour la terre de Moulle; il fut député à la cour par le corps de la Noblesse des Etats généraux d'Artois, en 1756 et en 1761, et assista à l'assemblée générale des trois ordres, tenue, le 10 avril 1789, pour la nomination des députés aux Etats-Généraux du royaume; il faisait partie de la noblesse du bailliage de Calais et d'Ardes, avec les qualifications nobiliaires de *comte de Beauffort, comte de Moulle et de Buisseheure, vicomte de Houlle, Zélande et de la Jumelle, baron de Pottes, etc.*; *membre et ancien député à la cour du corps de la noblesse des Etats d'Artois* (Voyez, aux *Annales*, 1789; p. 91). Le comte de Beauffort de Moulle, seigneur de Prescau, entra aux Etats nobles du Hainaut-Français, prévôté de Valenciennes, de 1780 à 1789 (*Almanach de la cour de Bruxelles, etc.*, par M. H. Tarlier; Bruxelles, 1864; in-8°, p. 122). Il testa, à Paris, le 29 janvier 1781, et mourut, à Bruxelles, le 18 avril 1793. M. le comte de Beauffort de Moulle avait épousé, par contrat passé, au château de Licques, le 20 septembre 1748, et à l'église le 1er octobre suivant, dlle CATHERINE-ELISABETH-HENRIETTE DE LENS DE ROCOURT DE BOULOGNE ET DE LICQUES, née le 26 octobre 1731, fille aînée de messire Ferdinand-Gillon, *marquis et baron de Licques, comte de Lens, vicomte de Zélande*, etc., et de dame Elisabeth de l'Espinay de Marteville ; elle est décédée à Bayreuth (Hollande), le 13 janvier 1800, et y fut inhumée. De cette union naquirent :

1° LOUISE-ALEXANDRINE-HENRIETTE DE BEAUFFORT, née à Moulle, le 29 novembre 1750 ; morte en mars 1751.

2° LOUISE-FERDINANDE-HENRIETTE DE BEAUFFORT, née au château de Moulle, le 5 décembre 1752, présentée en 1759, au noble chapitre de Nivelles ; dont l'article suit ;

3° N..... DE BEAUFFORT, né le 17 août 1755 ; décédé, sans avoir été nommé, le 22 du même mois.

4° LOUISE-VICTOIRE-ALEXANDRINE DE BEAUFFORT, dite *mademoiselle de Moulle*, née à Moulle, le 6 janvier 1758. Morte le 1er juillet 1760. Elle était destinée au chapitre de Maubeuge où Mme de Croy, abbesse de ce chapitre, sa parente, avait promis une prébende pour elle.

5° EUGÉNIE-FRANÇOISE DE BEAUFFORT, née, à Paris, le 10 avril 1760 ; morte en juillet 1762.

XX. LOUISE-FERDINANDE-HENRIETTE DE BEAUFFORT, née, au château de Moulle, le 5 décembre 1752. Elle fut admise, après avoir prouvé les quartiers de noblesse exigés par les règlements, au noble chapitre de Sainte-Gertrude, de Nivelles (Brabant), le 29 octobre 1759. Ses quartiers de noblesse ont été publiés par J. de St-Genois, dans les *Mémoires pour servir à l'histoire des familles des Pays-Bas*, en 1780; t. Ier, p. 41. Le dossier desdites preuves existe toujours dans les archives de la famille de Beauffort (30 mai 1876). Elle fut mariée, par contrat passé, au château de Moulle, le 16 septembre 1769, à l'âge de 17 ans, avec M. BALTHAZAR-PHILIPPE, *comte* DE MÉRODE DE MONTFORT et du Saint-Empire, *marquis* DE DEYNZE, né le 20 novembre 1736, chambellan et conseiller intime de S. M. l'empereur et roi; frère consanguin de messire Jean-Charles-Joseph, comte de Mérode et du Saint-Empire, marquis de Deynze, etc., *chevalier de la Toison-d'Or*, lieutenant-général des armées de l'impératrice, reine de Hongrie et de Bohême; capitaine d'une compagnie de ses gardes au Pays-Bas, et colonel-propriétaire du régiment qui portait son nom; allié à demoiselle Flore de Ligne-Arenberg; il était fils de messire Joachim-Maximilien-Marie-Joseph-Hyacinthe, comte de Mérode de Montfort et du Saint-Empire, marquis de Deynze, et de dame Marie-Félicité de Jauche, comtesse de Masting, dame de Marthe-Mametz, sa seconde femme; avant son mariage, chanoinesse du noble chapitre de Maubeuge, reçue le 18 février 1770. Il est décédé, en Autriche, le 28 mai 1816. La comtesse de Mérode-Beauffort est morte, à Bruxelles, le 13 novembre 1825, et a été inhumée dans le cimetière de Laeken, où l'on voit son tombeau, dont la pierre sépulcrale porte les blasons de Mérode et de Beauffort accolés (1876). Mme la comtesse de Mérode, née de Beauffort, fit un testament olographe, le 19 octobre 1824, par lequel elle légua à M. Philippe-Ernest de Beauffort, une partie de ses biens, notamment l'indemnité due aux dépossédés révolutionnairement (*Etats détaillés des liquidations d'indemnité, à l'époque du* 31 *décembre* 1826, *en exécution de la loi du* 27 *avril* 1825, *au profit des anciens propriétaires ou ayants-droit des anciens propriétaires de biens-fonds confisqués ou aliénés révolutionnairement*; pour les départements du Nord et du Pas-de-Calais. — Paris, imprimerie royale, 1827, in-4°). Avec Mme la comtesse de Mérode de Beauffort, s'éteignit la onzième branche, dite *des seigneurs de Moulle, etc.*

BATARDS DE BEAUFFORT.

Nous avons publié aux pages 165 et 167 de ce volume, la descendance de deux bâtards de Beauffort; nous en avons mentionné quelques autres dans le cours de notre travail généalogique ; il nous reste à faire connaître la lignée de *Christophe, bâtard de Beauffort*, enfant naturel de *Colart de Beauffort?*... Nous ferons de nouveau remarquer que les enfants naturels des sires de Beauffort étaient traités comme les bâtards des maisons princières; ils retenaient le nom patronymique et portaient les armes pleines chargées d'un *bâton péri*, signe *de bâtardise*.

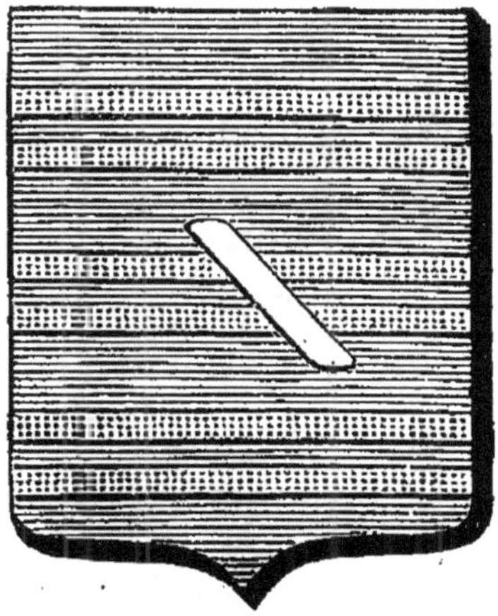

Les héritiers de Romain de Beauffort vendirent la terre de *Bailleul-aux-Cornailles*, vers 1580; elle fut acquise par les auteurs de Marie Thorillon; celle-ci la porta en mariage à *Christophe, bâtard de Beauffort*, dont voici la descendance :

CHRISTOPHE, bâtard de *Colart de Beaufort* (1) ? épousa, le 28 avril 1588, MARIE THORILLON, *dame de Bailleul-aux-Cornailles*, dont il eut :

1° ANTOINE DE BEAUFFORT, seigneur de Bailleul-aux-Cornailles, Monchy, Breton, etc., qui épousa MARIE VAIRE, qui le rendit père de : 1° FRANÇOIS DE BEAUFFORT, seigneur de Bailleul-aux-Cornailles et de Breton, marié avec MARIE DE FROMESSENT, dès l'an 1650 ; 2° MARIE-PHILIPPE DE BEAUFFORT, mariée, en 1633, avec PHILIBERT DE BACHELIER, écuyer, seigneur de Disklin, Beaumont, etc., fils de Henry de Bachelier, seigneur de Coubronne, etc., lieutenant-général du bailliage d'Aire, enseigne d'une compagnie d'hommes d'armes, sous le commandement du prince de Ligne ; lieutenant de Bourbourg ; puis, des ville et château d'Aire, et de dame Anne de Miraumont, sa deuxième femme, et, selon d'autres de Jeanne Le Josne, sa première femme.

2° ANNE DE BEAUFFORT, mariée avec JÉRÔME DE LÉGLISE, seigneur de Salperwich et de Le Becq, demeurant à Saubruwick ; elle fit une renonciation en 1611 (Archives de Saint-Vaast, manuscrit de Guy Pellet).

LOUIS-FRANÇOIS DE BEAUFFORT, seigneur de Bailleul-aux-Cornailles et de Monchy, épousa CATHERINE DE BERNASTRE, fille de Folquin de Bernastre, écuyer, baron de Bayenghem, seigneur de Lorsignol, qui avait épousé, en 1643, Anne-Marie de Cauchener. De ce mariage, un fils et trois filles (Manuscrit de Gazet).

---

(1) Ce stigmate de *bâtard* n'était appliqué qu'à l'enfant naturel, ses enfants étaient désignés dans les actes : fils de Christophe, bâtard de Beauffort ; puis, il se perdait, mais les descendants devaient toujours porter les armes brisées du *bâton péri*.

NOTES HISTORIQUES

Sur divers membres de la maison de Beauffort, dont nous n'avons pu découvrir les auteurs pour les placer sous leurs ascendants directs.

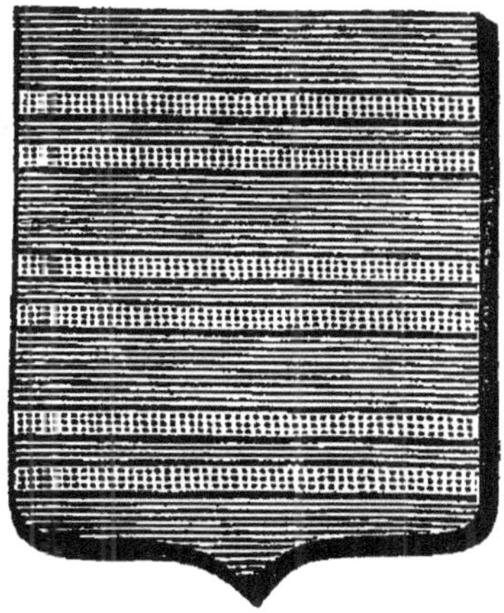

Petrus II. HUGONIS DE BELLOFORTI patruus primum abbas nominatur *in brevi* apostolico Innocentii II, papæ ad Brinium épiscopum Namnetensem dato Cluniaci an. 1132, VIII idus feb. (*Gallia Christiana*; eccl. Cabilonensis; t. IV, f° 969). Nous croyons que ce Hugues de Beaufort appartenait à l'ancienne maison de Beaufort, d'Artois, antérieurement au mariage de Guy de Thouars avec Jeanne de Beaufort.

VII. HELVIDIS I DE BEAUFORT, filia Godefridi militis, obiit 1312 (*Gallia Christiana*, tome III, f° 1035). Elle était abbesse de l'abbaye du Val-Notre-Dame, au diocèse de Liége (eccl. Leodiensis).

VII. CATHARINA I DE BEAUFORT, abb. Vorts Forestum;

eccl. Mechliniensis, obiit 26 december (Vers 1300). (*Gallia Christiana*; diocèse de Malines, t. v, f° 56).

XXIII. Richardus de Beaufort, abbat. Bethania, anno 1371, adversus Henricorum de Sanoncourt sententiam obtinuit; Droz, t. xi, p. 236, anno 1377, idem memoratur abbas (*Gallia Christ., eccl. Vesuntionensis*, t. xv, f° 289).

XII. Gerardus de Beaufort, memoratur 25 maii, anno 1358. Transigit 1369 cum Petro de Chrecerellis. Adhuc erat abbas anno 1377 (*Gallia Christiana*, eccles. Tarentasiensis, abbas de Stamedium, abbaye de Tamié; t. xii, f° 726, E.).

XVIII. Carolus I de Saint-Gelais, episcopus Tolonensis. Ineunte anno 1476, monachi Ferrarienses elegerunt in abbatem Stephanum Taveau; cui electioni adversati Tironenses, contra elegerunt Johannem de Beaufort monachum et camerium Casa-Dei. Johanne autem recusante, Ludovicum de La Pause unum, etc... (*Gallia Christ.*; t. viii, f° 1270 : eccl. Carnotensis, cujus metropolis Parisii).

XVIII. Petrus Rogerii de Beaufort, canonicus Parisiensis et Bajocensis, archidiaconus Senonensis, sacri palatii notarius, cardinalis diaconus tituli S. Mariæ-Novæ 28 maii 1348, eodem anno decanus Bajocensis, possessionem iniit die xi julii : inde summus pontifex, dictus Gregorius XI anno 1370 exeunte (*Gallia Christiana*, t. xi, f° 400; diocèse de Bayeux). Grégoire XI fut le dernier pape français qui siégea à Avignon. C'est lui qui transféra le Saint-Siége à Rome. Il était fils de Pierre de Beaufort et de Marie de Chambonac?...

VIII. Joanna IV de Beaufort, 1369; e Droziana serie (*Gallia Christ., ecclesiæ Vesuntionensis, abb. Ledo-Salinarius*; t. xv, f° 318).

XI. Francisca I de Beaufort d'Heri, anno 1531 (*Gallia Christ. ecclesiæ Gelennensis, abb. Sancta-Catharinæ*; tome xvi, f° 495).

XXVIII. Maria-Theretia de Beaufort, adjutrix præcedentis nominata fuerat vii cal. mart. anno 1719. Obiit xiv cal. feb. anno 1728 (*Gallia Christiana, eccl. Laudunensis,* abbaye de Sainte-Véronique ou de la Sainte-Face; tome ix, f° 640).

Nicolas de Beauffort, *écuyer*, seigneur de Le Pierre, épousa Barbe-Jeanne de Richebé, fille de Jean, seigneur d'Outrebois, avocat en parlement, conseiller de la ville de Saint-Omer, et de dame Jeanne de Laurin.

Maximilien-Nicolas de Beauffort, *écuyer*, épousa Barbe-Jeanne de Richebé, dont il eut : Anne-Barbe de Beauffort, née, à Saint-Omer, en Artois, le 27 avril 1667, baptisée en l'église paroissiale de Saint-Denis, tenue sur les fonts par messire Antoine de Poix, prêtre, et par dame Anne-Jossine de Zuitpenne de Saint-Omer.

Robert de Beaufort, *escuyer*, vivait l'an 1067, selon l'*Histoire de Normandie (Anciennes remarques de la noblesse Beauvaisine et de plusieurs familles de la France*, par M. P. Louvet, avocat au Parlement. A Beauvais, 1640 ; petit in-12).

Gilles de Beauffort, *escuyer*, mentionné dans un titre de l'Hôtel-Dieu de Beauvais de l'an 1273 (Idem).

MARGUERITE DE BEAUFFORT quondam uxor JOANNIS DE SOMNIACO et postea domini JOANNIS dicte DE CHANTOISEL, militum. Suivant un titre de Beaupré, de l'an 1249, et un autre de Gerbray (Idem).

JACQUES DE BEAUFFORT, *chevalier*, seigneur de Ferrières, figure dans les us et coutumes du Bourbonnais, de l'an 1520 (Idem).

MARQUISIUS DE BEAUFFORT était chambellan du roi, en 1380 (Registre du Parlement de Paris).

GILLES DE BEAUFFORT, habitant de la ville d'Arras, en 1435, seigneur de Chanteraine, père d'une JEANNE DE BEAUFFORT, mariée avec SANCHE DE REUSMES, seigneur de Vendegies, dont elle eut une fille héritière, nommée *Anne de Vendegies*, dite de Reusmes, mariée, par contrat du 6 avril 1486, avec *Ogier de Montmorency*, seigneur de Watines, Bercée, etc.; et duquel mariage sont issus les princes de Robecq.— Louis de Beauffort avait épousé, en 1592, Antoinette de Gongnies, dame *de Vendegies* et de Baurains.

VÉRONIQUE DE BEAUFFORT, fut mariée avec ARNOULT IV DE BECQUEHEM, seigneur de Resnel et de Beaupréaux, dont elle eut un fils, nommé aussi Arnoult de Becquehem, seigneur de Resnel et de Beaupréaux, gouverneur de Guines-en-Boulonnois, marié avec Agnès de Bournonville (Manuscrit de Gazet; et J. de Saint-Genois, tome II, page 120).

PIERRE DE BEAUFFORT, habitant de la ville d'Arras, en Artois, épousa ISABEAU DE PÉRONNE ?...

JEAN, seigneur DE BEAUFFORT, audit gouvernement? qui fit exercer l'état par le seigneur de Habarcq, son beau-frère utérin, et trépassa ledit seigneur de Beauffort, le 23 septembre 1503 (Registre du Parlement de Paris, folio 2).

JEANNE DE BEAUFFORT, mariée avec JACQUES D'AUVRAY, écuyer, seigneur de Noirmont, lieutenant au régiment de Champagne, fils de Louis, écuyer, natif d'Avranche, en Normandie; lequel fut reçu bourgeois d'Arras, le 2 octobre 1676, et fut, ensuite, échevin de ladite ville d'Arras; ils eurent des enfants (Manuscrit de Gazet).

PÉRONNE DE BEAUFFORT, mariée avec LOUIS DE POIX, *écuyer*, fils de Baudouin de Poix; elle fut mère d'Antoinette de Poix, mariée, en 1506, avec Antoine de Habarcq, écuyer (Manuscrit de Gazet).

JEAN-PIERRE DE BEAUFFORT, *écuyer*, seigneur de la Molinière et d'Ausson, capitaine de cavalerie dans le régiment du Roi, avait épousé d[lle] BARBE-FRANÇOISE D'OBRY, qui, étant veuve, convola en secondes noces, à Preny, le 10 juin 1688, avec François de Lalaing, baron de Montigny, capitaine d'une compagnie de cavalerie au régiment du Roi (*Miroir des Notabilités Nobiliaires*, etc., t. II, p. 507).

MARIE DE BEAUFFORT fut mariée avec GÉRARD DU SART, seigneur du Sart et du Maisnil; ils marièrent leur fille Marie du Sart avec Simon de Lalaing, seigneur de Hantes, en 1500; ils n'eurent point d'enfants (*Idem*, p. 511).

JEAN DE BEAUFFORT, censier à Roisin, avait une fille nommée ISABEAU DE BEAUFFORT, mariée avec GEORGES DE LE VIGNE; dont une fille, nommée Marie-Alix de Le Vigne *(Idem*, Goethals, p. 462). Isabeau était morte avant 1647.

ANNE DE BEAUFFORT, mariée avec NICOLAS LIMELETTE, à Roisin; vivante le 3 décembre 1678 *(Idem)*.

JEHAN DE BEAUFFORT figure dans une montre ou revue de cent hommes et de cent-quarante-huit archers, de la garnison de Péronne, sous les ordres du Dauphin, en 1538 *(Recueil de Documents inédits concernant la Picardie*, par Victor de Beauville. Paris, 1840; 1 vol. in-4°, p. 236).

Voici une inscription relevée d'une pierre tumulaire, qui se trouvait dans l'église de Notre-Dame du Sablon, dont le dessin est conservé dans les archives de Beauffort; nous la reproduisons textuellement: dans l'encadrement de ladite pierre, on lit: « *Cy-gist damoiselle* JOZINE STROT, *veuve de veuf* JEAN DE BEAUFFORT, *en son temps pensionnaire et premier chevaucheur de l'escurie de Sa Majesté Philippe II, roy d'Espagne; laquelle mourut le 25 janvier 1622. Priez Dieu pour son âme.* » — Au centre de ladite pierre, dans l'encadrement, on lit: « *Hic sepultus jacet* D. MARTINUS BARLETIUS *dictus* DE BEAUFFORT, *quondam capellanus suarum celsi tudinum Alberti et Isabella, archiducum Austriæ ducum Brabantiæ, etc. Atquæ cathedralis ecclesiæ Sancti Audomari, canonicus nec non possessor capellaniæ illustrussimi domini Joannis de Tassis, et in ecclesia beatæ Mariæ Virginæ in Sabulone dicta fondata, qui obiit die* XXX *mensis augusti anno 1624.* » Au-dessus de cette inscription est représenté, au milieu d'un encadrement, un ange tenant un écusson : coupé, en chef d'argent, au lion rampant de gueules, accompagné de billettes; et en pointe parti, au premier d'argent, au chevron de gueules, accompagné de trois merlettes de sable, qui est *de Blocquel;* au deuxième d'argent, à la tour crenelée de gueules, dans un semé de billettes; sur le tout d'azur, aux trois jumelles d'or, mises en fasce, qui est *de Beauffort.*

Nous devons faire observer que dans un travail généalogique, on ne s'occupe généralement que des principales branches, négligeant, à tort, la descendance de certains rejetons, qui pour différentes causes ont quitté le pays, assez souvent par suite de mariages. C'est pour cela que l'on trouve épars, dans diverses contrées, des membres d'une même famille, ayant une lignée.

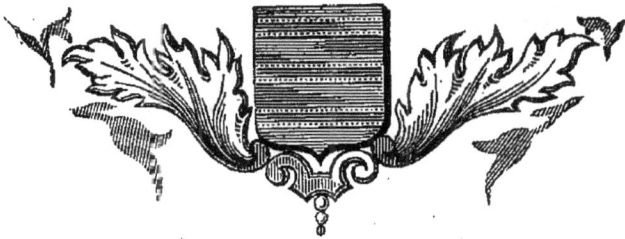

ALLIANCES ET QUARTIERS DE NOBLESSE

DE LA

MAISON DE BEAUFFORT,

D'ARTOIS.

Ce chapitre contient : 1° le nom patronymique des maisons alliées à celle de Beauffort; 2° l'époque de l'alliance; 3° la désignation de la province dont est originaire la famille; 4° la description héraldique de ses armoiries (1); 5° le numéro de la page où se trouve mentionnée l'alliance, à son degré généalogique, à laquelle on doit se reporter.

Abbeville ou Boubers (vers 1350), *Artois :* D'or, à trois écussons de gueules, posés deux et un. P. 141.

---

(1) Nous avons placé en tête de ce chapitre un blason vide pour recevoir le dessin ou la peinture des armoiries de l'une des maisons alliées à celle de Beauffort, au gré du possesseur du volume.

ACHEU (1591), *Artois :* Parti d'argent, à la croix ancrée de sable; parti d'argent, à l'aigle éployée de sable. P. 247.

AILLY (1384), *Artois :* De gueules plein; au chef échiqueté d'or et d'azur de trois traits. P. 187.

AILLY DE SAINS (vers 1450), *Artois :* De gueules, à deux branches d'alizier d'argent, en couronne, passées en double sautoir; au chef échiqueté d'argent et d'azur de trois traits. P. 192.

AIX (vers 1420), *Artois :* D'argent, à trois merlettes de sable. P. 179.

AMIENS, dit *de Bachimont* (vers 1500), *Picardie :* P. 192.

ANDELOT (1856), *Bourgogne :* Echiqueté d'argent et d'azur, au lion rampant, lampassé de gueules, couronné d'une couronne de marquis d'or, brochant sur le tout. P. 226.

ANGRE (vers 1200), *Artois :* D'argent, à la fasce de gueules. P. 139, 172.

ANTHOING (1230), *Cambraisis :* De gueules, au lion rampant d'argent. P. 176.

ARLOIN DE LIENCOURT (vers 1380), que nous croyons de la maison *de Liencourt*, dont il est question plus loin, à son rang. P. 305.

ARRAS (vers 1220), *Artois :* De gueules plein; au chef d'hermine. P. 149.

Aspremont-Lynden (1869), *Gueldre et Belgique* : D'azur, à l'aigle éployée d'argent, becquée et membrée d'or, chargée en cœur d'un écusson de gueules, à la croix et à la bordure de l'écu d'or. P. 229.

Audencham (1340), *Artois* : Bandé d'azur et d'argent, de six pièces. P. 142.

Audenfort (1751), *Artois* : D'argent, à trois molettes d'éperon de sable, posées deux et une ; écartelé d'hermine, à trois tours de gueules, qui est de *de Barbesan*. P. 215.

Averdoing (vers 1380), *Cambraisis et Artois* : D'argent, au lion rampant de sinople, armé et lampassé de gueules. P. 153.

Averoult ou Haverhout (vers 1460), *Artois* : Fascé d'or et de sable, de six pièces, au franc quartier d'hermine. P. 191.

Baillencourt, dit *Couriol* (avant 1302), *Artois* : Emanché d'argent et de gueules, de huit pièces ; au franc canton fascé d'or et d'azur, de huit pièces, qui est *de Habarcq*. P. 154, 158, 177.

Bailleul (vers 1380), *Artois* : De gueules, à un sautoir vairé d'argent et d'azur. P. 177.

Bailleul (vers 1370), *Artois* : D'argent, à la bande de gueules. P. 186.

Bailleul d'Aublin (vers 1500), *Artois* : De gueules, à un écussion d'hermine en abîme. P. 191.

BARBANÇON ou BARBENÇON (1467), *Flandre* : D'argent, à trois lions rampants de gueules, couronnés d'or ; posés : deux et un. P. 191.

BAUDAIN DE CLAUSE (1440), *Pays-Bas* : D'azur au chevron d'argent, accompagné de trois quintefeuilles d'or, posées : deux en chef et une en pointe; au chef d'or, chargé de trois merlettes de sable, surmontées d'un lambel de trois pendants de sable. P. 189.

BAUDART (avant 1557), *Pays-Bas* : De gueules, à trois étrilles d'argent, posées : deux et une. P. 202.

BAUDOUIN ou BAUDOWIN (avant 1565), *Artois* : D'azur au chevron d'argent, accompagné de trois feuilles de trèfle d'or, posées : deux en chef et une en pointe. Le chevron chargé vers la cîme, de deux lions affrontés de gueules. P. 199.

BAYART DE GANTAUT (1531), *Artois* : Tiercé en fasce de gueules, d'argent et de sable; en chef, vers le canton dextre, un lion rampant d'argent, armé, lampassé et couronné d'or. P. 200.

BEAUFORT (vers 1125), *Artois* : Ancienne maison, d'azur, aux trois jumelles d'or. P. 135.

BEAUFFREMEZ (1452-1514), *Cambraisis* : D'azur, à l'écusson d'argent en abîme, surmonté de trois merlettes d'or. P. 192, 194.

BEAUMETZ (vers 1170), *Artois* : De gueules, à la croix engrelée d'or. P. 135.

Becquehem ou Bacquehem. *Cambraisis et Artois :* D'or, fretté de gueules; au franc quartier de sinople, à la fasce d'argent, chargée de trois canettes de sable. P. 285.

Belvalet (1605-1613), *Artois :* D'argent, au lion rampant de gueules, désarmé et diffamé. P. 255, 257 et 262.

Berlaymont (1528), *Flandre :* Fascé de vair et de gueules, de six pièces ; le vairé d'azur et d'argent. P. 162.

Bernemicourt, *Artois :* Anciennement, de sable, au semé de fleurs de lys d'or. Puis, écartelé d'azur plein, au chef d'argent, qui est *de Saluces*. P. 190.

Berry (vers 1550), *Pays-Bas :* D'argent, à la fasce dentée de sable, accompagnée de trois têtes coupées de levriers de sable, colletés d'or, posées deux et une. P. 167.

Berlettes (vers 1560), *Artois :* Gironné d'argent et de gueules de huit pièces. P. 162.

Bethizy (vers 1550), *Picardie :* D'azur, au frette d'or. P. 243.

Béthune ou *Des Plancques* (1294), *Artois :* D'argent, à la fasce de gueules, en chef vers le canton dextre, un écusson de gueules, à la bande d'or, accompagnée de six billettes d'or, trois en chef et trois en pointe, posées une et deux, deux et une. P. 176.

Bidé de La Grandville (1818), *Normandie :* D'azur, au dextrochère armé d'argent, mouvant d'une nuée à senestre, et tenant une épée haute, en pal, aussi d'argent; au soleil d'or, en chef. P. 222.

BINCHE (1297), *Hainaut*. P. 173.

BLOCQUEL DE LAMBY (1575), *Pays-Bas* : D'argent, au chevron de gueules, accompagné de trois merlettes de sable, posées deux en chef et une en pointe. P. 205.

BLONDEL DE CUNCHY (1631), *Pays-Bas* : D'or, à la bande de sable. P. 251.

BOFFLES (vers 1530), *Artois* : D'argent, à deux bandes de sable. P. 196.

BONNIÈRES DE SOUASTRE (1624), *Pays-Bas* : Vairé d'or et d'azur. P. 246.

BOUBERS OU ABBEVILLE (vers 1350), *Artois* : D'or, à trois écussons de gueules; posés deux et un. P. 141.

BOUSIES (vers 1300), *Flandre* : D'azur, à la croix d'argent. P. 170.

BRIEY (1829), *Lorraine* : D'or, à trois pals de gueules, alaisés et fichés. P. 228.

BRIMEU (vers 1130), *Poitou* et *Cambraisis* : D'argent, à trois aiglettes éployées de gueules, membrées et becquées d'azur, posées deux et une. P. 138.

BRUCE (1400), *Ecosse* : D'or, à un sautoir de gueules; au chef de gueules; à un franc canton d'argent, chargé d'un lion rampant de sable. P. 189.

CAMBRAY (vers 1433), *Artois* : D'or, à trois lions rampants d'azur, posés deux et un. P. 188.

CANTAING (1200), *Cambraisis* : D'or ou d'argent, à trois lions rampants d'azur, posés deux et un ; au lambel de trois pendants d'azur (par erreur ce nom a été écrit *Castaing*). P. 168.

CANTELEU (vers 1350), *Artois* : D'argent, à la fasce de gueules, chargée d'une gerbe de blé d'or, liée de sable. P. 141.

CARNIN, *Artois* : De gueules, à trois mufles ou têtes de léopards d'or ; lampassées d'azur. P. 198.

CAULINCOURT ou CAULAINCOURT (vers 1580), *Picardie* : De sable plein, au chef d'or. P. 167.

CAUROY (vers 1460), *Artois* : D'argent, à deux fasces de gueules, chargées de sautoirs d'or. P. 158.

CAYEU (1280), *Artois* : Parti de gueules et parti d'argent, à la croix ancrée de l'un en l'autre. P. 151.

CHANTOISEL (vers 1250), *Artois*. P. 146.

CHASTENET DE PUYSÉGUR (1866), *Armagnac* et *Languedoc* : D'azur, au chevron d'argent *alias* d'or, au lion d'or, passant en pointe; au chef d'or plein. P. 267.

CHATEAUBRIAND (1842), *Bretagne* et *Poitou* : Armes anciennes : De gueules, au semé de pommes de pins d'or ; armes modernes : De gueules, au semé de fleurs de lys d'or. P. 225.

Corbeil ou du Bois (vers 1400), *Pays-Bas* : Tiercé en fasce d'argent, de gueules et de sinople; sur l'argent, un lion issant de sinople, accosté de deux étoiles à six raies de même; sur le sinople, une étoile à six pointes d'or. P. 185.

Coriolis de Limaye (1838), *Provence* : D'azur, à deux chevrons d'or; accompagnés en pointe d'une rose d'argent. P. 267.

Cornaille (1625), *Artois* : D'argent, à neuf corneilles de sinople mises en orle, à une fleur de lys coupée en abîme. P. 65.

Coupigny (1722), *Artois* : D'azur, à un écusson d'or en abime. Voyez : *Mallet*. P. 262.

Couronnel dit Mally, *Artois* : D'or, à trois maillets de gueules; écartelé d'argent, à trois chevrons de gueules. P. 255.

Crespiœul (1500), *Artois* : D'argent, à l'aigle éployée de gueules. P. 198.

Creton d'Estourmelle (vers 1460), *Cambraisis* : De gueules, à la croix engrêlée d'argent. P. 180.

Croisilles (1735), *Artois* : De gueules, à dix losanges d'or, posés trois, trois, trois et un. P. 215.

Croix de Wasquehal (1670), *Artois* : D'argent, à la croix d'azur. P. 271.

CROIX DE OYEMBOURG (1716), *Artois* : D'argent, à la croix d'azur. P. 273.

CROIX DE MALANOY (1723), *Artois* : D'argent, à la croix d'azur. P. 274.

CROY DE SOLRE (1582), *Artois* : D'argent, à trois fasces de gueules; écartelé d'argent, à trois doloirs de gueules, posés deux et un. P. 163.

CUNCHY (1589), *Artois* : De gueules, à la fasce vivrée d'argent. P. 251.

CUPERE DE DRINCKAM (1703), *Flandre* : De sinople, au sautoir d'hermine. P. 215.

DES PLANCQUES, voyez : BÉTHUNE.

DESPREZ (vers 1359), *Cambraisis* : D'or plein, au chef bandé d'argent et de gueules de six pièces, chargé d'un lambel de trois pendants de gueules. P. 174.

DESPREZ ou DESPRÉS, *Artois* : Bandé d'argent et de gueules de six pièces; en chef un lambel de trois pendants de gueules. P.

DOSFINES DE DORLENCOURT (1516), *Pays-Bas* : Fascé de gueules et d'argent, de six pièces; écartelé d'argent, à trois fleurs de lys, au pied nourri de gueules, qui est *de Wignacourt*. P. 197.

DOUVRIN (avant 1341), *Pays-Bas* : D'or plein, au chef

de gueules, chargé d'un lion léopardé passant d'argent. P. 239.

Du Bois (voyez, ci-devant, *Corbeil* et p. 185).

Du Bos-Bernard (1494), *Artois* : De gueules, à une bande fuselée d'or; en chef un lambel de trois pendants du même. P. 196.

Du Faing (vers 1490), *Pays-Bas*: D'or, à l'aigle éployée de sable. P. 192.

Du Fay de Hulluch (vers 1490), *Artois* : D'argent, au semé de fleurs de lys de sable; écartelé d'argent, à trois chevrons de gueules. P. 159.

Du Fesnoy (vers 1490), *Pays-Bas*. P. 166.

Du Vack de Dampierre (1622), *Picardie* : D'azur, à trois croisettes alezée d'or, écartelé d'hermine, qui est *de Bretagne* ; sur le tout de gueules, à la tête de licorne d'argent, qui est de *Du Vack*. P. 207.

Esnes de Wavremont (vers 1490), *Pays-Bas* : De sable, à dix losanges d'or, posés trois, trois, trois et un. P. 191.

Fœutre (1580), *Pays-Bas* : D'argent, à la bande ondée d'azur, accompagnée de deux tourteaux de gueules; écartelé d'un écartelé d'azur, au chef d'argent, qui est *de Bernemicourt*, et de sable, au semé de fleurs de lys d'or, qui est *de Saluces*. P. 199.

Fontaine (vers 1230), *Pays-Bas* : D'azur, à l'aigle éployée d'or, becquée et membrée de gueules. P. 146.

Formé de Framicourt (avant 1587), *Artois* : D'azur, à trois bandes ondées d'argent. P. 244.

Fourmestreaux d'Hangrain (1832), *Flandre* : D'or, à l'aigle à deux têtes de gueules. P. 237.

Fournel de Beaulieu (1592), *Picardie* : D'azur, à l'aigle éployée, à deux têtes d'or. P. 206.

France (1632), *Brabant* : Fascé d'argent et d'azur, de six pièces; l'argent, chargé de six fleurs de lys de gueules, posées trois, deux et une. P. 210.

Gargan de Rollepot (vers 1820), *Artois* : D'argent, à deux bandes de gueules, *alias* de gueules, à deux fasces d'argent. Dans la notice publiée par M. Borel d'Hauterive, il est dit que cette famille a eu plusieurs alliances avec les maisons de Beauffort et de Noyelles-Wion (V. 1855, p. 212). P. 266.

Gavre (avant 1248), *Flandre* : D'or, à un double trescheur fleuronné et contre-fleuronné de sinople. P. 139.

Ghistelles de la Motte (1522), *Pays-Bas* : De gueules, au chevron d'hermine, accompagné de trois molettes d'éperon d'argent, posées deux en chef et une en pointe. P. 160.

Gironvilliers (1310), *Artois* : De gueules, au château à l'antique d'argent, au pont levis baissé. — Elle imposa ses armes en écartelure à sa descendance. Page 184.

GIVERY (1567), *Pays-Bas* : De sable, à la croix d'argent ; écartelé de gueules, à l'aigle éployée d'or. P. 202.

GONGNIES ou GOIGNIES (1592), *Hainaut* : D'azur, à la croix ancrée d'argent. P. 251 et 285.

GOOR DE CUVIGNY (vers 1480), *Pays-Bas* : D'argent, à trois huchets ou cors de gueules, liés d'or, posés deux et un. P. 193.

GOURCY (1786), *Lorraine* : D'argent, à trois fasces de gueules, accompagnées de sept mouchetures d'hermines, mises trois, deux et une; au chef de sable, chargé de trois annelets d'or, mis en fasce. P. 219.

GOUY ou GOY (avant 1285), *Flandre* et *Cambraisis* : D'argent, à l'aigle éployée à deux têtes de sable, lampassée et membrée de gueules. P. 146.

GRISPÈRE (vers 1350), *Pays-Bas* : D'argent, à trois chevrons de sable. P. 183.

GROSPRÉ (1503), *Pays-Bas* : D'hermine, à la croix ancrée de gueules. P. 196.

GUINES DE BONNIÈRES (1624), *Artois* : Vairé d'or et d'azur. P. 247 et 251.

HABARCQ (vers 1400), *Artois* : Fascé d'or et d'azur, de huit pièces. P. 155, 177, 187.

HABARCQ (1345), *Artois* : Fascé d'or et d'azur de huit pièces, en chef un lambel de trois pendants d'azur. P. 155, 185.

HALLEVIN ou ALLEWIN (vers 1525-1572), *Flandre* : D'argent, à trois lions rampants de sable, couronnés d'or, lampassés et armés de gueules. P. 161. En 1572, idem, écartelé d'or, au chevron de gueules brisé d'une fleur de lys d'argent, accompagné de trois aiglettes éployées d'azur, deux et une, qui est de *La Trémouille*. P. 246.

HAMELINCOURT (vers 1290), *Artois* : D'azur, au frettée d'or. P. 152.

HANGEST (1425), *Picardie* : D'argent, à la croix de gueules. P. 179.

HANON (vers 1520), *Pays-Bas*. P. 192.

HARCHIES (1700), *Artois* et *Hainaut* : D'or, à cinq cotices de gueules, au franc canton d'azur, chargé d'une étoile à six raies d'or ; écartelé d'un échiquier de gueules et d'or. P. 215.

HAUTECLOCQUE (1558), *Normandie* et *Artois* : D'argent, à la croix de gueules, chargée de cinq coquilles d'or, rayées de sable. P. 202.

HAVESKERQUE (vers 1300 et 1450), *Flandre* et *Artois* : D'or, à la fasce de gueules, chargée de trois étoiles à six raies d'argent, pour brisure. P. 141 et 189.

HÉRISSEM (avant 1377), *Westphalie* et *Pays-Bas* : D'or, à la fasce d'azur, chargée de trois cœurs d'argent, au lion lampassé de gueules issant de la fasce. P. 155.

HESPEL (1565), *Artois* : D'or, à trois ancolis d'azur ; écartelé d'argent, au chevron parti d'or et d'azur. P. 202.

HOUCHIN DE LONGASTRE (vers 1230), *Pays-Bas* : D'argent, à trois losanges de sable, posés deux et un. P. 145.

HUNOLSTEIN (1868), voyez : *Vogt d'Hunolstein.*

HYBERT OU HIBERT DE LA MOTTE (1761), *Cambraisis* : D'argent, à trois bars de sable. P. 264.

INCHY (vers 1250), *Artois* : Fascé d'or et de sable de six pièces ; l'écu bordé de gueules. P. 146.

INCOURT (1519), *Artois* : D'argent, à un écusson de gueules, à neuf merlettes de sable mises en orle, qui est d'*Incourt*; écartelé *de Bournonville.* P. 195.

KERGORLAY (1872), *Bretagne* : Vairé d'or et de gueules. P. 268.

KILS (1533), *Pays-Bas* : D'azur, à la croix d'or. P. 198.

LA CAUCHIE (vers 1315), *Cambraisis* : D'or, au lion léopardé d'azur. P. 183.

LA CORNEHUSE, *Pays-Bas* : De gueules, à la bretessée d'or de six pièces. P. 250.

LA FORGE (1650), *Artois* : De gueules, à trois feuilles de tréfle d'or, posées deux et une. P. 258.

LA GRANDVILLE (   ), voyez : BIDÉ DE LA GRANDVILLE.

LALAING (1469), *Pays-Bas* : De gueules, à dix losanges d'or, posés trois, trois, trois et un. P. 180.

LALAING dit PENEL (1560), *Flandre* : De gueules, à dix losanges d'argent, posés trois, trois, trois et un, qui est *de Lalaing* ; écartelé d'azur, à trois jumelles d'or, qui est *de Beauffort*. P. 250.

LA MARCK (vers 1560), *Artois* : D'or, à la fasce échiquetée d'argent et de gueules ; au lion de gueules issant de la fasce. P. 163.

LA HARGERIE (1480), *Pays-Bas* : D'azur, à un écusson d'argent en abime, au chevron de gueules brochant sur le tout. P. 159.

LANDAS (1599), *Artois et Flandre* : Emanché de gueules et d'argent de dix pièces, qui est *de Landas* ; écartelé d'or, au sautoir de gueules, qui est *de Ferrare*. P. 247.

LANNOY DE REUSMES (vers 1490), *Flandre* : D'argent, à trois lions rampants de sinople, armés et couronnés d'or, lampassés de gueules. P. 160.

LA PERSONNE DE VERLOING (avant 1384), *Artois* : De sinople, à la bande d'argent. P. 187.

LA TRAMERIE (1508), *Artois* : De sable, au chevron d'argent, accompagné de trois merlettes d'or ; écartelé d'un bandé de vair d'argent et d'azur et de gueules, de six pièces. Jean de La Tramerie écartela de Beauffort, au château. P. 197.

LATTRE D'AYETTE (1663), *Artois* : D'or, à trois écussons d'azur, posés deux et un; au franc canton de gueules, chargé d'une molette d'éperon d'or; écartelé d'un émanché de gueules et d'argent, de dix pièces, qui est *de Landas-Mortagne*. P. 212.

LE BORGNE (1475), *Picardie* : D'azur, au lion léopardé rampant d'or, à la bande de gueules, chargée de losanges d'argent, brochant sur le tout. P. 193.

LE CLERCQ (avant 1560), *Artois* : De sable, à la fasce d'argent. P. 243.

LE CLERCQ DE JUIGNÉ (1815-1830), *Anjou* et *Maine* : D'argent, à la croix de gueules, bordée d'une engrelure de sable et cantonnée de quatre aiglettes du même, becquées et armées de gueules. P. 224.

LE JOSNE DE CONTAY (1461), *Artois* : De gueules, au treillisé d'argent : le gueules chargé de fleurs de lys d'or; écartelé d'un fascé d'argent et de gueules, de six pièces à la bordure d'azur. P. 158.

LE MARCHANT (1589), *Artois* : D'azur, à l'écusson d'argent, chargé d'une patte de griffon de sable; en chef trois merlettes d'or. P. 206.

LENS, *Artois* : Ecartelé d'or et de sable pleins. P. 196.

LENS DE ROCOURT (1748), *Artois* : Idem. P. 277.

LE ROGIER (vers 1475), *Cambraisis* : D'argent, au chevron accompagné de trois étoiles de gueules. P. 165.

Le Prévost de Le Val (vers 1500), *Artois* : D'or, à deux bars adossés de gueules, mis en pal. P. 161.

Le Val du Ponchel (1561), *Artois* : D'argent, à la croix de gueules, à une fasce-cotice vivrée d'azur, en chef. P. 255 et 256.

Levis de Mirepoix (1874), *Languedoc* : D'or, à trois chevrons de sable. P. 226.

Le Warde (avant 1495), *Pays-Bas* : De sable, à deux fasces d'hermine; à trois épées antiques, la lame de gueules et la poignée d'or, mises en pal, la pointe en bas et brochantes sur le tout. P. 193.

Liedekerke de Gavre (vers 1230), *Flandre* : De gueules, à trois lions rampants et couronnés d'or. P.143.

Liencourt (vers 1230 et 1300), *Artois* : D'azur, à trois jumelles d'or. C'est une branche de la maison de Beauffort, selon plusieurs historiens. P. 141-142, 170.

Lière ou Lierres (vers 1380), *Artois* : D'argent, à un écusson du même, chargé de trois pals de gueules en abîme, accompagné de trois fleurs de lys de sable, posées une et deux. P. 177.

Longastre (vers 1230), voir *Houchin*. P. 145 et 302.

Maillet (vers 1330), *France* et *Pays-Bas* : D'argent, à trois maillets de sable. P. 152 et 259.

Mailly (vers 1330), *France* et *Pays-Bas* : D'or, à trois maillets de gueules, posés deux et un. P. 152.

MALLET DE COUPIGNY (vers 1400), *Artois* : De gueules, à trois fermaux d'or, qui est *de Malet;* et d'azur, à l'écusson d'or, qui est *de Coupigny*. Voyez *Coupigny*. P. 178 et 296.

MARNIX (1861), *Savoie*, *Artois*, *Belgique* : D'azur, à la bande d'argent, accostée de deux étoiles d'or. P. 236-237.

MASSIET DE MOULLE (1635), *Artois* : D'argent, à la fasce bretessée de gueules; au franc quartier d'or, chargé de deux fasces de gueules. P. 269.

MÉRODE DE DEYNZE (1769), *Artois et Belgique* : D'or, à quatre pals de gueules, à la bordure de l'écu engrelée d'azur. P. 278.

MÉRODE DE WESTERLOO (1781), *Artois* et *Belgique*. Idem. P. 220.

MONCHEAUX DE FOUCQUEVILLERS (16-1690), *Artois* : D'argent, à la frette de sinople. P. 260.

MONCHEAUX DE MAISONCELLE (vers 1530), *Artois* : D'argent, à la frette de sinople. P. 197.

MONCHEAUX D'HANNESCAMPS (1699), *Artois* : D'argent, à la frette de sinople. P. 259-260.

MONDRELOIS (vers 1560), *Artois* : D'argent, à une hure de sanglier de sable. P. 244.

MONTBERNENCHON (vers 1350), *Pays-Bas*. P. 147.

MONTMORENCY DE CROISILLES (1525), *Artois* et *France* : D'or, à la croix de gueules, accompagnée de seize aiglettes éployées d'azur, quatre dans chaque canton; la croix chargée en cœur d'un losange d'argent, en brisure. P. 160.

MONT-SAINT-ELOY (1675), *Artois* : D'argent, au sautoir de gueules. P. 259 et 262.

MOREUIL DE POIX (vers 1450), *Piçardie*. P. 180.

MOREUL (vers 1290), *Pays-Bas* : D'azur, au semé de fleurs de lys d'or et au lion d'argent naissant en abîme. P. 182.

MOUSY (vers 1400), *Pays-Bas*. P. 240.

NAMUR D'ELZÉE (1814), *Pays-Bas* : D'or, au lion rampant de sable, lampassé et couronné de gueules. P. 222.

NEDONCHEL, *Artois* : D'azur, à la bande d'argent. P. 261, 263 et 266.

NETTANCOURT-VAUBECOURT (1819), *Lorraine* et *Champagne* : De gueules, au chevron d'or. P. 222..

NEUFVILLE-WISTACHE (vers 1500), *Artois*. P. 192.

NICOLAY (1858), *Vivarais* et *Languedoc* : D'azur, à un levrier courant d'argent, accolé et bouclé d'or. P. 235.

NOIRTHOUT ou NORTHOUT (vers 1430), *Flandre* : D'argent, à la croix ancrée de gueules. (C'est par erreur qu'on a écrit à la page 188 : *Northaut* pour *Noirthout).*

Noyelles-Wion (1230), *Artois* : De gueules, à trois jumelles d'argent. Les cadets de cette branche, de la maison de Beauffort, brisaient encore leurs armes d'un lambel de trois pendants d'argent. P. 155, 175.

Noyelles-Wion (1419), *Artois* : De gueules, à trois jumelles d'argent; en chef un lambel de trois pendants d'argent. P. 178, 189.

Occoche (avant 1289), *Artois* : D'argent, à la fasce de gueules, surmontée de trois coqs de sable, becqués, crétés et membrés de gueules. P. 150.

Oiran ou Oiron, en Poitou (Voyez : Thouars).

Ollehain (1434-1500), *Artois* : D'argent, à trois tourteaux de gueules, posés deux et un. P. 157.

O'Neill (vers 1380-1635), *Irlande* : De sinople, au phénix ou chimère d'or, aîlé de gueules, accosté par deux lions rampants et affrontés d'or, armés et lampassés de gueules; en chef trois étoiles d'or et en pointe un bar d'argent. P. 249 et 252.

Ongnies (vers 1230-1500), *Artois* : De sinople, à la fasce d'hermine; en chef un lambel de trois pendants d'argent. P. 159, 169, 192, 197.

Ongnies ou Oignies (1611), *Artois* : De sinople, à la fasce d'hermine; écartelé d'argent, à trois lions rampants de sable, couronnés d'or; lampassés et armés de gueules, qui est d'Hallevin. P. 248.

Ostrel (1507), *Artois* : D'azur, à trois dragons ailés d'or, posés deux et un. P. 242.

Ostrel de Lière (1539), *Pays-Bas* : D'argent, à deux bandes d'azur. P. 245.

Paris (vers 1325), *Artois* : De sable, à la merlette d'argent, *alias*, au cygne d'argent. P. 171.

Paris de Bullecourt (1424), *Artois* : Ecartelé, aux 1er et 4e de sable, à la merlette ou au cygne d'argent, écartelé d'un échiquier d'or et de sable ; aux 2me et 3me d'azur, au chef d'argent, qui est *de Bernemicourt*, écartelé de sable, au semé de fleurs de lys d'or, qui est *de Saluces*. P. 190.

Pardo de Nédonchel (1587), *Artois* : D'or, à trois pommes de pins de sinople, posées deux et une ; la bordure de l'écu componnée. P. 246.

Partz de Pressy (1702), *Allemagne* et *Artois* : D'argent, au lion léopardé passant de sinople, armé et vileiné de gueules. P. 261 et 265.

Poix (vers 1480), *Bourgogne* et *Picardie* : D'azur, au chevron d'argent, accompagné de trois coquilles d'or, posées deux en chef et une en pointe ; au chef d'or, chargé de trois bandes de gueules. P. 286.

Pouilly (1810), *Champagne* : D'argent, au lion rampant d'azur, armé, lampassé et couronné de gueules. P. 228.

Prouvy (1280), *Hainaut* : D'or, au double trescheur fleuronné et contre-fleuronné de sinople, à la fasce de gueules, chargée de trois sautoirs d'argent, brochant sur le tout. P. 140.

Quaetjonck (1673), *Ypres* : D'argent, à trois huchets ou cors de sable, liés de gueules, virolés d'or, posés deux et un. P. 213.

Quellerie de Chanteraine (1647), *Cambraisis* : D'azur, au chevron d'or chargé d'une rose de gueules, accompagné de trois étoiles du même, deux en chef et une en pointe. P. 259.

Rabodenghes (avant 1546), *Pays-Bas* : D'or, à la croix ancrée de gueules ; écartelé d'argent, à trois dolloirs de gueules, deux en chef et un en pointe, qui est *de Renty*. P. 195.

Ranchicourt ou Rancicourt (vers 1395 et 1571), *Artois* : Ecartelé, au premier d'argent, au chevron de gueules, accompagné de trois tourteaux de même ; au deuxième écartelé d'or et de gueules, qui est *de Noyelles* ; au troisième d'azur, au chef d'hermine, qui est *de Lichtesweld* ; au quatrième d'or, au lion rampant de gueules, armé et lampassé d'azur, qui est *de Berghes*. P. 176, 199.

Ransart (avant 1377), *Artois* : D'argent, à la frette de gueules. P. 154.

Rely (1431), *Artois* : D'or, à trois chevrons d'azur. P. 189.

RICHEBÉ D'OUTREBOIS (vers 1700), *Artois* : .... P. 284.

RENTY (vers 1400), *Artois* : D'argent, à trois dolloirs de gueules, posés deux adossés en chef et un en pointe. P. 188.

RIVERY (1442), *Picardie* et *Artois* : De gueules, à trois pals de vaire d'argent et d'azur; au franc canton d'or plein. P. 157.

RIZEMBOURG (avant 1369), *Pays-Bas*. P. 240.

ROBIANO (1829), *Lombardie* et *Belgique* : D'argent plein, au chef édenté de trois pointes d'azur, chacune d'elles chargée d'une fleur de lys d'or. P. 224.

ROCHEDRAGON (1842), *Auvergne* : D'azur, au lion rampant d'or, armé, lampassé et couronné de gueules. P. 267.

ROOSE DE BAISY et DE BOUCHOUT (1830) : *Brabant* et *Flandre* : De gueules, au chevron d'argent, accompagné de trois roses du même, posées deux en chef et une en pointe. P. 233.

ROSIMBOS (1361-1450), *Artois* et *Flandre* : Bandé d'argent et de gueules de six pièces. P. 143, 179, 190.

ROUGÉ (1874), *Bretagne* et *Anjou* : De gueules, à la croix pattée d'argent. P. 229.

SACQUESPÉE (1513), *Artois* : De sinople, à l'aigle éployée

d'or, becquée et membrée de gueules, tenant à son bec une épée, en bande, à demie dans son fourreau de sable, la poignée d'or, la lame d'argent ; la bordure de l'écu componnée d'argent et de gueules ; écartelé d'un écartelé d'or et de sable, qui est *de Lens-Rebecque*. P. 198.

SAINS DE MASINGHEM (avant 1430), *Artois* : Gironné d'or et de gueules. P. 154.

SAINT-OMER (1673), *Artois* : D'or, à deux fasces de gueules. P. 213.

SAINT-VAAST (1696), *Artois* : D'azur, à l'aigle éployée à deux têtes d'or. P. 260.

SALPERWICK, *Artois* : Vairé et contre-vairé d'argent et d'azur ; au franc-quartier d'hermine. P. 281.

SALSEBERGHE (vers 1400), *Pays-Bas* : ..... P. 240.

SAVEUSE (1252), *Picardie* et *Cambraisis* : De gueules, à la bande d'or, accompagnée de six billettes du même, trois en chef et trois en pointe, mises en orle. P. 150.

SCHOONVLIET (1555), *Wesphalie* : Ecartelé, au 1er et 4e d'azur, à trois fleurs de lys d'argent, deux et une, écartelé de gueules, à l'aigle éployée d'or ; au deuxième fascé d'or et d'azur de huit pièces, à deux cotices de gueules en sautoir, brochant sur le tout, qui est *de Dixmude* ; au troisième d'argent, à l'écusson de gueules, accompagné de six merlettes mises en orle, qui est *de Bournel* ; écartelé d'un écartelé *de Croy* et *de Renty*. P. 204.

SOUASTRE (vers 1350), *Artois* : De sinople, à la frette d'argent. P. 185.

STAVELE (avant 1395), *Artois* : D'hermine, à la bande de gueules. P. 186.

STEENHUYS D'HERMEN (1763), *Flandre* : D'argent, au chevron de gueules, accompagné en pointe d'un annelet du même. P. 275.

STRATEN-PONTHOZ (VAN DER) (1856), *Flandre* et *Brabant* : Fascé d'azur et d'argent de huit pièces ; au chef d'or, chargé de trois serres d'aigles de sable, arrachées de gueules. P. 234.

TENREMONDE (vers 1510), *Flandre* : Pampelonné d'or et de sable. P. 245.

TESTART (1497), *Artois*. P. 166.

THOUARS (vers 1125), *Poitou* : D'or, au semé de fleurs de lys d'azur, au franc canton de gueules. P. 134, 135.

T'KINT (1762), *Brabant* : D'argent, à la bande ondée de gueules, accompagnée de dix billettes du même, cinq en chef, posées trois et deux, et cinq en pointe, mises deux et trois. P. 218.

TONG (avant 1385), *Angleterre*. P. 147 et 240.

TRAMECOURT (1807), *Artois* : D'argent, à la croix ancrée de sable. P. 266.

T'SERCLAES-TILLY (1837), *Pays-Bas* : De gueules, au lion rampant d'argent, lampassé et couronné d'or, portant sur l'épaule un écusson d'or, au chef échiqueté de sable et d'argent de deux traits. P. 229.

VANDOSME (vers 1200), *Artois* : D'argent, au chef de gueules, au lion rampant d'azur, brochant sur le tout. P. 145.

VANSPEIL, dit *la Vichte* (1450), *Pays-Bas* : D'or, fretté de sable. P. 157.

VILLEPERG (vers 1600), *Pays-Bas*. P. 245.

VILLERVAL (vers 1460), *Pays-Bas* : Vairé d'argent et de gueules. P. 180.

VILPEREN (vers 1500), *Pays-Bas* : De sable, à la face d'or. P.

VOGT D'HUNOLSTEIN (1868), *Lorraine* : D'argent, à deux fasces de gueules, accompagnées de douze billettes couchées de même, cinq, quatre et trois; sur le tout coupé en chef de sinople, au lion léopardé d'argent, et en pointe d'or plein, qui est de Stein-Kallenfels. P. 237.

VOLLANT DE BERVILLE (1677) *France* : D'argent, à la fasce d'azur, chargée de trois croisettes d'or, accompagnée de trois merlettes de sable, deux en chef et une en pointe. P. 258.

WAMERHEM (avant 1380), *Pays-Bas*. P. 240.

WANCQUETIN DE BEUSES (1511), *Artois* : D'azur, au lion rampant d'or, armé et lampassé de gueules. P. 188 et 196.

WARLINCOURT (vers 1230), *Pays-Bas* : D'azur, au semé de fleurs de trèfles d'argent; au lion rampant d'argent, armé et lampassé de gueules, couronné d'or. P. 170.

WARLUZEL DE MARICOURT (1477), *Artois* : De sinople, à la fasce d'argent, à la bande losangée de gueules, brochante sur le tout. P. 241.

WARLUZEL (1549), *Artois* : De sinople, à la fasce d'argent, à la bande losangée de gueules, brochante sur le tout; écartelé d'un vairé d'or et d'azur, qui est *de Bonnières de Guines*. P. 204.

WASIÈRES D'HENDICOURT (1477), *Artois*. P. 180.

WAVRIN DE WAZIÈRES, *Artois* : D'azur, à un écusson d'argent en abîme. P. 241.

WIGNACOURT (1804), *Picardie* et *Artois* : D'argent, à trois fleurs de lys de gueules, au pied nourri, posées deux et une. P. 223.

YVE DE POIX, *Picardie* : De vaire d'azur et d'argent, à trois pals de gueules. P. 247.

ZUITPEENNE DE SAINT-OMER (1673), *Artois* : D'azur, au semé de billettes d'or, à la fasce d'or, chargée de trois annelets de gueules. P. 223.

FIEFS NOBLES ET FIEFS TITRÉS

POSSÉDÉS PAR LA

MAISON DE BEAUFFORT,

Depuis 1100 jusqu'à présent (1876).

Nous avons eu occasion de dire plusieurs fois, dans le cours de notre travail généalogique, que la maison *de Beauffort* était une des plus puissantes et des plus riches de la province d'Artois; ne voulant laisser aucun doute à ce sujet, nous donnons ici un relevé des principaux fiefs nobles, dont quelques-uns titrés, qui ont été possédés par cette maison à diverses époques.

L'ancienne noblesse se distingue généralement par la possession de noms patronymiques-terriens ou par le port de noms patronymiques et terriens à la fois. On appelle noms terriens ceux provenant d'une terre, ou d'un domaine, tels que : *d'Armagnac*, *d'Arzac*, *de Beau-*

fort, *de Fumel*, *de Montratier*, *de Montmorency*, *de Narbonne*, *de Roquette*, *de Saint-Félix*, *de Thouars*, *de Villeneuve*, etc. Toutes ces familles sont *féodales* et antérieures à la première Croisade.

La noblesse dite d'extraction ou de race porte généralement deux noms, le nom patronymique et celui d'un fief noble, par exemple : *du Buisson de Beauvoir*, *Cruzy de Marcillac*, *Delherm de Novital*, *Jacobé de Nauroy*, *Latour de Lordat*, *de Lonjon de Laprade*, *de Raguet de Brancion*, *de Rigaud de la Roujanne*, *Sapène de Cazarilh*, *Soumard de Villeneuve*, *de Trenqualye d'Espagnet*, *Vignes de Puylaroque*, etc. Cette noblesse était appelée noblesse de fiefs.—La particule dite nobiliaire devant un nom patronymique, qui ne provient pas d'un fief, indique un anoblissement récent par lettres-patentes. Les désignations nobiliaires d'autrefois, pour les nobles qui ne possédaient point de fiefs nobles, étaient celles de *chevalier*, *écuyer* et *noble ;* on ne faisait point l'addition de la particule. Cette addition constitue une altération de nom. Malgré les prohibitions, cette addition irrégulière est entrée en usage dès le XVIIe siècle.

Un titre de dignités nobiliaires reposait toujours, antérieurement à la Révolution de 1789, sur plusieurs terres à clocher, réunies sous une même dénomination, telles que : *marquisat de Mondicourt*, *comté de Croix*, *baronnie de Beaufort*, etc. Le Roi seul avait pouvoir d'ériger des terres en fiefs titrés. Les lettres-patentes d'érection, pour être valables, devaient être enregistrées à la chancellerie du parlement duquel ressortissaient les terres érigées, et au bureau des finances. Les titulaires de fiefs nobles érigés en fiefs titrés prenaient toujours dans les actes authentiques leurs noms patronymiques suivis de leurs dignités nobiliaires, par exemple : *de Beauffort, marquis de Mondicourt; de Beauffort, comte de Croix; de Beauffort, baron de Beaufort; de Beauffort, baron de Blaireville; de Levis, marquis de Mirepoix; de Campistron, marquis de Maniban; Dadvisard, marquis de Tallairan; Riquet, comte de Caraman; de Trinqualye, comte de Maignan; de Marnix, vicomte d'Ogimont, baron de Pottes; Du Cos, vicomte de la Hitte; de Portes, baron de Pardaillan*, etc. Comme on le voit, c'est la terre qui est titrée, en faveur de son noble possesseur.

Nous avons relevé, avec soin, tout ce qui concerne les fiefs possédés par l'ancienne maison de Beauffort, de l'Artois, pour les grouper sous un seul et même titre. Nous donnons les indications les plus précises, notamment celles des lettres-patentes d'érections de terres en fiefs titrés, en faveur de membres de cette famille. Le complément des renseignements se trouve à la page dont nous donnons le numéro à la suite de chaque mention de fief.

Ablain ou Ableng, en Artois, entre Douai et Arras. Gilles de Beauffort, seigneur de Mondicourt, etc., mari de Suzanne de Fournel, hérita de son oncle Antoine de Lannoy, époux de Florence de Fournel, du fief d'*Ablain* et d'autres, vers 1630 (V. p. 207).

Acquembronne ou Acquenbrone, en Artois, bailliage de Saint-Omer, diocèse de Boulogne, paroisse de Lumbre. Robert de Beauffort, seigneur de Mondicourt, né en 1598, qui avait épousé, en 1630, Isabelle de France, est le premier que nous ayons trouvé indiqué *seigneur d'Acquenbrone*. Cette seigneurie fut donnée à d[lle] Marie-Clotilde-Josèphe de Beauffort, mariée avec messire d'Audenfort, en 1751; puis, elle revint dans la maison de Beauffort, et fut vendue révolutionnairement en 1794 (V. p. 211, 213 et 215).

Agival était au nombre des fiefs nobles possédés par messire François-Joseph de Beauffort, seigneur de Lassus, du Cauroy, etc. (V. p. 261).

Agnetz ou Agnès, en Artois, paroisse du diocèse d'Arras, était une des seigneuries possédées par la branche dite des seigneurs de Noyelles-Wion (V. p. 177).

Alennes, Flandre-Wallonne, paroisse du diocèse de Tournai, était un fief noble porté en dot à Philippe de Beauffort, seigneur de Ransart, etc., vers 1525, par d[lle] Jeanne de Hallewin qui l'avait acquis (V. p. 161).

Angre, en Artois, bailliage de Lens, paroisse du diocèse d'Arras. Cette terre fut portée en mariage, vers 1200, par Marie, héritière d'Angre, à Wautier de Beauffort. Elle a donné son nom à leur descendance. Les seigneurs d'Angre, qualifiés aussi *sires d'Angre*, se sont éteints en la personne de Jean de Beauffort, IIIe du nom, en 1361. La terre et seigneurie d'Angre se composait de plusieurs fiefs, dont les uns mouvaient du comté de Hainaut, et les autres de la terre de Quiévrain. Il y avait une *grande cense* et un moulin féodal. Le seigneur d'Angre avait toute justice, ainsi que d'autres droits seigneuriaux. Une partie du bois porte le nom *de Beauffort*. La terre d'Angre passa des mains de Henry de Beauffort dans celles de Guillaume du Sart, vers l'an 1400; puis, elle retourna à la maison de Beauffort, par suite du mariage de Marie de Croix de Malannoy avec Christophe-Louis de Beauffort, comte de Croix, en 1723 (V. p. 139, 172 et 273).

Armanie de Grande et Petite Stale, en Artois. M. le marquis de Beauffort rendit hommage au roi, pour ce fief noble, devant le bureau des finances de Lille, en Flandre, le 10 mai 1782. Cette terre fut vendue révolutionnairement vers 1794 (V. p. 89 et 220).

Armanie-de-Sermesecle, en Artois. M. le marquis de Beauffort rendit hommage au roi, à raison de ce fief noble, devant le bureau des finances de Lille, en Flandre, le 10 mai 1782. Ce fief fut vendu révolutionnairement en 1794 (V. p. 89 et 220).

Arras, en Artois. La maison de Beauffort a possédé plusieurs fiefs nobles dans les enclaves de la ville et des faubourgs d'Arras (V. p. 30, 41, 164, 190, 197).

Ausson. Jean-Pierre de Beauffort, capitaine de cavalerie dans le régiment du Roi, se qualifiait de seigneur de la Molinière et d'*Ausson* (V. p. 286).

Avenescourt, en Artois. Le fameux capitaine Baudot de Noyelles-Wion, seigneur de Castau ou Cateau, était seigneur d'*Avenescourt*, de par sa femme Marie, dame Hangest et d'*Avenescourt*, en 1425 (V. p. 179 et 180).

Averval était un fief noble possédé d'abord par Antoine de Beauffort, seigneur de Lassus qui le donna par testament, en 1649, à son neveu, Pierre-Ignace de Beauffort, qui n'eut qu'une fille, mariée avec messire de Vollant de Berville, auquel elle apporta tous ses biens (V. p. 258).

Avesnes, en Artois, diocèse d'Arras. Antoine de Beauffort, pannetier et maître d'hôtel de l'empereur Maximilien, armé chevalier à la journée de Guinegatte, en 1479, était qualifié seigneur d'Avesnes. En derniers temps, Avesnes-le-Comte, était le siége d'un bailliage ou d'une chatellenie royale (V. p. 191 et 199).

Avesnes (des), en Artois. Jean de Beauffort, seigneur de Bullecourt, etc., était aussi possesseur du fief noble *des Avesnes*. Nous croyons que c'est le même que le précédent (V. p. 198).

Aytberghe, en Artois, était un des fiefs nobles que possédait dame Sophie de Beauffort, dame de Gramerie, d'*Aytberghe* et de Schierkvelde, morte en 1331 (V. p. 142).

Bacouée, en Artois. Nous trouvons ce fief noble au nombre des terres possédées, vers 1750, par messire François-Joseph de Beauffort, seigneur de Lassus, du Cauroy, etc. (V. p. 261).

Bailleul-aux-Cornailles, en Artois, paroisse du diocèse d'Arras. Cette terre et seigneurie fut achetée, à messire Robert de Bailleul, par dame Jeanne Le Borgne, veuve de messire Jean de Beauffort, par acte du 19 juin 1499. Elle en fit don à Jeannet de Beauffort, son second fils, qui la donna, dans la suite, par testament, à Romain de Beauffort, son neveu, dont les héritiers la vendirent, vers 1580, au sieur Thorillon. Cette terre revint à la maison de Beauffort, en 1712, et fut de nouveau cédée, en 1726 (V. p. 194, 195, 198, 203 et 280).

BAISY, en Brabant, diocèse de Malines. Baisy est le lieu de naissance du vaillant et preux chevalier Godefroid, duc de Bouillon, commandant en chef d'un corps d'armée de la première Croisade (1096), mort en Terre-Sainte, étant roi de Jérusalem, en 1100. C'est sur le fief de Baisy que reposait le titre de *comte* octroyé, en 1770, à messire Pierre-Charles-Joseph Roose, baron de Bouchout (voyez, aux *Annales*, 1873; p. 129). Cet ancien domaine des Roose de Baisy, appartient, par droit de succession, depuis 1874, à M. le comte Léopold de Beauffort (V. p. 233).

BAVELINCOURT, en Artois, diocèse d'Arras; cette seigneurie fut acquise, vers 1216, par Aleaume, seigneur de Beaufort et de Noyelles-Wion. Elle devint, en 1218, l'apanage de Guy, son second fils; puis, vers 1320, elle passa à Vis ou Wion de Beauffort, auteur de la branche dite de Saclains et de Bavelincourt. Marie de Beauffort, fille de Robert et de Jeanne d'Ailly, la porta en dot à Robert d'Amiens, son époux, vers 1500 (V. p. 139, 148, 151, 182, 192, 239).

BEAUCHAMPS. Messire Emmanuel-Constant-Joseph de Beauffort dénombra, le 15 février 1768, la terre de Beauchamps, située à Ciclem, dont il avait hérité de sa mère, Marie-Florence de Coupigny, décédée en 1761. Il en fut dépossédé révolutionnairement en 1794 (V. p. 264).

Beauffort, avec deux ff, est le nom patronymique de la postérité de Guy, seigneur d'Oiran ou d'Oiron, des vicomtes de Thouars, et de Jeanne de Beaufort, fille unique de Bouchard, baron de Beaufort. Ce nom n'a jamais été celui d'un fief, quoiqu'on le trouve très-souvent précédé des qualifications de *marquis*, de *comte*, de *vicomte* ou de *baron*. Ce qui s'explique par la réunion de plusieurs fiefs nobles érigés sous la désignation générale de *marquisat, comté*, etc., *de Beauffort*, avec faculté d'asseoir le titre sur la terre qu'il conviendrait le mieux au titulaire (Voyez p. 75, 77, 80 et 83). Nous pouvons citer un grand nombre de cas de réunions de plusieurs terres à clocher, sous la désignation générale d'un nom patronymique, en vertu de lettres-patentes du roi : dans ce dernier cas la faveur royale était plus marquée ; exemples : les *marquisats de Beauffort, d'Hautpoul, du Lac*, etc. ; *les comtés d'Espie, de Beauffort*, etc. L'article suivant complète celui-ci.

Beaufort, en Artois, subdivision, diocèse et gouvernance d'Arras, parlement de Paris, intendance de Lille, paroisse et justice seigneuriale, avait anciennement le titre de *baronnie*, suivant de vieux documents authentiques et d'après les anciens historiens. Bouchard, *baron de Beaufort*, n'eut de sa femme Marguerite de Noyelles-Wion, qu'une fille nommée Jeanne, mariée, vers 1125, avec Guy, seigneur d'Oiran, plus tard Oiron, en Poitou, de la maison des vicomtes de Thouars (Voyez ci-après : Oiran et Thouars), auquel elle apporta en dot les seigneuries de Beaufort et de Noyelles-Wion, à condition d'en relever les noms et les armes. Elle lui apporta la terre baronniale de Beaufort, dont le titre fut retenu, à la mort de Bouchard, baron de Beaufort, par Aubert de Beaufort, frère puîné du père de Jeanne, qui le transmit à ses descendants directs, par ordre de primogéniture. En 1308, le dernier représentant mâle de la branche cadette de l'ancienne maison de Beaufort étant venu à mourir, le titre de *baron de Beaufort* fut relevé et porté par les de Beauffort, issus de Thouars. — « La terre et seigneurie de Beaufort était une des plus anciennes baronnies de l'Artois; elle a donné son nom à une des plus antiques et des plus illustres maisons de cette province. Tous les historiens sont d'accords sur ce point. L'abbé d'Espilly, dans son *Dictionnaire géographique, historique et politique des Gaules de la France;* 1742; tome Ier, p. 513, confirme la véracité de cette assertion. Puis, il fait mention, à la suite de son article sur la *baronnie de Beaufort*, à la page 515, des lettres-patentes du mois de juillet 1733, enregistrées à l'élection, au conseil provincial et souverain de l'Artois et au bureau des finances de Lille, par lesquelles les terres de Moulle, de Buisseheure, etc., furent érigées en comté, sous la domination de *comté de Beauffort*, en faveur de messire Christophe-Louis de Beauffort, *qui était déjà comte de Croix, etc.*; et, ensuite, des lettres-patentes du mois de mars 1735, données par le roi Louis XIV, et enregistrées à l'élection, au conseil provincial et souverain d'Artois et au bureau des finances de Lille, portant autorisation de faire usage du titre de MARQUIS DE BEAUFFORT, *et d'appliquer ce titre sur telle de ses terres que bon lui semblerait*, en faveur de messire Charles-Antoine de Beauffort, qui devint ainsi *marquis de Beauffort et de Mondicourt.* La terre baronniale de Beaufort, en Artois, sortit de la maison de Beauffort, en 1582, par suite du mariage de

D^lle Anne de Beauffort, héritière de tous les biens de la branche aînée de sa maison, biens qu'elle porta en dot à messire Philippe de Croy, comte de Solre, baron de Sempy, seigneur de Molembaix, etc., chevalier de la Toison-d'Or. Seul, le titre de baron est resté dans la maison de Beauffort, reposant sur d'autres terres (V. p. 150, 163, 243 à 247). L'ancien domaine de Beaufort, berceau de l'illustre famille des de Beauffort, a été racheté, en 1867, par M. le marquis de Beauffort, qui le possède actuellement.

BEAULIEU-LEZ-PAS, en Artois. D^lle Suzanne de Fournel était dame de Beaulieu, de Graincourt, etc., terres qu'elle porta en dot, 1592, à messire Gilles de Beauffort, seigneur de Mondicourt, etc. Étant veuve, elle donna le fief *de Beaulieu,* par acte du 5 octobre 1635, à Renom de Beauffort, son fils puîné, à condition d'écarteler les armes de *Fournel* avec celles *de Beauffort* (V. p. 269 et 271). Cette terre est restée dans la branche dite des seigneurs de Moulle, de la maison de Beauffort, jusqu'en 1794, qu'elle fut mise sous séquestre et vendue comme bien d'émigrés (V. p. 206, 208 et 269).

BEAUMETZ-LEZ-LOGES, en Artois, paroisse du diocèse d'Arras, justice seigneuriale; connue autrefois sous la dénomination de *Beaumetz-Pourchelet.* Cette seigneurie fut acquise par Colart dit Payen de Beauffort, le 17 novembre 1434, de Regnaut de Loy, seigneur de Dave, et de Béatrix de Velières ou Bézières, sa femme; il en donna rapport et dénombrement, en 1435, à Mgr Philippe, seigneur de Saveuse et de Baillaulmont, à cause de Mme Marie de Lully, femme dudit seigneur de Saveuse. Colart est qualifié dans ces deux actes : « Mgr Colart, dit

Payen de Beauffort, chevalier, seigneur de Ransart, etc. »

Jean de Beauffort, troisième fils dudit Colart, était qualifié *baron de Beaumetz*, seigneur de Bienvillers, de Boyaval, etc. Puis, en 1582, la terre baronniale de Beaumetz-Pourchelet passa dans la maison de Croy, par suite de l'alliance d'Anne de Beauffort avec Philippe de Croy, comte de Solre (V. p. 156, 157, 159 et 163).

Beaurains *ou* Baurains, en Artois, paroisse du diocèse d'Arras, avec justice seigneuriale. Cette seigneurie fit partie du douaire de Marie de Paris, qui la porta en dot, en 1424, à Jean de Beauffort, seigneur de Saulchoy, de Markais et d'Hersin. Romain de Beauffort acheta, à ses frères Eustache et Hugues, le 29 juillet 1561, le fief noble de Waltemetz, dépendant de Baurains. Cette terre fut vendue, après la mort d'Antoine de Beauffort, vers 1663, et une partie fut acquise par Hugues de Beauffort (V. p. 190, 203, 252, 254, 261).

Becterselle, au Pays-Bas. Cette terre fut apportée, avec d'autres, en dot, à Romain de Beauffort, dit *le Blond-Chevalier*, par Magdeleine de Schoonvliet, en 1555 (V. p. 204, 205).

Berch, en Champagne, était un des fiefs nobles possédés par messire Louis-Eugène, comte de Beauffort, et dont il fut dépossédé en 1794 (V. p. 276).

Berles, en Artois, diocèse d'Arras, était une seigneurie qu'une fille de la maison de Beauffort porta en dot, avec les terres de Samson et de Watifleur, à Jean dit Malet de la Viefville (V. p. 142).

BEUSES. Jacques de Wancquetin donna cette terre à Jossine de Beauffort, lors de leur mariage, en 1511; elle était veuve en 1523 (V. p. 196).

BIENVILLERS, en Artois, paroisse du diocèse d'Arras, avec justice seigneuriale. Colart, dit Payen de Beauffort, chevalier, seigneur de Ransart, et dame Isabelle de Ollehain, sa femme, achetèrent, le 17 juillet 1437, par voie d'échange, la terre de Bienvillers, de Mgr Jean de Mailly, dit le Bègue, seigneur du Quesnoy. Un différend étant survenu au sujet de cette vente, elle ne fut définitivement réalisée, qu'en 1469, par Philippe de Beauffort. Puis, cette seigneurie passa dans la maison de Croy, en 1582, par suite du mariage d'Anne de Beauffort avec Philippe de Croy, comte de Solre (V. p. 156, 163, 195, 255).

BLAIREVILLE, en Artois, paroisse du diocèse d'Arras, avait le titre de *baronnie*, avec justice seigneuriale. Cette terre baronniale, qui appartenait, en 1406, à messire Enguerrand, seigneur de Nedonchel, fut acquise, en 1434, par Colart, dit Payen de Beauffort. Il la donna à Philippe, son fils aîné, qui en fut légalement saisi par acte du 27 octobre 1440. Jean de Beauffort, IIIe du nom, seigneur de Boisleux, donna le rapport et le dénombrement de la *baronnie de Blaireville*, le 17 novembre 1498; elle était tenue en fief de l'abbaye de Saint-Vaast d'Arras. Cette terre fut vendue par Nicolas de Beauffort, en 1568, à messire Charles Le Fèvre; le titre de baron resta dans la maison de Beauffort, et la terre de Blaireville y fit retour par suite du mariage de Marie de Croix de Malanoy, avec messire Christophe-Louis de Beauffort, comte de Croix, etc., en 1723; elle fut comprise dans la réunion des terres qui formèrent le *comté*, érigé en 1733, sous la dénomination de *comté de Beauffort* (V. p. 154, 156, 157, 159, 243 et 274).

BLANQUEMAIN. Cette terre fut apportée en dot, en 1670, par d^lle^ Antoinette de Croix, dame de Courtois, de Blanquemain, etc., à messire Renom-François de Beauffort, seigneur de Moulle, etc. (V. p. 271 et 273).

BLAVAINCOURT ou BLAVINCOURT, en Artois, paroisse du diocèse d'Arras, justice seigneuriale. Colart de Beauffort, dit Payen, seigneur de Ransart, etc., acquit de Pierre et Guillaume de Montbertault, par acte du 11 mars 1444, la terre de *Blavaincourt* ou *Blavincourt* (V. p. 157, 163). Elle passa dans la maison de Croy, en 1582, par suite du mariage d'Anne de Beauffort avec Philippe de Croy, comte de Solre (V. p. 163).

BOGAERTSVELD, au Pays-Bas. Ce fief noble entra dans les domaines de la maison de Beauffort, en 1673, par suite du mariage de Marie-Charlotte de Quaëtjonck avec messire Philippe-Louis de Beauffort (V. p. 213, 216).

BOISLEUX-EN-VAL, en Artois, paroisse du diocèse d'Arras, avec juridiction ou justice féodale exercée par des hommes de fiefs. Cette terre et seigneurie fut acquise, vers 1432, par Colart, dit Payen de Beauffort, seigneur de Beaufort, de Ransart, etc. Elle a donné son nom à une branche de la maison de Beauffort (V. p. 241). Jean de Beauffort en fit le dénombrement, le 18 juin 1523 (V. p. 243). Elle fut vendue à l'époque de la mort d'Antoine de Beauffort, arrivée en 1662, et achetée par dame

Antoinette de Gongnies, sa mère, qui la donna à sa fille Michelle, sœur dudit Antoine, mariée avec messire de Blondel. Nicolas de Beauffort céda cette terre à Hector, son oncle, en 1564 (V. p. 157, 341, 243,249).

Boisleux-au-Mont, en Artois. Nous devons rappeler qu'Antoinette de Gongnies acheta, en 1662, la terre de Boisleux, qu'elle donna à sa fille Michelle, femme de François-Alexandre de Blondel, qui se qualifiait, dès lors, *dame de Boileux-au-Mont et de Boisleux de Saint-Marcq* (V. p. 251 et 252).

Boisleux-Saint-Marcq, jadis *Boisleux-au-Val* (V. les deux articles ci-dessus).

Bouchout, en Brabant, paroisse de Meysse, diocèse de Malines. Cette terre féodale, titrée de *baronnie* depuis 1640, est entrée dans la maison de Beauffort, en 1830, par suite du mariage de M. le comte Amédée de Beauffort avec Mlle Elisabeth de Roose, comtesse de Baisy, *baronne de Bouchout* (V. p. 66 et 233). Ce beau domaine, avec son magnifique château féodal, et ses dépendances, ont été le partage de M. le comte Léopold de Beauffort, après le décès de sa mère, en 1874. Seul, comme aîné et possesseur des fiefs, il peut relever les titres de *comte de Baisy* et de *baron de Bouchout*. Il existe des notices historiques et des vues, gravées, du beau manoir de Bouchout. Ce château-fort habilement restauré, sous la direction de M. le comte Amédée de Beauffort, possède encore sa garniture de créneaux, de tourelles, de mâchicoulis, de meurtrières ; il est flanqué de grosses tours et d'un donjon, avec leurs plates-formes. On y voit encore les oubliettes, pratiquées sous la tour carrée, et ses fossés réunis actuellement en une vaste nappe d'eau, entourant le château sur trois de ses faces. On voit çà et là les armoiries *de Bouchout*, *de Roose* et *de Beauffort*, notamment dans les lobes des ogives de la principale entrée. La construction de ce château féodal est attribuée à Godefroid-le-Barbu, duc de Brabant, qui mourut en 1140 (Voyez, les Notices historiques sur le château-fort de Bouchout et les vues, gravées; à la bibliothèque Royale, à Bruxelles, section des Estampes).

Bouillencourt, en Artois, est un fief noble acquis par Colart, dit Payen de Beauffort, seigneur de Beaufort, de Ransart, etc., et qu'il donna, avec la terre de Boisleux, à Antoine, son second fils, auteur de la branche de Boisleux; ce dernier transmit Bouillencourt à son fils Adrien de Beauffort, qui s'en dessaisit en faveur de l'abbaye de Sainte-Gertrude, de Louvain, dont il fut le huitième abbé (V. p. 157, 241, 242).

Bourech était un fief noble porté en dot, en 1723, par Marie de Croix de Malanoy à messire Christophe-Louis de Beauffort (V. p. 274).

Bourg de Sainte-Croix était une des nombreuses seigneuries de messire Christophe-Louis, comte de Beauffort; elle lui venait de dame Alexandrine de Massiet, sa grand'-mère (V. p. 273, 276).

Bouteillerie (La), en Artois, près d'Armentières. Cette seigneurie fut portée en dot, vers 1528, par demoiselle Marie de Berlaymont, *dame de la Bouteillerie*, à messire Georges de Beauffort, baron de Beaufort (Voyez, p. 162).

Boyaval, en Artois, paroisse du diocèse de Boulogne. Cette terre fut, sans doute, acquise par Colart, dit Payen de Beauffort, dont le troisième fils, nommé Jean, était qualifié *baron de Beaumetz*, seigneur de Bienvillers, *Boyaval*, etc. Ce dernier est mort en 1513, laissant ses biens à Philippe, son frère aîné. Jeanne de Beauffort porta la terre de Boyaval, avec d'autres, par contrat de mariage, en 1525, à messire Antoine de Montmorency (V. p. 156, 157, 160).

Brehaut, Pays-Bas : Messire François-Louis de Beauffort, marquis de Mondicourt, hérita de cette terre, en 1723, de messire de Zuitpéenne de Saint-Omer, son oncle, à la mode de Bretagne (V. p. 213, 214).

Bretencourt, en Artois. Colart de Beauffort, dit Payen, acquit, en septembre 1431, un fief noble situé à Bretencourt, qui passa, en 1582, dans la maison de Croy, par suite du mariage d'Anne de Beauffort avec Philippe de Croy, comte de Solre (V. p. 157 et 163). Précédemment à cette époque, la terre de Bretencourt était dans la maison de Warluzel, dont Antoine de Beauffort avait épousé une fille.

Breton ou Bretou, en Artois, était un des fiefs nobles d'Antoine de Beauffort, seigneur de Bailleul-aux-Cornailles, etc., fils de Christophe, bâtard de Beauffort (V. p. 281).

Bretocourt, Artois; fief acquis en partie, en septembre 1431, par Colart, dit Payen de Beauffort, seigneur de Beaufort, de Ransart, etc., à messire Regnaut de Loy.

Il dépendait de la terre de Bretencourt (V. p. 157 et 163). Il passa dans la maison de Croy.

Brœuq (Du), en Artois. Ce fief était du nombre de ceux que possédait messire Christophe-Louis, comte de Beauffort et de Croix, du chef de sa mère, en 1716. Il le transmit à son fils aîné, Louis-Eugène-Marie, qui en fut dépossédé révolutionnairement en 1794 (V. p. 273).

Brie, en Picardie, diocèse de Noyon, intendance d'Amiens. Cette terre fut acquise, vers l'an 1200, par Wautier de Beauffort, seigneur de Saire et de Cessoye, en Cambraisis, et vendue, en 1380, par Baudouin de Beauffort, dit *le Dépensier* (V. p. 138 à 143). On sait que Wautier avait quitté l'Artois.

Buisseheure, dans la Flandre-Maritime, paroisse du diocèse de Saint-Omer, intendance de Lille, était une vassalerie, qui avait banc échevinal. Messire Christophe-Louis, comte de Beauffort et de Croix, est qualifié dans tous les actes, seigneur de *Buisseheure*, seigneurie qui lui venait de la succession de Renom-François, son père. Cette terre qui provenait des de Massiet était toujours dans la maison de Beauffort, à l'époque de la Révolution; mise sous séquestre, comme bien d'émigrés, elle fut vendue comme telle en 1794 (V. p. 273, 276).

Bullecourt, en Artois, paroisse du diocèse d'Arras, était un siége de juridiction ou de justice féodale exercée par des hommes de fiefs. Cette terre et seigneurie entra dans la maison de Beauffort par l'apport dotal de Marie de Paris, riche héritière, dame de Bullecourt, Lassus,

Baurains, etc., à messire Jean de Beauffort, seigneur du Saulchoy, etc., en 1424 (V. p. 190 à 204).

Buscœur, en Artois, bailliage et diocèse de Saint-Omer. Messire Christophe-Louis, comte de Beauffort et de Croix, étant grand bailly d'épée du bailliage de Saint-Omer, et seigneur de *Buscœur*, etc., revendiqua, lors de la révision des coutumes de son bailliage de Saint-Omer, les privilèges et franchises des habitants de Buscœur; ce qu'il obtint (V. p. 83, 84, 273).

Campagne-en-Blaringhem-Arrois. Ce fief noble fit partie du douaire que dame Charlotte de Quaëtjonck porta en mariage à messire Philippe-Louis de Beauffort, en 1673 (V. p. 213).

Cardonnerie était un des fiefs nobles, dont hérita, en 1723, messire François-Louis de Beauffort, marquis de Mondicourt, etc., de messire François-Ignace de Zuitpenne de Saint-Omer, son oncle à la mode de Bretagne. On retrouve cette terre parmi celles possédées par la maison de Beauffort à l'époque de la Révolution et dont elle fut dépossédée (V. p. 213).

Castau ou Cateau, en Cambraisis, diocèse de Cambrai, parlement de Douai, intendance de Lille, fut la principale seigneurie de la branche cadette des de Noyelles-Wion (branche cadette de la maison de Beauffort), qui s'était fixée en Cambraisis, vers 1250. Jean de Noyelles-Wion, père du chevalier Baudot, tué à la bataille d'Azincourt, en 1415, fut le premier de sa maison *seigneur de Cateau* (Voyez, p. 179 et 180). Charles de

Noyelles-Wion, fils de Baudot, la possédait lors du mariage de ses deux filles (V. p. 180). Dans la suite, la terre de *Castau* ou *Cateau* fut appelée *Château-Cambraisis* (*Castrum Cameracense*), et son beau château devint la résidence d'été des archevêques de Cambrai et le siége de leur juridiction. Ce château était situé près de l'abbaye de Cateau-Cambresis, dédiée à Saint-Philippe et Saint-Jacques.

Cauroy (Le), en Artois, situé près de Cambrai, était une paroisse. Cette terre avait anciennement le titre de *pairie du Cambraisis*; elle fut acquise, le 19 décembre 1671, à messire Eugène de Noyelles, marquis de Lisbourg, baron de Lorsignol, par messires Jean-Baptiste de Beauffort, chanoine et official d'Arras, Pierre-Ignace de Beauffort, seigneur de Warnicamps, et Antoine-Joseph de Beauffort, seigneur de Lassus. Ce dernier hérita de la totalité de cette importante terre, qu'il transmit à ses descendants. Le château du Cauroy fut respecté durant la tourmente révolutionnaire ; il servit de refuge et d'asile à plusieurs membres de la famille de Beauffort. La vénérable dame Marie-Henriette-Constance de Beauffort, dernière abbesse du noble et illustre chapitre d'Estrun-lez-Arras, s'y réfugia et y mourut (V. p. 263). Le château et la terre du Cauroy appartiennent toujours à M. le baron de Beauffort.

Cessoye, en Cambraisis, terre portée en dot, avec la seigneurie de Saire, vers l'an 1200, par dame Athalie de Brimeu à sire Aleaume, seigneur de Beaufort, de Noyelles-Wion et de Bavelincourt, en Artois. Nous devons faire remarquer ici que : « Wauthier, fils aîné, d'Aleaume et d'Athalie de Brimeu, hérita des terres de *Cessoye* et de *Saire*, situées en Cambraisis; terres apportées en dot par sa mère à son père, et qu'il augmenta, plus tard, ses domaines, de la terre de Brie, qu'il avait acheté (V. p. 138). Ce Wauthier, par suite de cette succession, quitta l'Artois pour s'établir en Cambraisis, dans les domaines de sa mère, où il a fait branche. Les fiefs nobles, situés en Artois, furent donnés à Guy, son frère puîné (V. p. 139). La seigneurie de Cessoye fut vendue par Baudouin de Beauffort, dit *le Dépensier*, vers 1380 (V. p. 143).

Chanteraine ou Chantereine, en Artois, hameau du diocèse de Boulogne, était un des fiefs nobles dont jouissait, en 1435, messire Gilles de Beauffort, seigneur de Chanteraine, habitant de la ville d'Arras (V. p. 285).

Courtois, aux Pays-Bas. Cette terre, qui appartenait jadis à la maison de Wignacourt, fut portée en dot, en 1670, par d[lle] Antoinette de Croix, dame de Courtois, Blanquemain, Villeman, etc., à messire Renom-François de Beauffort (V. p. 271 et 273); elle fit ensuite partie du douaire de d[lle] Louise-Ferdinande-Henriette de Beauffort, mariée, en 1769, avec messire Balthazar-Philippe, comte de Mérode. En 1794, cette terre fut mise sous séquestre et vendue comme bien d'émigrés (V. p. 278).

Cowin. Pierre de Glisy, écuyer, vendit, en 1518, la terre de Cowin, à messire Jean de Beauffort, IIIe du nom, seigneur de Boisleux, etc. (V. p. 243). Ce dernier reconnut, par acte passé par devant notaires, en 1518 (dont la grosse était, en 1687, entre les mains de messire François de Vitry, seigneur des Auteux), « avoir pris saisine d'un fief faisant partie de sa terre de Cowin, de noble homme Jacques de Licques, seigneur des Auteux et d'Alennes, et nonobstant ce, il s'oblige pour les fruits levés depuis le trépas de Pierre de Glisy, écuyer, seigneur de Cowin. » La terre de Cowin dépendait de celle des *Auteux* ou *Auleux*, de laquelle elle fut distraite, en 1569, en faveur de messire Jean Ve de Beauffort (V. p. 245). Anne-Chrétienne de Beauffort, *dame de Cowin* et *de Graincourt*, chanoinesse de Maubeuge, donna ces deux terres à Philippe-Ernest-André de Landas, son neveu à la mode de Bretagne, qui releva ces dites terres en 1690 ; il se qualifiait *baron de Graincourt* (V. p. 248). Puis, la terre de Cowin revint dans la maison de Beauffort (V. p. 249).

CRESSONNIÈRE (La), faisait partie du domaine de Marie de Croix de Malanoy, fiancée, en 1723, à messire Christophe-Louis de Beauffort. Elle fut ensuite donnée à messire Marie-Louis-Balthazar de Beauffort (V. p. 273 et 276).

CROIX, en Artois, subdivision de Saint-Pol, paroisse du diocèse de Boulogne, parlement de Paris, intendance de Lille. La terre et seigneurie de Croix et ses dépendances furent érigées en *comté*, par lettres-patentes, du mois de mai 1716 ; enregistrées au conseil provincial et souverain d'Artois, le 4 octobre suivant, et au greffe de la cour du parlement de Flandres, le 4 novembre 1718. Le roi accorda à messire Christophe-Louis de Beauffort, seigneur de Buisseheure, etc., son grand bailly d'épée des ville et bailliage de Saint-Omer, la faveur de prendre le titre de *comte*, avec faculté de l'appliquer sur *telle de ses terres que bon lui semblerait.* La terre comtale de Croix avait été portée en dot à messire Christophe-Louis de Beauffort, en 1716, par Mlle Claire-Angélique de Croix; puis, donnée, par ladite dame de Croix, à messire Louis-François de Beauffort, frère aîné de son mari, en 1717 (V. p. 273 et 275).

CURLES, en Artois. Ce fief noble fut acquis, en 1432, par Colart dit Payen de Beauffort (V. p. 157) ; puis, il passa, en 1582, dans la maison de Croy, par suite du mariage d'Anne de Beauffort avec Philippe de Croy, comte de Solre (V. p. 163).

CUVIGNY, en Artois. Cette terre fut donnée par Rasse de Le Warde à Isabeau de Beauffort, sa femme, qui en disposa en faveur de Magdeleine de Beauffort, sa nièce, religieuse au couvent de la Thieuloye, à Arras, par son testament, du 10 novembre 1501. Nous croyons que Magdeleine en fit don à cette communauté religieuse. Dans tous les cas, elle ne revint plus dans la maison de Beauffort (V. p. 193).

DESMOTTES OU DES MOTTES. Nous croyons que c'est une des nombreuses seigneuries qui entrèrent dans la maison de Beauffort, par suite du mariage de messire François-Joseph de Beauffort avec d[lle] Marie-Florence de Coupigny (V. p. 261).

DORP-LEZ-BRUXELLES, en Brabant. Magdeleine de Schoonvliet, dame de Ghinderon, de Berterselle et de *Dorp-lez-Bruxelles* en partie, porta ces terres en mariage, en 1555, à messire Romain de Beauffort, dit *le Blond*, seigneur de Bullecourt, etc. (V. p. 204 et 205).

ECLUSE (L'), en Flandre-Wallonne, paroisse du diocèse d'Arras. Messire François-Louis de Beauffort hérita de cette terre, en 1723, par suite de la mort, sans enfants, de messire de Zuitpéenne de Saint-Omer, son oncle à la mode de Bretagne (V. p. 213 et 216). La terre de l'Ecluse fut vendue, comme bien d'émigrés, en 1794.

ERQUENNES. Cette terre fut portée en dot, en 1592, à messire Louis de Beauffort, seigneur de Boisleux, etc., par Dlle Antoinette de Gongnies, sa seconde femme. La terre d'Erquennes fut vendue en 1622 (V. p. 251 et 252).

ERVILLERS. Ce fief noble fut également porté en dot, en 1592, par Dlle Antoinette de Gongnies à messire Louis de Beauffort, seigneur de Boisleux, etc. Ledit fief d'Ervillers fut aussi vendu en 1622 (V. p. 151).

ESCUSSERIE OU LESCUSSERIE (L'). Cette terre est entrée dans la maison de Beauffort, en 1635, par suite du mariage de Renom de Beauffort avec Dlle Alexandrine de Massiet, dame de Moulle, d'Esprèz, etc. L'Escusserie resta dans cette maison jusqu'en 1794, qu'elle fut confisquée et vendue comme bien d'émigrés (Voyez pages 270 et 273).

ESPRÈZ, ESPRÈS OU DESPRÈS fit aussi partie de la dot apportée, en 1635, par Dlle Alexandrine de Massiet à messire Renom de Beauffort. La terre d'Esprès fut vendue révolutionnairement en 1794 (V. p. 270 et 273).

ESTOVE était au nombre des fiefs nobles que possédait messire Jean IVe du nom, baron de Beaufort, mort en 1503 (V. p. 159).

Estrayelles, en Artois, était un des fiefs nobles possédés par Baudouin de Noyelles-Wion, seigneur de Gouy, d'Estrayelles, etc. (V. p. 178).

Fauquemont, en Artois. Nous croyons que ce fief noble fut apporté dans la maison de Beauffort par Marie de Páris, vers 1424 (V. p. 190). Jean de Beauffort, son fils aîné, seigneur de Bullecourt, etc., était aussi seigneur de Fauquemont. Ce seigneur distribua ses terres à ses nombreux enfants (V. p. 193).

Ferrières. Jacques de Beauffort, chevalier, est qualifié seigneur de Ferrières, dans les coutumes du Bourbonnais, de l'an 1520 (V. p. 285).

Ficheux ou Fisseux, en Artois, paroisse du diocèse d'Arras. Cette seigneurie fut achetée, en 1438, à messire Guy de Rubempré et à dame Marie de Guietdeville, sa femme, qui tenaient cette terre d'Antoine, seigneur d'Habarcq (V. p. 156) ; elle fut portée en dot, en 1582, par D^lle^ Anne de Beauffort à messire Philippe de Croy, comte de Solre (V. p. 163).

Firmont, en Artois, était un des fiefs nobles possédés par messire Jean, baron de Beaufort, mort étant gouverneur d'Arras, en 1503 (V. p. 159).

Fremicourt, en Artois. Cette terre fut donnée, avec d'autres, à Gilles de Beauffort, mari de Suzanne de Fournel, par Antoine de Fournel, son beau-frère, mort sans enfants (V. p. 206).

Fremicourt, en Artois, paroisse du diocèse de Cambrai, juridiction ou justice féodale exercée par des hommes de fiefs. Cette seigneurie entra dans la maison de Beauffort, en 1622, par suite du mariage de messire Robert de Beauffort, seigneur de Mondicourt, etc., avec demoiselle Isabelle de France, *dame de Fremicourt et de Malmaison*. Isabelle, étant veuve, se dessaisit de tous ses biens en faveur de ses fils; elle donna la seigneurie de *Fremicourt* à Christophe, et celle de *Mondicourt* à Philippe-Louis de Beauffort, par acte du 21 août 1673 (V. p. 210).

FRÉVILLERS était un des fiefs nobles possédés par messire François-Joseph de Beauffort, seigneur de Lassus, du Saulchoy, du Cauroy, de Frévillers, etc. Il lui venait de la succession d'Antoinette-Adrienne de Mont-Saint-Eloy, sa mère (V. p. 261).

FROIMONT ou FROIDMONT, sur Sambre, au comté de Namur. Pierre de Roose, conseiller d'Etat du roi Philippe IV et président du conseil privé, acheta les terres de Froidmont, de Ham ou Han et de Jemeppe, qu'il laissa, avec d'autres seigneuries, à Pierre-Ferdinand de Roose, son neveu et fils adoptif. Ces terres sont passées, en 1830, dans la maison de Beauffort, par suite du mariage de M. le comte Amédée de Beauffort avec demoiselle Elisabeth de Roose, comtesse de Baisy, baronne de Bouchout. Actuellement, Froidmont est la propriété de Mme la comtesse Charles Van der Straten-Ponthoz, née Gabrielle de Beauffort (V. p. 234).

GHINDERON était une des seigneuries apportées à la maison de Beauffort, en 1555, par dlle Magdeleine de

Schoonvliet, femme de messire Renom de Beauffort, dit *le Blond* (V. p. 204 et 205).

Gournay-de-Beauffort, situé à Faulengue, subdivision de Saint-Omer, en Artois, diocèse de Boulogne, paroisse d'Assonval. Il existait en Artois plusieurs fiefs nobles appelés *Gournay*. Celui-ci ayant été apporté en mariage, vers 1400, par Jeanne de Corbeil ou Corbelle, à messire Robinet de Beauffort, retint le nom de ce noble seigneur comme désignation particulière (V. p. 185).

Gouy ou Goy, en Artois, paroisse du diocèse d'Arras, justice seigneuriale. Messire Baudouin, chef de la branche cadette des seigneurs de Noyelles-Wion, provenue de la maison de Beauffort, qui assista au siége d'Arras, en 1414, était *seigneur de Gouy*. Charles de Noyelles-Wion hérita de cette seigneurie, qu'il vendit, en 1467, à Mgr Pierre de Ranchicourt, évêque d'Arras (V. p. 45, 146, 178, 179 et 180).

Gramerie, en Artois, terre qui appartenait à Madame Sophie de Beauffort, dame de *Gramerie*, d'Aytberghe et de Schierkvelde, morte en 1331 (V. p. 142).

Grincourt ou Graincourt, en Artois, subdivision de Béthune, paroisse du diocèse de Cambrai, juridiction ou justice féodale exercée par des hommes de fiefs. Graincourt était, avant l'an 1096, un des plus grands apanages de la maison de Saint-Aubert. Cette terre avait le titre de *baronnie;* titre que plusieurs générations de la famille de Beauffort ont fait revivre, et dont les aînés étaient qualifiés *barons de Graincourt* (V. p. 216, 273 et de 243 à 248). La terre de Graincourt fut acquise, en 1440, par messire Colart dit Payen de Beauffort (V. p. 157). Jeanne de Beauffort porta en dot, en 1525, à messire Antoine de Montmorency, les seigneuries de Graincourt, de Boyaval et d'Hestrud. Etant morts sans laisser d'enfants, ces trois terres firent retour à la maison de Beauffort (V. p. 160). Gilles de Beauffort fut alors le premier à reprendre la qualité de *seigneur de Graincourt* (V. p. 205). A la mort d'Anne-Chrétienne de Beauffort, chanoinesse de Maubeuge, arrivée en 1698, cette terre passa à messire Philippe-Ernest-André de Landas, son neveu à la mode de Bretagne, qui se qualifia *baron de Graincourt* (V. p. 249). Elle revint encore à la maison de Beauffort, dont les nouveaux possesseurs se qualifièrent aussi *barons de Graincourt* (V. p. 216 et 219). La maison de Beauffort était toujours en pleine jouissance de tous les droits et priviléges seigneuriaux reposant sur la terre de Graincourt, à l'époque de la Révolution, qui la déposséda et vendit toutes ses terres, comme biens confisqués à des émigrés, en 1794 (V. p. 84 et 275).

GROSVILLE, en Artois. Jean, baron de Beaufort, seigneur de Ransart, etc., est le premier de sa famille que nous ayons trouvé : *seigneur de Grosville* (V. p. 159). Cette terre passa, en 1582, dans la maison de Croy de Solre (V. p. 163).

GRUSELIERS, fief noble compris dans le douaire de dame Claire-Angélique de Croix (V. p. 271).

GUÉMY, en Artois, diocèse de Saint-Omer, intendance de Lille, en Flandre. Messire Renom-François de Beauffort acheta, en 1684, cette terre; mais, elle lui fut retraite, peu de temps après (V. p. 271).

HAM ou HAN, sur Sambre, ancienne pairie du comté de Namur. Messire Etienne Du Vach, comte de Dampierre, était qualifié baron de Bazoche et de *Han*, en 1622 (V. p. 207). Cette terre faisait partie des riches domaines que possédait, vers la fin du siècle dernier, l'illustre maison de Roose de Baisy et de Bouchout; elle a été apportée en mariage, en 1830, à M. le comte Amédée de Beauffort, par Mlle Elisabeth de Roose, comtesse de Baisy, baronne de Bouchout. Le château et la terre de Ham sont devenus, par succession légitime, depuis 1874, la propriété de Mme la comtesse de Nicolay, née comtesse Amélie de Beauffort (V. p. 235).

HAMEL (du). Nous avons remarqué que dame Jeanne Le Josne, que Philippe de Beauffort épousa, en 1461, était dame *du Hamel* et de Lully (V. p. 158). Nous croyons que cette terre ne resta pas dans la maison de Beauffort; mais, elle y revint, en 1634, par le mariage de Louis, seigneur de Boisleux, etc., avec d[lle] Antoinette de Gongnies. Cette dernière, étant veuve, la donna à sa fille Michelle, mariée avec messire François-Alexandre de Blondel (V. p. 251).

HANGEST ou ANGEST, Flandre-Maritime, diocèse de Saint-Omer. Dame Marie, héritière *de Hangest* et d'Avenescourt, apporta cette terre en dot, en 1425, au chevalier Baudot de Noyelles-Wion, de la maison de Beauffort (V. p. 179), dont la petite-fille, Marie de Noyelles-Wion, dame *de Hangest*, la fit passer, par suite de son mariage, dans la maison de Lalaing (V. p. 180).

HANNESCAMPS, en Artois, paroisse du diocèse d'Arras, justice seigneuriale. Nous trouvons cette terre parmi les seigneuries possédées par messire François-Joseph de Beauffort, seigneur de Lassus (V. p. 261). Elle passa à son fils aîné, dans les mains duquel la Révolution la confisqua, en 1794, comme bien d'émigrés (V. p. 264).

HAPEGRIVE, en Artois, fief noble que possédait Jean IVe, baron de Beaufort, Ransart, etc. (V. p. 159.)

HARDIFORT ou HARDIFFORT, Flandre-Maritime, paroisse du diocèse d'Ypres, parlement de Douai, intendance de Lille. M. le marquis de Beauffort rendit hommage au roi pour ce fief noble, le 10 mai 1782, au bureau des finances de Lille (V. p. 89 et 220). Ce fief noble fut compris parmi ceux confisqués révolutionnairement à la maison de Beauffort, et vendus, comme biens d'émigrés, en 1794. Au lieu d'*Hardissort*, il faut lire *Hardifort*.

HATEVILLERS. Claude de Beauffort, seigneur de Boisleux, etc., possédait la terre de Hatevillers, qu'il donna à Nicolas, son fils. Ce dernier, n'ayant pas eu d'enfants d'Etiennette Le Clercq, sa femme, vendit tous ses biens, vers 1569 (V. p. 243).

HENDECOURT-LEZ-RANSART ou HEUDECOURT, en Artois, paroisse du diocèse d'Arras et justice seigneuriale. Ce fief noble passa de la maison de Paris, d'Artois, dans celle de Beauffort, en 1424, par suite du mariage de Jean de Beauffort avec Marie de Paris. Ledit Jean en fit le dénombrement, au nom de sa femme, le 8 mars 1448 (V. p. 190, 191). Cette terre aura été le lot de l'un des nombreux enfants nés de ce mariage (V. *du Saulchoy*).

HERSIN, en Artois, diocèse d'Arras. La terre et seigneurie d'Hersin fut apportée en dot, vers 1384, par d^{lle} Marie de La Personne à messire Tassart de Beauffort (V. p. 187). Jean de Beauffort donna le dénombrement de la terre d'Hersin, en 1507 (V. p. 55). D^{lle} Barbe de Beauffort, reçue chanoinesse au noble chapitre d'Andenne, en 1532, était *dame d'Hersin* (V. p. 195 et 200). Nous ignorons comment elle disposa de ses biens ; ce qu'il y a de certain, c'est que la terre d'Hersin figura, plus tard, parmi celles possédées par Jeanne-Isabelle de Beauffort, mariée, en 1699, avec Guy de Moncheaux ; elle était aussi qualifiée *dame d'Hersin* (V. p. 260).

HERVILLERS était un fief noble possédé par messire Jean de Beauffort, baron de Graincourt. seigneur de Cowin, d'*Hervillers*, etc. (V. p. 244).

HESTRUD ou HESTRUS, en Artois, diocèse de Boulogne. Le premier de la famille de Beauffort que nous ayons trouvé qualifié *seigneur d'Hestrud*, est messire Philippe, dit *le Barbu*, seigneur de Beauffort, de Ransart, etc., décédé en 1478. Nous croyons que cette terre lui venait de la succession de Colart, dit Payen, son père (V. p. 158 et 159). Jeanne de Beauffort, fille de Philippe et de Marie de Lannoy, dame de Reusmes, en Tournaisis, et de Wittem, porta en mariage, en 1525, les terres de Graincourt, de Boyaval et d'*Hestrud*, à messire Antoine de Montmorency (V. p. 160).

HESUGLE-PETIT était un fief noble possédé par messire Pierre-Ignace de Beauffort, seigneur de Warnicamps, etc. (V. p. 258).

HOULLE, en Artois (jadis HUNELIA, séparée de la commune de Moulle par la rivière de Houlle), paroisse du diocèse de Saint-Omer, parlement de Paris, intendance de Lille. Messire Louis-François de Beauffort, mort en 1718, fut le premier de sa famille que nous ayons trouvé qualifié *vicomte de Houlle* (V. p. 272). Puis, son frère cadet, messire Christophe-Louis de Beauffort, comte de Beauffort et de Croix, était aussi qualifié, dans les actes authentiques et dans les assemblées de la noblesse de l'Artois, *vicomte de Houlle*, de Beaulieu et de La Jumelle, baron de Graincourt, seigneur de plusieurs fiefs nobles (V. p. 83, 84, 91, 273 et 276). Son fils aîné, Louis-Eugène, était aussi qualifié *vicomte de Houlle*, etc. Cette terre fut confisquée et vendue révolutionnairement, en 1794, comme bien d'émigrés.

HEUSERIE OU LA HUSSERIE (LA). Ce fief noble est entré dans les domaines de la maison de Beauffort, en 1635, par suite du mariage de messire Renom de Beauffort avec D^lle^ Alexandrine de Massiet (V. p. 269).

ILLIÉS, en Flandre-Wallonne, paroisse du diocèse d'Arras. Jeannet de Beauffort, mort en 1506, était seigneur de ce lieu (V. p. 189).

JEMEPPE, sur Sambre, au comté de Namur, était un des riches domaines de la maison de Roose, comtes de Baisy, barons de Bouchout. Pierre de Roose, conseiller d'État du roi Philippe IV et président du conseil privé, acheta les terres de Jemeppe, de Froidmont et de Ham, qu'il laissa, avec d'autres seigneuries, à Pierre-Ferdinand de Roose, son neveu et son fils adoptif. Cette terre est passée, en 1830, dans les domaines de la maison de Beauffort. Depuis 1874, elle appartient à Mme la comtesse Van der Straten-Ponthoz, née Gabrielle de Beauffort.

KERKOVE, fief noble faisant partie du douaire de Marie-Charlotte de Quëtjonck (V. p. 213.)

LA BRAYELLE. Messire François-Joseph de Beauffort, seigneur de Lassus, du Cauroy, etc., baron de Nedonchel, possédait aussi le fief noble de La Brayelle (V. p. 261).

LA JUMELLE, en Artois. C'était un des fiefs nobles possédés par messire Christophe-Louis de Beauffort, comte de Beauffort et de Croix, qui était aussi qualifié *vicomte de Houlle, de Beaulieu et de La Jumelle*, baron de Graincourt et de La Motte, seigneur de plusieurs terres (V. p. 273). Ce fief passa ensuite dans les domaines de messire Louis-Eugène, son fils (V. p. 276), et fut vendu révolutionnairement, comme bien d'émigrés, en 1794.

LA MOTTE ou LA MOTHE, en Artois, était une seigneurie qui donna son nom à la lignée de Pierre de Beauffort et de dame Jeanne d'Ongnies (vers 1490). Elle sortit de la maison de Beauffort, par suite du mariage de Marie de Beauffort avec messire Adrien de Formé, marquis d'Angers; laquelle Marie mourut en 1596. (V. p. 192 et 244).

LA MOTTE. Cette terre était parmi celles que possédait messire Christophe-Louis de Beauffort, comte de Beauffort et de Croix, vicomte de Houlle, de Beaulieu et de La Jumelle, *baron de Graincourt et de La Motte*, etc.

(V. p. 273). Puis, elle passa à son fils aîné, messire Louis-Eugène, et fut confisquée, comme bien d'émigrés, en 1794.

LA PIERRE. Ce fief noble fut porté en dot, en 1735, par dame Agnès de Croisilles, à messire Charles-Antoine de Beauffort (V. p. 215).

LA RACHIE était une des terres dont hérita Gilles de Beauffort, mari de Suzanne de Fournel, à la mort d'Antoine de Fournel, son beau-frère, seigneur de Beaulieu, Frémicourt, Graincourt, *La Rachie*, etc. (V. p. 206).

LASSUS, en Artois. C'est par suite du mariage de messire Jean de Beauffort avec Dlle Marie de Paris, dame de Bullecourt, *de Lassus*, etc., que cette seigneurie entra dans la maison de Beauffort, en 1424 (V. p. 190). La terre de Lassus a donné son nom à une des branches de la maison de Beauffort, créée vers 1561 (V. p. 254); elle fut mise sous séquestre, en 1794, et vendue comme bien d'émigrés.

LA VALLÉE, aux Pays-Bas. Cette terre fut portée en dot, en 1650, par Dlle Marguerite de La Forge, dame de *La Vallée* et de Brusle, à messire Pierre-Ignace de Beauffort (V. p. 258).

LE FOSSÉ était un des fiefs nobles possédés par messire Charles-Louis-Alexandre de Beauffort, marquis de Beauffort et de Mondicourt (V. p. 216).

LE PIERRE était une terre noble d'Artois, dont messire Nicolas de Beauffort était seigneur (V. p. 284).

Lescusserie ou l'Escusserie. Cette terre est entrée dans la maison de Beauffort, en 1635, par suite du mariage de messire Renom de Beauffort avec demoiselle Alexandrine de Massiet, née baronne de Ravesbergue, dame de Moulle, de *Lescusserie*, etc. (V. p. 270, 273). Elle fut vendue, en 1794, comme bien d'émigrés.

Liencourt, en Artois. Il en serait de cette terre, comme de celle de Noyelles-Wion, c'est-à-dire qu'elle aurait donné son nom à une descendance de la maison de Beauffort, dont elle portait les armes pleines (V. p. 241). Dans tous les cas, les *Liencourt de Beauffort* sont éteints depuis longtemps.

Linden, en Brabant, diocèse de Malines, près de Louvain. Cette terre appartenait jadis à l'illustre maison de T'Sarclaes-Tilly; elle est entrée dans les domaines des de Beauffort, en 1837, par suite du mariage de M. Emmanuel, comte de Beauffort, avec demoiselle Sarah-Julie-Mathilde-Ghislaine T'Sarclaes-Tilly, dernière du nom de cette branche (V. p. 229). Le château de Linden est la résidence d'été de M. le comte Emmanuel de Beauffort et de M. le comte Jules, son fils.

Liohette, Lohette, Liauette, en Artois, diocèse d'Arras, succursale de la paroisse de Loos, justice seigneuriale. Cette terre seigneuriale appartenait à Nicolas Le Marchant, dont la fille Anne la porta en mariage, en 1589, à messire Gilles de Beauffort, seigneur de Mondicourt, etc. (V. p. 206). Puis, elle passa à messire Louis de Beauffort, seigneur de Boisleux, etc., du chef d'Antoinette de Gongnies (V. p. 250). Cette seigneurie fut donnée, après la mort d'Antoine, leur fils, à Michelle de Beauffort, leur fille et sœur dudit Antoine, mariée avec messire François-Alexandre de Blondel, baron de Cunchy, en 1631 (V. p. 251 et 252). Ainsi, elle sortit de la maison.

LISÈLE, LIZÈLE OU LIZELLE. Cette terre est entrée dans la maison de Beauffort, en 1635, par suite du mariage de messire Renom de Beauffort avec demoiselle Alexandrine de Massiet, née baronne de Ravesbergues, laquelle porta à son mari les terres de Moulle, du Bourg-Sainte-Croix, de Lescuusserie, d'Esprès, de la Husserie, *de Lizèle*, etc. (V. p. 270). Cette seigneurie fut englobée dans la formation du *comté de Beauffort*, érigé en 1733 (V. p. 273 et 274).

LOUCHES était un des fiefs nobles apportés en dot, en 1592, à messire Louis de Beauffort, seigneur de Boisleux, etc., par d^lle^ Antoinette de Gongnies (V. p. 251).

LOUPOGNE OU LOUPOIGNE, à Genappe, au comté de Namur. La terre et le château de Loupogne, situés près de Genappe, appartenaient, vers le milieu du siècle dernier, à messire de Roose, comte de Baisy, baron de Bouchout, qui les avait acquis. Il est question de ce beau domaine dans les *Délices du Brabant*. Une gravure en taille douce, représente le château de Loupogne et de ses environs; un exemplaire est conservé à la bibliothèque royale à Bruxelles (section des estampes). Ce domaine appartient, depuis 1874, à Mme la comtesse de Nicolay, née Amélie de Beauffort.

LORPHAVRIE OU LORPHEVRIE était un des fiefs nobles qui entrèrent dans la composition du *comté*, érigé sous la dénomination générale de *comté de Beauffort*, en 1733, en faveur de messire Christophe-Louis de Beauffort (V. p. 77, 273 et 274).

LULLY, en Artois. Cette seigneurie, avec celle du Hamel, furent apportées en mariage par d[lle] Jeanne Le Josne, dite de Contay, à messire Philippe de Beauffort, dit *le Barbu*, en 1461 (V. p. 158).

MALANOY, en Artois. Mlle Marie de Croix, *dame de Malanoy*, héritière de la branche dite de *Croix de Malanoy*, apporta en mariage, en 1723, plusieurs terres, parmi lesquelles celle de Malanoy, à messire Christophe-Louis de Beauffort, comte de Croix (V. p. 274). Cette terre fut aussi comprise dans la formation du *comté de Beauffort*, érigé en 1733 (V. p. 77, 274) ; elle fut vendue révolutionnairement, en 1794, comme bien d'émigrés.

MALMAISON, aux Pays-Bas. La terre de Malmaison fut apportée dans la maison de Beauffort, en 1632, par suite du mariage de d[lle] Isabelle de France, dame de Fremicourt et de *Malmaison*, avec messire Robert de Beauffort, seigneur de Mondicourt, etc. (V. p. 209 et 210). Cette terre fut confisquée, en 1794, comme bien d'émigrés, et vendue révolutionnairement au préjudice de la maison de Beauffort. Nous avons dit plus haut que la maison de Beauffort fut comprise dans la répartition de l'indemnité due aux dépossédés, en vertu de la loi du 27 avril 1825.

MARICOURT, en Picardie, diocèse et intendance d'Amiens. La seigneurie de Maricourt fut apportée en dot, vers 1477, par d[lle] Marie de Warluzel, *dame de Maricourt*, à messire Antoine de Beauffort, seigneur de

Boisleux (V. p. 241). Puis, Marie de Beauffort, *dame de Maricourt*, La Motte et Saint-Marcq en partie, la porta en mariage à messire Adrien de Formé, marquis d'Angers, qui mourut en 1587 (V. p. 242, 244 et 252).

Markais ou Marquais, en Picardie. Cette importante seigneurie fut portée, en dot, en 1252, par dame Julienne de Saveuse, *dame de Markais*, au sire Jean de Beauffort, dit *le Croisé*, chevalier, seigneur de Beauffort et de Metz, en Artois (V p. 150). Les terres de Metz et de Markais furent données à Raoul, leur troisième fils, qui a été auteur de la branche dite des *seigneurs de Metz et de Markais* (V. p. 181), et qui devint, dans la suite, celle de Mondicourt, existante toujours. La terre de Markais, aliénée par le brave et généreux Robert de Beauffort, avec ses autres biens, pour secourir financièrement son souverain, fut vendue après sa mort (1562), par ses héritiers pour payer l'acte de générosité du chevalier Robert. Cette bonne action est rappelée dans les lettres-patentes de chevalerie de Gilles de Beauffort, publiées à la page 64 de ce volume (V. p. 194, 203 et 204).

Masinghem, en Artois, diocèse de Cambrai, fut apporté en dot, vers l'an 1400, à messire Colart de Beauffort, dit l'*Étourdi*, par Marie de Sains, *dame de Masinghem* (V. p. 154).

Mercatel, en Artois, paroisse du diocèse d'Arras, justice seigneuriale. On trouve cette seigneurie au nombre de celles que possédait messire Hector de Beauffort, seigneur de Warlincourt, *Mercatel*, Rochefort, etc. (V. p. 249). La terre de Mercatel fut donnée, après la mort d'Antoine de Beauffort, à sa sœur Michelle, mariée avec messire François-Alexandre de Blondel (V. p. 251 et 252).

METZ, en Artois. Jean de Beauffort, fils de Guy et d'Alix d'Arras, a été le premier de sa maison qualifié *seigneur de Metz* (V. p. 150). Nous n'avons pu constater comment cette seigneurie lui est advenue. Lors du partage de ses biens, en 1287, la terre de Metz échut à Raoul, son troisième fils, auteur de la branche dite *de Metz*, *de Mondicourt*, etc. (V. p. 151 et 181). La terre et seigneurie de Metz fut vendue par Mathieu de Beauffort pour payer sa rançon, afin de se racheter des mains des infidèles, dont il était prisonnier de guerre (V. p. 186).

MEURICOURT, en Artois. Jeanne Le Borgne, mariée avec Jean de Beauffort, en 1475, était *dame de Meuricourt*; terre qu'elle apporta en mariage (V. p. 193).

MIELMONT, au comté de Namur, commune et paroisse d'Onoz, près de Spy. Anciennement, *Merlemont*. Cette terre et son vieux manoir, perché sur le haut d'un rocher, a été la résidence d'été des sires Davre, des fameux de Coloma, des Wischer de Celles, des de Roose de Baisy et, enfin, des de Beauffort. Depuis 1874, ce domaine est la propriété de M. le comte Albert de Beauffort par droit de succession directe. On voyait autrefois sur les murailles de ce vieux castel les écussons des Davre et des de Coloma, qui ont été martelés à l'époque de la Révolution. M. le comte Albert de Beauffort, qui fait restaurer actuellement le château de Mielmont, a fait rétablir les anciennes armoiries des précédents possesseurs, auxquelles il a additionné les armes des maisons de Beauffort et de Marnix, pour rappeler leur passage dans cet antique manoir et l'époque de sa restauration (1876). (Voyez *les Délices du pays de Liége*.)

MOLINIÈRE. Jean-Pierre de Beauffort, écuyer, capitaine de cavalerie dans le régiment du Roi, vers 1680, était qualifié seigneur de *la Molinière* et d'Ausson (V. p. 286).

MONCHY-AU-BOIS, en Artois, diocèse d'Arras. Cette terre fut acquise, en 1434, par messire Colart, dit Payen de Beauffort. Nous croyons qu'elle ne resta pas longtemps dans la maison de Beauffort (V. p. 156).

MONDICOURT, en Artois, diocèse d'Arras, bailliage de Lens, paroisse et justice seigneuriale, *ancienne pairie*. La seigneurie de Mondicourt fut acquise, le 25 septembre 1612, par messire Gilles de Beauffort (V. p. 205). Gilles, fils de Romain de Beauffort, seigneur de Bullecourt, de Markais, etc., et de dame Magdeleine de Schoonvliet, sa seconde femme, marié en secondes noces avec Suzanne de Fournel, est auteur de la branche dite des *seigneurs de Mondicourt*, qui est toujours représentée à notre époque. Plusieurs membres de cette branche étaient plus connus sous le nom de *Mondicourt* que sous leur appellation patronymique *de Beauffort;* c'est ce qui explique pourquoi Moreri a placé dans son *Grand Dictionnaire historique*, l'article sur la maison de Beauffort au mot *Mondicourt*. Le titre de *marquis* concédé par lettres-patentes royales, en 1735 (V. p. 80 et 214), à messire Charles-Antoine de Beauffort, fut assis sur la terre seigneuriale de Mondicourt, en Artois. Le *marquisat de*

Mondicourt et ses dépendances étaient toujours dans la maison de Beauffort lors de la Révolution. Ils furent confisqués, comme biens d'émigrés, et vendus révolutionnairement. Plusieurs membres de la famille de Beauffort-Mondicourt ont été inhumés dans un caveau particulier, pratiqué sous l'ancienne église, dont ils furent les bienfaiteurs. On vient de retrouver les cercueils contenant les ossements, qui seront transférés dans la nouvelle église, par les soins pieux de la famille (1876).

MONDIES, en Artois, était une dépendance de Mondicourt. Cette terre entra dans la maison de Beauffort en même temps que la seigneurie de Mondicourt. Messire Gilles de Beauffort en fut aussi le premier possesseur (V. p. 205). Son histoire est absolument la même que celle de Mondicourt, dont l'article précède celui-ci.

MONTENESCOURT ou MONTENENCOURT, en Artois, paroisse du diocèse d'Arras, intendance de Lille. Messire Colart, dit Payen de Beauffort, chevalier, seigneur de Beauffort, de Ransart, etc., acheta conditionnellement, le 1er mai 1439, et définitivement le 11 mars 1444, la terre de Montenescourt, à messire Jacques de Ollechain, seigneur d'Estaimbourg et de Bouvignies, son beau-père, héritier de dame Alix de Waencourt, chanoinesse de Maubeuge (V. p. 157). On trouve souvent le nom de cette seigneurie écrit : *Montenencourt*. Elle passa dans la maison de Croy, en 1582, par suite du mariage de dlle Anne de Beauffort avec messire Philippe de Croy, comte de Solre (V. p. 163).

MONT *(du)*. Ce fief noble fut porté en dot, en 1722, par dlle Marie de Coupigny à François-Joseph de Beauffort (V. p. 262).

MOULLE, en Artois, subdivision et paroisse du diocèse de St-Omer, parlement de Paris, intendance de Lille. La terre et seigneurie de Moulle entra dans les domaines de la maison de Beauffort, en 1635, par suite du mariage de messire le chevalier Renom de Beauffort avec d[lle] Alexandrine de Massiet, née baronne de Ravesbergues. Ce fief noble a donné son nom à une des branches de la maison de Beauffort éteinte, en 1825, en la personne de Mme la comtesse de Mérode-Montfort, née Henriette de Beauffort (V. p. 269 et 278). La terre de Moulle et ses dépendances furent vendues révolutionnairement en 1794, et rachetées, en 1832, par M. de Beauffort, qui les a cédés en 1869. On lit dans les *Petites Histoires des communes de l'arrondissement de Saint-Omer*, par H. Piers. Lille, 1840; in-8° (Bibliothèque royale, à Bruxelles) : « Il y avait un » château, à Moulle, dans le XIVe siècle... Ce qui rend » Moulle plus remarquable, est son château renouvelé » et embelli par le seigneur actuel (en 1789, le château » de Moulle appartenait à messire Louis-Eugène-Marie, » comte de Beauffort, vicomte de Houlle, etc. (V. p. 276), et » qui passe pour un des plus beaux de l'Artois; la régu- » larité des bâtiments, ses jardins spacieux, ses belles » promenades très-étendues, ornées de bosquets et de » pièces d'eaux; enfin, ses vues symétriquement pra- » tiquées et portant sur des objets de différentes varia- » tions, sont autant de chefs-d'œuvre à admirer. » Après cette citation, l'auteur de ce livre dit : « Celui qui s'y trouve encore, après avoir passé entre les mains de possesseurs grandioses, est digne d'une résidence princière. Le propriétaire actuel (1840) est M. de Beauffort. Wellington y a couché, en octobre 1816. » — L'ancienne église de Moulle, où se trouvait la sépulture des de

Beauffort de Moulle, a été remplacée par une nouvelle, dont la première pierre a été bénite, par le cardinal-évêque d'Arras, le 14 mai 1839. — Les pierres tumulaires, avec armoiries et inscriptions, qui se trouvaient dans l'ancienne église de Mouile, pour rappeler la mémoire des de Beauffort, seigneurs dudit lieu, décédés dans la paroisse, furent conservées et adaptées contre le mur extérieur de la nouvelle église.

MOUY, MOY ou MUY, en Beauvoisis. Nous avons trouvé que messire Jean de Beauffort, troisième fils de Raoul et d'Isabelle de Moreuil, était qualifié *seigneur de Mouy* (V. p. 182) ; ensuite, nous retrouvons cette seigneurie dans les possessions de messire Louis de Beauffort (V. p. 195).

NEDONCHEL, en Hainaut, paroisse du diocèse de Tournai. Messire Antoine-Joseph de Beauffort, seigneur de Lassus, du Cauroy, etc., ayant épousé, en 1675, d^{lle} Antoinette-Adrienne de Mont-Saint-Eloy, dame de Boucharderie. Leur fils François-Joseph de Beauffort hérita, vers 1750, de la *baronnie de Nedonchel* et de plusieurs autres terres de la maison de Mont-Saint-Eloy. Il fut le premier de la maison de Beauffort qualifié *baron de Nedonchel* (V. p. 261 et 263). Cette terre baronniale fut saisie au préjudice de M. le baron de Beauffort, en 1794, et vendue comme bien d'émigrés (V. p. 264).

NORDAUSQUE, en Artois, paroisse du diocèse de Boulogne. Messire Christophe-Louis, comte de Beauffort et de Croix, est le premier de sa maison que nous ayons trouvé qualifié *seigneur de Nordausque* (V. p. 273). Cette terre fut aussi confisquée et vendue révolutionnairement, en 1794.

NOVARRO. Cette terre était du nombre des fiefs nobles possédés par messire François-Joseph de Beauffort (V. p. 261).

NOYELLES-LES-AVESNES, en Artois, diocèce d'Arras, que nous trouvons parmi les seigneuries possédées par messire Jean de Beauffort, seigneur et baron de Beaufort, Ransart, etc., mort étant gouverneur d'Arras, le 23 septembre 1503 (V. p. 159).

NOYELLES-WION, en Artois, paroisse du diocèse d'Arras, avec justice seigneuriale, parlement de Paris, intendance de Lille. Cette seigneurie est d'abord entrée dans l'ancienne maison de Beaufort, d'Artois, vers 1100, par suite du mariage de messire Bouchard, *baron de Beaufort*, avec Marguerite de Noyelles-Wion. N'ayant eu de leur union qu'une fille, nommée Jeanne, ils la donnèrent en mariage, vers 1125, à messire Guy de Thouars, seigneur d'Oiran ou d'Oiron, en Poitou, à la condition expresse de relever les noms et les armes de Beaufort et de Noyelles-Wion, ce qui eut lieu (V. p. 5, 137 et 148). La terre de Noyelles-Wion fut l'apanage de l'une des premières branches de la maison de Beauffort, qui en prit le nom et en fit même son nom patronymique; elle eut pour auteur messire Jacques de Beauffort, fils de Guy et d'Alix d'Arras, qui épousa, vers 1230, Adèle d'Antoing. C'est à cette branche qu'appartenait le fameux Baudot de Noyelles-Wion, chevalier de la Toison-d'Or (V. p. 179). Cette lignée s'est éteinte en la personne de messire Charles de Noyelles-Wion, qui n'eut que deux filles, mariées dans les maisons de Lalaing, de Vasières et de Creton (V. p. 180).

OIRAN, OIREAU, OIRON, en Poitou, diocèse de Poitiers. Actuellement, *Oiron*, est une commune de France, du département des Deux-Sèvres (anc. Poitou), dépendante du canton et du bureau de postes de Thouars. Guy de Thouars, seigneur d'Oiran ou d'Oiron, en Poitou, de la maison des vicomtes de Thouars, épousa vers 1125, Jeanne de Beaufort (V. p. 5, 137), dont il n'eut qu'un fils, nommé Baudouin, qui fut seigneur de Beaufort, de Noyelles-Wion et d'*Oiran*, dont le second fils : Colart, dit Baudouin de Beauffort, eut en partage ladite terre d'Oiran, qu'il vendit (V. p. 136 et 145). Les descendants dudit Colart étaient désignés par *seigneurs d'Oiran*, et formèrent une branche, qui s'éteignit, vers 1400 (V. p. 147). A défaut d'autres preuves, pour établir que la maison de Beauffort tire son origine de celle des vicomtes de Thouars, la possession et la transmission du fief d'Oiran, du Poitou, situé près de Thouars, suffirait presque pour la prouver, et dans l'espèce, avec les autres documents à l'appui, le fait de cette origine est indiscutable.

ORPSWALL. Dame Marie-Charlotte de Quaëtjonck, épouse de messire Philippe, baron de Beauffort, hérita de cette terre, en 1695, de messire François de Quaëtjonck, son frère (V. p. 213).

OOSTWINCHEL est un fief apporté, vers 1520, dans la maison de Beauffort, par dame Jeanne de Hallevin, femme de messire Philippe de Beauffort, seigneur de Ransart, etc. (V. p. 161).

OSTREL et OSTREVILLE, en Artois, diocèse de Boulogne. Guillaume de Beauffort, tué devant Nancy, en 1477, donna par testament à Jean, seigneur de Bullecourt, son neveu, tous les biens qu'il possédait à Ostrel et à Ostreville (V. p. 192).

OYEMBOURG, en Hainaut. Messire Christophe-Louis, comte de Beauffort et de Croix, etc., comptait au nombre de ses fiefs nobles celui d'Oyembourg, dont il avait hérité, en 1721, de dame Claire-Angélique de Croix, sa première femme.

PONCHEL-SUR-LA-LYS, en Artois, subdivision d'Hesdin, paroisse du diocèse d'Amiens. Hugues de Beauffort, seigneur de Lassus, épousa, en 1561, Marguerite de Le Val, dame du Ponchel et de Warnicamps, qui hérita de ces deux seigneuries de son père (V. p. 255, 256 et 257).

POUICH (du), en Artois. Cette terre entra dans la maison de Beauffort, en 1722, par suite du mariage de D[lle] Marie-Florence de Coupigny, dame *du Pouich* et du Mont, avec François-Joseph de Beauffort (V. p. 262). La terre du Pouich était encore dans cette maison à l'époque de la Révolution.

POTTES, en Hainaut, paroisse du diocèse de Tournai. Cette terre avait le titre de *baronnie*. Messire Gérard de Marnix, créé *chevalier*, le 21 juin 1590, était *baron de Pottes;* lorsque Jean de Marnix, baron de Pottes, fut créé vicomte d'Ogimont, au comté de Flandre, le 28 septembre 1629, il possédait toujours cette terre baronniale, qui est entrée dans la maison de Beauffort, en 1721, en passant par celle de Croix de Oyembourg (V. p. 273). M. Louis-Eugène de Beauffort assista à l'assemblée de la noblesse de l'Artois, en 1789, avec le titre de *baron de Pottes* (V. p. 276). Cette terre baronniale fut saisie, comme bien d'émigrés, en 1794, et vendue révolutionnairement.

POURCHELET, en Artois. Cette seigneurie fut acquise, en 1434, par messire Colart, dit Payen de Beauffort (V. p. 155, 156).

PRESEAU, en Hainaut, était une des six pairies de la prévôté de Valenciennes. Messire Christophe-Louis de Beauffort, comte de Croix, hérita de cette terre pairie, en 1721, de sa femme, dame Claire-Angélique de Croix (V. p. 273). Messire Louis-Eugène-Marie de Beauffort siégea aux Etats nobles du Hainaut (Français), comme propriétaire de la *terre pairie de Preseau*, de 1780 à 1789 (*Almanach de la Cour de Bruxelles*, etc., par M. H. Tarlier; 1864, in-8°, p. 122). Cette pairie fut confisquée et vendue révolutionnairement, en 1794.

QUAËTYPERS, Flandre-Maritime, diocèse d'Ypres. M. le marquis de Beauffort rendit hommage au roi pour un fief noble qu'il possédait à Quaëtypers, le 10 mai 1782, devant le bureau des finances de Lille (V. p. 90).

RANSART, en Artois, diocèse d'Arras. Cette importante terre et seigneurie, siége d'une paroisse et d'une justice seigneuriale, avait anciennement le titre de *baronnie*. Elle fut portée en dot, vers 1370, par Marie, dame de Ransart, veuve en premières noces de Jean, seigneur de Divion et d'Aix, fille unique de messire Wautier, seigneur et *baron de Ransart* (V. p. 148, 154 et 156). Cette seigneurie passa, en 1582, dans la maison de Croy, par suite du mariage de messire Philippe de Croy, comte de Solre, avec d^{lle} Anne de Beauffort (V. p. 163).

Reusmes, Rhumes ou Rumes, en Hainaut, diocèse de Tournai, ancienne *pairie du Hainaut.* Cette seigneurie entra dans la maison de Beauffort par suite du mariage de messire Jean, baron de Beaufort et de Ransart, avec d^{lle} Marie de Lannoy, *dame de Reusmes et de Wittem* (V. p. 259 et 260). Dans l'église de Rumes, on voit encore les mausolées en relief de messire Philippe de Beauffort et de Jeanne de Hallewin, et de Georges de Beauffort et de Marie de Berlaymont (V. p. 161 et 162). Nous devons faire remarquer ici que Jean, père de Philippe, a été inhumé dans l'église de Beaufort, en Artois, et que Philippe IIIe, fils de Philippe IIe, frère de Georges et père d'Anne, a été également inhumé dans l'église de Beaufort, en la sépulture de leurs ancêtres. La terre de Reusmes passa dans la maison de Croy, en 1582, par suite du mariage de d^{lle} Anne de Beauffort avec messire Philippe de Croy, comte de Solre (V. p. 163).

Ribreux était un des fiefs nobles possédés par messire Robert de Beauffort, né en 1598 et décédé en 1668 (V. p. 209). Son fils Philippe-Louis hérita de la terre de Ribreux (V. p. 211). Marie-Clotilde-Josèphe de Beauffort l'a porta en dot, en 1754, à messire Philippe-Ferdinand-Joseph d'Audenfort, chevalier, seigneur de La Potterie, etc. (V. p. 215).

Rochefort, en Artois. Hector de Beauffort, quatrième fils de Jean IIIe, seigneur de Boisleux, etc., et d'Adrienne d'Ollehain, était seigneur de Warlincourt, de Mercatel, *de Rochefort*, etc. Cette seigneurie fut vendue après la mort d'Antoine de Beauffort, petit-fils d'Hector, c'est-à-dire vers 1662 (V. p. 249 et 252).

ROISIN, en Hainaut, paroisse du diocèse de Tournai. Nous avons constaté, dans cette paroisse, l'existence d'une lignée de la maison de Beauffort, qui y possédait des fiefs nobles (V. p. 287).

ROLLECOURT, en Artois, était un fief noble appartenant à messire Robert de Beauffort, qui vivait en 1374 (Voyez, p. 185 et plus loin : *Saint-Valéry*).

SACLAINS ou SECLIN, en Flandre-Wallonne, paroisse du diocèse de Tournai. Wion, dit Frion de Beauffort, était seigneur de Saclains, de Bavelincourt en partie, etc., qu'il transmit à sa descendance, connue sous la désignation des seigneurs de Saclains ou Seclin (V. p. 239). Alix de Beauffort ; *dame de Saclains*, porta cette seigneurie en dot, vers 1420, à messire Charles de Mousy, chevalier (V. p. 240).

SAEL (DU). Messire François-Louis de Beauffort, marquis de Mondicourt, etc., hérita, en 1723, de la terre du Sael et autres, que lui avait laissé messire François-Ignace de Zuitpéenne de Saint-Omer, son oncle à la mode de Bretagne (V. p. 213).

SAINS, en Cambraisis. Jeanne d'Ailly, dame de Sains, porta cette terre en mariage, vers 1450, à messire Robert de Beauffort, seigneur de Bavelincourt (Voyez l'*Histoire du Cambraisis*, par Le Carpentier ; t. I, 3e partie, p. 67). (V. p. 192).

SAINTE-BARBE, en Artois. Messire Robert de Beauffort, troisième fils de Jean et de Jeanne Le Borgne, né en 1490, décédé en 1519, était seigneur de Baurains et de *Sainte-Barbe* (V. p. 195). Son frère Jean hérita de cette terre (V. p. 198), qu'il donna à autre Jean, son septième enfant, tué à Anvers, en 1582 (V. p. 199 et 200).

SAINT-MARTIN, en Cambraisis. C'était une des seigneuries possédées par la quatrième branche de la maison de Beauffort, dite des seigneurs de la Vacquerie et de Saint-Martin (V. p. 168). Guillaume de Beauffort, IVe du nom, bailly de Crèvecœur, était *seigneur de Saint-Martin* (V. p. 138 et 171).

SAINT-MARCQ, en Artois. Messire François de Beauffort était seigneur de Maricourt, *de Saint-Marcq* en partie, de La Motte, etc., qu'il donna à sa fille Marie, qui porta ces terres en mariage à messire Adrien de Formé, marquis d'Angers (V. p. 244).

SAINT-SAUVEUR. Cette terre était, en 1675, dans la maison de Mont-Saint-Eloy; puis elle passa dans celle de Beauffort, par suite du mariage de messire Antoine-Joseph de Beauffort, seigneur de Lassus, du Cauroy, etc, avec d^lle^ Antoinette-Adrienne de Mont-Saint-Eloy, et cela par droit de succession (V. p. 159 et 261).

SAINT-VALERY, en Artois. Cette seigneurie appartenait à messire Robert de Beauffort, seigneur de Rollecourt et de Saint-Valéry, vivant en 1374. Il laissa un fils qui lui succéda seulement dans la seigneurie de Rollecourt. Nous ignorons comment celle de Saint-Valéry est sortie de la maison de Beauffort (V. p. 185).

Saire, en Hainaut, paroisse du diocèse de Cambrai. Cette seigneurie fut portée en dot, avec la terre de Cessoye, vers 1300, par dame Athalie de Brimeu à messire Aleaume de Beauffort (V. p. 137-138). Marie de Beauffort acheta de Baudouin, son neveu, la terre de Saire, qu'elle donna à sa postérité, qui forma la maison de Liencourt, qui a longtemps possédé cette seigneurie (V. p. 142).

Salau était un fief noble appartenant à messire François-Joseph de Beauffort (V. p. 262).

Sanson, en Artois. Une fille de la maison de Beauffort, mariée avec Jean dit Malet de la Viefville, était qualifiée *dame de Sanson*, de Berle et de Watifleur (V. p. 142).

Schierkvelde. Dame Sophie de Beauffort était dame de Gramerie, d'Aytberghe et de *Schierkvelde* (V. p. 142).

Saulchoy, en Artois, subdivision de Béthune, diocèse d'Arras, bailliage de Lens, paroisse de Mazengarbe. Cette seigneurie fut portée en dot, en 1310, à messire Jacques de Beauffort par d^{lle} Magdeleine de Gironvilliers, *dame du Saulchoy* et de Tenquette. La terre du Saulchoy passa de la branche des seigneurs de Bullecourt dans celle des seigneurs de Lassus, par suite de la mort, sans enfants, d'Antoine, Jean, Eustache et Barbe de Beauffort, frères et sœur consanguins d'Hugues de Beauffort, à ce dernier, qui forma la branche dite des seigneurs de Lassus, du Saulchoy, etc. (V. p. 198 à 203 et 254 à 264). Cette seigneurie était encore, en 1792, dans la maison de Beauffort, au préjudice de laquelle elle fut confisquée et vendue révolutionnairement en 1794.

Saulchoy-en-Heudecourt, en Artois. Ce *fief lige*, situé à Heudecourt-lez-Riaucourt, passa de la maison *de Paris de Bullecourt* dans celle de Beauffort, vers 1424, par suite du mariage de Jean de Beauffort, *seigneur du Saulchoy*, *de Markais*, *d'Hersin*, etc., avec Marie de Paris, dame de Bullecourt, de Lassus, *du Saulchoy-en-Heudecourt*, etc. (V. p. 190). Il ne faudrait pas confondre cette terre avec celle dont l'article précède. Nous avons trouvé que cette dite terre du Saulchoy fut dénombrée, en 1385, par Jacques de Paris, et que Jean de Beauffort renouvela ce dénombrement, en 1443, comme époux de Marie de Paris. Afin de ne point confondre les deux seigneuries du Saulchoy, qui se trouvaient réunies dans la même main, cette dernière n'était plus désignée que sous le nom d'*Heudecourt* en Artois. Jean la dénombra sous ce dernier nom, le 8 mars 1448 (V. p. 191). La terre du Saulchoy-en-Heudecourt a dû être donnée en dot à un des enfants provenus de l'union de Jean de Beauffort avec Marie de Paris (V. p. 191, 192 et 193); on trouve dans la suite, le neveu d'Anne-Chrétienne de Beauffort, dame de Cowin et de Graincourt, André de Landas, qualifié baron de Graincourt, *seigneur de Heudecourt* (V. p. 249 et ci-devant : *Heudecourt*).

Sellier. Messire François-Louis de Beauffort, marquis de Mondicourt, hérita de la terre du Sellier, en 1723, de messire François-Ignace de Zuitpéenne de Saint-Omer, son oncle à la mode de Bretagne (V. p. 213); elle fut comprise dans le *marquisat de Beauffort-Mondicourt*, érigé par lettres-patentes de mars 1735 (V. p. 214), et elle se trouvait encore dans la maison de Beauffort, en 1794; alors, elle fut confisquée comme bien d'émigrés et vendue révolutionnairement.

SPY, au comté de Namur, paroisse du diocèse de Namur. Cette terre a appartenue, comme celle de Mielmont, à l'ancienne maison des de Coloma; elle est entrée dans la maison de Beauffort, en passant par celle de Roose de Baisy et de Bouchout, par suite du mariage de M. le comte Amédée de Beauffort avec demoiselle Elisabeth de Roose (1830). M. le comte Amédée de Beauffort a fait transformer cette belle résidence en une charmante villa moderne (Voir : *La Noblesse belge*, par M. Ch. Poplimont, à la suite de la Notice sur la maison de Beauffort, p. 121). Ce beau domaine est devenu, depuis 1874, la résidence d'été de M. le comte Charles Van der Straten-Ponthoz, commandeur de l'ordre de Charles III, d'Espagne, et de Mme la comtesse Gabrielle de Beauffort, son épouse (V. p. 234).

STERBECQ était une des seigneuries possédées, vers 1610, par messire Gilles de Beauffort (V. p. 205).

TENQUETTE ou TINQUETTE, en Artois, diocèse d'Arras. La terre et seigneurie de Tenquette fut apportée en mariage, en 1310, à messire Jacques de Beauffort, seigneur de Metz et de Markais, par demoiselle Magdeleine de Gironvilliers, dame du Saulchoy et de *Tenquette* (V. p. 183-184). Guion, leur fils aîné, en hérita et la transmit à Tassart, qui la donna à Jacques, son troisième fils, mort en 1436 (V. p. 184 à 187). Puis, il ne fut plus question de cette terre dans la maison de Beauffort.

TERDEGHEM, en Flandre-Maritime, paroisse du diocèse d'Ypres. Messire François-Ignace de Zuitpéenne de Saint-Omer, grand-père maternel de Marie-Charlotte de Quaëtjonck, mariée, en 1673, avec messire Philippe-Louis, marquis de Beauffort, était seigneur de Terdeghem. Seigneurie qu'il donna par testament audit Philippe-Louis, son neveu à la mode de Bretagne, et dont ce dernier hérita en 1723 (V. p. 213). Cette terre saisie, en 1794, fut vendue révolutionnairement.

THOUARS, en Poitou, est le berceau de la maison de Beauffort, dont nous nous occupons. Nous avons déjà dit : qu'Aimery V, *vicomte de Thouars*, époux d'Agnès de Poitiers, fille de Guillaume IX, duc de Guienne, comte de Poitou, et de Mahau ou Mathilde, comtesse de Toulouse; était père de Guy de Thouars, seigneur d'Oiran ou d'Oiron, en Poitou, auteur de la maison de Beauffort, par suite de son mariage avec Jeanne, héritière de Beaufort et de Noyelles-Wion; mariage célébré vers 1125 (P. ANSELME, t. IV, p. 192). Thouars, en Poitou, devint, au XIe siècle, la capitale d'un vicomté, créé par les comtes de Poitou, dont les possesseurs se rendirent bientôt indépendants et s'allièrent tantôt aux rois de France, tantôt aux rois d'Angleterre.

TILLOLEY était une des seigneuries de messire Baudouin de Noyelles-Wion (V. p. 178).

VAILLY OU WAILLY, en Artois, paroisse du diocès d'Arras, justice seigneuriale. La seigneurie de Vailly fut acquise, en 1434, par le richissime Colart, dit Payen de Beauffort (V. p. 156 et 163). Elle passa, avec tous les biens de la branche aînée dite des seigneurs de Beaufort, dans la maison de Croy, en 1582, par suite du mariage de messire Philippe de Croy, comte de Solre, chevalier de la Toison-d'Or, avec d^lle^ Anne de Beauffort.

VAUX, était un fief noble possédé, vers 1750, par messire François-Joseph de Beauffort (V. p. 261).

VENDEGIES-AU-BOIS, en Artois. La seigneurie de Vendegies était dans la maison de Gongnies, d'où est sortie Antoinette de Gongnies, dame de Vendegies-au-Bois, de Baurains-lez-Vendegies, d'Erquennes, d'Ervillers, de Louches, etc., mariée, en 1592, avec messire Louis de Beauffort, seigneur de Boisleux, etc. (V. p. 250). Puis, cette seigneurie fut donnée en dot à d^lle^ Marie de Beauffort, unie en mariage, en 1624, avec messire Philippe-Albert de Bonnières de Guines. Cette terre fut comprise dans la succession de messire Antoine de Beauffort, frère de ladite d^lle^ Marie (V. p. 151 et 152). Nous avons remarqué que dans le château de Vendegies-au-Bois, se sont accomplis plusieurs événements heureux de famille, tels que : naissances, signatures de contrats de mariage, etc. (V. p. 151).

VERLOING, en Artois, subdivision de Saint-Pol, diocèse de Boulogne, paroisse de Ramecourt. Cette seigneurie entra dans la maison de Beauffort par suite du mariage de messire Tassart de Beauffort avec d^lle^ Marie de La Personne, dame de Verloing, vers 1384 (V. p. 27 et 187).

WARLINCOURT ou WARLENCOURT, en Artois, paroisse du diocèse d'Arras, juridiction ou justice féodale exercée par des hommes de fiefs. Jean de Beauffort, IIe du nom, seigneur de Boisleux, etc., est le premier de sa maison que nous ayons trouvé qualifié *seigneur de Warlincourt*, vers l'an 1500; mais nous n'avons pu découvrir comment lui est advenue cette seigneurie, qui, après sa mort, fut l'apanage d'Hector, son troisième fils (V. p. 244), qui l'a transmise à sa descendance (V. p. 249 à 252). Cette terre est sortie de la maison de Beauffort après la mort d'Antoine, arrivée vers 1662.

WARNICAMPS, en Artois. Cette seigneurie est entrée dans les domaines de la maison de Beauffort, vers 1561, par suite du mariage de messire Hugues de Beauffort, seigneur de Lassus, etc., avec d^lle Marguerite de Le Val, dame du Ponchel et *de Warnicamps* (V. p. 255). Ledit seigneur Hugues donna le dénombrement de la terre et seigneurie de Warnicamps, au nom de sa femme, le 17 septembre 1582; leur fils Antoine, qui en hérita, la dénombra le 9 mars 1625. Etant mort sans être marié, il donna, par son testament du 28 mai 1649, tous ses biens à ses neveux et nièces, enfants de Jean-Baptiste de Beauffort, son frère, et de dame Jeanne de Belvalet. Jean-Baptiste et Hugues de Beauffort, prêtres, firent don, par acte public, du 28 janvier 1650, de la terre et seigneurie de Warnicamps, qu'ils tenaient de la succession de leur oncle Antoine, à Pierre-Ignace de Beauffort, leur frère. Cette donation fut ratifiée pardevant Me Feurdon, notaire à Douai, le 27 février de la même année (V. p. 258). Dès lors, ledit Pierre-Ignace de Beauffort se qualifiait : *seigneur de Warnicamps*, d'Averval et d'Hesugle-Petit. Sa fille, Marie-Marguerite de Beauffort, *dame de Warnicamps*, apporta en dot, en 1677, à messire Jean-François

Vollant de Berville, marquis de Lisbourg, tous les biens possédés par ses auteurs (V. p. 258).

WASQUEHAL, en Flandre, était une seigneurie possédée par la maison de Croix, dont le nom servait à désigner une des branches de cette ancienne famille. Elle est venue se confondre avec les nombreux fiefs nobles de la maison de Beauffort, vers 1670, par suite du mariage de messire Renom-François de Beauffort avec d^lle^ Antoinette de Croix (V. p. 271).

WATIFLEUR, en Artois. La femme de Jean Malet de la Viefville, née de Beauffort, était dame de Sanson, *de Watifleur* et de Berle (V. p. 142).

WAVRECHIN, fief noble qui a appartenu à messire Philippe, IIIe du nom, baron de Beaufort, de Ransart, etc. (V. p. 163).

WIERLINCKOVE ou WIRLINCKOVE. Marie-Charlotte de Quaëtjonck, *dame Wierlinckove*, de Bogaersveld, de Kerkove, etc., mariée, en 1673, à messire Philippe-Louis de Beauffort, seigneur de Mondicourt, etc., apporta cette terre comtale dans la maison de Beauffort. Nous avons remarqué que le père et le frère de ladite Marie-Charlotte, étaient qualifiés comtes de Wierlinckove. Après la mort de François de Quaëtjonck, son frère unique, arrivée en 1695, elle hérita, étant fille unique, de toutes les terres possédées par sa maison, savoir : Wierlinckove, Bogaersveld, Kerkove, Orspwall, etc. Ces terres furent vendues révolutionnairement, en 1794 (V. p. 213).

WILLEMAN. Cette terre fut apportée dans la maison de Beauffort, en 1670, par suite du mariage de messire

Renom-François avec d^lle^ Antoinette de Croix, dame de Courtois, de Blanquemain et de Villeman. Son fils messire Christophe-Louis de Beauffort hérita de toutes ses terres. (V. p. 271 et 273).

Wische (La), en Artois, diocèse de Saint-Omer, près de Moulle. La seigneurie de la Wische passa, par alliance, de la maison de Zuitpéenne de Saint-Omer dans celle de Quaëtjonck; et, par succession, dans celle de Beauffort. Charles-Antoine, marquis de Beauffort et de Mondicourt, fils de Philippe-Louis et de Charlotte de Quaëtjonck (V. p. 213), était qualifié *vicomte de la Wische*, titre qui a été porté par les aînés de la maison de Beauffort, dans les actes authentiques, devant les assemblées de la noblesse d'Artois, etc., jusqu'à l'époque de la Révolution. M. le marquis de Beauffort rendit hommage au roi, à raison de la terre de la Wische, devant le bureau des finances de Lille, le 11 mai 1782. Nous avons remarqué que l'aîné, durant la vie du marquis, son père, se qualifiait *vicomte de la Wische* (V. p. 216 et 221). Cette seigneurie fut vendue révolutionnairement, comme bien d'émigrés, en 1794.

Wittem, en Hainaut. Cette seigneurie entra dans la maison de Beauffort, avant 1500, par suite du mariage de messire Jean IVe, baron de Beaufort et de Ransart, avec demoiselle Marie de Lannoy, dame de Reusmes et *de Wittem* (V. p. 160); elle fut acquise, en 1525, par Jeanne d'Hallevin, leur belle-fille, qui la conserva dans la maison. Puis, en 1582, elle passa dans la maison de Croy, par suite du mariage d'Anne de Beauffort avec Philippe de Croy, comte de Solre, chevalier de la Toison-d'Or (V. p. 160 à 163).

Zélande. Messire Louis-Eugène-Marie, comte de Beauffort, etc., siégeait aux Etats de la Noblesse de l'Artois, de 1756 à 1789, sous les titres de : comte de Beauffort, comte de Moulle et de Buisseheure, vicomte de Houlle, *Zélande* et de La Jumelle, baron de Pottes, etc., (V. p. 276). La terre de Zélande lui fut confisquée par la Révolution, en 1794.

TITRES DE DIGNITÉ NOBILIAIRE

POSSÉDÉS LÉGALEMENT DANS LA

MAISON DE BEAUFFORT.

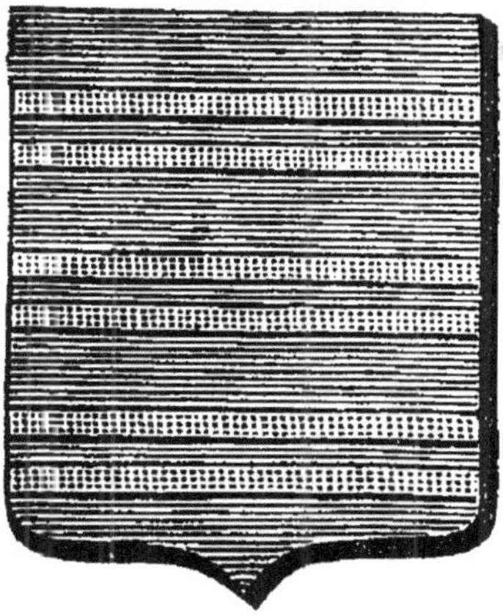

Les fiefs titrés ou de dignité sont : les *principautés, duchés, marquisats, comtés, vicomtés et baronnies.* Les terres titrées, postérieurement à 1400, le sont en vertu de lettres-patentes de nos Rois, enregistrées d'abord à la chancellerie royale, puis à la cour de Parlement de laquelle elles ressortissaient, et, ensuite, au bureau des trésoriers-généraux de France, pour les droits du fisc (*Nobiliaire Toulousain*, t. I, p. XXV). Le conseil privé du Roi arrêta, le 10 mars 1578, les conditions des terres titrées, dont voici les principales dispositions : « Pour qu'une terre soit érigée en *châtellenie*, elle doit jouir d'ancienneté de la haute, moyenne et basse-justice ; elle doit posséder église, marché, foire, péage, prévôté, etc., et elle doit être tenue à un seul hommage au Roi ; *la baronnie* sera composée au moins de trois châtellenies ; *le comté* sera formé de deux baronnies et de trois châtellenies, ou bien d'une baronnie et de six châtellenies, le tout tenu du Roi ; *le mar-*

quisat sera composé de trois baronnies et de trois châtellenies, ou de deux baronnies et de six châtellenies. Le tout réuni sous une même dénomination. » (Id., p. XXXI). — Un arrêt du Parlement de Paris, du 13 août 1663, confirmé par diverses sanctions royales, et notamment une du 8 décembre 1699, portant défense formelle à tous possesseurs de terre de se qualifier : *barons*, *comtes*, *marquis*, et d'en prendre les couronnes sur leurs armoiries, sans y être autorisés par des lettres-patentes du Roi, bien et dûment enregistrées par les Parlements ; à tous gentilshommes de se donner les qualifications de *messires* et de *chevaliers* sans y avoir droit, à peine de 1,500 livres d'amende (Idem, p. XXXI).

Voir ce qui a été dit relativement aux fiefs titrés, pages 316 et suivantes.

MARQUISAT.

Messire Charles-Antoine de Beauffort, seigneur de Mondicourt, obtint du Roi des lettres-patentes, au mois de mars 1735, portant réunion de terres et leur érection en *marquisat*, sous la dénomination de *marquisat de Beauffort*, avec faculté d'appliquer ce titre sur telle des terres qu'il plairait à son titulaire (qui fit reposer ce titre sur la terre *de Mondicourt*, en Artois). Ces lettres-patentes, publiées dans toute leur teneur, ont été enregistrées (V. p. 80 à 82, 323).

COMTÉS.

Le *comté de Croix*, en Artois, passa dans la maison de Beauffort, en 1716, par suite du mariage de messire Christophe-Louis de Beauffort avec d^lle^ Claire-Angélique de Croix. Le transfert du titre de *comte* fut accordé par le Roi, par lettres-patentes, signées en mai 1716. (Voyez p. 75, 76 et 336).

Le *comté de Beauffort* fut composé de plusieurs terres seigneuriales réunies et érigées en comté, sous la dénomination de *comté de Beauffort*, avec faculté d'asseoir ledit titre sur telle des terres qu'il plaira au titulaire, en faveur de messire Christophe-Louis de Beauffort, déjà *comte de Croix*. Ces lettres-patentes données par le Roi, en juillet 1733, ont été enregistrées régulièrement. Nous les avons publiées, dans toute leur teneur, ci-devant pages 77 à 80. Ce titre reposait sur la terre de Moulle (V. p. 323).

Le *comté de Baisy*, en Brabant, dont le titre ne peut être

relevé que par un descendant de dame Elisabeth de Roose, comtesse de Baisy, baronne de Bouchout (V. p. 322).

VICOMTÉS.

Deux titres de *vicomte* ont été portés par plusieurs générations de la maison de Beauffort, celui de *vicomte de Houlle* et celui de *vicomte de la Wische*. Nous ignorons si ces terres ont été régulièrement érigées; mais, ce qu'il y a de plus clair, c'est que ces deux titres ont été insérés dans un grand nombre d'actes authentiques et portés *officiellement* aux États généraux d'Artois, etc. L'aîné des fils du marquis de Beauffort se qualifiait toujours, depuis 1720, *vicomte de la Wische* (V. p. 372).

BARONS.

La *baronnie de Beaufort*, en Artois, appartenait, avant l'an 1125, à messire Bouchard de Beaufort, baron du lieu, père de Jeanne, mariée à Guy de Thouars. C'est de cette ancienne baronnie que provient le nom de Beaufort ou Beauffort, que porte encore cette illustre maison (V. p. 333).

La *baronnie de Blaireville* fut acquise, en 1434, par messire Colart, dit Payen de Beauffort. Le titre de baron de Blaireville fut porté par plusieurs de ses descendants (V. p. 327).

La *baronnie de Bouchout*, en Brabant, avait anciennement le titre de *baronnie*, qui a été relevé en 1640. La baronnie de Bouchout est, depuis 1874, la propriété de M. le comte Léopold de Beauffort, qui la tient, par droit de succession directe, de Mme. Élisabeth de Roose, comtesse de Baisy, baronne de Bouchout, veuve de M. le comte Amédée de Beauffort, sa mère (V. p. 329).

La *baronnie de Graincourt*, en Artois, a également transmis son titre dans la maison de Beauffort, que plusieurs de ses membres ont longtemps porté et pris dans les actes authentiques (V. p. 341).

La *baronnie de Pottes*, en Hainaut, appartenait jadis à la maison de Marnix; puis elle est passée par la maison de Croix dans celle de Beauffort, qui la possède toujours. Elle ne fut pas vendue à l'époque de la Révolution, comme nous l'avons dit, par erreur, à la page 361.

HONNEURS ET DIGNITÉS

OBTENUS DANS LA

MAISON DE BEAUFFORT

D'ARTOIS.

Afin que nos lecteurs puissent se rendre un compte exact de l'importance des *honneurs et dignités nobiliaires*, nous donnons ici quelques notes sommaires des conditions requises pour leur obtention. Nous avons publié en tête du *Nobiliaire Toulousain*, en 1863, une étude suivie de nombreux renseignements sur la noblesse en général, d'où nous extrayons les quelques lignes qui suivent applicables, à la MAISON DE BEAUFFORT, de l'Artois, appartenant à *la noblesse sans origine connue*, c'est-à-dire à la *noblesse de race*.

La noblesse antérieure à la première croisade est qualifiée *noblesse féodale* ou *noblesse de race* (V. p. 7 et 134).

La chevalerie. Le chevalier devait être noble et soldat; anciennement l'honneur de la chevalerie était conféré en grande cérémonie, le plus souvent sur les champs de bataille. Le serment du chevalier était : *De ne tirer l'épée sans nécessité et de ne la remettre au fourreau sans gloire.* Plus tard, les chevaliers furent créés par lettres-patentes : ils devaient être gentilshommes de trois races. On les distinguait en ce qu'ils portaient sur leurs armoiries un casque d'acier poli et reluisant, posé et taré en profil, la visière ouverte, le nasal relevé et l'avantaille abaissée, montrant trois grilles à sa visière. Aleaume de Beauffort était déjà chevalier, en 1198 (V. p. 8 et 132), comme l'était auparavant Baudouin, son père. Ils ont eu une longue suite de chevaliers dans leur famille. Quelques historiens anciens nous ont transmis : « Que le fils aîné d'un chevalier qui, à l'âge de 25 ans, ne briguait pas *l'honneur de la chevalerie*, était déconsidéré et méprisé. »

Les preuves de noblesse exigées pour l'admission dans les *ordres des Templiers, de Saint-Jean-de-Jérusalem* ou *de Rhodes* ou *de Malte*, étaient de seize quartiers, dont huit paternels et huit maternels, de noblesse pure. La maison de Beauffort comptait un chevalier templier en 1282 (V. p. 16 et 151) et plusieurs chevaliers de Rhodes ou de Malte, dont un en 1444 (V. p. 96, 192, 222, 265).

Pour être admis dans l'*ordre de la Toison-d'Or*, il fallait être gentilhomme de nom et d'armes, c'est-à-dire descendant de chevalier. Baudot ou Baudouin de Noyelles-Wion (de Beauffort), fut reçu en 1433 (V. p. 31 et 179).

Dès 1203, une fille de la maison de Beauffort était admise au *noble chapitre d'Estrun-lez-Arras*, en qualité de chanoinesse (V. p. 9 et 136). Il fallait alors établir huit degrés de noblesse pour l'admission (V. p. 24, 92 et 263).

La maison de Beauffort ayant fait recevoir plusieurs de ses filles dans divers chapitres nobles, nous donnons ici une indication sommaire des conditions exigées par les statuts et règlements de chacun d'eux.

PREUVES DE NOBLESSE POUR LES CHAPITRES DES PAYS-BAS :

Chapitre noble de Sainte-Gertrude, à Nivelles (Brabant) : « Les filles qualifiées en noblesse comme extraites de noble et *gentille progénie*, de quatre côtés, à savoir du côté du père et par la mère, sans mésalliance. » Et à partir du 23 septembre 1769, les présentées durent faire preuve de seize quartiers, dont huit du côté paternel et huit du côté maternel. Seule, l'abbesse était vouée au célibat et était qualifiée : madame ; les chanoinesses pouvaient se marier (V. p. 85, 162 et 277).

Chapitre noble de Sainte-Begge, à Andenne-lez-Namur : La présentée, pour être admise dans ce chapitre, devait établir, par titres, qu'elle était noble et issue de parents nobles (V. p. 162, 200).

Chapitre noble de Saint-Pierre, à Moustiers (Sambre) : Les preuves de noblesse étaient fixées à huit degrés (V. p. 73 et 272).

Chapitre noble de Sainte-Aldegonde, à Maubeuge : Pour ce chapitre, on faisait les preuves de noblesse les plus rigoureuses, il fallait établir huit générations ascendantes de noblesse militaire et chevaleresque, sans mésalliance ni principe d'anoblissement connu, sur chacun des quartiers tant paternels que maternels (V. p. 59, 245, 247, 249, 248, 250).

Chapitre noble de Sainte-Rainfroye, à Denain, près de Valenciennes (Hainaut) : on exigeait, pour l'admission, dans ce chapitre, seize quartiers de noblesse ancienne et militaire, tant paternels que maternels. Les chanoinesses du noble chapitre de Denain portaient le titre personnel de *comtesse d'Ostrevant* (V. p. 87, 88, 217 et 265).

Chapitre noble de Munster-Bilsen (au pays de Liége) : Seize quartiers de noblesse étaient exigés pour être reçue dans ce chapitre (V. p. 205).

Chapitre noble de Sainte-Waudru à Mons (Hainaut) : « Nulle femelle ne sera reçue, à moins d'être trouvée noble de quatre côtés du père et de la mère, c'est-à-dire les père et mère du père; les père et mère de la mère... » (V. p. 141, 158).

Chapitre impérial de Thorn (au pays de Liége) : Il était exigé, pour l'admission dans ce chapitre, des preuves de trente-deux quartiers, dont seize de chaque côté ; les chanoinesses devaient être issues de familles princières ou comtales du Saint-Empire Romain.

On trouve les historiques et les listes officielles des dames chanoinesses des chapitres nobles des Pays-Bas, dans l'*Almanach de la Cour de Bruxelles*, par M. Tarlier, 1864.

Etats de la province d'Artois (Les) étaient composés du Clergé, de la Noblesse et du Tiers-Ordre. Le clergé y était très-nombreux et très-riche ; il se composait des évêques d'Arras et de Saint-Omer, de dix-neuf abbés mitrés et de neuf chapitres. L'évêque d'Arras prenait autrefois la qualité de *président-né des Etats d'Artois;* mais, lesdits Etats s'y étant opposés, l'affaire fut jugée par le conseil du Roi contre ledit évêque, qui fut obligé, en 1740, de se démettre de ce titre. Parmi la noblesse, on ne recevait que ceux qui possédaient, au moins, une terre à clocher et quatre générations de noblesse bien établies (V. p. 59, 63, 69, 70, 83, 163, 216, 273). On choisissait, dans lesdits Etats, trois députés pour aller à la cour, un pour le clergé, un pour la noblesse et un pour le tiers-Etat (V. p. 85 et 276). Ces députés présentaient au Roi les cahiers de la province dressés pendant l'assemblée générale et devaient transmettre la réponse du Souverain aux Etats. C'était le gouverneur de la province qui les présentait au Roi.

La chambre de la Noblesse d'Artois était composée d'environ soixante-dix gentilshommes. Tous ceux qui étaient reconnus nobles, au moins depuis cent ans, tant du côté paternel que du côté maternel et qui possédaient une terre à clocher en Artois, pouvaient espérer d'être membres de cette assemblée. Cependant, vers le milieu du siècle dernier, le Roi n'accordait pas aussi facilement qu'autrefois l'entrée aux Etats. Personne n'y était admis sans une lettre de cachet de S. M. Le député de la Noblesse présidait cette chambre, recueillait les voix et portait la parole au nom de ce corps (V. p. 85 et 276). Les seigneurs les plus notables de cette chambre étaient : les princes de Bournonville, d'Isenghien, d'Espinoy, de Robecq, les marquis de Saluces, de Beauffort-Mondicourt, etc. (Espilly).

Noblesse des Tournois : Pour être admis à combattre dans un *tournois de chevaliers*, il fallait prouver douze quartiers de noblesse chevaleresque (V. p. 31 et 188).

Honneurs de la cour : Pour être admis aux honneurs de la cour, il fallait prouver une noblesse pure et chevaleresque antérieure à 1400 inclusivement, par titres originaux (V. p. 88 et 264).

1096. Première Croisade. Le P. Anselme, qui a rédigé la généalogie de la maison de Thouars, qu'il a publiée dans le tome IV de l'*Histoire des grands*

Officiers de la Couronne de France, nous a transmis que Guy de Thouars, fils d'Aiméry V, fit le voyage de la Terre-Sainte. Le nom et les armes de Thouars figurent au musée historique des Croisades, à Versailles. Il est évident que Guy de Thouars, seigneur d'Oiran ou d'Oiron, a fait partie de la première Croisade, commandée par Raymond de Saint-Gilles, comte de Toulouse, et par Godefroyd, duc de Bouillon (1096 à 1145). Guy était de retour de la Terre-Sainte avant 1125, époque de son mariage avec Jeanne de Beaufort; il mourut en 1152. Entre ces deux époques, il figure dans plusieurs actes authentiques rédigés en Artois (V. p. 7, 134 et 135).

1125. A cette époque, du mariage de Guy de Thouars avec Jeanne de Beaufort, le père de celle-ci, nommé Bouchard de Beaufort, était déjà seigneur et *baron de Beaufort*. Titre qui passa, après sa mort, sur la tête d'Aubert, son frère puîné, qui le transmit à sa descendance mâle (V. p. 6 et 134). C'est de la baronnie de Beaufort, en Artois, que les auteurs de Jeanne ont retenu le nom terrien pour en faire leur nom patronymique.

1198 à 1220. Colart de Beauffort, dit Baudouin, fit partie de la cinquième Croisade (V. p. 11 et 12).

1198. Aleaume de Beauffort était déjà qualifié *chevalier* (V. p. 8 et 137).

1203. Réception de Gilette de Beauffort, en qualité de chanoinesse du noble et illustre chapitre d'Estrun-lez-Arras (V. p. 9 et 136).

1204. Gossin de Beauffort fut élu évêque de Tournai (V. p. 10 et 136).

1248. Jean de Beauffort commandait un corps de troupe à la Croisade conduite par saint Louis, roi de France (V. p. 13, 14 et 150). Baudouin assista à la même Croisade et périt à la bataille de la Massoure, en 1250 (V. p. 139).

1270. Geoffroy de Beauffort fit partie de la huitième Croisade contre les Infidèles (V. p. 15 et 139-140).

1280. Jean de Beauffort, *chevalier*, fut choisi arbitre entre plusieurs gentilshommes (V. p. 15).

1282. Gilles de Beauffort était dans l'ordre des chevaliers du Temple (V. p. 16 et 151).

1291. Philippe de Beauffort *(Belloforti)* était déjà chanoine du chapitre de Sainte-Croix, de Cambrai (V. p. 20 et 170).

1297. Guillaume de Beauffort fut envoyé en ambassade (V. p. 16 et 140).

1300. Jean de Beauffort, familier de la maison souveraine des comtes de Hainaut, était chanoine et trésorier du chapitre de Sainte-Croix, à Cambrai (V. p. 18, 19, 22 et 170).

1300 à 1314. Robineau de Beauffort servit en qualité de *chevalier bachelier* (V. p. 140).

1312. Colart de Beauffort était qualifié chevalier bachelier (V. p. 23 et 152).

1312. Helvidis de Beauffort mourut étant abbesse du Val-Notre-Dame (V. p. 23 et 282).

1320. Gauthier de Beauffort était chanoine du chapitre de Thérouanne, en Artois (V. p. 140).

1337. Convocation des gentilshommes Pierre et Gilles de Beauffort au ban de la Noblesse d'Artois (V. p. 24).

1340. Antoine de Beauffort était échanson du comte de Flandre (V. p. 142).

1340. Froissard de Beauffort est qualifié : *chevalier banneret* (V. p. 25 et 152).

1340. Marguerite de Beauffort fut reçue chanoinesse du noble chapitre de Mons (V. p. 141).

1345. Jacques de Beauffort, *chevalier*, était capitaine gouverneur de Thérouanne, en Artois (V. p. 24 et 183).

1347. Jean de Beauffort, sire d'Angre, fut créé *chevalier* (V. p. 173).

1354. Guillaume de Beauffort, était bailly de Crèvecœur, capitaine des villes de Crèvecœur, d'Arleux, de Rumilly et de Saint-Souplets (V. p. 171).

1361. Ayméry de Beauffort mourut étant évêque d'Arras (V. p. 25 et 141).

1361. Renaud de Beauffort était capitaine gouverneur du château d'Avesnes-le-Comte. Son frère Colart lui succéda en 1369 (V. p. 153).

1370. Baudouin de Beauffort était gouverneur de Guise et de Bohain (V. p. 143).

1374. Robert de Beauffort était chambellan du roi de France (V. p. 185).

1383. Tassart de Beauffort était qualifié : *chevalier banneret* (V. p. 26 et 186).

1384. Charlotte de Beauffort était dame d'honneur de S. A. Anne de Luxembourg (V. p. 147).

1396. Jacques et Mathieu de Beauffort, frères, assistèrent à la septième Croisade. Jacques fut tué à la bataille de Nicopolis (V. p. 26 et 186).

1410. Paul de Beauffort, chanoine de Thérouanne, puis du chapitre noble de Saint-Lambert, de Liége (V. p. 186).

1413. Le chevalier de Noyelles-Wion (de Beauffort) fut député aux États d'Artois (V. p. 27).

1414. Philippe de Beauffort était chambellan du duc de Bourgogne (V. p. 26, 27).

1414. Philippe de Beauffort, capitaine gouverneur de la ville d'Arras, chevalier de l'ordre du roi d'Aragon, fut créé *chevalier* (V. p. 27 et 28).

1414. Colart, dit Payen de Beauffort, était conseiller et chambellan du duc de Bourgogne (V. p. 53 et 156).

1414. Jacques de Beauffort fut nommé capitaine gouverneur de la ville d'Arras (V. p. 188).

1415. Antoine de Beauffort, seigneur d'Avesnes, en Artois, était pannetier et maître d'hôtel du Roi (V. p. 29).

1415. Regnault de Beauffort était capitaine gouverneur de la ville de Béthune (V. p. 154 et 155).

1418. Baudouin IIe de Noyelles-Wion (de Beauffort), conseiller et chambellan du duc de Bourgogne, était aussi gouverneur, bailly et maître des eaux et forêts de Péronne, Mondidier et Roye (V. p. 31 et 178).

1421. Sarrazin de Beauffort fut créé *chevalier* (V. p. 30 et 187).

1422. Obtention de la qualité de *bourgeois d'Arras* par noble Jean de Beauffort, *chevalier* (V. p. 30 et 190).

1423. Jacques de Beauffort accompagnait Philippe-le-Bon au tournois qui se donna, cette année, à Arras, en Artois, en qualité de *chevalier de tournois*. Au tournois de 1428, le même chevalier combattit (V. p. 31 et 188).

1433. Baudot de Noyelles-Wion (de Beauffort), chambellan et conseiller du duc de Bourgogne, fut créé *chevalier de la Toison-d'Or* (V. p. 31 et 179).

1435. Reconnaissance de Noblesse, par jugement de francs-fiefs, en faveur de messires Jacques et Jean de Beauffort (V. p. 32 à 35).

1444. Gauthier de Beauffort était échanson d'Eudes IV, duc de Bourgogne (V. p. 187).

1444. Jacques de Beauffort était chevalier de Rhodes ou de Malte (V. p. 192).

1448. Reconnaissance de Noblesse en faveur de messires de Beauffort (V. p. 46 et 47).

1461. Marie de Beauffort fut reçue chanoinesse au chapitre noble de Mons (V. p. 158).

1473. Mission d'honneur remplie par Philippe de Beauffort, dit le Barbu (V. p. 46).

1476. Philippe de Beauffort, fils aîné de Colart *(l'Inquisitionné)* fut créé chevalier (V. p. 158).

1478. Antoine de Beauffort était pannetier et maître d'hôtel de l'empereur Maximilien Ier (Voyez pages 46 et 191).

1494. Jean de Beauffort, sa femme et ses enfants furent honorés du T de Saint-Antoine (V. p. 54).

1503. Jean IIIe de Beauffort était gouverneur d'Arras (V. p. 55).

1511. Jossine de Beauffort était fille d'honneur de la reine de Castille (V. p. 196).

1530. Bonne de Beauffort fut reçue chanoisse du noble chapitre d'Andenne (V. p. 162).

1530. Philippe de Beauffort, chevalier, baron de Beaufort, en Artois, conseiller et chambellan de l'empereur Charles-Quint, grand bailli d'épée de Tournai (V. p. 56 et 161).

1530. Marguerite de Beauffort est reçue chanoinesse du noble chapitre de Nivelles (V. p. 162).

1532. Admission et réception de dlle Barbe de Beauffort parmi les chanoinesses du noble chapitre d'Andenne-lez-Namur, sur la recommandation de l'empereur Charles-Quint (V. p. 56, 57 et 200); elle mourut doyenne de ce chapitre, en 1588 (V. p. 61 et 200).

1546. Philippe de Beauffort, gentilhomme de la bouche du roi d'Espagne (V. p. 195).

1556. Georges de Beauffort, baron de Beaufort, gentilhomme de la bouche de l'empereur Charles-

Quint, fut aussi gouverneur du château-fort et de la ville de l'Ecluse (V. p. 58 et 162).

1558. Charles de Beauffort, gentilhomme de la bouche du roi d'Espagne, était aussi capitaine d'une compagnie d'hommes d'armes. Son frère Louis, seigneur de Muy, colonel d'un régiment d'infanterie, a été tué au siége d'Hesdin, en Artois, en 1537 (V. p. 59 et 195).

1560. Claude de Beauffort, gentilhomme de la bouche du duc de Savoie, etc. (V. p. 195).

1560. Romain de Beauffort fut créé *chevalier* (V. p. 59 et 203).

1560. Anne de Beauffort fut admise chanoinesse au noble et illustre chapitre de Maubeuge (V. p. 59 et 245). Vers la même époque furent admises Françoise, au chapitre noble d'Estrun-lez-Arras, et Jeanne, à celui de Messines-lez-Ypres (V. p. 202).

1582. Jean de Beauffort était gouverneur de Renty, en Artois (V. p. 245).

1582. Philippe de Beauffort, baron de Beaufort, est qualifié : *premier député* de la province d'Artois (V. p. 59 et 163).

1589. Claudine de Beauffort, chanoinesse du noble et illustre chapitre de Maubeuge, est décédée cette année (V. p. 250).

1590. Vers cette époque, Antoinette de Beauffort fut reçue chanoinesse au noble chapitre de Munster-Bilsen (V. p. 205).

1593. Adrien de Beauffort, huitième abbé de l'abbaye de Sainte-Gertrude, de Louvain; onzième conservateur des priviléges de l'Université catholique, mourut cette année (V. p. 62 et 242).

1596. Louis de Beauffort fut créé *chevalier* (V. p. 62).

1596. Magdeleine-Adrienne-Louise de Beauffort, chanoinesse de Maubeuge (V. p. 247).

1600. Marie de Beauffort fut reçue chanoinesse d'Estrun-lez-Arras (V. p. 247).

1604. Messire Hugues de Beauffort, seigneur du Saulchoy, fut convoqué pour le ban et l'arrière-ban des gentilshommes de la province d'Artois (V. p. 63 et 256).

1606. Louis de Beauffort était gouverneur du Quesnoy, en Hainaut (V. p. 250). Il était, la même année, lieutenant général des hommes d'armes de S. M. Catholique (V. p. 250).

1611. Gilles de Beauffort fut appelé à siéger sur les bancs de la noblesse aux Etats-Généraux de la province d'Artois (V. p. 63).

1616. Claude de Beauffort était capitaine gouverneur de Renty (V. p. 248).

1621. Reconnaissance de Noblesse en Brabant en faveur de messire Gilles de Beauffort (V. p. 63 et 205).

1628. Albert de Beauffort est mort page de l'archiduc Albert, souverain des Pays-Bas, son parrain (V. p. 248).

1631. Gilles de Beauffort est créé *chevalier* (V. p. 63, 64 et 206).

1632. Robert de Beauffort est créé *chevalier* (V.p. 65, 209).

1633. Eustache de Beauffort, chanoine de Saint-Pierre de Leuze (V. p. 207).

1640. Erection de la terre de Bouchout, en Brabant, en *baronnie* (V. p. 66 et 233).

1650. Attestation honorable en faveur de messire Robert de Beauffort, seigneur de Mondicourt, *chevalier*, octroyée par les magistrats de Saint-Omer, en sa qualité de *mayeur* (maire) (V. p. 67).

1653. Robert de Beauffort, *chevalier*, seigneur de Mondicourt, fut nommé, par le roi Philippe, *chevalier-conseiller d'honneur* de son conseil d'Artois (V. p. 68-69 et 209).

1656. Pierre-Ignace de Beauffort et Charles de Moncheaux, son beau-frère, furent créés *chevaliers* (V. p. 69).

1657. Jean-Baptiste de Beauffort, chanoine et vicaire-général du diocèse d'Arras (V. p. 258).

1658. Messire de Beauffort de Mondicourt reçut mandat de don Juan d'Autriche, gouverneur des Pays-Bas, de convoquer les Etats-Généraux de l'Artois (V. p. 69).

1660. Antoine de Beauffort, *menin* de S. M. Catholique (page), chevalier de l'ordre de Saint-Jacques d'Espagne, capitaine des gardes du corps du roi, était gouverneur de Bapaume, en Artois (V. 69 et 252).

1661. L'évêque d'Arras donna mandat à messire Jean-Baptiste de Beauffort, chanoine de son chapitre, de recevoir le serment des échevins de la ville d'Arras (V. p. 69).

1663. Enregistrement à l'élection de la province d'Artois des *Armoiries de la maison de Beauffort* (V. p. 70 et le chapitre de l'*Armorial*, ci-après, p. 399).

1667. Admission, de droit, de messire Renom-François de Beauffort aux Etats-Généraux de la province d'Artois (V. p. 70).

1670. Christophe de Beauffort, chanoine de Saint-Omer, fut élu prévôt de la collégiale de Saint-Pierre, à Aire, en Artois (V. p. 211).

1670. Messire Philippe-Louis de Beauffort prêta serment de fidélité au Roi, en qualité de membre de la noblesse des Etats-Généraux de la province d'Artois. En 1671, il reçut ses lettres de *chevalerie* (V. p. 70).

1671. Messire Philippe-Louis de Beauffort fut nommé chevalier conseiller d'honneur au Conseil provincial de l'Artois (V. p. 71 et 209).

1672. Anne-Chrétienne et Marguerite-Thérèse de Beauffort, sœurs, furent admises au noble et illustre chapitre des chanoines de Sainte-Aldegonde, de Maubeuge. La première fut élevée à la dignité d'abbesse (V. p. 71, 248 et 249).

1676. Messire Philippe-Louis de Beauffort, chanoine de Saint-Pierre, prévôt de la congrégation de l'Oratoire, à Douai, fut proposé pour un évêché vacant (V. p. 71 et 208).

1677. Antoine-Joseph de Beauffort, membre de la noblesse des Etats d'Artois, reçut des lettres-patentes de chevalerie (V. p. 72 et 259).

1678. Hugues de Beauffort, visiteur général des maisons des Oratoriens de Flandres et d'Allemagne (V. p. 257).

1685. Chrétienne-Françoise de Beauffort fut reçue chanoinesse du noble chapitre de Moustier-sur-Sambre (V. p. 73 et 272).

1696. Enregistrement des armoiries de la maison de Beauffort dans l'Armorial officiel, ouvert en vertu de l'Edit du roi, de novembre 1696 (V. p. 73, 211, et ci-après à l'*Armorial général de la maison de Beauffort*, p. 399).

1702. Renom-François de Beauffort, *chevalier*, mourut grand bailly d'épée de Saint-Omer (V. p. 271).

1711. Eustache de Beauffort, abbé et réformateur de l'abbaye de Sept-Fonts ou des Sept-Fontaines, de l'ordre des Cisterciens (V. p. 74-75).

1716. Le titre de *comte de Croix* fut donné, par le Roi, à messire Christophe-Louis de Beauffort, en le transférant sur la terre de Buscœur, en Artois (V. p. 76, 273 et 333).

1719. Mourut Louis-Antoine de Beauffort, de la compagnie de Jésus, recteur des colléges d'Armentières et de Saint-Omer (V. p. 76-77 et 270).

1733. Erection de plusieurs terres réunies en *comté*, sous la désignation générale de *comté de Beauffort*, en faveur de messire Christophe-Louis de Beauffort (V. p. 77 à 79 et 323).

1735. Concession royale du titre de *marquis* en faveur de messire Charles-Antoine de Beauffort, seigneur de Mondicourt (V. p. 80, 214 et 323).

1739. Messire Christophe-Louis de Beauffort, grand bailly d'épée du bailliage de Saint-Omer, membre de la noblesse aux Etats-Généraux d'Artois, provoqua la réunion desdits Etats, pour la révision des *us et coutumes du bailliage de Saint-Omer* (V. p. 83 et 273).

1751. Députation à la cour du roi de messire Charles-Louis-Alexandre de Beauffort, marquis de Mondicourt, par la noblesse des Etats-Généraux de l'Artois, en 1751, 1752, 1753 et en 1758 (V. p. 85 et 216).

1755. Messire Louis-Eugène-Marie, comte de Beauffort, fut député par la noblesse des Etats-Généraux de l'Artois, à la cour du Roi, en 1755, 1756 et en 1760 (V. p. 85 et 276).

1759. Admission au noble et illustre chapitre de Nivelles de Mlles Louise-Ferdinande-Henriette et Louise-Victoire-Alexandrine de Beauffort, sœurs (V. p. 85 et 277).

1766. Mlles Marie-Louise-Henriette et Victoire-Louise-Marie-Caroline de Beauffort, sœurs, furent admises au nombre des chanoinesses du noble chapitre de Denain, en Hainaut (V. p. 88 et 217).

1770. Lettres-patentes royales portant concession du titre de *comte*, à messire Pierre-Charles-Joseph de Roose, baron de Bouchout (V. p. 88 et 233).

1771. M. le chevalier de Beauffort, ayant fait ses preuves de noblesse, fut admis *aux honneurs de la cour* (V. p. 88 et 264).

1776. Admission de Mlle Félicité-Louise-Marie-Eléonore-Dorothée de Beauffort, en qualité de chanoinesse, au noble chapitre de Denain, en Hainaut (V. p. 87).

1780. Messire Louis-Eugène-Marie, comte de Beauffort, seigneur de Moulle, de Preseau, etc., entra, en qualité de *pair du Hainaut*, aux Etats nobles du Hainaut-Français, de 1780 à 1789, à raison de la pairie de Preseau (V. p. 276 et 361).

1781. Le roi Louis XVI et la famille royale, signèrent à Versailles, le contrat de mariage de messire Charles-Louis-Joseph-Marie-Alexandre, marquis de Beauffort, et de Mlle Henriette-Léopoldine-Ghislaine de Mérode (V. p. 89 et 220).

1782. Admission de Charlotte et Albertine de Beauffort au noble chapitre de Denain (V. p. 265).

1784. Réception dans l'ordre de Saint-Jean-de-Jérusalem ou de Malte de messires Charles-Jules et Alphonse de Beauffort, au grand prieuré de France, à Paris (V. p. 90 et 265).

1785. Messire Amédée-Marie de Beauffort fut admis de minorité dans l'ordre de Malte, au grand prieuré de France (V. p. 90 et 222).

1789. Dlle Marie-Henriette-Constance de Beauffort, chanoinesse du noble chapitre d'Estrun-lez-Arras, fut, cette année, élevée à la dignité d'abbesse dudit chapitre (V. p. 92 et 263).

1789. Plusieurs représentants de la maison de Beauffort furent convoqués, avec les titres de *marquis*, *comte*, *vicomte* et *baron*, aux États de l'Artois pour l'élection des députés aux Etats-Généraux de France (V. 91, 220).

1791. Armée des Princes (V. 93, 220).

1797. Messire Philippe de Beauffort fut honoré de l'*ordre royal de la Calatrava*, ordre militaire d'Espagne (V. p. 94 et 219).

1798. Messire Charles-Louis-Ferdinand-Balthazar de Beauffort fut honoré de la croix de dévotion de l'ordre de Malte (V. p. 95, 96 et 218).

1802. M. Philippe de Beauffort, maréchal des camps au service d'Espagne, chevalier de l'ordre de la Calatrava, fut nommé lieutenant-général (V. p. 219).

1815. M. Charles-Louis-Joseph-Marie-Alexandre, marquis de Beauffort, fut nommé maire de la ville de Nancy (Meurthe), par S. A. R. le comte d'Artois (V. p. 97 et 219).

1829. M. le comte Emmanuel-Léopold de Beauffort était au nombre des pages de S. M. Charles X, roi de France (V. p. 103 et 229).

1836. M. le comte Amédée de Beauffort fit partie de l'ambassade d'honneur de M. le comte de Mérode, son oncle, pour assister au couronnement de l'empereur d'Autriche, et y représenter S. M. le roi des Belges (V. 98, 99, 100 et 232).

1836. Le roi Léopold Ier signa, le 15 décembre, des lettres-patentes fixant les supports et les attributs des armoiries de la maison de Beauffort, et octroya la *couronne de duc du Saint-Empire* à M. le comte Amédée de Beauffort et à ses descendants (V. p. 101 et 231).

1858. Cette année, est décédé, à Bruxelles, M. le comte Amédée de Beauffort, qui, de 1830 à 1858, remplit plusieurs fonctions honorifiques et fut décoré de plusieurs ordres (V. p, 98, 99 et 234).

1863. Lettres-patentes royales conférant à Messieurs les comtes Léopold-Marie-Ghislain et Albert-Ghislain de Beauffort, le titre de *comte*, transmissible à tous leurs descendants, sans distinction d'ordre de primogéniture, ni de sexe (V. p. 110 et 234-235).

1866. M. le comte Jules de Beauffort fit partie de l'ambassade d'honneur chargée de notifier aux cours de Saxe et de Saxe-Weimar, l'avénement de Sa Majesté Léopold II, au trône de Belgique (V. p. 232).

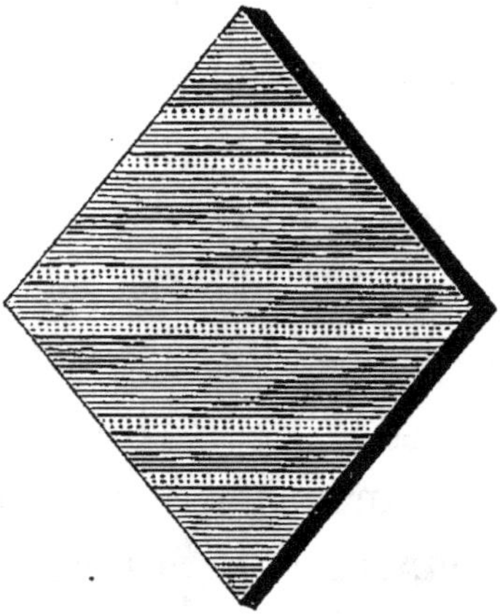

DÉCORATIONS HONORIFIQUES

OCTROYÉES A DES PERSONNAGES

DE LA

MAISON DE BEAUFFORT,

D'ARTOIS.

FRANCE.

Ordre royal et militaire de Saint-Louis : *Chevaliers :* M. Emmanuel-Constant-Joseph de Beauffort, en 1768 (V. p. 217 et 264). — M. Charles-Louis-Joseph-Marie-Alexandre, marquis de Beauffort, en 1770 (V. p. 219). — M. Charles-Louis-Ferdinand-Balthazar de Beauffort, en 1796 (V. p. 94 et 218).

Ordre de la Légion-d'Honneur : *Officiers :* M. le comte Amédée de Beauffort, en 1844 (V. p. 103 et 232). — M. le comte Albert de Beauffort, en 1871 (V. p. 128 et 236).

— *Chevalier :* M. Louis de Beauffort, en 1874 (V. p. 128 et 225).

ORDRE RELIGIEUX DE SAINT-ANTOINE DU T (OU DU THÉATE) : Messire Jean de Beauffort et sa famille reçurent le T, en 1494 (V. p. 54 et 386).

ÉTATS PONTIFICAUX.

ORDRE DE PIE IX : *Chevalier :* M. le comte Roger de Beauffort, en 1874 (V. p. 127 et 227).

BELGIQUE.

ORDRE ROYAL DE LÉOPOLD : *Commandeur :* M. le comte Amédée de Beauffort, en 1854 (V. p. 104 et 232). — *Officier :* M. le comte Amédée de Beauffort, en 1843 (V. p. 102 et 232). — *Chevalier :* M. le comte Amédée de Beauffort, en 1838 (V. p. 102 et 232).

HOLLANDE.

ORDRE DU LION NÉERLANDAIS : *Chevalier :* M. le comte Amédée de Beauffort, en 1851 (V. p. 104 et 232).

ESPAGNE.

ORDRE DE LA TOISON-D'OR : Ordre de chevalerie créé, à Bruges, en 1429, par Philippe-le-Bon, duc de Bourgogne. Le roi d'Espagne en est demeuré chef. Voici l'article 1er des statuts : « Ordonnons que, en l'ordre devant dit, aura *trente chevaliers gentilshommes* de nom et d'armes et sans reproche, dont Nous, en notre temps, seront les chefs et souverains, et après Nous nos successeurs, ducs de Bourgogne. » Messire Baudot de Noyelles-Wion (de Beauffort), reçu en 1433 (V. p. 31 et 179).

ORDRE MILITAIRE DE CALATRAVA : *Chevalier* : Messire Philippe-Louis-Charles-Henri de Beauffort, en 1797 (V. p. 94 et 219).

ORDRE MILITAIRE DE SAINT-JACQUES : *Chevalier* : Messire Antoine de Beauffort (V. p. 252).

MALTE.

ORDRE DE MALTE : *Chevalier honoraire ou croix de dévotion* : M. Charles-Louis-Ferdinand-Balthazar de Beauffort (V. p. 95, 96 et 218).

PALESTINE.

ORDRE DU SAINT-SÉPULCRE : *Chevalier* : M. le comte Amédée de Beauffort, en 1853 (V. p. 104 et 232).

SAXE.

ORDRE DE LA BRANCHE-ERNESTINE : *Officier* : M. le comte Jules de Beauffort, en 1866 (V. p. 230).

SAXE-WEIMAR.

ORDRE DU FAUCON-BLANC : *Officier* : M. le comte Jules de Beauffort, en 1866 (V. p. 230).

ARMORIAL GÉNÉRAL

DE LA

MAISON DE BEAUFFORT,

Contenant ses brisures, ses écartelures et ses diverses modifications.

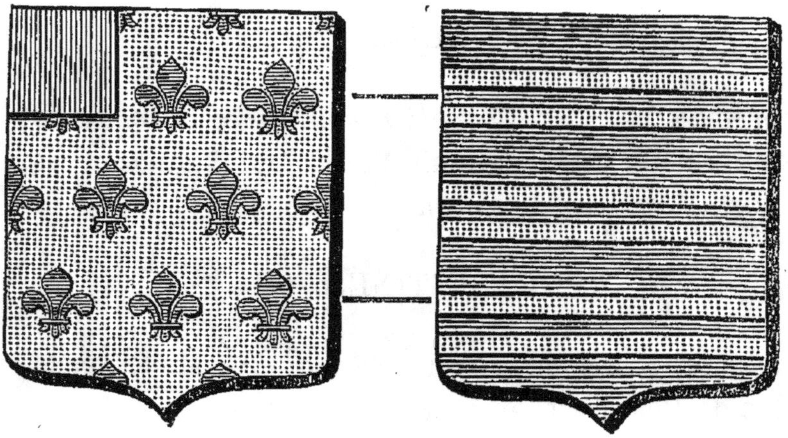

L'origine des armoiries des antiques maisons de Thouars et de Beauffort est aussi ancienne que celle du blason même, dont le principe remonte à la première Croisade, d'après tous les historiens sérieux et estimés, et non à des époques fabuleuses. La première Croisade, entreprise contre les infidèles, sous le pontificat d'Urbain II, eut lieu de l'an 1096 à l'an 1145. Le commandement de cette Croisade fut confié à deux valeureux chevaliers : l'armée du Nord fut conduite par Godefroid, duc de Bouillon, né à Baisy (Brabant) (1), et celle du Midi, par Raymond de Saint-Gilles, comte de Toulouse.

---

(1) Suivant la tradition, une des fermes de Baisy, appartenant actuellement à M. le comte Léopold de Beauffort, aurait été construite sur les anciens fondements du manoir où serait né ce grand capitaine.

Au mois de mai 1096, le pape Urbain II, étant à Toulouse, fit convoquer dans la basilique de Saint-Saturnin, qu'il venait de consacrer, tous les nobles seigneurs du pays toulousain, qui devaient faire le premier voyage de la Terre-Sainte, pour la délivrance des lieux témoins de la vie, des miracles et de la mort de Jésus. Le Saint-Père officia solennellement, assisté des archevêques de Tolède, de Pise, de Bordeaux et des évêques de Toulouse, d'Albi, de Maguelonne, etc. Il bénit les bannières et les étendards qui devaient flotter sur les champs de bataille. Raymond de Saint-Gilles, comte de Toulouse, assista, avec toute sa maison, à cette cérémonie. Après avoir communié de la main du Saint-Père, les principaux chevaliers reçurent de ses mains des bannières bénites aux signes héraldiques. Les premiers chefs, commandant des corps d'armée, reçurent des bannières portant *la croix*, emblème de la Croisade; celle de Godefroid de Bouillon était *blanche à la croix rouge;* celle de Raymond de Saint-Gilles, comte de Toulouse, rouge, à la croix cléchée, pommetée, vidée et alezée d'or; celle de Lordat, de la maison de Foix, *jaune à la croix rouge*, etc.

Les autres chevaliers croisés adoptèrent des marques ou *signes de ralliement*, de convention, afin de se reconnaître sur les champs de bataille. Les chevaliers croisés portaient ces signes sur eux, sur leur épée, sur leur bouclier, sur leurs armures et sur le caparaçon de leur cheval (1). Dans l'art héraldique, ces diverses marques ont la désignation de *pièces honorables*. Or, la composition des armoiries de l'ancienne maison historique de Thouars, comme celle de l'ancienne maison de Beaufort, appartient à l'époque de la création des armoiries des familles. Avant la première Croisade, seules les nations, les colonies romaines, etc., avaient des emblêmes : Rome, *la louve ;* Lyon, *le lion ;* Toulouse, *le bélier :* Nîmes, *le Crocodile*, etc. Les armoiries des familles ne sont venues qu'après (2).

---

(1) Armoiries : Emblêmes d'une maison noble. On fait remonter leur usage aux Croisades, où elles devinrent nécessaires pour faire reconnaître au milieu des combattants les chevaliers tout couverts de fer. Th. Bénard.

(2) Il y a plusieurs genres d'armoiries, savoir : 1° *les armoiries pri-*

Du reste, il est surabondamment prouvé que les maisons de Thouars et de Beaufort ont été représentées à la première expédition de la Terre-Sainte. Les noms de ces deux maisons figurent, avec leurs armes, au musée historique des Croisades, à Versailles. Il est aussi bien établi que l'auteur de la maison de Beauffort, de l'Artois, est Guy de Thouars, seigneur d'Oiron, second fils d'Aimery V, vicomte de Thouars, en Poitou, qui fit aussi le voyage de la Terre-Sainte, suivant le P. Anselme (*Histoire des grands officiers de la couronne de France;* tome IV, p. 192). M. Borel d'Hauterive a publié, à l'exemple de plusieurs autres généalogistes, dans son *Annuaire de la pairie et de la noblesse de France*, année 1844, page 351, la liste des principaux croisés, suivant le rang qu'ils occupent dans les salles du Musée historique des Croisades, à Versailles. Dans cette liste, nous lisons, sous le nº 158 : « HEBERT II, » VICOMTE DE THOUARS, accompagna le comte de Poitiers à la » Croisade, d'après une charte. Le P. Anselme parle de GUY » DE THOUARS, qui accompagna Louis VII en Terre-Sainte. » ARMES : *D'or, au semé de fleurs de lys d'azur*; *au franc-* » *quartier de gueules.* »

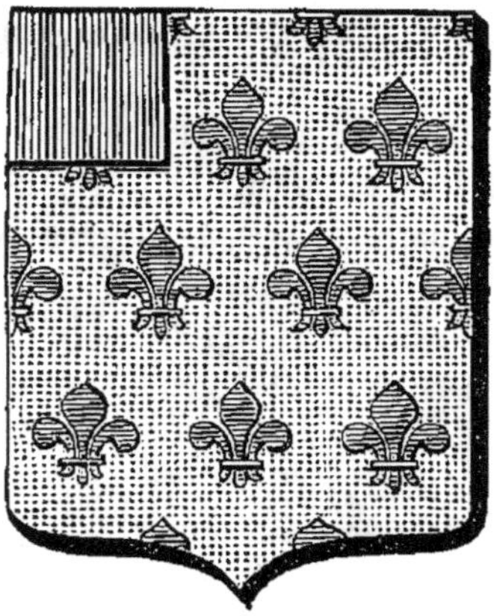

---

mitives, composées de pièces dites *honorables;* 2° *les armoiries hitsoriques*, rappelant un fait historique, une action d'éclat ou un haut fait

S'il est établi que Guy de Thouars, *seigneur d'Oiron*, accompagna le roi Louis VII, à la Terre-Sainte, comme le dit l'auteur précité, ce chevalier aurait fait ce voyage étant marié. En effet, Louis VII, dit *le Jeune*, régna de 1137 à 1180, et Guy de Thouars, seigneur d'Oiron, épousa, vers 1125, Jeanne, héritière de la baronnie de Beaufort, dont elle portait le nom, et de la seigneurie de Noyelles-Wion, en Artois, et Guy est mort en 1152, ce qui nous fait croire qu'il fit le voyage de la Terre-Sainte avant son mariage. Puis, il figure dans plusieurs actes, avec sa femme, à diverses époques postérieures à 1125. Du reste, le P. Anselme ne dit point que Guy accompagna Louis VII.

Jeanne, fille unique de Bouchard, baron de Beaufort, représentait la branche aînée de cette ancienne maison. Il fut stipulé dans les pactes de mariage de Guy de Thouars et de Jeanne de Beaufort, que les terres de Beaufort et de Noyelles-Wion, en Artois, leur étaient données, à la condition que *leurs descendants en relèveraient les noms et les armes*. Le nom et les armes de Beaufort étaient aussi portés, à la même époque, par Aubert de Beaufort, frère puîné de Bouchard, oncle de Jeanne, et par ses descendants. Voilà ce qui explique aussi l'existence de la branche dite *des seigneurs de Noyelles-Wion*.

Nous avons traité la question de l'orthographe des noms *de Beaufort* et *de Beauffort* aux pages 5, 6 et 7, auxquelles nous prions nos lecteurs de se reporter.

---

d'armes; 3° *les armes parlantes* rendant le nom patronymique ou le nom terrien; 4° *les armoiries emblématiques;* 5° *les armoiries composées* ou de concession, c'est-à-dire arrêtées par le juge d'armes: 6° *les armoiries religieuses* pour les dignitaires de l'Église, pour les communautés religieuses, les confréries, les corporations, etc.

Les armes des anciens barons de Beaufort étaient : *D'azur, à trois jumelles d'or, mises en fasces :*

Nous avons dit que les deux blasons *mères* de la maison de Beauffort appartiennent, par leur antiquité et par leur composition, à l'origine du blason, c'est-à-dire à la première époque (1096).

Les armoiries des vicomtes de Thouars comprennent un franc-quartier de gueules plein, qui sont les armes primitives de cette maison, chargeant un écu d'or, semé de fleurs de lys d'azur, qui est une brisure de la maison de France, pour rappeler, sans doute, une alliance. La fleur de lys représente le fer de la francisque, ancienne arme des Francs, qui tranchait de tous côtés et déchirait les chairs en la retirant du corps dans lequel on l'avait enfoncée. Ce fer était fixé au bout d'un petit bâton, ce qui lui donnait l'apparence d'un sceptre.

Les armoiries de Beauffort se composent de *six cotices* ou trois jumelles d'or. On sait qu'anciennement les seigneurs marquaient de signes héraldiques les animaux et les objets qui leur appartenaient. Ces signes étaient primitivement : *la croix*, *le chevron*, *le pal*, *la fasce*, *la bande*, *la barre*, *la cotice*, *la pairle*, *le sautoir*, etc. Peu après, sont venus les autres emblêmes, tels que les signes du zodiaque, les merlettes, les animaux emblêmatiques, etc. Comme on peut le voir, l'écu des de Beauffort est meublé de *pièces* dites *honorables*, de *cotices jumelles*.

Les armes parlantes anciennes reproduisent le nom de la maison; ainsi celles des : *de Pins*, trois pommes de pin; *de Roquette-Buisson*, des rocs d'échiquier et un buisson; *de Sapène de Cazarilh*, une montagne *(Pène* ou *Penne)* surmontée de deux corneilles; *La Croix de Castries*, une croix; *de Corneilhan*, trois corneilles; *de Serres*, des serres d'aigle; *d'André de Servolles*, un sautoir ou croix de saint André; *d'Hérisson*, un hérisson; *de Gueydon*, un lion tenant un guidon; *de Clausade*, des clefs; *d'Espie*, un épi de blé; *de Latour*, une tour; etc.

Les brisures des armoiries furent adoptées très-anciennement pour différencier les branches d'une même maison. Le blason principal chargeait toujours l'écu en franc-quartier. Dans l'espèce, nous verrons le franc-quartier de Thouars chargé l'écu de Beauffort; puis, celui de Beauffort chargeant l'écu de Gironvilliers, etc.

Les descendants d'Aubert de Beaufort, frère puîné de Bouchard de Beaufort, baron dudit lieu, père de Jeanne, seuls avaient droit de porter les *armes pleines* de leurs maisons; les descendants de Guy de Thouars et de Jeanne de Beaufort durent briser les leurs. Ce qui eut lieu jusqu'en 1308, année de l'extinction de l'ancienne maison de Beaufort. La lignée de Guy de Thouars et de Jeanne de Beaufort, pour se conformer aux clauses du contrat de mariage de leurs auteurs, réglèrent ainsi le port de leurs nouvelles armes : *D'azur, à trois jumelles d'or, mises en fasces*, qui est DE BEAUFORT ; *au franc-quartier d'or, semé de fleurs de lys d'azur, au franc-canton de gueules*, qui est DE THOUARS.

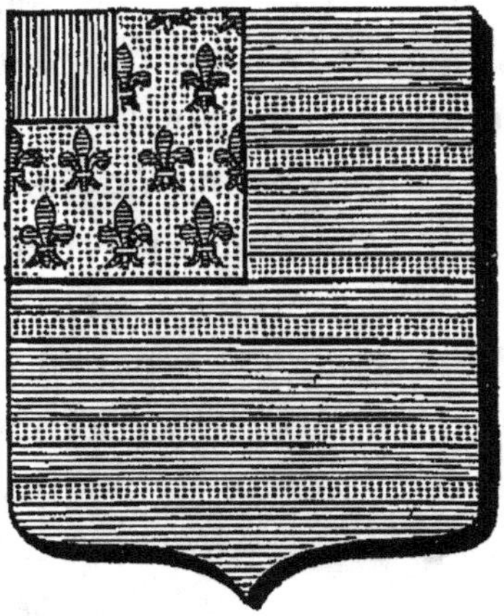

Voilà, en peu de mots, l'historique et la description héraldique des deux *blasons-mères* qui, d'abord accolés (depuis 1125) et ensuite réunis, ont composé les armoiries de la nouvelle maison de Thouars-Beauffort. Ce blason, formé des deux anciens, a été porté ainsi par la branche aînée jusqu'en 1308. Les autres branches brisaient leurs armes pour se distinguer entre elles. En effet, on peut encore les distinguer par leurs brisures. Nous devons faire observer que les diverses brisures que nous donnons ci-après ont été relevées sur des actes authentiques, conservés dans des dépôts publics ou dans les archives de la maison de Beauffort, ou constatées dans des ouvrages anciens faisant autorité. Dans les archives de Beauffort, il existe un grand nombre d'actes anciens scellés de sceaux armoriés avec ou sans brisures.

Les armes de la maison de Beauffort, d'Artois, ont été enregistrées dans l'Armorial officiel de la province d'Artois, en 1665 (Voyez : *aux Annales*, page 70), dans l'*Armorial de France*, dressé conformément à l'Edit de novembre 1696; dans les registres de l'ordre de Malte, du grand prieuré de France, à Paris; dans les registres des chapitres nobles des Pays-Bas, et dans un magnifique registre en velin de l'*Ancienne confrérie de Notre-Dame de Bon-Secours*, à Bruxelles, dans lequel sont, au nombre des armoiries peintes des dames prévôtes, celles des maisons de Roose et de Beauffort. Elles ont été reproduites dans un grand nombre d'ouvrages généalogiques et d'armoriaux imprimés. On voit le blason de la maison de Beauffort dans les salles des Croisades, à Versailles, sur divers monuments et sur un grand nombre de tombeaux et de pierres tumulaires, dans des églises et dans les chapelles; sur des vitraux, etc. (Voyez, ci-après *Monuments*, *inscriptions*, etc.).

Le dernier descendant mâle d'Aubert de Beaufort, oncle de Jeanne, héritière de Beaufort, étant venu à mourir, en 1308, Pierre ou Perrin de Beauffort eut alors contestation, comme nous l'avons déjà dit, aux *Annales*, avec Raoul de Beauffort, chevalier, seigneur de Metz et de Markais, son parent, au sujet du port des *armes pleines* de la maison de Beaufort. Pierre soutenait que ce droit lui appartenait, parce qu'il descendait du fils aîné d'Aleaume, seigneur de Beaufort, et Raoul prétendait que ce droit le regardait seul, parce qu'il était d'un degré plus rapproché que lui du dernier mâle décédé de l'ancienne maison de Beaufort. Raoul avouait que s'il eût été question de porter les *armes pleines* de leur propre maison *(de Thouars)*, Pierre de Beauffort, descendant de l'aîné, aurait été fondé dans ses prétentions; et puis, il soutenait que s'agissant d'*armes étrangères*, et le Souverain n'ayant en rien concouru à la convention qui s'était faite entre *sire Guy de Thouars, seigneur d'Oiran, et Jeanne, héritière de Beaufort et de Noyelles-Wion*, lors de leur contrat de mariage, vers 1125; que ce contrat, qui était personnel et civil, devait être réglé par la coutume d'Artois, qui n'admet pas l'hérédité par droit d'aînesse, mais par droit de proximité, la représentation n'y étant pas reçue.

Cette contestation, ayant duré quelque temps, se termina à l'amiable, en 1310, par suite du mariage de *Jacques de Beauffort*, fils aîné de Raoul, avec *Magdeleine de Gironvilliers*, riche héritière; mariage qui se fit par les soins d'Iolande de Prouvy, mère de Pierre de Beauffort et tante de Magdeleine de Gironvilliers. Il fut stipulé, pour apaiser ce différend, au sujet des *armes pleines*, que les enfants qui proviendraient de ce mariage, porteraient les armes des *de Gironvilliers*, avec l'écusson *de Beauffort* en franc-quartier, moyennant quoi, ledit Pierre de Beauffort, sire de Saire, de Cessoye et de Brie, pourrait porter les *armes pleines* (Archives de Beauffort). Nous devons appeler l'attention du lecteur sur l'introduction et sur la cause de l'introduction des armes de Gironvilliers dans le blason de la maison de Beauffort, parce que la branche à laquelle cette addition a été imposée, est souvent désignée, dans les actes publics, par : *de Beauffort, au château*, à cause de la représentation du château dans ses armoiries. On a donc la date certaine (1310) et la cause vraie de cette introduction. Or, que deviennent les commentaires de M. Goethals?...

C'est à partir de cette époque que les descendants de Pierre ou Perrin de Beauffort, sire de Saire, de Cessoye et de Brie, cessèrent de porter le franc-quartier *de*

Thouars, pour ne porter que les armes pleines de Beaufort (1310). Les armes pleines de Beaufort étaient : *d'azur, à trois jumelles d'or, mises en fasces :*

Jacques de Beauffort, dit Baudouin, chevalier, seigneur de Metz et de Markais, fils de Raoul et d'Isabellotte de Moreuil, fut le premier à prendre les armes de la maison *de Gironvilliers*, qui était tombée en quenouille dans la sienne, et cela conformément aux conventions matrimoniales de ses auteurs, arrêtées en 1310. Il abandonna aussi le franc-quartier de Thouars, pour prendre celui de Beauffort, chargeant les armes de la maison de Gironvilliers. Ses nouvelles armes furent ainsi composées : *De gueules, au château-fort à l'antique d'argent, flanqué de deux tours donjonnées et girouettées du même, ajourées de sable, au pont levis abaissé aussi d'argent*, qui est de Gironvilliers ; *au franc-quartier d'azur, à trois jumelles d'or*, qui est de Beauffort. Cette addition des armes de Gironvilliers a fait longtemps désigner, dans les actes, la descendance de Jacques de Beauffort et de Magdeleine de Gironvilliers, par le surnom de : *de Beauffort, au château.*

Brisures, Écartelures et Modifications des Armes de la maison de Beauffort adoptées, à diverses époques, par différentes branches, avec leurs causes.

Les brisures, écartelures ou modifications d'armoiries avaient différentes causes, dont les principales étaient d'honorer une alliance, de rappeler un haut-fait d'armes ou une action d'éclat, de faire revivre le nom d'une famille éteinte. Ces modifications ne pouvaient s'opérer qu'avec le consentement formel des familles intéressées. En derniers temps, la sanction royale était obligatoire. Dans un écartelé, c'est toujours le premier quartier ou *franc-quartier* qui contient le blason *mère* de la maison, sauf lorsqu'il y a un *sur le tout.* Dans ce dernier cas, c'est le *sur le tout* qui porte l'écu principal, celui de la maison. — *Les écartelures* rappellent généralement les maisons alliées, dont on s'honore; et, dont on est, le plus souvent, obligé de porter légalement les armes, par suite de substitutions imposées par contrats de mariage, par actes de donations ou par testaments. — *Les brisures* avaient lieu pour différents motifs, notamment : pour différencier les branches d'une même maison, celui-ci n'avait lieu que dans les anciennes maisons de noblesse féodale. Les bâtards des maisons princières ou féodales étaient *forcés* de briser les armes de leur père naturel d'un *bâton péri* ou *bâton de bâtardise*, posé *en bande* ou *en barre*. — *Les modifications des armoiries* avaient plusieurs causes ou différents buts, notamment pour détruire une ressemblance parfaite entre deux blasons, ayant une origine éloignée, puis se rapprochant dans un même pays ou dans une même contrée. Alors, les intéressés se mettaient d'accord pour les modifications à apporter ; ces modifications devaient être soumises à l'approbation royale et enregistrées à l'Armorial officiel, pour les rendre *légales*. Nous pouvons encore, de nos jours, citer bon nombre de blasons d'anciennes maisons qui sont exactement les mêmes par leur composition et qui ne diffèrent que par les attributs de dignité, par exemples : les PRINCES DE LIGNE et les DE LONJON, du Quercy, portent : *d'or, à la bande de gueules ;* les DE QUAËTJONCK, portaient : *d'argent, à trois cors de sable liés de gueules*, comme les DE BRIARDE ; les DE MORTAGNE portent : *d'or, à la croix de gueules*, comme les DE LORDAT, de Languedoc, etc. Les *trois jumelles d'or, d'argent, de gueules, d'azur*, etc., sont portées par plusieurs familles d'ancienne noblesse, notamment par les *de Beaufort, de Beauffort, de Liencourt, de Noyelles-Wion, de Gouffier, d'Utenhove*, etc.

Nous allons nous occuper spécialement de l'*Armorial général de la maison de Beaufort ou de Beauffort.*

I. La branche dite *des seigneurs de Beaufort, de Noyelles-Wion et d'Oiran*, issus de Guy de Thouars et de Jeanne de Beaufort, apporta diverses modifications à ses armes primitives. Guy de Thouars, seigneur d'Oiran, devenu, vers 1125, par son mariage, seigneur de Beaufort et de Noyelles-Wion, continua de porter les armes de sa maison, accolées à celles de sa femme ; leurs descendants devaient additionner aux armes de Thouars celles de Beaufort. Les armoiries de l'ancienne maison des vicomtes de Thouars étaient : *D'or, au semé de fleurs de lys d'azur; au franc-quartier de gueules*; comme ci-après :

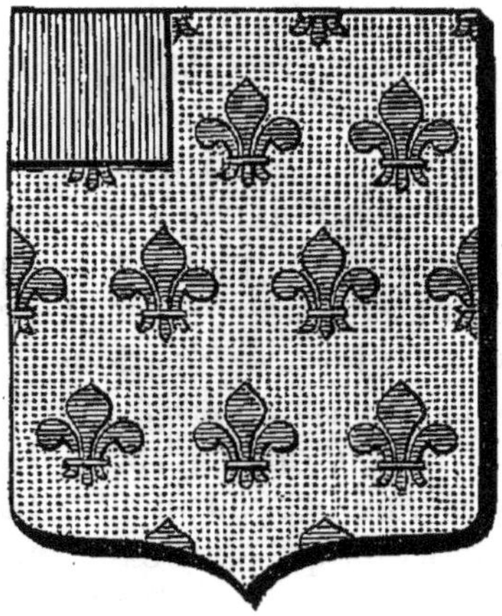

Baudouin, seigneur de Beaufort, de Noyelles-Wion et d'Oiran, fils de Guy de Thouars et de Jeanne de Beaufort, en exécution des conventions matrimoniales de ses auteurs, prit les armes de la maison *de Beaufort* qu'il additionna à celles *de Thouars*. Dès lors, il les porta réunies : *D'azur, à trois jumelles d'or, mises en fasces; au franc-quartier d'or, semé de fleurs de lys d'azur, au franc-canton de gueules plein;* comme ci-après :

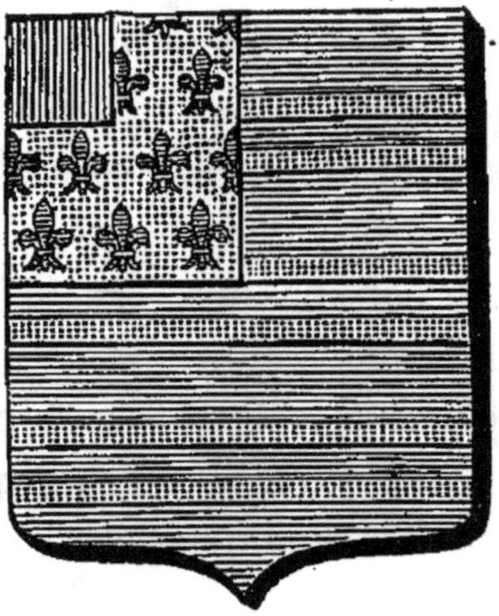

Les différents rameaux qui sont venus de la branche-mère ont aussi modifié leurs armes, afin de se distinguer entre eux. Nous nous occuperons de chacun d'eux à son rang. La descendance d'Aubert de Beaufort, devenu *baron de Beaufort*, à la mort de Bouchard, son frère aîné, s'éteignit en 1308, comme nous l'avons dit aux *Annales :* Pierre ou Perrin de Beauffort prit alors les *armes pleines de Beaufort*, et abandonna le franc-quartier *de Thouars*, qui était le *blason de ses ancêtres*. Guy de Thouars avait pris, dans son contrat de mariage, l'engagement de relever le nom et les armes de Beaufort et non de substituer lesdites armes aux siennes. Après la solution du différend qui existait entre Pierre et Raoul de Beauffort au sujet du port des *armes pleines de Beaufort*, sacrifiant ainsi les armes de sa propre maison, Pierre, seigneur de Saire, de Cessoye et de Brie, adopta, en 1310, les *armes pleines de Beaufort*, c'est-à-dire : *d'azur, à trois jumelles d'or, mises en fasces :*

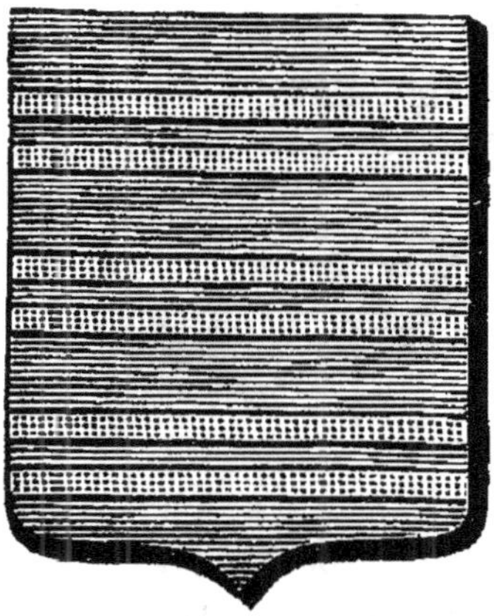

Voilà donc la branche-mère qui abandonne complétement, en 1310, ses premières armoiries, aussi anciennes et aussi honorables que celles de Beaufort, pour ne porter que les armoiries d'adoption. La descendance directe de Pierre et d'Agnès de Haveskerque seule porta les armes pleines de Beaufort, les colatéraux et leurs lignées continuèrent de porter l'écu de Beaufort au franc-quartier de Thouars. Cette branche s'éteignit en 1437, et les *armes pleines de Beaufort* passèrent ensuite à Regnaut, dit Froissard, seigneur de Beaufort.

II. La branche dite *des seigneurs d'Oiran* ou *d'Oiron*, premier rejeton de la branche-mère, a eu pour auteur Colart, dit Baudouin, fils de Baudouin, seigneur de Beaufort, de Noyelles-Wion et d'Oiran, fils de Guy de Thouars, seigneur d'Oiran. Colart brisa ses armes d'un *lambel de trois pendants d'argent, en chef, brochant sur le tout.*

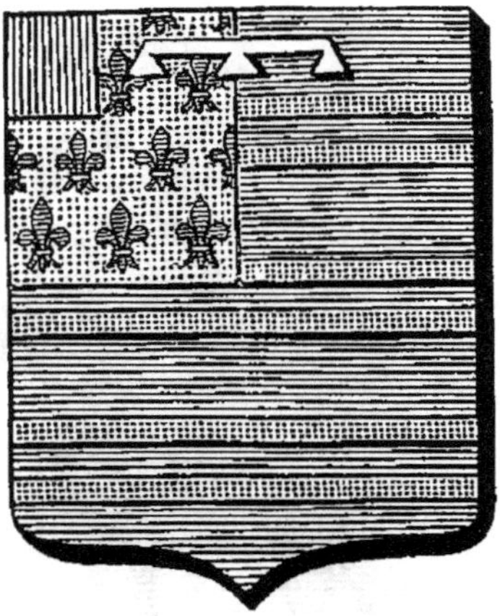

III. La branche dite *des seigneurs de Beaufort et de Ransart*, commencée à Guy de Beauffort, second fils d'Aleaume et d'Athalie de Brimeu, vers 1219, portait primitivement : *D'azur, aux trois jumelles d'or, mises en fasces,* qui est de Beaufort ; *au franc-quartier d'or,*

au semé de fleurs de lys d'azur, au franc-canton de gueules plein, qui est de Thouars, *l'écu bordé d'or*, par brisure.

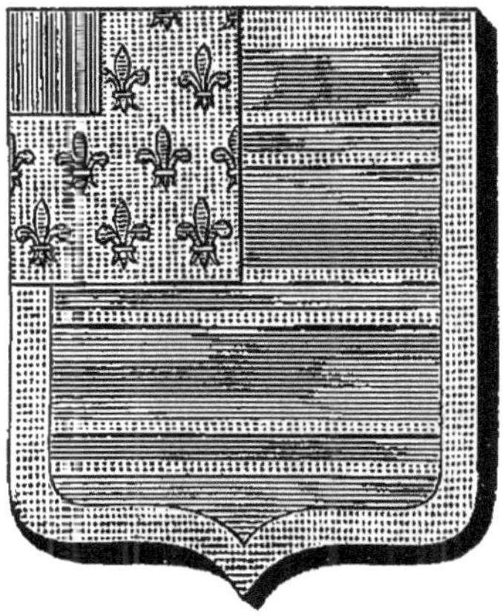

Philippe de Beauffort, de la branche-mère, ayant été tué en duel, à Arras, en 1437, les *armes pleines* de Beauffort passèrent à Regnaut de Beauffort, seigneur de Beaufort, fils de Mathelin et de Marie de Ransart. Les armes pleines de Beauffort sont sculptées sur le tombeau de la famille de Guines de Bonnières, dans la cathédrale de Tournai, avec cette désignation : *Ransart*, parmi les divers quartiers de cette maison, et sur les tombeaux de Philippe et de Georges de Beauffort, dans l'église de Reusmes-lez-Tournai. A la mort de Philippe de Beauffort, chevalier, baron de Beaufort, seigneur de Ransart, etc., arrivée en 1582, tous ses biens passèrent dans la maison de Croy, par suite du mariage de sa fille, Anne de Beauffort, avec Philippe de Croy, comte de Solre, chevalier de la Toison d'Or; et les *armes pleines de Beauffort* passèrent à Antoine de Beauffort, seigneur du Saulchoy, fils cadet de Jean et de Magdeleine de Sacquespée, qui mourut sans enfants; et, lesdites armes allèrent, en 1662, à Robert de Beauffort, seigneur de Mondicourt, etc. Depuis, elles sont demeurées dans cette branche, qui les porte toujours ainsi :

IV. *Les seigneurs de la Vacquerie, de Saint-Martin*, etc., en Cambraisis, issus du mariage de Guillaume (fils d'Aleaume, seigneur de Beaufort, et d'Athalie de Brimeu) avec Marguerite de Cantaing, brisèrent ainsi leurs armes : *d'azur, à trois jumelles d'or, mises en fasces*,

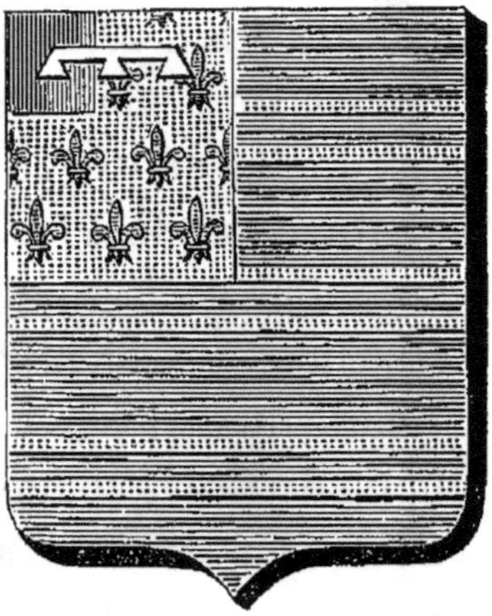

qui est de Beauffort, *au franc-quartier d'or, semé de fleurs de lys d'azur, au franc-canton de gueules*, qui est de Thouars; *le franc-quartier brisé en chef, sur le tout, d'un lambel de trois pendants d'argent.*

V. La branche dite *des seigneurs d'Angre*, en Artois, formée en 1239, portaient les armes pleines de Beauffort: *d'azur, à trois jumelles d'or, mises en fasces, brisées d'une bande d'argent.*

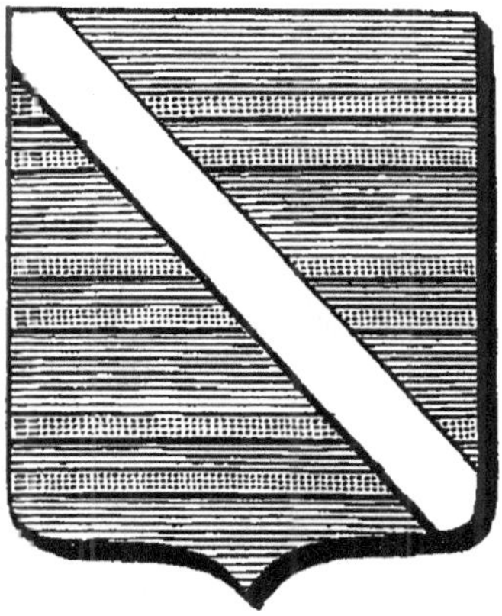

VI. La branche des *seigneurs de Noyelles-Wion* eut pour auteur Jacques de Beauffort, chevalier, seigneur de Noyelles-Wion, qui prit le nom de son fief, probablement en exécution de la clause du contrat de mariage de Guy et de Jeanne; il le transmit à ses descendants et brisa ainsi les armes de sa maison : *De gueules, à trois jumelles d'argent, mises en fasces*. La brisure consistait dans le changement des émaux de l'écu et des pièces. Ses aînés portaient *d'azur*, lui *de gueules*; les jumelles d'or furent d'argent, pour lui et ses descendants. L'ancienne maison de Noyelles-Wion, d'où sortait Marguerite, dame de Noyelles-Wion, mariée à Bouchard, baron de Beaufort, qui fut mère de Jeanne de Beaufort, femme de Guy de Thouars, avait un autre blason; tandis que cette branche de la maison de Beauffort créa celui-ci, composé des mêmes *pièces honorables* que l'écu de la branche aînée. La branche des seigneurs de Noyelles-Wion portait : *De gueules, à trois jumelles d'argent, mises en fasces :*

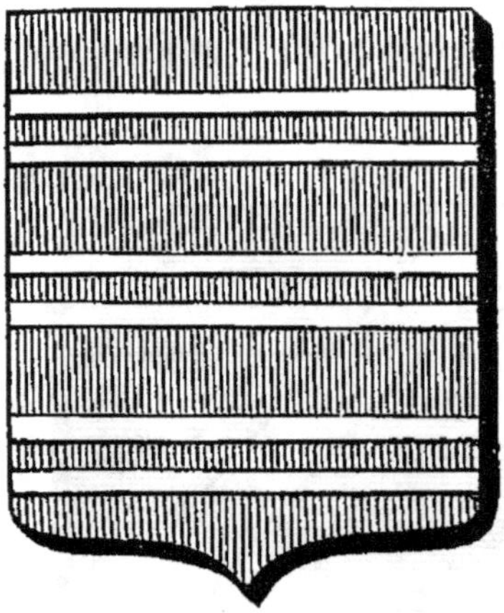

Une branche cadette des seigneurs de Noyelles-Wion chargea ses armoiries *d'un lambel de trois pendants d'argent, mis en chef.* Le fameux capitaine Baudot de

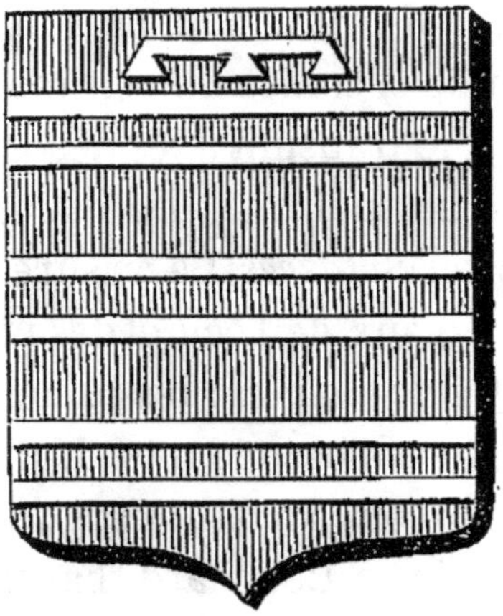

Noyelles-Wion, chevalier de la Toison-d'Or, les portait ainsi. Elles sont représentées, avec le lambel, sur les

boiseries de la cathédrale de Gand et dans *le Blason des armoiries de tous les chevaliers de l'ordre de la Toison-d'Or, etc.*, par J.-B. Maurice; imprimé in-f°, en 1667. V. page 34.

VII. La branche dite *des seigneurs de Metz, de Markais, de Bullecourt, de Mondicourt, etc.*, qui a eue pour auteur Raoul de Beauffort, chevalier, seigneur de Metz et de Markais, fils de Jean, dit *le Croisé*, et de Julienne de Saveuse, dame de Markais, portait d'abord : *D'azur, aux trois jumelles d'or, au franc-quartier d'or, semé de fleurs de lys d'azur, au franc-canton de gueules; chargé d'un lambel de trois pendants de gueules brochant sur le tout.*

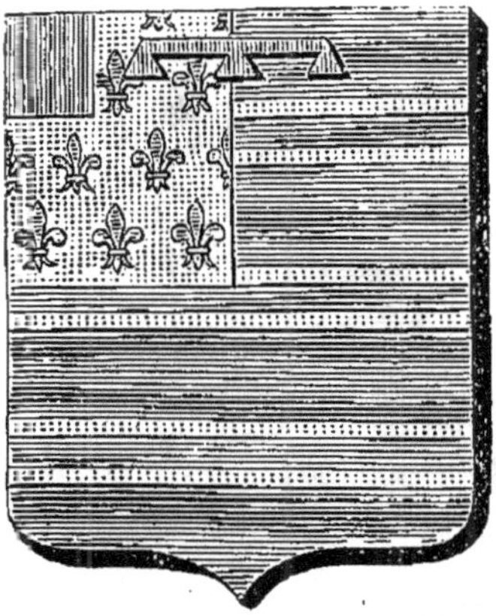

Philippe-Louis de Beauffort, seigneur de Mondicourt, fit enregistrer ses armes dans l'*Armorial de France*, dressé conformément à l'édit de novembre 1696; ce qui est établi par un certificat de d'Hozier, délivré à Saint-Omer, le 3 juillet 1697.

Après la mort du dernier représentant de l'ancienne

maison de Beaufort, descendant mâle d'Aubert de Beaufort, arrivée en 1308, une contestation s'éleva, comme nous l'avons déjà dit, entre messire Pierre ou Perrin et Raoul de Beauffort, au sujet du port des *armes pleines de Beauffort* (Voyez, *aux Annales*, 1308); elle fut arrêtée à l'amiable dans les pactes de mariage de Jacques de Beauffort, fils aîné de Raoul, avec Magdeleine de Gironvilliers, en 1310. Il fut stipulé, au nombre des conditions matrimoniales, que Jacques de Beauffort et ses descendants légitimes, provenant de son union avec ladite Magdeleine de Gironvilliers, porteraient à l'avenir pour armes : « *De gueules, au château-fort flanqué de deux tours crénelées, donjonnées et girouettées d'argent, ouvert et ajouré de sable; au pont-levis abaissé aussi d'argent, rayé de sable*, qui est DE GIRONVILLIERS; *au franc-quar-*

tier d'azur, à trois jumelles d'or, mises en fasces, qui est DE BEAUFFORT. » Cette addition a fait donner à cette branche le surnom de : *de Beauffort, au Château*, ainsi qu'il a été dit plus haut.

En 1661, Antoine de Beauffort, seigneur de Boisleux, fils de Louis et d'Antoinette de Goignies, étant mort sans laisser d'enfants, le port des *armes pleines* revint de droit à messire Robert de Beauffort, seigneur de Mondicourt, etc., et à ses descendants, qui les portent ainsi encore actuellement, et les transmettront à leurs lignées.

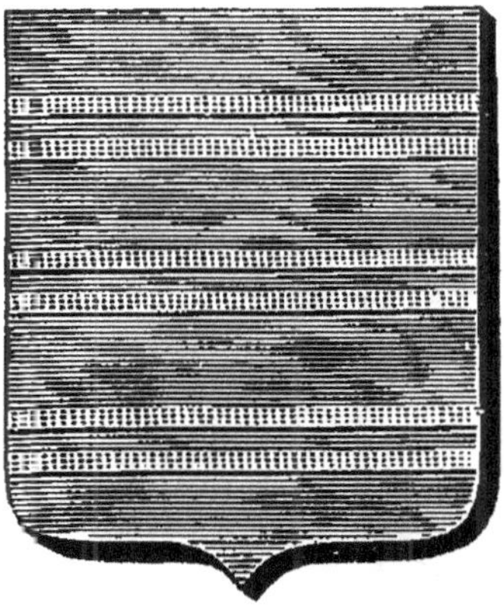

VIII. La branche dite des seigneurs de Saclains, de Bavelincourt, etc., provenant de Wion, second fils de Raoul, seigneur de Metz et de Markais, et d'Isabelle de Moreuil, avait brisé ses armes qu'elle portait ainsi : d'*azur, à trois jumelles d'or*, qui est de Beaufort, *au franc-quartier d'or, semé de fleurs de lys d'azur, au franc-canton de gueules*, qui est de Thouars; *à un lambel de trois pendants de gueules brochant sur le tout.*

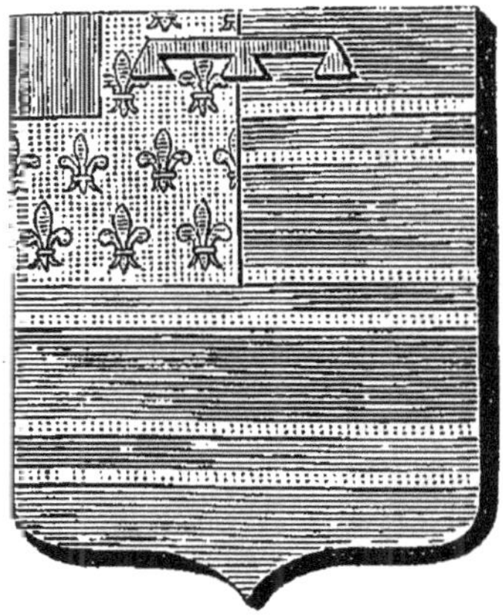

IX. La branche dite des seigneurs de Boisleux, de *Cowin*, de *Graincourt*, de *Maricourt*, etc., créée par Antoine de Beauffort et Marie de Warluzel, dame de Maricourt, vers 1460, se distinguait des autres branches par une brisure dans ses armes, qui étaient : d'*azur, aux trois jumelles d'or, mises en fasces, à un croissant d'ar-*

gent en chef, pour brisure. Cette branche s'éteignit, en 1668, en la personne de messire Albert de Beauffort.

Après la mort de messire Philippe, IIIe du nom, baron de Beaufort, arrivée en 1582, une nouvelle contestation surgit entre Jean de Beauffort, Ve du nom, baron de Graincourt, seigneur de Cowin, etc., et Hector de Beauffort, seigneur de Warlincourt, de la branche de Boisleux, au sujet du port des *armes pleines*. L'affaire fut soumise à un arbitrage. Les juges de ce différend le résolurent en faveur d'Hector, neveu de Philippe, fils du frère aîné (Voyez : Scohier, *Etat et comportement des armes*). Comme nous l'avons dit à son article (p. 249), Hector écartela les *armes pleines* de Beauffort avec celles de Ollehain, sa mère, c'est-à-dire : *D'argent, à trois tourteaux de gueules, posés deux et un*, parce qu'il

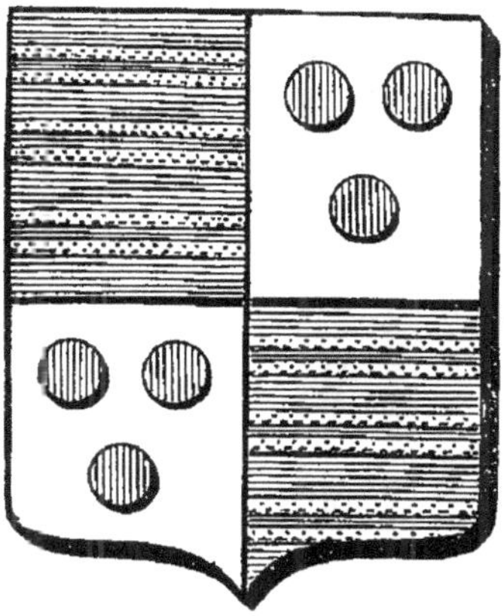

provenait du second lit de JEAN DE BEAUFFORT, IIIe du nom, seigneur de Boisleux, etc., et d'ADRIENNE DE OLLEHAIN. Cette lignée s'éteignit par la mort d'Antoine de Beauffort, chevalier, seigneur de Boisleux, etc., en 1662.

X. La branche, dite *des seigneurs de Lassus, du Cauroy, etc.*, formée par Hugues de Beauffort et Marguerite de Le Val, en 1561, portait, pour se distinguer des autres branches de la maison de Beauffort : *d'azur, aux trois jumelles d'or, mises en fasces*, qui est DE BEAUFFORT,

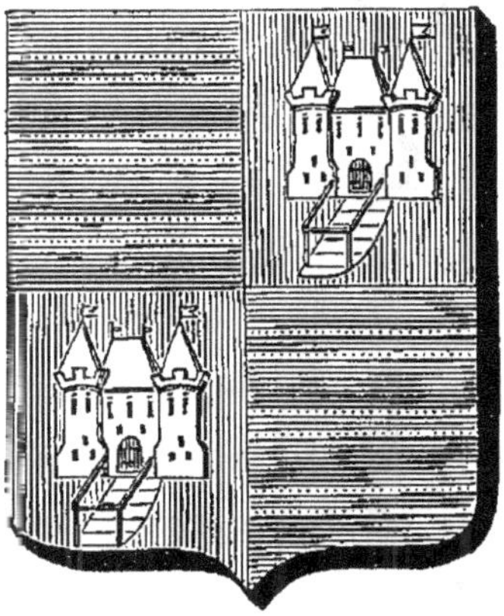

écartelé de gueules, au château-fort d'argent, au pont-levis abaissé du même, qui est DE GIRONVILLIERS. Antoine-Joseph de Beauffort les fit enregistrer au conseil provincial d'Artois, en 1665, pour se conformer à la décision prise par les élus (V. p. 70).

La branche des *seigneurs du Cauroy*, provenant de celle des seigneurs de Lassus, du Saulchoy, etc., issus des seigneurs de Mondicourt, modifia aussi son écu. D'abord, François-Joseph de Beauffort, chevalier, seigneur de Lassus, du Saulchoy, du Cauroy, etc., les adopta ainsi, pour lui et pour ses descendants : *Écartelé, au premier de gueules, au château-fort d'argent, au pont-levis abaissé du même*, qui est DE GIRONVILLIERS ; *au deuxième d'argent, au sautoir de gueules*, qui est DE MONT-SAINT-ELOY ; *au troisième d'or, à trois maillets de gueules, posés deux et un* qui est DE MAILLY ; *au qua-*

trième d'argent, au lion rampant de gueules, désarmé et vileiné, qui est DE BELVALET ; *sur le tout d'azur, à trois jumelles d'or, mises en fasces*, qui est DE BEAUFFORT. Ces écartelures, rappellant les principales alliances des ascendants de messire François-Joseph de Beauffort, furent approuvées par lettres-patentes royales, du mois de septembre 1722 (V. p. 77).

Hugues de Beauffort, dit du Saulchoy, troisième fils de Hugues et de Marguerite de Le Val, marié avec Catherine de Cornaille, modifia ainsi ses armoiries, pour lui et sa lignée : *Écartelé, au premier de gueules, au château-fort d'argent, au pont-levis abaissé du même; au franc-quartier d'azur, à trois jumelles d'or*, qui est DE BEAUFFORT dit AU CHATEAU OU DE GIRONVILLIERS; *au deuxième d'azur, à la croix d'or*, qui est DE KILS; *au*

troisième d'argent, à la croix de gueules, à une fasce, cotice vivrée d'azur en chef et brochant sur le tout, qui est DE LE VAL; *au quatrième d'or, à trois maillets de gueules, écartelé d'argent, à trois chevrons de gueules*, qui est DE COURONNEL. Ces armes furent aussi enregistrées, mais elles ne furent portées que par Hugues, sa femme et sa fille unique, étant tous morts la même année. (V. p. 65, 66 et 256).

Les représentants de la branche dite du Cauroy, etc., furent autorisés, comme les autres membres de la famille de Beauffort, par M. le marquis de Beauffort, chef de la maison, par acte sous-seing privé, du 10 octobre 1761, de porter, ainsi que lui, les *armes pleines de Beauffort*, sans brisure aucune. A cette époque (1761), trois branches de la maison de Beauffort étaient seulement représentées dans le pays, savoir : celle *de Mondicourt;* celle *du Cauroy* et celle *de Moulle* (Voyez, *aux Annales*, 1761, p. 86). Donc, en vertu de cette concession gracieuse du chef de la maison, le blason des DE BEAUFFORT devint le même pour tous les membres de cette noble famille, c'est-à-dire : *d'azur, à trois jumelles d'or, mises en fasces.* Seul, le timbre de l'écu les différenciaient entre eux.

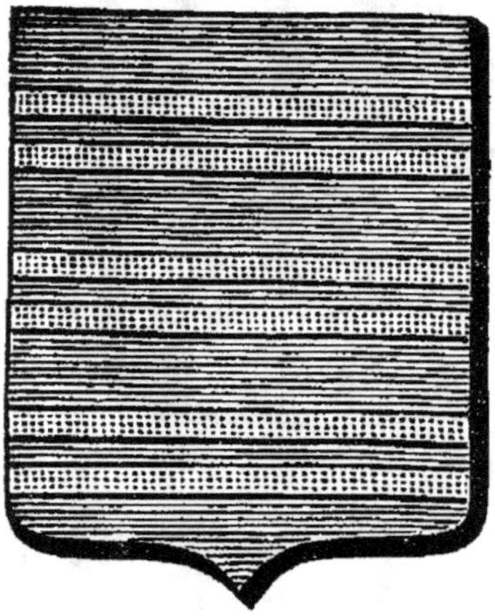

XI. La branche *des seigneurs de Beaulieu, de Graincourt et de Moulle,* provenant du mariage, contracté en 1635, entre messire Renom de Beauffort, chevalier, huitième enfant de Gilles, seigneur de Mondicourt, et de Suzanne de Fournel, dame de Beaulieu, et d[lle] Alexandrine de Massiet, dame de Moulle. Renom brisa ses armes ainsi : *D'azur, à trois jumelles d'or, mises en fasces, à la bordure de l'écu de gueules.*

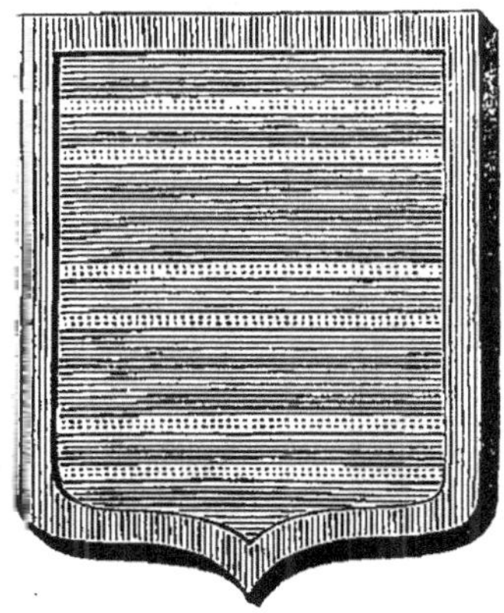

Son fils aîné, Renom-François, les portait brisées par une bordure de gueules, mais, il les écartela avec celles de sa grand'mère, c'est-à-dire : *D'azur, à l'aigle éployée à deux têtes d'or*, qui est DE FOURNEL. Cette écartelure dût lui être imposée soit par contrat de mariage, soit par testament.

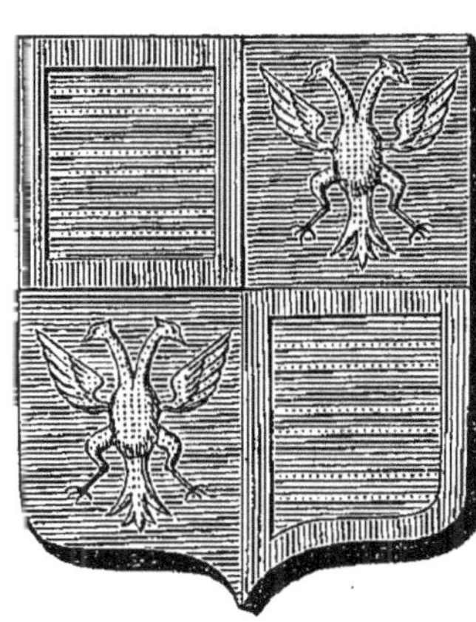

Les descendants de Renom-François ne portèrent point l'écartelure *de Fournel;* ils reprirent les armes des de

Beauffort de Moulle, c'est-à-dire : *D'azur, à trois jumelles d'or, mises en fasces, à la bordure de l'écu de gueules*, comme ci-dessus, et ils la conservèrent jusqu'en 1761, époque à laquelle les représentants de cette branche prirent aussi les *armes pleines de Beauffort* (V. p. 86).

Messires Louis-François et Christophe-Louis de Beauffort, frères, comtes de Beauffort et de Croix, durent modifier leurs armes en les écartelant *d'argent, à la croix d'azur*, qui est DE CROIX ; écartelure qui leur fut imposée

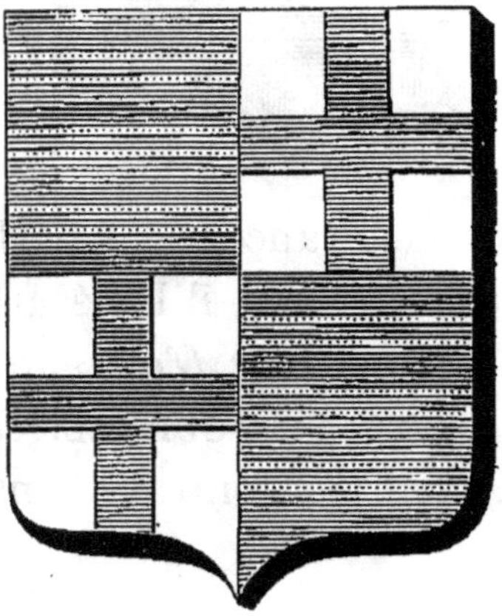

par dame Claire-Angélique de Croix, qui leur donna la terre et *comté de Croix*, avec tous ses biens, à condition d'en relever le nom et les armes (V. p. 77, 272, 273, 274 et 275). En 1761, cette branche, comme les deux autres, adopta définitivement les *armes pleines de Beauffort*, ne se distinguant que par le timbre de l'écu.

Avant 1789, il y avait des ordres, dont les statuts imposaient à leurs membres l'addition de leurs armes, de leurs attributs ou de tout autre signe, au blason de leur famille. Nous citerons notamment l'ordre de Malte, dont les chevaliers portaient dans les armes de leur maison, le chef de Malte, avec les attributs de l'ordre, savoir : *de gueules, à la croix d'argent;* l'écu posé sur une croix à huit pointes, dite *croix de Malte*, et entourée d'un chapelet. Nous donnons ici les armoiries de cet ordre, à la fois religieux et militaire, dont plusieurs membres de la maison de Beauffort ont fait partie :

Cette distinction, du port du chef de Malte, était personnelle aux chevaliers Maltais. Le chef de Malte a été octroyé à quelques familles, dont l'aîné seul le portait, avec le titre de *chevalier honoraire de l'ordre de Malte*, par décision du chapitre général de l'ordre. Ce privilége a été conféré aux familles qui ont eues l'insigne honneur de donner des Grands-Maîtres à l'ordre ou qui lui avaient rendus d'éminents services, telles que celles des de Pins, de Paulo, de Wignacourt, etc. On trouve quelquefois les armoiries de la maison de Beauffort, surmontées du chef de Malte, ce sont celles des chevaliers Jacques de Beauffort (V. p. 192); Alphonse de Beauffort (V. p. 266), etc., reçus chevaliers de l'ordre de Saint-Jean-de-Jérusalem.

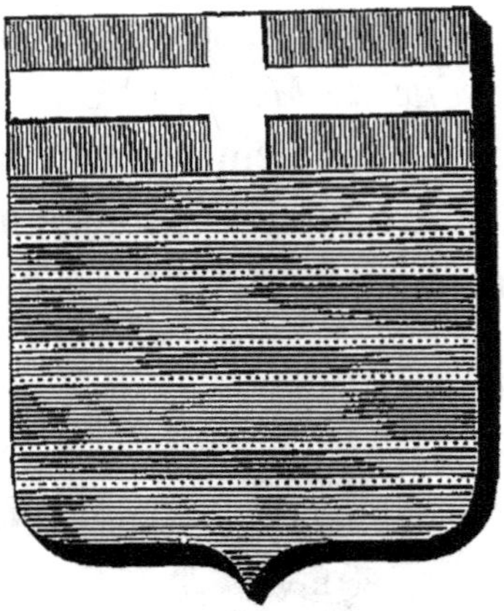

Les *chevaliers* timbraient leurs armes d'un casque d'acier poli et reluisant, posé et taré de profil, la visière ouverte, le nasal relevé et l'avantaille abaissée, montrant trois grilles à sa visière.

Nous devons mentionner que JEAN DE BEAUFFORT, pensionnaire et premier chevaucheur des écuries de Philippe II, roi d'Espagne, décédé le 25 janvier 1622, qui avait épousé JOSSINE STROT, portait pour armes : *Coupé, en chef d'argent, au lion rampant de gueules, accompagné de billettes de...*; *en pointe, parti, au premier d'argent, au chevron de gueules, accompagné de trois merlettes de sable*, qui est DE BLOCQUEL; *au deuxième d'argent, à la tour crénelée de gueules, accompagnée de billettes de...; sur le tout d'azur, à trois jumelles d'or, mises en fasces*, qui est de Beauffort plein. Ce blason est sculpté sur son tombeau (Voyez, p. 287 et 288, et ci-après, le chapitre : *Monuments, inscriptions*, etc.).

On distinguait, avant la Révolution de 1789, les demoiselles chanoinesses des nobles chapitres des Pays-Bas, à la forme losangée de leur écusson. Dès leur réception dans un des chapitres nobles, les chanoinesses devaient adopter la forme de l'*écu chapitral*. C'est pour ce motif que l'on trouve souvent le blason de la maison de Beauffort, ainsi :

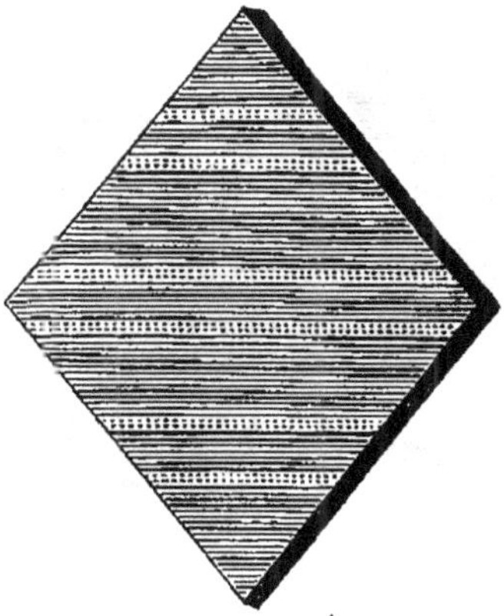

On voit cette forme d'écusson sur un grand nombre de monuments funèbres et autres ; et assez souvent cet *écusson chapitral* est accolé à celui d'un époux. Nous avons vu, tout récemment, de ces exemples dans l'église collégiale d'Andenne-lez-Namur, sur des pierres tombales, dont la conservation est due aux soins de M. le curé-doyen. Les chanoinesses conservaient la forme de l'*écu chapitral*, même après leur mariage. Les dames abbesses des chapitres nobles avaient le même écusson, derrière lequel était passée la crosse abbatiale en pal.

La branche établie en Belgique, depuis 1830, provenue de celle des seigneurs de Mondicourt, porte également les *armes pleines de Beauffort*, c'est-à-dire : *d'azur, à trois jumelles d'or, mises en fasces*, ainsi que les mêmes

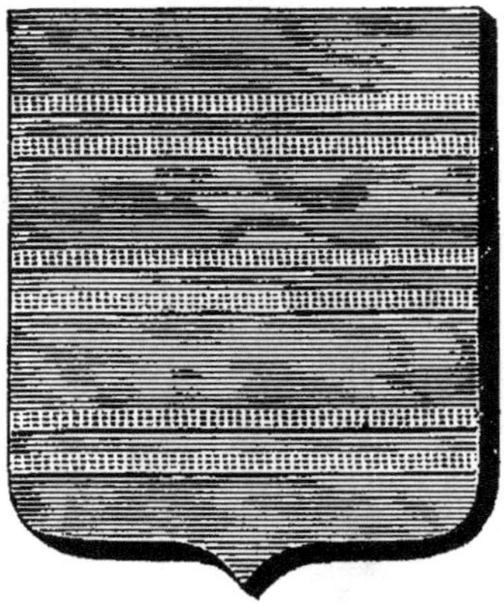

supports, cimier et devise : IN BELLO FORTIS (*courageux, à la guerre*), de l'ancienne maison de Beauffort, de l'Artois. Nous avons déjà dit que, depuis 1761, les différentes lignées de cette maison ne se distinguaient plus que par la couronne qui surmonte l'écu, c'est-à-dire par les *couronnes de duc, de marquis, de comte, de vicomte ou de baron*, ou par *le casque* de telle dignité nobiliaire.

M. le comte Amédée de Beauffort obtint, en 1836, de Sa Majesté le roi Léopold Ier des lettres-patentes fixant et arrêtant les supports, attributs et devise accompagnant ses armoiries, et portant concession de la couronne et du manteau de *prince du Saint-Empire*, pour lui et ses descendants. Voici lesdites lettres-patentes dans toute leur teneur :

« Nous, LÉOPOLD, Roi des Belges, à tous présents et avenir, salut :

» Le comte Amédée de Beauffort, né le 4 avril 1806, à Tournai, province de Hainaut, Nous a fait exposer que la maison de Beauffort ou Beaufort, originaire de l'Artois, n'ayant cessé d'appartenir aux provinces belgiques que par suite des conquêtes de Louis XIV, et qu'il voulait rétablir en nos Etats une branche de sa maison, mais que, jouissant en France de la prérogative dont jouissent d'autres maisons, de porter des insignes supérieurs à son titre, il désirait conserver en Belgique le même avantage.

» En conséquence, ledit comte Amédée de Beauffort Nous a fait supplier de vouloir bien l'autoriser de changer sa couronne et son cimier contre la *couronne ducale et le manteau herminé*, plus spécialement en usage dans notre royaume.

» Sur la proposition de notre ministre (*ad interim*) des affaires étrangères; vu l'article 75 de la Constitution, ainsi conçu : « Le Roi a le droit de conférer des titres de noblesse sans pouvoir jamais y attacher aucun privilége. » Voulant donner audit comte Amédée de Beauffort un témoignage de notre satisfaction;

» A ces causes, Nous avons, par les présentes signées de notre main, conféré et conférons audit comte de Beauffort (Amédée), pour lui et ses descendants légitimes directs, sans distinction de sexe ni de primogéniture, le droit de porter leurs armes, lesquelles sont figurées aux présentes, savoir :

D'azur, à trois jumelles d'or. — SUPPORTS : *Deux levrettes d'argent colletées d'or et d'azur,* — avec bannières : la première, de Beauffort plein ; la deuxième, *d'or, aux fleurs de lys d'azur, sans nombre ; au franc-quartier de gueules,*

qui est de Thouars ; — et la devise *In bello fortis;* posées sur un manteau ducal de pourpre, doublé d'hermine, et surmonté de la couronne ducale, terminé de velours comme le manteau.

» Et afin que ce soit chose ferme et stable à toujours, Nous avons ordonné que les présentes soient revêtues du sceau de l'Etat.

» Donné, à Bruxelles, le quinzième de décembre de l'an de grâce mil huit cent trente-six.

» *Signé* : LÉOPOLD. »

Vu, par le Roi :

Le Ministre « ad-interim » des affaires étrangères,
Signé : DE THEUX.

Vu et scellé du sceau de l'Etat.
Bruxelles, le 23 février 1837.

Le Ministre de la justice,
Signé : A. V. J. ERNST.

Vu et inscrit au registre matricule sous le n° 8.

Le Secrétaire-général du ministère des affaires étrangères,
Signé : NOTHOMB.

La descendance de M. le comte Emmanuel de Beauffort porte : *d'azur, à trois jumelles d'or, mises en fasces.* — COURONNE : *ducale.* — SUPPORTS : deux *levrettes d'argent, colletées d'or et d'azur.* — CIMIER : *une tête de licorne dans un vol d'argent.* — DEVISE : *In bello fortis.* — BANNIÈRES, à dextre, aux armes DE BEAUFFORT, à senestre, à celles DE THOUARS. Elles ont été ainsi enregistrées.

Les bâtards de la maison de Beauffort, retenaient à la seconde génération le nom patronymique de la maison, comme les bâtards des maisons princières. Mais, les descendants d'un bâtard étaient *forcés* de porter les armes brisées d'un *bâton péri en abîme*, signe de bâtardise.

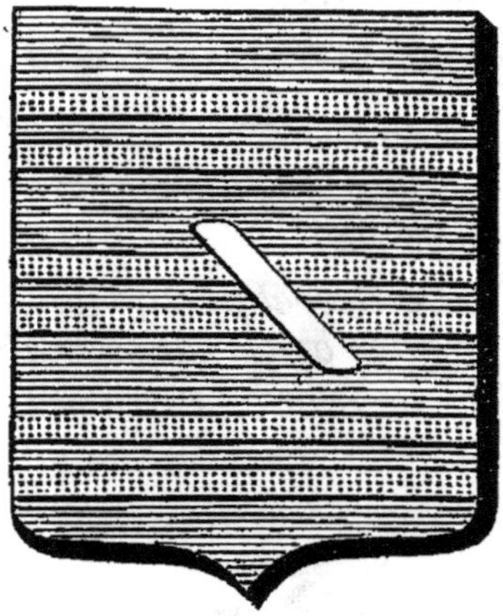

Donç les bâtards de Beauffort portaient : *d'azur*, *à trois jumelles d'or*, *mises en fasces*, *au bâton péri d'argent*, en en bande et en abîme, brochant sur le tout (V. pages 165 et 280).

Maisons alliées à la maison de Beauffort, d'Artois, qui ont retenu leurs armes :

De Liencourt, d'Artois, porte les armes pleines de Beauffort. Plusieurs auteurs prétendent que cette maison provient de celle de Beauffort, comme celle de Noyelles-Wion; dans tous les cas, nous sommes sûrs d'une ancienne alliance de la maison de Beauffort avec celle de Liencourt.

Jean de La Tramerie, fils puîné de François de La Tramerie, seigneur de Neufville, et de Marguerite de

Beauffort, mort en 1582, avait écartelé ses armes : *de gueules au château-fort avec pont-levis d'argent, à senestre, au franc-quartier d'azur, à trois jumelles d'or.* Il attribuait, dans sa déclaration, ce même écusson à sa mère et à son grand-père maternel, qui avait épousé Jeanne Le Borgne (*Miroir des Notabilités nobiliaires*, par M. Goethals, tome II, page 459).

De Lalaing, dit Penel. Hector de Beauffort, seigneur de Warlincourt, etc., épousa par contrat du 17 avril 1560, Jeanne de Lalaing, dite Penel, qui portait déjà pour armes : *de gueules, à dix losanges d'argent*, posés 3, 3, 3 et 1 ; *écartelé d'azur, à trois jumelles d'or, mises en fasces*, qui est de Beauffort plein. Ce blason est ainsi peint dans le registre des chanoinesses d'Andenne, au nombre des quartiers d'une chanoinesse appartenant à la maison de Beauffort.

COURONNES ET CASQUES.

Le casque était le vrai timbre des armoiries et indiquait le degré de dignité nobiliaire de celui qui en faisait usage. *La couronne* posée sur l'écu n'était considérée que comme simple ornement. Aussi, trouve-t-on un très-grand nombre de *simples nobles*, dont les blasons sont surmontés et décorés de couronnes de marquis, de comte ou de baron (1). La maison de Beauffort, d'Artois, ayant eue ses armes timbrées de différents casques et surmontées de diverses couronnes, nous avons jugé opportun de les décrire, afin que l'on puisse reconnaître facilement à quel personnage ou à quelle branche de la maison de Beauffort appartient le blason surmonté de tel casque ou de telle couronne. Nous extrayons, à cet effet, les indications suivantes du *Nobiliaire Toulousain*, t. I, p. 21 :

LE MARQUIS a sur son écu *une couronne* formée d'un cercle d'or, à quatre fleurons alternés de trois perles, rangées en forme de trêfle, ou *un casque* d'argent damasquiné, à onze grilles d'or et les bords du même métal (V. p. 81, 323 et 354).

---

(1) Par exemple : tous les anoblis de l'ancien comté de Toulouse ; capitouls et autres, portent sur leurs armes la *couronne comtale*, du comté de Toulouse, et non la *couronne de comte*.

Le comte se reconnaît à *la couronne*, dont le cercle d'or est surmonté de neuf rayons pyramidaux terminés par de grosses perles, ou par *un casque* aux deux tiers d'argent et à neuf grilles d'or, et les bords du même métal. Lorsque la couronne de comte est représentée, on doit compter neuf perles de front (V. p. 75, 77, 323, 336).

Le vicomte porte, un cercle d'or surmonté d'une rangée de perles en nombre indéterminé ; *le casque* est le même que celui du comte (V. p. 91, 216 et 221).

Le baron, dont la couronne ne diffère de celle du vicomte qu'en ce qu'elle n'a que six perles distancées, a *le*

casque d'argent bruni, posé aux trois quarts de front, à sept grilles avec les lisières d'or (V. p. 323, 327, 341, 361).

LE GENTILHOMME ANCIEN, non titré, timbrait ses armes d'*un casque* d'acier poli et reluisant, posé en profil, à cinq grilles; les bords d'argent, ornés d'un bourrelet qui était composé des couleurs de l'écu (V. p. 24, 28, 33, 37, etc.).

LE CHEVALIER, créé par lettres-patentes, ou GENTILHOMME DE TROIS RACES, portait *un casque* d'acier poli et reluisant, posé et taré en profil, la visière ouverte, le nasal relevé et l'avantaille abaissée montrant trois grilles à sa visière (V. p. 34, 64, etc.).

L'ÉCUYER se distingue par *le casque* d'acier poli, posé en profil et sans grilles (V. p. 34 et 63).

LES VEUVES DE GENTILSHOMMES entouraient leurs blasons accolés d'une cordelière tortillée, terminée par deux glands, durant le temps de leur veuvage.

LES BATARDS DE GENTILSHOMMES se reconnaissaient *au casque* d'acier poli, posé en profil, contourné à senestre (à gauche), sans grilles et la visière baissée (V. p. 165 et 280).

LA COURONNE DUCALE DU SAINT-EMPIRE ET LE MANTEAU HERMINÉ furent octroyés par le roi Léopold Ier, en 1836, à M. le comte Amédée de Beauffort (V. p. 101), et confirmés à ses descendants, en 1863 (V. p. 112). *La couronne* est composée d'un cercle d'hermine, surmonté de deux cintres d'or, en croix, garnis de perles, supportant un monde ou globe d'azur, cerclé, cintré et croiseté d'or; l'intérieur garni d'un bonnet de velours pourpre. *Le manteau* est de velours pourpre, doublé d'hermine et bordé de franches or (V. p. 231 et 433).

LAMBREQUINS.

Les lambrequins du casque se composent toujours des mêmes couleurs que les émaux du blason. Or, le blason de la maison de Beauffort possédant un émail du premier ordre *(l'or)* et un du deuxième *(l'azur)*, par conséquence, les lambrequins sont *or* et *bleu* ou *jaune* et *bleu*. Ce sont aussi les couleurs de LA LIVRÉE DE LA MAISON. On voit ces lambrequins peints dans le registre des chanoinesses du noble chapitre d'Andenne, etc.

CIMIER.

Le cimier est toujours la partie la plus élevée des attributs du blason; il est généralement emblématique. Le cimier des armoiries de l'ancienne maison de Beauffort se compose *d'une tête de licorne d'argent à la défense ou corne d'or, au milieu d'un vol d'argent*. La licorne est l'emblème de la dignité et de la majestueuse défense; le vol ou les deux ailes accouplées signifient : l'empressement, la promptitude. Ce que nous traduisons ainsi, pour la maison de Beauffort : « *Qu'elle volait avec promptitude à la défense.* » Ce qui a été bien souvent justifié d'après la tradition et l'histoire.

SUPPORTS.

Les tenants ou supports qui accompagnent les armoiries sont généralement des figures allégoriques; les levriers et les levrettes représentent *la fidélité*; les lions, *la force*; les licornes, *la dignité et la majesté*; les ours, *la patience et la solitude*; les biches, *la douceur*, etc. On appelle *tenants*, les hommes, les génies, les sauvages, etc., et *supports*, les animaux de tout genre. — Les supports des armoiries de la maison de Beauffort, d'Artois, sont : *deux levrettes blanches, colletées d'or à la bordure d'azur* (V. p. 131 et 433). Maloteau de Villerode qui donne ces supports et le cimier, les attribue à Guyon de Beauffort, qui les portait vers 1350 (Archives de Tournai).

BANNIÈRES.

Seuls, les *chevaliers bannerets* avaient droit de porter une bannière à leurs armes (V. p. 25, 26, 37, 44, 101). Le droit de porter des bannières a été reconnu à la maison de Beauffort, qui a possédé plusieurs chevaliers bannerets, par décisions souveraines (V. p. 101 et 112). Les deux levrettes (supports) qui soutiennent le blason de Beauffort, portent de la patte libre, une lance antique de chevalier, ornée d'une bannière : celle à droite, *d'azur aux trois jumelles d'or*, qui est de Beauffort; celle à gauche, d'or, semé de fleurs de lys d'azur, au franc-canton de gueules, qui est de Thouars (V. p. 16, 25, 131 et 433).

ATTRIBUTS.

Les attributs de dignités sont personnels. On appelle ainsi les insignes qui entourent le blason et qui indiquent le rang ou la dignité de son possesseur. Les attributs sont nombreux, il y en a de religieux, de militaires, de civils, etc. Les décorations d'ordres honorifiques font souvent partie des attributs qui entourent extérieurement les armoiries; mais, elles sont aussi personnelles (V. p. 377 et 396).

DEVISE DE LA MAISON DE BEAUFFORT.

La devise exprime généralement un devoir, un désir, un sentiment, une qualité; elle trace la ligne de conduite à suivre à ceux qui l'ont adoptée; elle rappelle un nom ou des actions honorables ou mémorables. La devise de la maison de Beauffort *(Belloforti)*, dont le nom a fourni *le thème*, est bien une des plus heureuses et des mieux justifiées : IN BELLO FORTIS! *(Courageux à la guerre)*. En effet, les de Beauffort se sont illustrés sur un grand nombre de champs de batailles (V. p. 3, 13, etc.).

CRI DE GUERRE.

Il est évident que les chevaliers de Beauffort devaient avoir leur cri de guerre ou de ralliement, puisque plusieurs d'entre eux ont commandé des corps d'armées, notamment aux Croisades. Leur cri de guerre devait être, sans aucun doute : BEAUFFORT... (V. p. 13).

MONUMENTS ET INSCRIPTIONS

EN MÉMOIRE DE PERSONNAGES DE LA

MAISON DE BEAUFFORT

D'ARTOIS.

Après toutes les preuves écrites que l'on trouve sur l'ancienneté et sur l'illustration de la maison de Beauffort, d'Artois, il en existe encore une autre aussi positive, c'est celle des monuments et des inscriptions lapidaires, que nous avons rélevé avec soin. Nous devons faire remarquer l'importance de ce dernier genre de preuves et celle de son authenticité : Une inscription tumulaire, placée dans une église, sous les yeux même des contemporains, doit assurément énoncer la vérité. Nous avons trouvé des monuments consacrés à la mémoire de personnages de la maison de Beauffort : à Paris, à Versailles, à Arras, à Saint-Omer, à Douai, à Tournai, à Louvain, à Bruxelles, etc. Nous en avons recueilli les inscriptions pour les conserver à l'histoire de la famille de Beauffort. Quelques-unes d'entr'elles ont déjà disparues; mais, nous les avons trouvées citées par plusieurs auteurs, auxquels nous les empruntons pour les reproduire dans ce chapitre, en les classant par ordre de lieux.

ARRAS, *en Artois.*

Le monument le plus anciennement connu, qui rappelle la famille de Beauffort, d'Artois, est de l'an 1407. C'était une verrière, ornée et armoriée, placée dans la chapelle de Saint-Eloy, dite *des seigneurs de Beauffort*, parce que leur sépulture de famille se trouvait là, en l'église de Saint-Géry, à Arras. Cette ancienne église a été démolie à l'époque de la Révolution. On lisait au bas de ladite verrière, cette inscription, en lettres gothiques, que plusieurs auteurs ont publiée : « L'AN MCCCCVII, » TASSART ET JACQUES DE BEAUFFORT, PÈRE ET FILS, » ESCUYERS, SEIGNEURS DU SAULCHOY, ET DAME MARIE » DE LA PERSONNE, DICTE DE VERLOING, FEMME DUDICT » TASSART, ONT DONNÉ CETTE VERRIÈRE. » *(Dict. historique*, de MORERI ; tome VII, p. 644.) (V. p. 27.)

LA MAISON DU DRAGON, située sur la place du Petit-Marché, à Arras, fut apportée en dot, en 1424, par Marie de Paris à Jean de Beauffort. Son appellation *du Dragon*, qui devint le surnom de Jean de Beauffort, lui venait de la représentation, sculptée sur la façade, *d'un dragon aîlé* ou *dragon de saint Georges*. Jean de Beauffort fit placer ses armoiries : *de Beauffort, au Château*, sur cette maison (V. p. 30 et 190). Il est question de la maison *du Dragon* dans la procédure inique faite par l'Inquisition contre Colart de Beauffort (V. p. 49 et 197).

L'HÔTEL DE LA QUIEFVRETTE ou *Chiefvrette*, signifie dans l'ancien langage, *levrette* ou *chevrette?* Nous penchons pour *levrette*, parce que nous avons aussi trouvé ce nom écrit *lieuvrette* dans plusieurs actes, et, de plus, les supports du blason de la maison de Beauffort sont *des levrettes*. L'hôtel de la Quiefvrette, à Arras, devait être important. Il en est souvent question dans l'histoire de la famille de Beauffort, notamment à l'occasion des poursuites injustes et inméritées dirigées par l'Inquisition contre Colart de Beauffort (V. p. 37 et suivantes).

Cet hôtel était la principale résidence de la famille de Beauffort, à Arras (V. p. 166); elle l'a conservé jusqu'à l'époque de la Révolution; alors, il lui fut confisqué, comme bien d'émigrés, et vendu révolutionnairement. Nous devons dire que l'ancien hôtel de la Quiefvrette (de la Levrette) a été complétement reconstruite, vers 1766, pour M. le marquis de Beauffort. Les nouveaux bâtiments sont occupés actuellement par le *Lycée National*. Une des rues qui contourne l'ancien hôtel de Beauffort, est nommée : RUE DE BEAUFFORT.

LA MAISON DE SAINT-GEORGES, située sur la place du Grand-Marché, à Arras, appartenait à Robert de Sacquespée, qui en donna une partie à sa fille Marie, lors de son mariage avec Jean de Beauffort, fils du seigneur de Bullecourt, par contrat passé le 22 décembre 1513 (V. p. 198).

LA MAISON DE LA CHOUETTE, située à Arras, appartenait, en 1582, à Anne de Beauffort, qui la porta en dot à messire Philippe de Croy, comte de Solre, qui la vendit le 15 juin 1609 (V. p. 164).

LA MAISON DE L'AIGLE, située rue de l'Abbaye, à Arras, fut acquise, par acte du 22 décembre 1545, à Guillaume Le Vasseur, par messire Jean de Beauffort, seigneur de Bullecourt, et par dame Cornélie de Kils, sa femme (Voir p. 58).

NOTRE-DAME, en cité, cathédrale de la ville d'Arras, dans laquelle reposent les restes mortels d'AIMÉRY DE BEAUFFORT, décédé évêque d'Arras, le 6 octobre 1361, et ceux de messire JEAN-BAPTISTE DE BEAUFFORT, chanoine du chapitre d'Arras, vicaire général du diocèse et protonotaire apostolique, décédé en 1680 (V. p. 25 et 258).

ÉGLISE DE SAINT-GÉRY, à Arras. Plusieurs auteurs nous ont transmis qu'il y avait anciennement dans l'église de Saint-Géry, à Arras, une chapelle sous l'invocation de Saint-Éloi, connue plus particulièrement sous la désignation de *chapelle des seigneurs de Beauffort*, parce qu'ils y avaient leur sépulture commune, et qu'ils entretenaient ladite chapelle. Un grand nombre de titres authentiques, conservés dans les archives de la maison de Beauffort, confirment la véracité de cette assertion. C'est dans cette chapelle que se trouvait la verrière donnée par Tassart, en 1407. Nous croyons que cette année, 1407, fut celle de la fondation de cette sépulture de famille. Tassart de Beauffort, décédé en 1409, y fut le premier inhumé, à notre connaissance (V. p. 187 et 189). L'église de Saint-Géry, à Arras, a été démolie à l'époque de la Révolution, ainsi que nous l'avons dit plus haut.

Il y avait encore, dans cette église de Saint-Géry, une autre verrière décorant le chœur. D'après un document authentique conservé dans les archives de la maison de Beauffort, elle représentait un sujet religieux et : 1° les armoiries DE BEAUFFORT-GIRONVILLIERS ou *de Beauffort-au-Château*, surmontées d'un casque de chevalier, avec une tête de licorne dans un vol, pour cimier, et entouré de ses lambrequins, aux couleurs de l'écu ; 2° un ange tenant deux écussons, dont le premier était parti DE BEAUFFORT-GIRONVILLIERS et parti DE SACQUESPÉE (Voir p. 311), *écartelé d'or et de sable*, qui est DE LENS ; le second écusson était *écartelé au premier et quatrième de sable à deux fasces d'or*, qui est de..... *aux deuxième et troisième de sable, au lion rampant d'argent, armé de gueules, surmonté de trois besants d'argent en chef*, qui est de.....; *sur le tout d'azur à la croix d'or*, qui est de KILS. On lisait au bas de cette verrière : « A la mémoire de noble sieur DE BEAUFFORT, escuyer, seigneur de Bullecourt, Beaurains, Bailleul, Marquais, Saulchoy, Hersin, Lassus, Sainte-Barbe; et nobles damoiselles Magdeleine de Sacquespée et Cornélie de Kils. » ANTOINE DE BEAUFFORT, escuyer, sieur de Warnicamps, leur petit-fils, a fait réparer cette verrière qui avait été donnée par ledit sieur de Bullecourt, l'an 1540 (V. p. 57).

On conserve dans les archives de la maison de Beauffort un vieux manuscrit, formant un petit registre, intitulé : *Recueil de diverses Épitaphes et Monuments qui se trouvent dans les églises d'Arras*, duquel nous extrayons les passages suivants, relatifs à la maison de Beauffort :

« Dans l'*église de Saint-Géry* : ..... Se voient aussi, dans la chapelle de Saint-Eloy, les armes *de Beauffort* et celles *de La Personne* (f° 2).

» Sont aussi sur une autre verrière les armes *de Beauffort* et *de Sacquespée* ; f° 3 (V. p. 187, 189, 198).

» Puis cette inscription : « Cy gyst aussi JEAN DE SACQUESPÉE, seigneur de Beaudimont, conseiller et mayeur de la ville d'Arras, qui a fondé une petite chapelle sur la Petite Place (la chapelle dite de *la Sainte-Chandelle)*, et sa femme MARIE DE VALLOIS, et sont les armes de Sacquespée, mi-parti avec celles de Vallois, qui sont *de sable, à un chevron d'or*, surmonté de trois merlettes du même (f° 3).

» Dans l'*église de Sainte-Claire*, en la cité : « 1456. — Philippe de Saveuse, seigneur de Bailleul-au-Mont et Houvain, et dame Marie de Lully, sa femme, dame de Sailly et Bucquoy, qui firent bâtir ce couvent.

» A l'*église de Saint-Nicolas des Fossés :* Un tableau funèbre aux armes de Beauffort : *D'azur, aux trois jumelles d'or;* f° 13 (V. p. 255, 256)

» A l'*église de Saint-Jean de Ronville:* Un tableau funèbre aux armes DE VIGNON : ..... *à la bande, mi-parti* DE BEAUFFORT, *d'azur, aux trois jumelles d'or* ; f° 19.

» Mlle de Beauffort, veuve de défunt Rasse de Le Warde, seigneur de Cuvigny, a fait plusieurs fondations dans cette église; f° 19 (V. p. 193).

» Cy gist Marie de Beauffort, veuve de feu Robert du Bos ; on y voit leurs armoiries DU BOS-BERNARD et BEAUFFORT, et leurs quartiers qui sont : *Beauffort, Ollehain, Warluze, Bonchavesne, Fremicourt, Cornehuse, Palme, Ladam;* f° 20 (V. p. 196).

» On voit dans l'ÉGLISE SAINT-JEAN-DE-RONVILLE, à Arras, les armes écartelées 1° de Beauffort; 2° de Le Borgne; 3° de Sacquespée; 4° de Carnin; f° 22 (V. 255, 256).

» Dans l'ÉGLISE DES CARMES, de la rue de Ronville, on voit : « LE MARCHANT, allié DE BEAUFFORT, *d'azur, à l'écusson d'argent, surmonté de trois merlettes d'or.*

» Sur un vitrail, on voit les armes : *de Noyelles-Wion* (de la maison de Beauffort) : *de gueules, à trois jumelles d'argent, en chef un lambel de trois pendants du même*; f° 27.

» Dans la *chapelle de la Sainte-Chandelle* (sur la Petite Place), étaient les armoiries de Saequespée et de Vallois, ses fondateurs, en 1484 ; f° 30. Voici en un peu de mots l'historique de la chapelle de LA SAINTE-CHANDELLE : « Au milieu de ce marché, on voit la chapelle de *la Sainte-Chandelle*, qui fut apportée, dit-on, par la Sainte-Vierge environ l'an 1105, à l'évêque Lambert, pour remède contre la maladie d'un feu ardent qui dévorait jusqu'aux intestins des habitants; on en guérissait, en buvant de l'eau où cette chandelle avait distillé quelques gouttes de cire. La mémoire de ce miracle se célèbre le second dimanche après la Pentecôte. La Sainte-Chandelle est conservée dans une châsse d'argent, donnée par Mahaut III, comtesse d'Artois. La libéralité et la piété des bourgeois a fait beaucoup embellir cette chapelle, qui a un petit dôme, construit à l'indienne et un clocher à la façon de pyramide, dont le travail est très-estimé, à cause de plusieurs statuettes qu'on y a placées (*Histoire générale des Pays-Bas*, t. II, p. 70). Au siècle dernier, la chapelle de la

Sainte-Chandelle reçut une restauration complète, à laquelle contribuèrent pour une grosse portion les de Beauffort ; aussi plaça-t-on, en reconnaissance, leurs armoiries sur une des verrières. (La chapelle de la Sainte-Chandelle existe toujours, à Arras, mais elle a été reconstruite ailleurs).

» Dans l'*église de Sainte-Croix*, proche la table des marguilliers, étaient des tableaux funèbres aux armes *de Beauffort, de Le Borgne, de Sacquespée* et *de Carnin ; de Gantaut, Berné, Beauffort* et *Sacquespée.* — On voyait aussi dans cette église, les armes pleines de Beauffort; f° 32 (V. p. 200 et 258).

» Dans l'*église des Récollets* sont les armes : « *de Beauffort au château*, c'est-à-dire *de Gironvilliers, au franc-canton de Beauffort* » ; f° 38.

» CY GIST NOBLE HOMME ROBERT DE SACQUESPÉE ET AGNÈS DE CARNIN, SA FEMME. » Demoiselle MARIE DE BEAUFFORT, veuve de Robert de Hauteclocque, a fait réparer cette épitaphe en mémoire de leurs aïeuls, père et mère grands, et sont les armes : *de Sacquespée* et *de Carnin, de Hauteclocque* et *de Beauffort* ; f° 40. »

ÉGLISE DE SAINT-JEAN DE RONVILLE, à Arras, dans laquelle était la sépulture commune à la branche dite des seigneurs de Lassus, du Saulchoy et du Cauroy. Elle était indiquée par les armes sculptées de messire Hugues de Beauffort, fils de l'auteur de cette branche. Ces armoiries étaient : écartelées, au premier DE BEAUFFORT-AU-CHATEAU ; au deuxième DE KILS ; au troisième DE LE VAL ; au quatrième DE COURONNEL. On y voyait le millésime : 1597 (V. p. 256 et 260).

ÉGLISE DE SAINT-NICAISE, en cité, à Arras. Nous avons trouvé dans l'*Épitaphier*, de Lefèbre d'Aubremetz, l'inscription suivante, que nous reproduisons textuellement : « Le samedi, 26 juillet 1636, a été ramené en ce cime- » tière, en carosse, pour y être enterré, près le corps de » son mari, monsieur DE BEAUFFORT-AU-CHATEAU, sieur

» de Bullecourt, de la ville de Douai, le corps de dame » DE FOURNELLE-BEAULIEU, qui était en sa vie une femme » fort dévôte, pieuse et vertueuse... » Son tableau funèbre (1), placé dans le chœur de ladite église, portait les armes de : *de Fournel*, *de Farbourg*, *de Roussel* et *de Louchepoix* (V. p. 206, 207 et 208).

AUX DOMINICAINS, à Arras. On conserve dans les archives de la maison de Beauffort un collationné fait par Taillandier et Deshorties, notaires royaux à Arras, des armoiries, quartiers, inscriptions et dates qui se voyaient au dessus de la cheminée de la salle en entrant du couvent des pères Dominicains de la ville d'Arras, dressé le 15 juin 1759 : « Au-dessus sont représentées les armoi- » ries de la maison de Beauffort : *d'azur, à trois jumelles* » *d'or;* surmontées d'un casque de chevalier, avec une » tête de licorne ailée, pour cimier, avec ses lambre- » quins; soutenues par deux levriers, posés sur un sol. » Cet écu est accompagné de quatre blasons, qui sont : » *de Beauffort*, *de La Marck*, *de Hallewin*, *de Wasse-* « *naere*. » (V. p. 132).

AUX RÉCOLLETS, à Arras : « Sur la porte qui donnait accès des cloîtres au chœur de l'église, on voyait un tableau obituaire à la mémoire de JACQUES DE BAUDART, seigneur de Bondues, baron des Balances, et de MARIE DE BEAUFFORT DE BULLECOURT, sa femme. Il était

(1) On appelait *tableau funèbre*, un *memento*, placé en un endroit bien apparent de l'église, pour rappeler aux fidèles les défunts. Ces tableaux portaient généralement les noms et les armes des recommandés aux prières, la date du décès, avec les quartiers de noblesse, afin de les recommander plus particulièrement aux prières des représentants des familles alliées.

entouré de seize blasons ou quartiers de noblesse. » (V. p. 202 et 292).

ÉGLISE DE SAINT-JEAN, à Arras. En la chapelle de Sainte-Anne était la sépulture d'ISABEAU DE BEAUFFORT, veuve en premières noces de JEAN DE GOOR, seigneur de Cuvigny, et en secondes noces, de RASSE DE LE WARDE, écuyer, seigneur de Cuvigny, morte en 1511. Elle fit en faveur de cette église plusieurs fondations pies. On y voyait son épitaphe (V. p. 193, 300 et 305).

ÉGLISE DES CARMES-CHAUSSÉS, à Arras. *Jeanne Le Borgne* et *Jean de Beauffort*, son mari, étaient du nombre des bienfaiteurs de cet ordre. Jean de Beauffort, décédé en 1496, fut inhumé, sous la chapelle de Saint-Éloy, en l'église de Saint-Géry, dans le tombeau de ses ancêtres, et sa veuve, JEANNE LE BORGNE, dans l'église des Carmes-Chaussés, en faveur desquels elle avait fait plusieurs donations (V. p. 194, 204).

ÉGLISE DE SAINT-NICOLAS, à Arras. On voyait dans cette église un tableau obituaire à la mémoire de HUGUES DE BEAUFFORT et de MARGUERITE DE COURONNEL, portant les écussons ou quartiers de BEAUFFORT, *de Le Val, de Cauderon, de Couronnel, de Bernemicourt* (V. p. 255).

En l'ÉGLISE DE SAINTE-CROIX, à Arras, était placée cette inscription, qui a été publiée par M. Goethals, dans le *Miroir des notabilités nobiliaires*, t. II, p. 460 : « Cy devant » gist le corps de feu messire JEAN DE BAYART, chevalier » seigneur de Ganthau, Marquais, etc., qui décéda le » 15 septembre 1580; et celui de damoiselle MAGDELEINE » DE BEAUFFORT, sa compagne, qui trépassa le 5 décembre » 1583, ayant seize enfants; dont damoiselle Claire de

» Bayart dicte Ganthau, leur fille et veuve de noble homme » Antoine de Louveuse, escuyer, seigneur de Cronven- » tilst, Méricourt en partie, etc., a fait poser ce tableau » en mémoire de ses père et mère. Priez Dieu de donner » à leurs âmes le repos éternel. » Ce tableau portait les huit quartiers de noblesse suivants : GANTHAU (de Bayart), *Wions, Saint-Michel Pergues;* BEAUFFORT, *Sacquespée, Le Borgne, Carnin* (V. p. 200 et 292).

BEAUFORT, *en Artois.*

Dans l'église paroissiale de Beaufort, en Artois, était la plus ancienne sépulture connue de la famille de Beaufort et de Beauffort, dont on voyait, en ces derniers temps, çà et là, quelques ruines portant leur blason. Dans son testament, Philippe de Beauffort, dit le Barbu, indique le lieu de sa sépulture : *sous le chœur de l'église paroissiale de Beaufort*, où il fut inhumé en 1478. Cette sépulture existait déjà (V. p. 158, 169, etc.).

Nous tenons de la gracieuse complaisance de M. Ch. Poecholle, curé de Beaufort (Pas-de-Calais), les détails suivants sur les souvenirs de la maison de Beauffort :

« Il existait à Beaufort un château, flanqué de quatre tours, avec pont-levis.

» A l'entrée de ce pont se trouvait un tilleul qui faisait l'admiration de la contrée par sa grosseur et par la dimension de ses rameaux. Il fut planté lors de la naissance d'un seigneur de Beaufort, comme un mai d'honneur, par les habitants. Beaucoup d'Anglais sont venus le voir comme une curiosité rare.

» En 1793, ce château appartenait à un prince de Croy. Les vieillards se rappellent encore qu'il venait le visiter de temps en temps. Un ancêtre de ce prince avait épousé

Anne de Beauffort, dont un de ses parents, M. le baron de Beaufort, habite aujourd'hui Cauroy-lez-Berlencourt, commune située à une petite distance d'ici (V. p. 163).

» Dans la chapelle, qui tenait pour ainsi dire à l'immense ferme du château, que la tourmente révolutionnaire a détruite, on a retrouvé plusieurs tombeaux, en plomb, et un cœur aussi en plomb, portant cette inscription : *Anne de Beauffort, princesse de Croy* (1). Un de ces tombeaux était recouvert par un marbre, sur lequel se trouvaient un cavalier et une inscription illisible. Ce marbre, par une amère dérision, fut placé, comme pavé, dans une étable ; il existe encore aujourd'hui, mais le cavalier et l'inscription ont disparu (2).

» Les armes de cette grande et illustre famille se voient encore aujourd'hui à une des portes d'entrée du moulin de Beaufort, qui appartenait au prince de Croy avant 1793, ainsi que beaucoup d'autres propriétés dans les environs.

» Quelques années avant la Révolution, ce château fut habité par Ursule de Mirondol-Montigny, dont le père était, dit-on, général, et qui mourut glorieusement à la bataille de Malplaqué. Les descendants de Ursule de Mirondol possèdent une copie de son testament retenu dans une des salles du château de Beaufort, le 31 mai 1773, par Mes Grégoire et Lechon, alors notaires à Avesnes-le-Comte.

» Le prince de Croy vendit ce château à un nommé

---

(1) Le corps d'Anne de Beauffort, comtesse de Croy de Solre, fut inhumé dans l'église de Solre-le-Château, le 27 mars 1588 (V. p. 163).

(2) L'ancienne église de la baronnie de Beaufort a été démolie à la suite de la Révolution de 1793.

Petit, dit Feché. Celui-ci le fit démolir pour en vendre les matériaux. Des fouilles, faites imparfaitement, amenèrent la découverte de plusieurs chambres souterraines : dans une d'elles, on trouva une table, des chaises et plusieurs bouteilles de vin, le tout assez bien conservé.

» De nouvelles fouilles amèneraient bien certainement la découverte de choses curieuses. Il est bien à souhaiter que M. le marquis de Beauffort, actuellement possesseur de ces ruines, si riches en souvenirs de grandeur, les fit fouiller. »

BOISLEUX, *en Artois.*

En l'église paroissiale de Boisleux, il existait un tombeau, avec une épitaphe à la mémoire de quelques membres de la branche de Boisleux de l'ancienne et noble maison de Beauffort (V. p. 249 et 328).

LE CAUROY, *en Artois.*

Dans l'ancienne église du Cauroy était la sépulture de la branche des seigneurs du Cauroy, de la maison de Beauffort. Ce tombeau a été fermé, pour la dernière fois, sur les dépouilles mortelles de *Madame* Marie-Henriette-Constance de Beauffort, dernière abbesse mitrée et crossée du noble et illustre chapitre d'Estrun-lez-Arras (V. p. 263 et 334). Le portrait et les insignes abbatiaux de cette vénérable abbesse sont précieusement conservés par la famille de Beauffort, au château du Cauroy, où elle est morte (1).

---

(1) M. Drancourt, ancien curé du Cauroy, a publié une *notice historique*, dans laquelle il est question des *seigneurs de Beaufort* (Voyez *Annuaire du diocèse d'Arras* ; année 1858).

Cowin, *en Artois*.

Il existe un grand nombre de portraits des personnages de la maison de Beauffort, dont quelques-uns sont dus au pinceau de grands maîtres. La galerie du château du Cauroy a été respectée; les autres ont été dispersées à l'époque de la Révolution. Quelques portraits ont été heureusement retrouvés et rachetés par la famille. On voyait dans le château de Cowin, le portrait d'Adrienne de Beauffort, au bas duquel on lisait : « *Vertu, guide* Adrienne de Beauffort, *âgée de* 31 *ans, le* 20 *octobre* 1610; » et celui de Lamoral de Landas, son mari, au bas duquel était cette inscription : « *Vers Dieu, pour but;* Lamoral de Landas, *âgé de* 42 *ans, en* 1610. » (V. p. 247).

Hannescamps, *en Artois*.

Dame Marguerite de Beauffort, épouse de messire Charles de Moncheaux, fut inhumée, en 1692, dans l'église paroissiale d'Hannescamps, où il y avait une épitaphe, avec quartiers de noblesse. Nous ignorons si elle existe encore (V. p. 259 et 344).

Mondicourt, *en Artois*.

La sépulture des de Beauffort, seigneur de Mondicourt, était depuis deux siècles dans l'église paroissiale de cette seigneurie, érigée en marquisat. Nous devons faire remarquer à ce sujet que : le cœur de Gilles de Beauffort fut déposé dans l'église de Mondicourt, en 1639 (V. p. 217), tandis que son corps fut inhumé dans le tombeau des de Sacquespée, situé en l'église paroissiale de Saint-Nicaise, à Arras (V. p. 206, 208 et 217). Au mois de septembre 1876, on a ouvert le caveau des anciens seigneurs de Mondicourt, pratiqué sous l'ancienne église, dans lequel on a retrouvé trois squelettes complets, dont les ossements étaient à leurs places naturelles. M. le curé de Mondicourt, ayant eu l'attention d'en prévenir la famille, en lui adressant les indications précises, transcrites dans les registres paroissiaux, la famille s'est empressée de faire recueillir tous les ossements trouvés dans ce caveau, en présence d'un de ses membres délégué à cet effet, et les a fait placer dans un ossuaire, qui sera, avant peu de temps, transféré dans la nouvelle église.

MOULLE, *en Artois.*

Dans l'ancienne église de Saint-Nicolas, à Moulle, en Artois, était la sépulture des seigneurs de ce lieu, de la maison de Beauffort. Cette église a été remplacée par une nouvelle vers 1840. Nous savons seulement que : « les pierres tumulaires, avec armoiries et inscriptions, » qui se trouvaient dans l'ancienne église de Moulle, » pour rappeler la mémoire des de Beauffort, seigneurs » dudit lieu, décédés dans la paroisse, furent conservées » en les adaptant contre le mur extérieur de la nouvelle » église. » (V. p. 356 et 357).

DOUAI, *en Artois.*

Dans l'église de Saint-Jacques, à Douai, fut inhumée JEANNE DE BELVALET, épouse de messire JEAN-BAPTISTE DE BEAUFFORT, le 23 octobre 1648 (V. p. 257). MARIE DE BEAUFFORT, sa fille, et CHARLES DE QUELLERIE, son époux, y furent aussi inhumés. On y voyait leurs épitaphes (V. p. 259).

SAINT-OMER, *en Artois.*

FROISSARD DE BEAUFFORT, *chevalier banneret*, tué à la bataille de Saint-Omer, le 26 juillet 1340, fut inhumé dans l'église collégiale de cette ville. On voyait encore, avant la Révolution, sa sépulture et son épitaphe (V. p. 152). — Messire Robert de Beauffort et dame Isabelle de France établirent, par leurs testaments, du 30 septembre 1664, leur sépulture en l'église cathédrale de Saint-Omer, « *à l'opposite de celle de feu monseigneur* » CHRISTOPHE DE FRANCE, *évêque de Saint-Omer*, leur frère et beau-frère. » (V. p. 210).

En l'église de Saint-Jean-Baptiste, à Saint-Omer, était un tableau funèbre, placé contre la muraille du chœur, portant les armoiries de la maison de Beauffort, surmontées d'un casque de chevalier, avec une couronne de marquis, une tête de licorne aîlée, et entouré de ses lambrequins. On lisait en exergue : « Haut et puissant » ROBERT DE BEAUFFORT, chevalier, seigneur de Mondi- » court, ci-devant du conseil de guerre de Sa Majesté, » mort le 5 septembre 1668. » Il fut inhumé en l'église cathédrale de Saint-Omer, le 7 septembre 1668.

On voyait encore, en 1680, sur deux belles verrières qui ornaient les fenêtres du chœur de l'église Saint-Jean-Baptiste, à Saint-Omer, les armes de la maison de Beauffort, avec leurs ornements extérieurs.

Dans la même église de Saint-Jean, à Saint-Omer, on lisait l'épitaphe suivante à la mémoire de la seconde femme de messire Philippe-Louis de Beauffort :

« Icy gist noble et illustre dame, dame MARIE-CHAR- » LOTTE DE QUAËTJONCK, dame de Vierlinchove, Bogaert- » svelt, Kerkove, etc., douairière de noble et illustre

» seigneur messire PHILIPPE-LOUIS DE BEAUFFORT, chevalier, seigneur de Mondicourt, Mondies, Malmaison, » Acquembronne, Fremicourt, etc., laquelle décéda en » décembre 1706, et messire CHRISTOPHE-ALEXANDRE-» BERNARD DE BEAUFFORT, leur fils, qui décéda en janvier 1697. Priez Dieu pour leurs âmes. » Les quartiers représentés en double colonne, de chaque côté de cette inscription sont : DE BEAUFFORT pleines, *France*, *Fournel*, *Schoonvliet*, *Sacquespée*, *Carnin*, *Lens*, *Sainte-Aldegonde*. — LE BORGNE, *d'Aust*, *Vallois*, *Wazières*, *Paris*, *Bernemicourt*, *Tenremonde*, *Sapigny*. — QUAËTJONCK, *Penne*, *Van der Gracht*, *Massiet*, *Penel*, *Peussin*, *Palme*, *Hondeghem*. — BYNDERE, *Bierne*, ..., *Van Houtte*, *Zenneghem*, *Kerchove*, *Cornhuuse*, *Saint-Omer*. Il est à remarquer que dans cette nomenclature sont les quartiers paternels et maternels de messire de Beauffort et ceux de dame de Quaëtjonck, sa femme.

L'épitaphe suivante a été placée en l'église de Saint-Jean, à Saint-Omer, en Artois : « Ici reposent haut et » puissant seigneur, messire FRANÇOIS-LOUIS DE BEAUFFORT, *chevalier*, *marquis de Mondicourt*, seigneur de » Terdeghem, La Wische, Mondies, Brehaut, Acquembronne, Sellier, Bogaertsveld, Malmaison, l'Ecluse et » autres seigneuries, qui mourut le 31 octobre 1731, à » l'âge de 57 ans. Haut et puissant seigneur, messire » CHARLES-ANTOINE DE BEAUFFORT, *chevalier*, *marquis* » *de Beauffort et de Mondicourt*, seigneur desdits lieux, » frère unique et héritier du susdit seigneur, autrefois » commandant de l'artillerie, qui mourut le 25 novembre » de l'an 1743, âgé de 65 ans environ ; et très-noble et » très-illustre dame ISABELLE-DOROTHÉE DE BEAUFFORT, » leur sœur, qui est décédée, sans alliance, le 8 février

» de l'an 1747, âgée de 68 ans, fils et fille du haut et puis-» sant seigneur, messire PHILIPPE-LOUIS DE BEAUFFORT » et de haute et puissante dame, dame MARIE-CHARLOTTE » DE QUAËTJONCK. — Qu'ils reposent en paix. » Autour de cette inscription sont seize quartiers de noblesse, tant paternels que maternels. On y remarquait l'écusson des DE BEAUFFORT, surmonté de la couronne de marquis, entre deux bannières, l'une, à droite, aux armes pleines DE BEAUFFORT : *D'azur, aux trois jumelles d'or;* l'autre, à gauche, aux armes DE THOUARS : *d'or, au semé de fleurs de lys d'azur, au franc-canton de gueules.* M. Goethals a cité ce monument (1) (V. p. 213, 214 et 215).

Le R. P. Louis de Beauffort, de la compagnie de Jésus, recteur des colléges d'Armentières et de Saint-Omer, fut inhumé dans la chapelle des Pères Jésuites, de la ville de Saint-Omer, vers 1719 (V. p. 270).

RUMES OU REUSMES, *en Hainaut.*

Dans l'église de Rumes, province de Hainaut, on voit deux beaux mausolées élevés. Sur un tombeau, portant l'épitaphe, placé sous un plein-cintre, sont couchées deux statues, de grandeur naturelle, représentant : Philippe de Beauffort et Jeanne de Hallewin, sa femme; la tête appuyée sur un carreau, les mains jointes, dans l'attitude de la prière. Philippe porte l'armure du chevalier, recouverte d'une dalmatique bleue ornée de jumelles

---

(1) Plusieurs pierres tombales, avec épitaphes et blasons, ont été enlevées des églises où elles étaient, pour être placées, comme monuments historiques, dans le musée de la ville de Saint-Omer, où l'on en voit quelques-unes rappelant l'ancienne et illustre maison de Beauffort.

d'or, reproduction de ses armoiries; sans épée; à sa droite, contre sa jambe, est son casque de chevalier et ses gantelets. A sa gauche est représentée son épouse, vêtue d'une longue robe et enveloppée d'une cape; elle est parée de quelques joyaux. Aux pieds de Philippe est un lion couché, emblême de la force et de la majesté; à ceux de sa femme, est un chien, emblême de l'amitié et de la fidélité. Dans les vides existant entre le plein-cintre et l'entablement, sont deux écussons répétés: *parti d'azur, aux trois jumelles d'or; parti d'argent, à trois lions de sable, couronnés d'or, lampassés et armés de gueules.* Le mausolée est surmonté des armes pleines de Beauffort, timbrées d'un casque de chevalier, avec la licorne pour cimier, et ses lambrequins. Dans un littel est le millésime de 1560. Voici l'épitaphe placée sur le tombeau de ce mausolée: « Cy gist messire PHILIPPE DE BEAUFFORT, » seigneur dudit Beaufort, Reusmes, Ransart, en son » temps conseiller et chambellan de très-haut et très- » puissant prince Charles V, empereur des Romains, » grand bailly de Tournai, Tournaisis, Mortaigne et » Saint-Amand; lequel trespassa le dernier jour de dé- » cembre 1530; et madame JEHANNE DE HALLEWIN, sa » femme, fille aînée de messire Georges de Hallewin, » seigneur dudit lieu, de Comines, etc.; laquelle, en se- » condes noches, espousa messire Jacques, comte de » Ligne de Fanquemberghe, baron de Bailleul, et mou- » rut le 27e jour d'aoust 1557. » Sur ce mausolée, on voit » les quartiers de: BEAUFFORT, *Ollehain*, *Contay*, *Lully*, *Lannoy*, *Croy*, *Ligne*, *Abbeville*; HALLEWIN, *Capelle*, *Comines*, *Estouteville*, *Noircarmes*, *Joigny*, *Montmorency*, *Villain*.

Le second mausolée (qui n'est séparé du premier que

par une colonne, derrière laquelle est le mur de division), est en tout point pareil, sauf qu'entre la statue du chevalier Georges de Beauffort et de Marie de Berlaymont, sa femme, il y a la représentation d'un enfant au maillot. Voici l'épitaphe de ce dernier : « Cy gist messire » GEORGES DE BEAUFFORT, chevalier, seigneur dudit » lieu de Reusmes, Wittem, Warnicamps, gentilhomme » de la bouche de très-haut et très-puissant prince » Charles V, empereur des Romains, gouverneur et ca- » pitaine des ville et château de l'Ecluse, en Flandres; » lequel trespassa le VIe de mars 1558; et dame MARIE » DE BERLAYMONT, sa compagne et espouse, fille aînée » de messire Charles, baron de Berlaymont; laquelle » mourut ..... » Les seize quartiers de noblesse représentés sur ce mausolée sont : DE BEAUFFORT, *Contay*, *Hallewin*, *Ligne*, *Lannoy*, *Comines*, *Noircarmes*, *Montmorency*. — BERLAYMONT, *Orley*, *Berault*, *Premillacq*, *Barbaçon*, *de Piennes*, *de Berghes*, *Sevenberghe*. — L'écu qui est contre le plein-cintre est parti de Beauffort et parti de Berlaymont.

Ces deux mausolées, représentés dans l'ouvrage intitulé : *la Noblesse belge*, par M. Ch. Poplimont, à l'article de Beauffort, ont été restaurés, vers 1854, par les soins pieux et aux frais de M. le comte Amédée de Beauffort (V. p. 106).

TOURNAI, *en Hainaut*.

Dans la cathédrale de Tournai (Hainaut), reposent les restes mortels de GOSSIN DE BEAUFFORT, qui mourut évêque de Tournai en 1218 (V. p. 10 et 136). Son nom est inscrit au catalogue des évêques de Tournai, sur un marbre adapté au chevet extérieur du chœur, dans le pourtour. On voit aussi les armes de la maison de Beauffort sur une des grandes verrières du sanctuaire, représentant saint Philippe et saint Thomas, apôtres (du côté de l'Evangile).

Il existe aussi dans l'église de Notre-Dame, vers la porte principale, un monument consacré à la mémoire de *monseigneur Robert de Nedonchel, protonotaire apostolique* (1599), portant les écussons de ses quartiers de noblesse, parmi lesquels figure celui de la maison de Beauffort : *d'azur, aux trois jumelles d'or*. Contre le mur de la nef latérale, à droite, est un *memento*, en marbres noir et blanc, en l'honneur de l'illustre maison DE GUINES DE BONNIÈRES, dont un des quartiers, représentés en sculpture, est de Beauffort : *d'azur, aux trois jumelles d'or*. On lit au-dessous : DE RANSART, nom de la *baronnie de Ransart*, principale seigneurie de cette branche de la maison de Beauffort. Dans l'*Épitaphier*, dressé en 1696, par Charles-Joseph Caulier, où se trouve mentionné ledit *memento*, ce quartier est décrit et est indiqué *de Beauffort*. Nous avons vu, le 8 juin 1876, dans la cathédrale de Tournai, ce que nous venons de décrire, et dans les archives publiques, conservées dans les bâtiments de l'administration centrale de Bienfaisance, l'*Épitaphier*, etc.

Dans l'ÉGLISE DE SAINT-BRICE, à Tournai, fut inhumé messire Claude de Beauffort (V. p. 245). Sur sa sépulture fut placée l'inscription que nous reproduisons textuellement, relevée sur la pierre même, et qui a été publiée par J. de Saint-Genois, dans les *Monumens anciens*, t. I, p. 1006, et que l'on trouve aussi dans l'*Épitaphier*, conservé à la bibliothèque de la ville de Tournai, f° 270 :

« Icy gist illustre seigneur, messire CLAUDE DE BEAUF-
» FORT, chevalier, seigneur de Grincourt, qui trespassa
» le 15e de mars 1632, ayant épousé, en premières nopces,
» dame JEANNE DE VILLEPERY, qui mourut..... (Elle fut
» inhumée aux Croisiers); et, en secondes nopces, MAR-
» GUERITE DE TENREMONDE, fille au sieur de Bachy, et
» veuve de messire Jacques de Spinenck, seigneur de
» Cauchy, et gist auprès de son premier mari, en la cha-
» pelle de Sainte-Croix, en cette église, dessous son épi-
» taphe. — Priez Dieu pour leurs âmes. » Cette inscription est entourée de huit quartiers de noblesse, savoir : DE BEAUFFORT, *Ollehain*, *Warluzel*, *Bouchavênes*, *Ostrel*, *Courteheuse*, *Griboval*, *Bièvres*. Nous devons faire remarquer que dans les huit quartiers de noblesse précités, ne sont point compris ceux des deux femmes de Claude, dont les corps ne reposent point dans ladite sépulture.

AMONGIES-LEZ-TOURNAI, *en Hainaut*.

Antoine de Montmorency, chevalier, seigneur de Croissilles, et Jeanne de Beauffort, sa femme, donnèrent une verrière à l'église d'Houplines, sur laquelle étaient représentées quatre générations, au lieu de quatre quartiers (V. p. 160 et 307). — Ils furent inhumés en l'église d'Amongies-lez-Tournai, à droite du maître autel, où fut placé un marbre noir, dont le dessin gravé est conservé dans les archives de Beauffort; il représente les armes de l'ancienne maison de Montmorency : *D'or, à la croix de gueules, accompagnée de seize aiglettes d'azur, quatre à chaque canton;* surmontées du casque de chevalier, avec son cimier et ses lambrequins; et, à droite, un ange présentant l'écu de la maison de Beauffort : *d'azur, aux trois jumelles d'or*. Voici l'inscription, telle qu'elle a été publiée dans *le Grand Théâtre sacré du duché de Brabant*, par Le Roy, tome I, p. 390 : « On trouve dans le » chœur de l'église paroissiale du village d'Amongies, » aux confins du Hainaut, à droite du grand autel, une » tombe relevée de marbre noir, sur laquelle on lit l'épitaphe suivante : « Sépulture de hault et puissant sei» gneur ANTOINE DE MONTMORENCY, en son vivant sei» gneur de Croissilles, Amongies, etc.; lequel mourut le » 21 mars 1529, avant Pâques. — Et de damoiselle » JEHANNE DE BEAUFFORT, dame de Boyaval, seconde » femme dudit sieur Antoine; laquelle mourut le 11 juin » 1533. » (V. p. 160 et 307).

DUNKERQUE, *en Flandre*.

Nous avons déjà dit plus haut que messire Philippe-Louis de Beauffort était décédé à Dunkerque (V. p. 213). Il fut inhumé dans l'église paroissiale et sur sa sépulture on plaça un marbre blanc, portant son blason : *d'azur, aux trois jumelles d'or*, surmonté de la couronne de marquis et soutenu par deux levrettes, avec cette inscription : « Hic jacet ac potens dominus, dominus » PHILIPPUS-LUDOVICUS DE BEAUFFORT, eques toparcha » de Mondicourt, Mondies, Fremicourt, Malmaison, » Acquembronne, etc. Olim loricatorum militum turbæ » dux pro rege catholico, dominus de Beauffort, nobili» tati antiquitate, affinitatibus erga principes obsequus » in Artesia per illustri nominis et armorum caput; filius » celsi ac potentis domini domini ROBERTI DE BEAUFFORT » equitis predictorum loeorum toparcha e consilio belli

» pro Majestate catholica et celsæ ac potentis dominæ » dominæ ISABELLA DE FRANCE, qui pu hanc urbum » trasien in mortalem morbum incasus ibi defunctus in » die 16 julii anno 1698; anno natus 58 et quinque » menses.

» Celsa et potens domina, domina MARIA-CAROLA DE » QUAËTJONCK, domina de Wirlinchove, Kerkove, Bo- » gaersveld, et mœrentissima conjux domina de Quaët- » jonck apud Flandres per antiquæ hœres unica et » ultima hoc monumentum in mariti carissimi memo- » rium poni jussit. — R. I. P. »

VICHTE, *en Flandre.*

Dans l'église paroissiale de Vichte, il y a une sépulture sur laquelle on voit, en plusieurs endroits, les armes de la maison de Beauffort, d'Artois (V. p. 155 et 157).

BRUXELLES, *en Brabant.*

Nous avons dit que M. le comte Amédée de Beauffort était un ami affectueux des Beaux-Arts, qu'il les encourageait par tous les moyens, tant par son concours et dévouement personnel, que par ses contributions gracieuses (V. p. 106 et 231). Il a eu le mérite de l'initiative de la restauration des belles verrières de l'église collégiale des SS. Michel et Gudule, de Bruxelles, et de l'établissement des nouvelles, qui décorent les nefs latérales, représentant l'histoire du Saint-Sacrement de Miracle, œuvre d'un artiste choisi et aimé de M. le comte de Beauffort. Nous voulons parler de M. Capronnier, auquel la Belgique est redevable de la restauration de l'art de la peinture sur verre. M. le comte Amédée de Beauffort ayant contribué, par tous les moyens qui étaient à sa disposition, à l'ornementation de la collégiale de Bruxelles, ornementation qui fait l'admiration de tous les connaisseurs, le conseil de fabrique décida que la reconnaissance à M. le comte Amédée de Beauffort serait consacrée par l'établissement de deux verrières, placées au-dessus des deux portes latérales de la façade, dans les ogives, où l'on voit, dans des lobes, les armes DE BEAUFFORT, timbrées de la couronne de prince du Saint-Empire, et celles DE ROOSE, surmontées de la couronne de comte (comte de Baisy). Au-dessus de la porte latérale, à droite en entrant, sont représentés saint Amédée, ayant à ses côtés l'ange Gabriel et sainte Amélie (patrons de M. le comte Amédée et de ses deux filles); au-dessus de la porte de gauche en entrant, sont figurés sainte Élisabeth, de Hongrie, ayant à ses côtés saint Léopold et saint Albert (patrons de Mme la comtesse de Beauffort, née Élisabeth de Roose, comtesse de Baisy, et de MM. les comtes, ses deux fils). Ces dernières verrières conçues, dessinées et exécutées par M. Capronnier, ont été un hommage rendu par cet artiste à son ami, M. le comte Amédée de Beauffort. Hommage qui les fera passer tous deux *à la postérité.*

Nous devons dire aussi que dans Sainte-Gudule, en la chapelle du Saint-Sacrement de Miracle, est un magnifique mausolée de la famille DE ROOSE.

La famille de Roose possédait plusieurs immeubles à Bruxelles, notamment l'*Hôtel du Gouvernement*, rue du Chêne, 22, qu'elle vendit vers 1825; et acquit l'hôtel, situé rue du Marché-au-Bois, n° 14, sur la paroisse de Sainte-Gudule, qui devint, en 1830, la résidence de M. le comte Amédée de Beauffort. Dans cet hôtel sont nés plusieurs de ses enfants. M. Philippe-Ernest, marquis de Beauffort, y est décédé, la même année (1858), que M. le comte Amédée, son fils, y décéda; et Mme la comtesse de Beauffort y est morte, en 1873 (V. 98 et 104).

Actuellement, on voit les armoiries de la maison de Beauffort sculptés en divers endroits de l'hôtel portant le n° 51 de la rue de la Loi, à Bruxelles, ancien hôtel de Marnix, devenu depuis quelques années la propriété de M. le comte Albert de Beauffort, époux de Mlle Mathilde de Marnix (V. p. 237).

BRUXELLES, *en Brabant.*

Il y avait dans l'église de Notre-Dame, au Sablon, à Bruxelles, une pierre sépulcrale ayant trait à la famille de Beauffort, dont nous avons donné la description et l'inscription, ci-devant page 287 et 288.

LAEKEN, *Bruxelles.*

Dans le cimetière de Laeken (Bruxelles), on voit la sépulture de Madame la comtesse de Beauffort, née de Mérode-Deynse, dont la pierre tombale porte les armoiries accolées des maisons de Mérode-Deynse et de Beauffort, entourées des insignes de dignité nobiliaire, avec cette inscription : « Ci gît dame Louise-Ferdinande-Henriette, » comtesse DE MÉRODE-DEYNSE, née comtesse DE BEAUFFORT, décédée, à Bruxelles, le 13 novembre 1825, à » l'âge de 73 ans. » (V. p. 277).

LINDEN, *en Brabant.*

M. le comte Emmanuel de Beauffort a adopté, pour lui et les siens, l'ancienne sépulture des T'SARCLAES-TILLY, ses parents d'alliance, située à Linden, près de Louvain ; dans cette sépulture ont été inhumés trois de ses enfants (V. p. 230).

NIVELLES, *en Brabant.*

Les armoiries de la maison de Beauffort sont représentées sur les belles verrières de l'église cathédrale de Nivelles (Brabant), qui ont été restaurées sur l'initiative et sous la direction de M. le comte Amédée de Beauffort.

LOUVAIN, *en Brabant.*

Le Grand Théâtre sacré du duché de Brabant, par Le Roy, dans le tome Ier, au folio 108, contient ce passage : « Audict chœur sur une lame de cuivre :
» *Hac tumba regitur corpus R[di] D[ni] patris in Christo*
« D. ADRIANI DE BEAUFFORT, *hujus monasterii abbatis,*
» *ac conservatoris privilegiorum Almæ universitatis,*
» *qui obiit...* » (Abbaye de Sainte-Gertrude, à Louvain).
Voyez page 242, où se trouve une autre inscription.

MEYSSE, *en Brabant.*

Au château de la baronnie de Bouchout, situé commune de Meysse, près de Bruxelles (Brabant), on voit actuellement en divers endroits des armoiries, notamment dans les ogives de la principale porte d'entrée de la salle d'armes. Sous la pointe de l'ogive sont les anciennes armes de Bouchout : *D'argent, à la croix de gueules;* puis, dans les lobes, sont celles des de Roose : *De gueules, au chevron d'argent, accompgné de trois roses du même, deux en chef et une en pointe*, et celles des de Beauffort : *D'azur, à trois jumelles d'or.* Ces trois blasons sont reproduits en divers endroits du château, tant extérieurement qu'intérieurement, notamment dans le *salon historique*, dans la salle d'armes, dans la salle à manger et sur des verrières.

Dans l'église paroissiale de Meysse est la sépulture des de Roose et des de Beauffort ; elle est située sous le sanctuaire du côté de l'Évangile ; au-dessus, on voit une belle verrière représentant saint Georges, patron de la paroisse, surmonté de l'écu de la maison de Beauffort, et au bas on lit cette inscription : DONO DEDIT PRENOB. DOM. A. COMES DE BEAUFFORT, BARO DE BOUCHOUT, ANNO 1843. Au milieu du sanctuaire, sur les dalles, sont sculptés les blasons des de Roose et des de Beauffort, avec leurs attributs. L'ouverture du tombeau a été pratiquée dans le cimetière ; elle est indiquée par une grande pierre noire, portant en relief en marbre blanc les écussons de Roose et de Beauffort, avec cette inscription : D. O. M. — MONUMENTO PERILLUS ET NOBILIS FAMILLÆ COMITUM DE BEAUFFORT OLIM. — PERILLUS FAMILIÆ D. ROOSE, COMIT. DE BAISY, BARON. DE BOUCHOUT, TOPARCHÆ DE MEYSSE (V. p. 129).

On remarque aussi dans l'église de Meysse, à la chapelle de la Sainte-Vierge, une fort jolie verrière, de M. Capronnier, artiste distingué, représentant la Sainte-Vierge, priée par saint Amédée et par sainte Élisabeth, patrons des donateurs, et desquels on voit les armes et la devise. Les mêmes armoiries se trouvent reproduites sur les socles supportant les statues de sainte Anne et de saint Joseph et sur plusieurs tableaux obituaires, placés dans le sanctuaire. La maison de Roose possédait encore de superbes mausolées dans l'église collégiale de Sainte-Gudule, à Bruxelles, dans l'église de Saint-Jacques, à Anvers, etc.

MIELMONT, *au comté de Namur.*

Le château de Mielmont, situé dans la commune d'Onoz, diocèse et province de Namur, appartient, par droit de succession directe, à M. le comte Albert de Beauffort, qui, en ce temps, fait procéder à une restauration complète du vieux et antique manoir des sires Davre et des sires de Coloma, dont on voit les armes martelées. M. le comte de Beauffort, faisant du *vieil castel*, sa résidence champêtre favorite, a fait additionner les armoiries de sa maison et celles de la maison de Marnix, de laquelle est issue madame la comtesse (V. p. 236 et 353).

BEAUCAMPS, *en Flandre.*

C'est à Beaucamps, près de Lille (Nord), dans la nouvelle église paroissiale, que se trouve la sépulture de Mme de la Granville, née Caroline de Beauffort, et de plusieurs de ses parents. Nous avons parlé longuement de cette bonne et vertueuse personne, dans les *Annales de la maison de Beauffort* (V. p. 115 et suivantes). Nous nous permettons de faire remarquer que nous n'avons publié sur la vénérable dame de la Grandville, que des citations empruntées à des écrivains estimés. Nous avons déjà dit que Mme de la Grandville comptait au nombre de ses œuvres, la reconstruction de l'église de Beaucamps, avec la réserve d'une sépulture pour elle et les siens.

Un mausolée a été édifié, après sa mort, dans une chapelle de cette église. L'exécution artistique a été confiée au fameux Jozef Geefs, artiste sculpteur, professeur à l'Académie des Beaux-Arts d'Anvers. Tout le monument a 3 mètres 35 centimètres de hauteur; il est exécuté en pierre de France. Au-dessous, on a pratiqué le caveau de la famille, s'ouvrant en dehors de l'église. Le monument est dans le style ogival. On remarque, au milieu, un beau bas-relief représentant madame la comtesse de la Grandville distribuant des habits et du pain aux pauvres; à côté d'elle se trouve M. le comte de la Grandville et derrière lui sont deux frères religieux appartenant au couvent que Mme de la Granville a fait bâtir à Beaucamps; de l'autre côté, est une femme avec son enfant, tendant la main pour prendre part aux distributions d'habits; derrière elle, on voit un vieillard marchant avec des béquilles, des hommes convalescents et une femme avec un enfant malade, pour rappeler les hôpitaux que la charitable comtesse a fait construire pour les vieillards et les malades des deux sexes. Au milieu de ce bas-relief, entre Mme de la Grandville et les pauvres est représenté le Christ, qui, s'adressant à la comtesse, lui dit : *Tout ce que vous avez fait au plus petit de mes frères que voilà, c'est à moi-même que vous l'avez fait.*

Au fond du bas-relief, on voit quelques constructions que la comtesse a fait élever : 1° une partie du couvent des Jésuites, à Lille; 2° l'église de Beaucamps; 3° l'école et le couvent. De chaque côté de ce beau bas-relief, artistement exécuté par M. Jozef Geefs, sont inscrites, dans des encadrements ogivaux, les huit béatitudes. Au bas, sont gravées les inscriptions suivantes :

« Sous cette chapelle reposent messires et dames :
» Louis-Julien-Joseph BIDÉ, comte DE LA GRANDVILLE,
» décédé à Beaucamps, le 19 novembre 1839, âgé de 73 ans.
» — Philippe-Charles-Henri-Louis, comte DE BEAUFFORT,
» lieutenant-général au service d'Espagne, décédé à Lille,
» le 26 décembre 1823, âgé de 56 ans. — Jeanne-Joséphine-
» Catherine DE WIGNACOURT, décédée à Beaucamps, le
» 27 octobre 1830, âgée de 54 ans. — Philippe-Ernest,
» marquis DE BEAUFFORT, président du cercle Catholique
» de Paris, décédé à Bruxelles, le 18 mai 1858, âgé
» de 76 ans. »

« Alexis-Joseph DE FLANDRES, décédé, à Lille, le 14
» avril 1818, âgé de 71 ans. — Christine-Thérèse DE ROU-
» VROY, décédée, à Lille, le 17 décembre 1825, âgée de
» 79 ans. »

« CAROLINE DE BEAUFFORT, décédée, à Beaucamps, le
» 6 décembre 1865, dans sa 72e année. — Henri-Jules-
» Léon BIDÉ, comte DE LA GRANDVILLE, décédé, à Beau-
» camps, le 31 mai 1870, à l'âge de 75 ans. »

—

On voit les armoiries de la maison de Beauffort, d'Artois, à Paris, sur les vitraux de la chapelle expiatoire, construite sur l'emplacement de l'ancien couvent des Carmes, de la rue de Vaugirard. Les verrières placées dans cette chapelle sont anciennes. Nous avons déjà dit que les armes de la maison de Beauffort figuraient au Musée historique des Croisades, à Versailles.

—

On peut encore rencontrer des inscriptions dans diverses églises, à la mémoire de membres de l'ancienne maison de Beauffort. Nous avons constaté des inhumations faites : dans la cathédrale d'Aire (V. p. 211); dans l'église de Saint-Aubert, à Cambrai (V. p. 205); dans celle de Saint-Martin, à Cambrai (V. p. 260); dans l'église collégiale de Saint-Pierre, à Leuze, Brabant (V. p. 207); dans l'église de Sainte-Waudru, à Mons (V. p. 202); dans dans l'église collégiale de Maubeuge (V. p. 248); dans l'église collégiale d'Andenne-lez-Namur (V. p. 200 et 201); dans l'église de Saint-Benoît, à Saint-Omer (V. p. 276); dans l'église du Quesnoy, en Hainaut (V. p. 251), etc.

DOCUMENTS DIVERS

SUR LA

MAISON DE BEAUFFORT

D'ARTOIS.

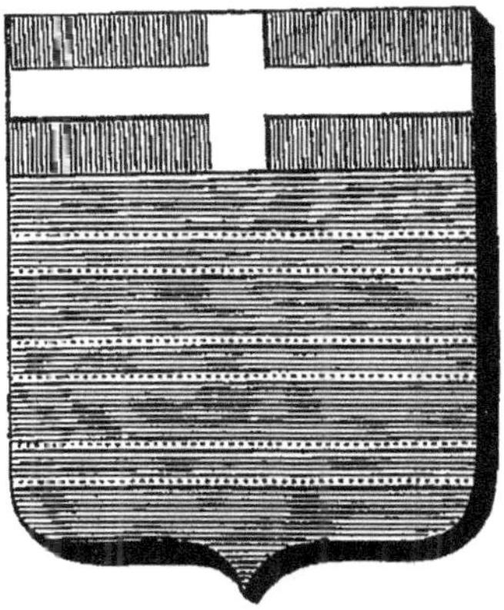

L'auteur du *Miroir des Notabilités nobiliaires, etc.*, qui a cherché, de parti pris, à dénigrer la maison de Beauffort, sous le rapport de l'ancienneté de sa noblesse, a été forcé de se déjuger lui-même, *non contraint de le faire.* Il y a été obligé par l'abondance des preuves d'ancienne noblesse de la maison de Beauffort (preuves qui se rencontrent dans tous les dépôts publics et particuliers). M. Félix Goethals nous a fourni des documents authentiques pour réfuter victorieusement l'auteur du *Miroir*. Nous allons nous en servir pour justifier la maison de

Beauffort, contre les attaques déloyales dont elle a été l'objet de la part de cet écrivain :

Voici ce que nous trouvons, dans l'*Onomasticon* ou *Dictionnaire héraldique*, publié par M. Goethals, en 1854, page 142, relativement à l'ancienneté de la noblesse de la maison de Beauffort, de l'Artois. Il est à remarquer que cet écrivain a emprunté cette citation au procès-verbal officiel des preuves de noblesse faites par la famille pour l'admission au noble chapitre de Nivelles de Mlle Marguerite de Beauffort, en 1530 (V. p. 162 et 386). Ce passage est reproduit des preuves faites par Barbe de Beauffort, en 1529, pour son admission au chapitre noble d'Andenne (V. p. 200) :

« ..... Pour prouver la grande ancienneté et l'illus-
» tration de la noblesse de cette maison de Beauf-
» fort, reçue, *ainsi qu'on vient de le justifier*, dans
» les chapitres nobles des Pays-Bas, l'on emploie ici
» divers titres anciens, en originaux et en bonne forme,
» au nombre de trente-trois, depuis l'année 1219 jusques
» et y compris l'année 1520, par lesquels la filiation de
» cette maison se prouve depuis *monseigneur Guy*,
» *seigneur de Beaufort*, *en Artois*, *chevalier*, *vivant*
» *en* 1219, jusque compris ledit seigneur, messire *Jean*
» *de Beauffort*, *seigneur de Bullecourt*, marié en ladite
» année 1513, avec ladite dame *Magdeleine de Sacques-*
» *pée;* et par ces mêmes titres se prouve, en outre, que
» les seigneurs de cette maison de Beauffort ont eu des
» *emplois distingués à la guerre et à la cour de leurs*
» *souverains*, et qu'ils ont pris, de toute ancienneté, les
» titres d'*écuyers*, de *miles* ou *chevaliers*, de *nobles* et
» *puissants seigneurs et autres qualités* qui caractérisent
» *la haute noblesse.* » (Extrait des preuves de noblesse,

faites par d[lle] Barbe de Beauffort, en 1529, pour être admise au noble chapitre d'Estrun-lez-Arras, et reproduites dans les preuves faites pour le noble chapitre de Nivelles, en 1530.

Puis, on lit dans le même procès-verbal des preuves de noblesse pour ledit chapitre de Nivelles : « Pour » prouver que ledit messire Jean de Beauffort avait » épousé ladite dame Magdeleine de Sacquespée, fille de » messire Robert de Sacquespée et de dame Agnès de » Carnin, l'on emploie : 1° le contrat de mariage dudit » sieur Jean de Beauffort avec ladite dame Magdeleine » de Sacquespée, en date du 12 décembre 1513 ; 2° les » lettres originales de collation de chanoinesse d'Andenne, données le 6 septembre 1529, par l'empereur » Charles-Quint, à d[lle] Barbe de Beauffort, y énoncée fille » de messire Jean de Beauffort, seigneur de Bullecourt, » et de dame Madgdeleine de Sacquespée (1). Au dos » desquelles lettres-patentes se trouve, en date du » 28 juillet 1532, la réception de ladite damoiselle Barbe » de Beauffort, laquelle mourut, le 15 mars 1588, doyenne » dudit chapitre, ainsi qu'il est prouvé par la lettre originale du président d'Andenne, en date du 23 mai de » ladite année 1588 (V. p. 61). »

Le même auteur, qui chicanait sur l'ancienneté de la noblesse, est encore réfuté par M. Goethals, insérant à la page 142 de l'*Onomasticon* : « Dans le cartulaire de » l'abbaye de Moreuil-lez-Arras, conservé à la biblio» thèque de cette ville, on trouve, en l'année 1315, une

(1) Ces lettres existent toujours dans les archives de la maison de Beauffort (1876).

» charte de Wion, dit Frion de Beauffort, alors bailly de » Blavincourt, étant une sentence faite au nom et de » l'avis du roi de France, en faveur de l'abbaye de » Moreuil, au sujet de la dîme de Blavincourt. »

Voici un extrait de l'acte de donation de la maison *du Dragon :* « Honorable et sage homme Jehan Paris, » mayeur de cette ville (Arras), et damoiselle Hutine de » Bergnemicourt, sa femme, reconnaissant que pour » parvenir au traité de mariage fait entre Jehan de » Beauffort, l'aisné, fils de Jacques de Beauffort, *bour-* » *geois* de cette ville (1), et de damoiselle Marie Paris, » leur fille; ils lui ont donné, pour en jouir après eux, la » *maison du Dragon*, où ils demeurent, sise place du Petit- » Marché, et tenant à l'enseigne *du Cygne*, par acte du » 27 avril 1426. » Autrefois, les principales habitations étaient désignées par des noms (au lieu de l'être par des numéros, comme à notre époque) : Maison *Haute*, *Blanche*, *Dorée*, *du Dragon*, *du Renard*, *etc.* Certaines étaient désignées sous le nom de leur possesseur. On voit, dans l'espèce, en l'acte de donation indiquant comme confrontant la *maison du Dragon*, celles *du Cygne*, *etc.* (V. p. 190 et 444).

Nous extrayons du protocole du procès-verbal officiel des preuves de Malte faites, en 1783, pour l'admission messire Charles-Jules de Beauffort, le passage suivant : « Nous, frère Charles-Antoine-François-Ghislain de la » Tour-Saint-Quentin, bailly, grand'croix de l'ordre de

---

(1) Dans l'espèce, la qualité de *bourgeois* signifiait qui *habite le bourg* et qui jouit des priviléges afférents à la bourgeoisie. Dans certaines villes, il fallait dix ans de résidence pour avoir droit au titre et aux prérogatives de la bourgeoisie.

» Saint-Jean-de-Jérusalem, ancien général des galères
» dudit ordre, commandeur de Bordeaux et d'Etrépigny,
» lieutenant de son Altesse royale Monseigneur le duc
» d'Angoulême, *grand prieur de France*, et Nous, com-
» mandeurs, chevaliers et frères dudit ordre, congrégés
» et assemblés dans les tours du Temple, à Paris, pour
» la célébration du vénérable chapitre provincial dudit
» prieuré, à nos chers et bien aimés frères, messieurs
» les chevaliers Louis de Maseravy, commandeur de
» Boux et Merlau ; François-Pierre-Marie-Joseph de
» Boniface Duzéel, commandeur de Tirlemont ; Pierre-
» Antoine-Charles de Mesgrigny-Villebertin, comman-
» deur de Saint-Maurice ; François-Louis-Marc de Lom-
» belou des Essarts, commandeur de Couloumiers ;
» Hercule-Alexandre de Rassent, commandeur de la
» Brague ; et Charles-Louis-Guy de Valory, commandeur
» de Beauvais, en Gatinois, ou deux de vous sur ce pre-
» mier requis, salut, en Notre-Seigneur. De la part de
» noble CHARLES-JULES DE BEAUFFORT, né et ondoyé le
» vingt-sept mai mil-sept-cent-quatre-vingt-trois, qui
» reçut le supplément des cérémonies du baptême, le
» trente-un dudit mois, à l'église d'Hannescamps, dio-
» cèse d'Arras, reçu de minorité au rang de chevalier de
» justice, en la vénérable langue et prieuré de France,
» par bref, registré à Malte, le trois juillet mil sept cent-
» quatre-vingt-quatre, réintégré en son ancienneté de
» France, par bref, registré à Malte, le vingt-trois oc-
» tobre mil sept cent quatre-vingt-six, et qui a acquitté
» son passage, le dix octobre mil sept cent quatre-vingt-
» sept. Fils de messire Charles-Louis-Joseph-Marie-
» Alexandre, chevalier, marquis de Beauffort-Mondi-
» court, et de dame Honorine-Léopoldine-Ghislaine,

» comtesse de Mérode, son épouse, ses père et mère;
» Nous a été exposé qu'il devait être reçu au rang de
» frère *chevalier de justice*, et faire les preuves de légi-
» timité, filiation et noblesse ; nous priant de lui octroyer,
» à cet effet, nos lettres et commissions, et d'autant que
» le *mémorial de ses preuves a été trouvé bon et valable*,
» Nous avons commis et député, commettons et députons,
» par ces présentes (pourvu néanmoins que votre nais-
» sance, résidence ou commanderie ne soit pas plus près
» de dix lieues de celle du présenté, et que vous n'ayez
» aucun procès au parlement dudit présenté), pour,
» après avoir prêté le serment solennel ez-mains d'un
» tiers de notre ordre ou ez-mains l'un de l'autre de fidè-
» lement et diligemment exécuter notre commission, et
» ne prendre pour témoins que des gentilshommes étant
» de la religion catholique, apostolique et romaine, non
» parents ni alliés du présenté; vous informer tant au
» lieu de sa naissance, où vous vous transporterez, à ses
» frais et dépens, ainsi qu'il s'est pratiqué par ci-devant,
» qu'au lieu de l'origine de ses parents, par quatre
» témoins de la qualité susdite, dont vous prendrez aussi
» le serment, et que vous interrogerez séparément l'un
» de l'autre, et non dans la maison dudit présenté. »
(Suivent l'enquête et le procès-verbal des preuves de noblesse). Les commissaires enquêteurs désignés furent les chevaliers de Lombelou des Essarts et de Rassent. Pour les témoins appelés, voyez ci-devant pages 91 et 92.

A la page 41 dudit cahier des preuves de Malte est mentionnée cette transaction noble : « Et une transaction en original, sur papier, du 30 décembre 1692, signée Lange, notaire à Paris, passée entre le curateur onéraire de très-haut et très-puissant prince monseigneur *Jean-*

Louis-Charles d'Orléans, duc de Longueville et d'Estouteville, prince souverain de Neufchâtel et Vallengin, en Suisse; et le fondé de procuration spéciale de messires *Philippe-Louis de Beauffort*, chevalier, seigneur de Mondicourt, et *Renom-François de Beauffort*, chevalier, seigneur de Moulle, héritiers de feu messire Gilles de Beauffort, chevalier, seigneur de Mondicourt, leur aïeul, d'autre part; au sujet d'une instance pour raison d'une rente qui avait été constituée originairement par haut et puissant seigneur d'Orléans, comte de Saint-Pol, par contrat des années 1607 et 1627; en suite de laquelle transaction, est acte, du 15 avril 1693, signé : N. Laurent et P. Baligan, notaires à Saint-Omer, de ratification d'icelle, par lesdits seigneurs Philippe-Louis et Renom-François de Beauffort. »

Nous ne pouvons résister à la satisfaction que nous éprouvons chaque fois que nous pouvons publier ou mentionner une pièce officielle, ou citer un historien estimé, ou emprunter un passage heureux à un écrivain. Pour nous, une bonne citation, avec l'indication précise de sa source, vaut mieux que tous les commentaires imaginables ; exemple : Nous avons déjà dit plus haut que l'auteur du *Miroir des Notabilités nobiliaires de Belgique, etc.*, avait, de parti pris, critiqué l'ancienneté de la noblesse de la maison de Beauffort, nous sommes heureux de trouver en M. Goethals un *réfutateur* consciencieux, attendu que cette fois, il invoque un document de la plus grande authenticité. Ce sosie de l'auteur du *Miroir* l'a consigné dans l'*Onomasticon*, page 148 : « XV. Gilles de Beauffort, » seigneur de Mondicourt, a été fait chevalier peu de » jours avant sa mort, par lettres-patentes, du 1er octobre 1631, datées de Madrid. On y lit : « Que pour la

» bonne relation qui faite nous a été de notre cher et » bien-aimé GILLES DE BEAUFFORT, escuyer, seigneur de » Mondicourt, *que sa famille serait noble de temps im-* » *mémorial: les descendants de laquelle, ses prédéces-* » *seurs, auraient toujours pris alliance avec maisons de* » *même qualité*, en notre pays et comté d'Artois... » (V. *aux Annales*, ci-devant, p. 64.)

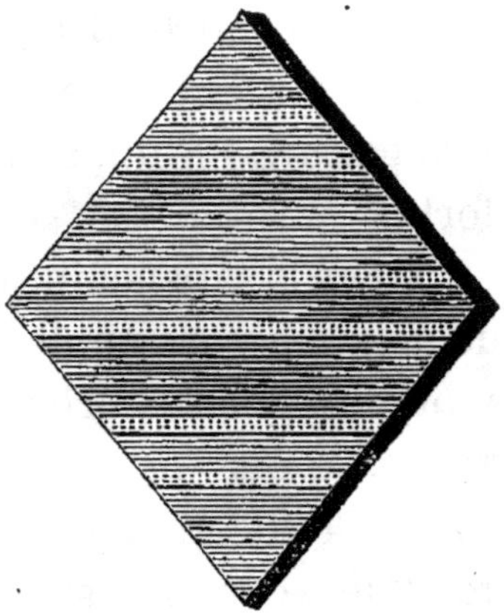

OUVRAGES A CONSULTER

SUR LA

MAISON DE BEAUFFORT

D'ARTOIS (1).

Almanach de la Cour de Bruxelles, par M. H. Tarlier. Bruxelles, 1864; p. 104, 109, 112, 123.

Almanach royal officiel de Belgique, par M. H. Tarlier; depuis 1840.

Anciennes remarques de la Noblesse Beauvaisine et de plusieurs familles de la France, par M. P. Louvel, avocat au Parlement. Beauvais, 1640; 1 vol. in-12.

Annuaire des familles nobles de la Belgique, etc., par M. le baron de Stein d'Altenstein; tome Ier, 1847, p. 228 et 312; tome XII, p. 16; tome XIII, p. 15; tome XVI, p. 15 et 21.

Annuaire de la Noblesse de France, etc., par M. Borel d'Hauterive; 1844, 2e année, p. 207 et suiv.; 1863, 20e année, p. 190 et suiv.

Annuaire du diocèse d'Arras, année 1858.

Archives généalogiques et historiques de France, etc., par Lainé. 1843. Dans le IXe vol. est le *Nobiliaire d'Artois*.

---

(1) Nous n'avons pas la prétention de donner ici une liste complète.

Armorial des alliances de la Noblesse de Belgique, par M. le baron Isidore de Stein d'Altenstein. Bruxelles, 1866, vol. in-4°.

Armorial de Tournai, par Rozière. Tournai, 1859; 1 vol. in-8°, avec blasons ; au mot : *Beauffort.*

Armorial du royaume de Belgique, par M. le baron de Stein d'Altenstein. Bruxelles, 1845 ; in-4°.

Art de vérifier les généalogiques des familles Belges et Hollandaises, par J. Huyttens. 1865 ; p. 23.

Belgique Héraldique (La), par Ch. Poplimont. 1863, t. Ier, p. 343.

Blason des Armoiries de tous les chevaliers de l'ordre de la Toison-d'Or (Le), par J.-B. Maurice. La Haye, 1667, 1 vol. in-f°; p. 34.

Coutumes locales (Les), tant anciennes que nouvelles des bailliage, ville et échevinage de Saint-Omer, etc. Paris, 1744, 1 vol. in-4°.

Dictionnaire géographique, historique et politique des Gaules de la France, par l'abbé d'Expilly. Paris, 1742, tome Ier, p. 513.

Dictionnaire généalogique et héraldique des familles nobles du royaume de Belgique, par F.-V. Goethals.

Dictionnaire de la Noblesse, par La Chenaye des Bois. 1770 à 1786, tome II, p. 137 et suiv., 2e édition, p. 142.

Dictionnaire universel de la Noblesse de France, par M. de Courcelles. 1820, tome Ier, p. 274.

Epitaphiers (Les), manuscrits, de Lefebvre d'Aubremetz et de Leblond (1640).

Essais chronologiques sur la ville de Tournai, par Hoverlant de Bauwelaere; 1805; 105 vol. in-8° ; t. 36, p. 160.

Etat par ordre alphabétique des villes, bourgs, villages et hameaux de la généralité de Flandres et d'Artois; etc. 1787, publié par ordre de l'intendant Esmangart; in-4°.

Fragments généalogiques, par Dumont, official de la cour des Comptes, à Bruxelles. 1776, tome II, p. 229.

Gallia Christiana. 16 vol. in-f°, contenant plusieurs articles sur des personnages de la maison de Beauffort.

Généalogie de Van der Noot, par Azevedo; p. 390, 412, 414.

Généalogie et descendance de la très-illustre maison de Croy (La), par Scohier. Douay, 1689; in-f°.

Généalogies des familles nobles et anciennes des dix-sept provinces des Pays-Bas, etc. 1781. Trois volumes publiés seulement, de A à G inclusivement.

Généalogies et documents manuscrits (Les), du chanoine de Villers, de Henri Butkens, de Marius Voet, de Maloteau de Villerode, etc.

Gestachtlyst, par Van der Straelen; p. 177.

Grand Dictionnaire historique, de Moreri; édition de 1749, tome VII, p. 640 et suivantes.

Histoire d'Artois, par dom Devienne; p. 48, 147, 182 et 184; 4e partie, p. 7.

Histoire généalogique des Pays-Bas ou *Histoire de Cambray*, par Jean Le Carpentier; 1664; tome Ier, p. 192 et 834.

Histoire de Madame Barat, fondatrice de la société du Sacré-Cœur de Jésus, par M. l'abbé Baunard. Paris, 1876, 2 beaux vol. in-8°. Voir le chapitre relatif à Caroline de Beauffort, madame de la Grandville; p. 532 et suivantes.

Histoire généalogique et chronologique de la maison royale de France, des pairs, grands officiers de la couronne et de la maison du Roi, et des anciens barons du royaume, etc., par le Père Anselme, augustin déchaussé, etc., 3e édit.; 1733, 9 vol., in-f°, t. IV, p. 192.

Histoire générale de la province d'Artois, par M. Humbert, chanoine de la cathédrale de Saint-Omer. Saint-Omer, 1789; 3 vol. in-8°; p. 191, 195, 281, 368, 412, 418.

Histoire générale des Pays-Bas, contenant la description des XVII provinces, par Christym ; 1743, 8 vol.

Histoire des ducs de Bourgogne, par M. de Barante, t. VIII.

Indicateur nobiliaire de France, de Belgique, etc. Paris, 1869 ; 1 vol.

Liste de la noblesse titrée, avant 1793, par M. le comte d'Hane-Stenhuyse, membre du conseil Héraldique, etc. Bruxelles, P. Rossel, 1873 ; in-12 de 72 pages ; p. 44 et 47.

Madame la comtesse de la Grandville. Lille, J. Lefort; 1867, in-8°, avec portrait.

Mémoires généalogiques, etc., par J. de Saint-Genois. Amsterdam, 1781 ; 2 vol. in-8° ; p. 51.

Mémoires de dom Le Pez, religieux de Saint-Vaast, à Arras (manuscrit).

Mémoires de J. Du Clercq, imprimés sur le manuscrit du Roi, et publié, pour la première fois, par Frédéric, baron de Reiffenberg, en 1823 ; 4 vol. in-8° ; tome Ier, p. 33 et suiv.

Mémoires pour servir à l'histoire de la province d'Artois, par Hardouin. Arras, 1763 ; p. 196 et suivantes.

Meysse et le château de Bouchout, par M. Alphonse Wousters. In-8° de 34 pages.

Miroir armorial des Pays-Bas, etc. (Le), par Guillaume Creteau, etc.; manuscrit, avec armoiries peintes, en 2 vol. in-f°. BEAUFFORT, tome II, p. 100.

Miroir des nobles de Hesbaye, par Jalheau. Liége, 1791 ; p. 81.

Miroir des notabilités Nobiliaires de la Belgique, etc., par M. Goethals. 1851 ; tome II, p. 453 et suivantes.

Monumens anciens, etc., par Joseph de Saint-Genois. Paris, 1781 et 1815; 2 vol. in-f°. On trouve dans cet ouvrage un grand nombre de documents sur la maison de Beauffort. t. Ier, p. 133.

Monuments pour servir à l'Histoire du Hainaut, par M. le baron de Reiffemberg; 1 vol., p. 664.

Nobiliaire d'Artois, dans les *Archives généalogiques et historiques de France*, tome IX, et dans l'*Annuaire de la Noblesse de France*, par M. Borel d'Hauterive, année 1857, p. 559.

Nobiliaire de Belgique, par Van der Heyden. Anvers, 1853; 1 vol. in-8°, pages 329 et 337.

Nobiliaire des Pays-Bas et du comté de Bourgogne, par S. D. H. Louvain, 1760; 8 vol. in-12, 1re partie, p. 102, t. II, p. 17; t. IV, p. 127 et 134.

Nobiliaire universel de France, par M. de Saint-Allais; t. IV, p. 245.

Noblesse belge (La), par M. Ch. Poplimont. Bruxelles, 1853; 2 vol., t. Ier, p. 121.

Noblesse de chevalerie du comté de Flandre, d'Artois et Picardie, par P. Roger, etc. Amiens, 1843; in-4°, p. 285-286 et l'art. : *Beauffort*.

Noblesse de France aux Croisades (La), par P. Roger, etc., Paris, 1845; in-4°, p. 329.

Onomasticon ou *Dictionnaire héraldique des familles nobles du royaume de Belgique*, par M. F. V. Goethals; 1864, t. Ier, p. 140 et suiv. Il n'a paru que la première partie, 160 pages. Dans cet ouvrage, l'auteur a rétracté en partie ce qu'il avait dit de malveillant *(intentionnellement)*, sur la famille de Beauffort.

Notice historique, généalogique et biographique sur la très-ancienne et très-illustre maison de Beauffort, par Ch. Poplimont. Bruxelles, 1851; in-4°, avec blasons, vues et dessins.

Notice sur l'état ancien et moderne de la province et comté d'Artois, par M. Buttel. Paris, 1748; 1 vol., p. 235 et 238.

Petites histoires des communes de l'arrondissement de Saint-Omer, par H. Piers. Lille, 1840; in-8°.

Provincial (Le), par Philippe Deschamps, 1628.

Quartiers généalogiques des familles nobles des Pays-Bas, accompagnés de preuves et remarques, consistant en plusieurs épitaphes, extraits de manuscrits, d'auteurs, de registres et d'actes originaux, avec les armoiries gravées en taille douce, par L. I. P. C. D. S. — A Cologne, 1776; in-4°, tome I, p. 29 et suiv. et 214.

Recueil de la noblesse de Bourgogne, Limbourg, Luxembourg, Gueldre, Flandres, Artois, etc., par F. Le Roux. Lille, 1715; 1 vol. in-8°, p. 129.

Recueil héraldique, généalogique, etc.; p. 151.

Sépultures, épitaphes, vitres, etc., des églises de Tournai et du pays Tournaisis et des environs, recueillis en 1696, par Charles-Joseph Caulier, avocat, copiés et mis en ordre par Ferdinand-Ignace Maloteau, chevalier, seigneur de Villerode, etc.; 1743. Manuscrit, avec dessins, formant un registre in-f°; DE BEAUFFORT, p. 370, 502 et 509; DE THOUARS, p. 595 (à la bibliothèque de Tournai).

Tablettes historiques, généalogiques, etc., par M. de Waroquier de Combles, etc.; 9 volumes in-18; art. BEAUFFORT.

Théâtre de la Noblesse de Flandre, d'Artois, etc., par Le Roux. Lille, 1708; in-8°.

NOMS DES FAMILLES NOBLES

CITÉS DANS CE VOLUME

CLASSÉS PAR ORDRE ALPHABÉTIQUE.

BARDIVIÉ

TABLE DES CHAPITRES

CONTENUS

DANS CE VOLUME.

www.ingramcontent.com/pod-product-compliance
Lightning Source LLC
Chambersburg PA
CBHW050542270326
41926CB00012B/1885
* 9 7 8 2 0 1 2 5 5 4 5 6 6 *